AI와 연계한
맞춤형 수업 설계의 이론과 실제

조호제 · 김남준 · 김민상 · 김정숙 · 김정윤 · 김혜숙 · 박은하 · 박일수 · 백종민 · 채은경 공저

박영story

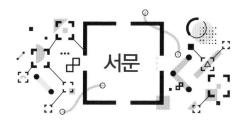

우리의 미래 교육은 어떤 방향으로 나아가야 할까? 2020년 다보스포럼 미래 학교 4.0에서 언급된 것처럼 아이들은 스스로 자신의 꿈을 향해 나아갈 수 있어야 한다. 학생들을 정해진 교육과정의 틀에서 누가 잘 달리는가를 평가하는 교육에서 학생 개인의 성장을 위한 교육으로 방향을 바꾸어야 할 때이다. "customized or tailoring"이라는 용어가 상업적으로 많이 쓰이듯이 우리 시대는 개개인에게 맞춤화된 것을 필요로 한다.

건강에 좋다고 알려진 음식도 모든 사람에게 좋은 것은 아니다. 모든 사람들의 체질이 달라서 각 개인에게 잘 맞는 음식이 다르듯이, 교육도 이와 다르지 않다. 학생들의 배경, 타고난 지능 및 성향, 기질에 따라 학습하는 것도 제각각이다. 이렇게 다른 학습자들을 위하여 교사는 무엇을, 어떻게 하여야 할까?

교사는 학습자를 가르치지만 진정으로 어떻게 가르쳐야 하는지를 알려주는 사람은 교육학 이론이 아니라 학습자이다. 학습자의 상태가 교수 방법의 가장 중요한 척도가 된다는 것이다. 교육학도 학습자를 기반으로 실증한 과학이지만 학습자에게 무엇이 필요하고 어떻게 해야 하는지는 학습자 상황과 학교 교육여건이 교수자에게 말해준다. 따라서 수업을 설계하고 실행할 때는 반드시 학습자를 최우선으로 고려해야 한다. 이는 곧 학생 개인의 개성을 존중하고 학습자에게 적합한 맞춤형 교육이 제공되어야 한다는 것이다.

2022 개정 교육과정에서는 맞춤형 교육을 강조하고 있다. 그동안 교육과정에서도 7차 교육과정 이후 총론 기준에서 맞춤형과 수준별 교육을 병기해 오면서 강조해 왔다. 그러나 맞춤형 수업에 대한 구체적인 실행 방안이 제시되지 않은 측면이 있어 학교 수업 현장에서 큰 역할을 수행하지 못하였다. 그 이유는 맞춤형 수업에 대한 현장 적용 가능성이나 구체적인 실행 방안이 제시되지 못한 데에서 기인한다. 더욱이 맞춤형 수업에 대한 구체적인 매뉴얼이 제시되지 못하고, 간헐적인 자료에 의존한 맞춤형 수업은 교육 현장에서 한계를 드러내었다. 이 책은 다양한 자료와 맞춤형 수업 방안을 하나로 모아 국내 최초로 매뉴얼화된 단행본이다.

또한, 이번 2022 개정 교육과정에서는 단순히 수사(rhetoric) 수준이 아닌 실제적인 맞춤형 교육을 강조하고 있어 관련 서적은 더욱 필요한 상황이었다. 2022 개정 교육과정에서 정확하게는 '맞춤형 교육'이라고 칭하고 있으며 이를 에듀테크와 연계하는 것을 강조하고 있다. 특히, 2022 개정 교육과정에서는 맞춤형 수업의 설계가 미래 교육이 나아갈 방향으로 제시되었고 디지털 역량의 강화와 함께 인공 지능(AI) 교육을 통한 맞춤형 교육의 가능성도 강조되고 있다.

다수의 학생이 함께 배우는 교실에서 교사는 학생을 개별적으로 파악하고 교육적 필요를 살피며, 학생 중심의 맞춤형 교육을 제공해야 함에 동의한다. 학생한 사람, 한 사람이 중요하게 배려되어야 하고 각자의 성장 가능성을 최대한 지원해야 한다. 하지만 맞춤형 교육이 어떤 교육이 되어야 하는지에 대해서는 일치된 의견이 존재하지 않는다. 우선 맞춤형 교육이 무엇인가에 대한 의미부터 해석이 다양하다. 맞춤형 교육, 맞춤형 수업에 대한 개념을 이해하고 받아들이는 정도가 각각 다르다는 것이다. 학급에서 수준별로 학습지를 제공하는 것이 맞춤형 교육인지, 학생 개개인에 대한 학습 목표를 다르게 설정하고 접근하는 것이 맞춤형인지, 수준별, 개별화, 개인 맞춤형 수업 등 다양한 용어가 혼용된 이유이기도 하다. 보통은 학업 성취도가 낮거나 개별적 지원이 필요한 학생을 배려하는 노력을 맞춤형이라고 한다. 진정한 맞춤형 수업은 어떻게 실천할 수 있는가? 학생 수가 많은 학급을 대상으로 학생의 흥미와 특성을 고려한 맞춤형 수업은 가능한 것인가? 이러한 고민으로 저자들은 맞춤형 수업의 의미와 필요성에 대한 이론적 고찰과 함께 학교 현장에서 직접 실천한 맞춤형 수업의 유형별 사례들을 제시하였다. 학습자 개별 맞춤형 수업뿐만 아니라, 학급 특성을 분석하여 학급 전체를 대상으로 접근한 맞춤형 수업 유형을 함께 소개하였다. 특히 인공 지능 활용 맞춤형 수업 방향 설계와 실제를 제시하여 미래 교육에 필수적인 맞춤형 수업이 현장에서 활용할 수 있도록 지원하고자 하였다.

책은 크게 5장으로 구성되어 있다. 1장에서는 국가 수준 교육과정에서 제시하고 있는 맞춤형 수업을 검토하여 어떤 방향으로 제시하고 있는지 살펴보았다. 2장에서는 맞춤형 수업의 의미와 혼용되는 용어들을 살펴보았고, 맞춤형 학습을 설계하는 주체 및 설계 방안을 개관하였다. 특히 학습자 특성 분석 및 맞춤형 전략으로 교사의 맞춤형 수업 설계를 지원하고자 하였다. 3장에서는 보편적 학습 설계를 통한 맞춤형 수업 설계의 가능성을 제시하여 맞춤형 수업 설계시 수업의 내용과 방법, 결과 단계에서의 실제적인 절차를 제시하였으며, 4장에서는 인공지능을 활용한 맞춤형 수업 방향과 수업 사례를 함께 소개하였다. 마지막 5장에서는 국어과, 수학과, 사회과, 과학과, 영어과 등 5개 교과에서의 맞춤형 수업 사례를 제시하되 3~4학년군과 5~6학년군 별도로 제시하여 맞춤형 수업 실천의 가능성을 모색하고 맞춤형 학습의 TIP을 제시하였다.

학생들은 참으로 다양하다. 교사 또한 매우 다양하다. 학생 개개인의 성장 가능성과 잠재력을 최대한 지원하기 위한 맞춤형 수업은 이렇듯 다양한 두 주체가 만나는 접점을 맞춤형 수업 설계과정과 노력으로 활발히 실천될 수 있기를 바란다. 이 책이 진정한 맞춤형 수업을 구현하고자 고민하는 많은 학교 현장에서 좋은 길잡이가 될 수 있기를 바라며 이 책의 출판을 위해 수고해주신 박영스토리 관계자 여러분께 깊은 감사를 드린다.

2023년 9월
저자 일동

AI와 연계한 맞춤형 수업 설계의 이론과 실제

차례

제1장 _ 2022 개정 교육과정과 맞춤형 수업

제2장 _ 학습자 맞춤형 수업

제3장 _ 맞춤형 수업과 보편적 학습 설계

제4장 _ 인공지능 활용 및 맞춤형 수업

제5장 _ AI 연계 맞춤형 수업 설계 및 사례

제1장

2022 개정 교육과정과 맞춤형 수업

AI와 연계한 맞춤형 수업 설계의 이론과 실제

제1장

2022 개정 교육과정과 맞춤형 수업

1 2015 개정 교육과정 총론에서의 맞춤형 수업

2015 개정 교육과정에서는 창의융합형 인재 양성을 위한 기초 소양 함양을 이유로 모든 학생에게 획일적인 교육과정을 부과하는 것은 경계되어야 하며, 기초 소양을 바탕으로 학생 개개인의 꿈과 끼를 키워주는 '맞춤형 선택 학습'이 가능한 교육과정이 개발되어야 한다는 것을 강조하였다(교육부, 2016: 26). 고등학교의 경우 선택 과목에 대해 학생의 선택권을 강화하는 방안을 마련하였으며, 중학교 학생들의 진로탐색 활동을 지원하는 자유학기의 정착 및 확산을 위한 편성·운영 지침을 마련하였다(교육부, 2016: 29).

한편, 2015 개정 교육과정 총론에서는 학습을 학생 개개인이 의미를 구성해 나가는 과정으로 보고 맞춤형 수업을 강조하였다. 2015 개정 교육과정 총론에서는 'Ⅳ. 학교 교육과정 편성·운영'의 '2. 교수학습'의 '나. 효과적인 교수·학습 환경 설계'에 '맞춤형 수업'을 <표 1−1>과 같이 제시하였다(교육부, 2015: 31).

나. 효과적인 교수·학습 환경 설계를 위해 다음과 같은 사항에 중점을 둔다.
2) 학생의 능력, 적성, 진로를 고려하여 교육 내용과 방법을 다양화하고, 학교의 여건과 학생의 특성에 따라 다양한 학습 집단을 구성하여 학생 맞춤형 수업을 하도록 한다.

<표 1-1>에서 볼 수 있듯이, 학생 맞춤형 수업에서는 학생의 학습하는 능력, 속도, 방식 등에는 개인차가 있음을 인정하고 그 다양성을 존중한다. 학생 맞춤형 수업은 학습자의 다양한 특성을 고려하되, 다른 학습자와의 협력과 소통을 강조하며 학습자 스스로 최대의 성장을 이룰 수 있도록 하는 수업 설계 방식이다. 학생의 능력과 적성, 흥미, 학습 유형에서의 학생들의 특성을 존중하고, 이를 수업에 반영하여 학생들이 각각 성공적인 학습 경험을 가질 수 있도록 하되, 유연한 집단 구성을 통한 협력 학습으로 학습의 효율성을 높일 수 있다. 교사는 학생의 준비도, 관심사 및 흥미, 학생이 선호하는 학습 방식, 진로 등을 고려하여 다양한 교수·학습 및 평가 방법 등을 활용할 수 있다. 학생 맞춤형 수업에서 고려할 수 있는 요소는 교육내용, 교육방법, 교육결과물 등이다. 단위 학교에서는 <표 1-2>의 요소를 고려하여 학생 맞춤형 수업을 설계해야 한다 (교육부, 2016: 97-98).

2015 개정 교육과정 총론에서는 맞춤형 수업과 관련하여, 융통성 있는 집단 구성을 통한 협동학습을 강조한다. 교사는 학습 주제나 수업 상황에 따라서 학

〈표 1-2〉 학생 맞춤형 수업 설계 요소

요소	설명
교육내용	교수·학습에 있어 '투입'에 해당하며, 학생들이 학습목표에 도달하는 과정에서 학습해야 할 내용이다.
교육방법	학습목표를 효과적으로 달성하기 위한 다양한 교수·학습 활동이자 교육 방법을 의미하며 학생들의 특성에 따라 다양한 학습 활동을 제시하여 선택하게 할 수 있다.
교육결과물	학생이 자신이 이해한 것을 드러낼 때 가장 효과적으로 표현할 수 있는 평가나 과제가 될 수 있도록 교사의 의도적인 계획이 필요하다.

생의 준비도, 관심, 학습 양식과 같은 요소를 고려하여 다양한 학습 집단을 구성할 수 있다. 유연한 집단 편성은 학생들에게 심리적 안정을 줄 수 있으며 공동의 목표를 성취하기 위한 집단 내 협력을 촉진할 수 있다(교육부, 2016: 98).

한편, 맞춤형 수업은 수준별 수업과 다음과 같은 점에서 차이가 있다. 수준별 수업은 학생들의 능력에 따라 교육 내용의 단계나 깊이를 조정한다는 면에서 맞춤형 수업과 취지는 비슷하지만, 맞춤형 수업은 학생의 능력뿐 아니라 흥미와 선호하는 학습 방식 등 학생들의 다양한 특성을 고려한다는 점에서 수준별 수업을 포괄하는 개념이라고 할 수 있다. 수준별 수업은 학생 맞춤형 수업의 한 부분으로 이루어질 수 있다(교육부, 2016: 136).

2 2022 개정 교육과정 총론에서의 맞춤형 수업

2022 개정 교육과정 총론에서는 2015 개정 교육과정 총론에 비하여 학생 맞춤형 수업에 대한 내용을 강화하여 반영하였다. 이것은 4차 산업혁명의 불확실성에 따라 학생주도성의 중요성 확대, 학생 개개인의 특성과 진로를 고려한 맞춤형 교육에 대한 사회적 요구의 증가, 지능정보화사회에 따른 지능정보기술의 발달로 맞춤형 교육의 실현 가능성 등과 밀접하게 관련이 되어 있다.

2022 개정 교육과정 총론에서는 'Ⅰ. 교육과정 구성의 방향', 'Ⅱ. 학교 교육과정 설계와 운영', 'Ⅳ. 학교 교육과정 지원'에서 맞춤형 수업을 언급하고 있다. 2022 개정 교육과정 총론에서 언급된 맞춤형 수업에 대한 지침을 살펴보면 다음과 같다.

가. 교육과정 구성중점과 맞춤형 수업

2022 개정 교육과정 총론의 'Ⅰ. 교육과정 구성의 방향'의 '1. 교육과정 구성의

중점'에는 교육과정 변화를 요청하는 주요 배경으로 맞춤형 수업에 대한 사회적 요구를 제시하고, 학습자 맞춤형 교육과정 체제 구축을 제시하였다(교육부, 2022a: 4). 2022 개정 교육과정 총론의 교육과정 구성의 중점에 제시된 맞춤형 수업에 대한 진술은 <표 1-3>과 같다.

〈표 1-3〉 2022 개정 교육과정 총론의 교육과정 구성의 중점에 제시된
맞춤형 수업에 대한 진술

Ⅰ. 교육과정 구성의 방향

1. 교육과정 구성의 중점
우리나라 초·중등학교 교육과정은 사회 변화와 시대적 요구를 반영하여 지속적으로 개정되고 발전해 왔다. 우리 사회는 새로운 변화와 도전에 직면해 있으며, 이에 대응하기 위해 교육과정을 개정할 필요성이 제기되었다. 교육과정의 변화를 요청하는 주요 배경은 다음과 같다. (중략)

셋째, 학생 개개인의 특성과 진로에 맞는 학습을 지원해 주는 맞춤형 교육에 대한 요구가 증가하고 있다. (중략)

이에 그동안의 교육과정 발전 방향을 계승하면서 미래 사회를 살아갈 학생들이 주도적으로 삶을 이끌어가는 능력을 함양할 수 있도록 교육과정을 구성한다.

이 교육과정은 우리나라 교육과정이 추구해 온 교육 이념과 인간상을 바탕으로, 미래 사회가 요구하는 핵심역량을 함양하여 포용성과 창의성을 갖춘 주도적인 사람으로 성장하게 하는 데 중점을 둔다.

이를 위한 교육과정 구성의 중점은 다음과 같다. (중략)

라. 학생들이 자신의 진로와 학습을 주도적으로 설계하고, 적절한 시기에 학습할 수 있도록 학습자 맞춤형 교육과정 체제를 구축한다. (하략)

<표 1-3>에서 볼 수 있듯이, 2022 개정 교육과정 구성의 중점에서는 교육과정의 주요 배경, 국가수준 교육과정에서 기대하는 학습 성과, 교육과정 구성의 중점 사항 등을 제시하고 있다. 맞춤형 교육에 대한 사회적 요구의 증가에 따라 교육과정을 개정하였으며, 2022 개정 교육과정에서 포용성과 창의성을 갖춘 주도적인 사람을 기르는 것을 목적으로 설정하고 있다. 2022 개정 교육과정 총론에서는 이러한 목적을 달성하기 위한 방안으로써, 학습자 맞춤형 교육과정

체제 구축을 제시하였다. 이러한 것을 볼 때, 단위 학교에서는 학생의 진로, 학생 주도성, 학습의 시기 등을 고려하여 학생들에게 맞춤형 수업을 제공할 필요가 있다.

나. 교수·학습과 맞춤형 수업

2022 개정 교육과정 총론의 'Ⅱ. 학교 교육과정 설계와 운영'의 '2. 교수·학습'에는 학생 맞춤형 수업의 활성화 방안을 구체적으로 제시하고 있다(교육부, 2022a: 11). 2022 개정 교육과정 총론의 학교 교육과정 설계와 운영에 제시된 맞춤형 수업에 대한 진술은 <표 1-4>와 같다.

〈표 1-4〉 2022 개정 교육과정 총론의 학교 교육과정 설계와 운영에
제시된 맞춤형 수업에 대한 진술

Ⅱ. 학교 교육과정 설계와 운영

2. 교수·학습
(중략)
다. 교과의 특성과 학생의 능력, 적성, 진로를 고려하여 학습 활동과 방법을 다양화하고, 학교의 여건과 학생의 특성에 따라 다양한 학습 집단을 구성하여 학생 맞춤형 수업을 활성화한다.
  1) 학생의 선행 경험, 선행 지식, 오개념 등 학습의 출발점을 파악하고 학생의 특성을 고려하여 학습 소재, 자료, 활동을 다양화한다.
  2) 정보통신기술 매체를 활용하여 교수·학습 방법을 다양화하고, 학생 맞춤형 학습을 위해 지능 정보기술을 활용할 수 있다.
  3) 다문화 가정 배경, 가족 구성, 장애 유무 등 학습자의 개인적·사회문화적 배경의 다양성을 이해하고 존중하며, 이를 수업에 반영할 때 편견과 고정 관념, 차별을 야기하지 않도록 유의한다.
  4) 학교는 학생 개개인의 학습 상황을 확인하여 학생의 학습 결손을 예방하도록 노력하며, 학습결손이 발생한 경우 보충 학습 기회를 제공한다.
  (하략)

<표 1-4>에서 볼 수 있듯이, 2022 개정 교육과정 총론에서는 2015 개정 교육과정 총론에 비하여 학생 맞춤형 수업에 대한 학교 교육과정 설계와 운영을

구체적으로 제시하였다. 첫째, 단위 학교에서는 학생 맞춤형 수업을 위하여 학습자의 선행 경험, 선행 지식, 오개념 등과 같은 학습의 출발점을 파악하고, 이러한 개별 학습자의 출발점 진단 결과에 기초하여 이들의 특성에 부합하는 학습 소재, 자료, 활동을 다양화하도록 제시하고 있다. 이에 따라 단위 학교에서는 학습자의 출발점을 진단하고 그에 따른 개별 맞춤형 처방을 위한 교사의 수업 설계 역량의 중요성이 강조되었다. 둘째, 단위 학교에서는 정보통신기술 매체, 그 중에서도 지능정보기술을 활용하여 다양한 교수·학습 방안을 마련함으로써, 모든 학생들이 교육과정에 제시된 교육목적과 교육목표에 도달할 수 있도록 맞춤형 수업을 실행해야 한다. 셋째, 단위 학교에서는 특별한 도움이 필요한 다문화 가정 학생, 장애 학생들을 대상으로 맞춤형 수업을 할 때에는 이들의 개인적·사회적 배경과 특성을 이해하고 존중하도록 제시하고 있다. 장애학생 또는 다문화 학생이라는 개인적 및 사회적 특성으로 인하여 이들 학생이 수업 시간에 소외되거나 차별받지 않고, 이들 학생들의 개별적인 성장과 발달을 위한 개별 맞춤형 지원이 수업 시간에 지속적으로 이루어질 필요가 있다. 넷째, 학생 맞춤형 수업의 최종 목적은 모든 학습자가 학습목표에 도달하는 것이다. 단위 학교에서는 개별 학습자들의 특성을 반영하여 모든 학생들이 교사가 사전에 설정한 성취수준에 도달할 수 있도록 학생 맞춤형 수업을 실시해야 한다. 이와 더불어 개별 학생들의 학습 상황, 즉 교육목표 도달 여부를 지속적으로 확인하고 적기에 피드백을 제공함으로써, 이들의 학습 결손을 예방하기 위하여 최선을 다해야 한다. 이러한 노력에도 불구하고, 교사가 설정한 성취수준에 도달하지 못한 학생이 발생할 경우 보충학습기회를 제공함으로써, 교사가 의도한 성취수준에 도달할 수 있는 학생 맞춤형 지원을 제공해야 한다.

다. 평가와 맞춤형 평가

2022 개정 교육과정 총론의 'Ⅱ. 학교 교육과정 설계와 운영'의 '3. 평가'에는 학생 맞춤형 평가의 활성화 방안을 제시하였다(교육부, 2022a: 13). 2022 개정 교육

과정 총론의 학생 맞춤형 평가와 대한 진술은 <표 1−5>와 같다.

〈표 1-5〉 2022 개정 교육과정 총론의 학생 맞춤형 평가에 대한 진술

Ⅱ. 학교 교육과정 설계와 운영

3. 평가

다. 학교는 교과목의 성격과 학습자 특성을 고려하여 적합한 평가 방법을 활용한다.
(중략)
3) 학교의 여건과 교육활동의 특성을 고려하여 다양한 지능정보기술을 활용함으로써 학생 맞춤형 평가를 활성화한다.
4) 개별 학생의 발달 수준 및 특성을 고려하여 평가 계획을 조정할 수 있으며, 특수학급 및 일반 학급에 재학하고 있는 특수교육 대상 학생을 위해 필요한 경우 평가 방법을 조정할 수 있다.

<표 1−5>에서 볼 수 있듯이, 2022 개정 교육과정 총론에서는 학습자 특성을 고려한 적합한 평가 방법을 활용할 것을 제시하였다. 단위 학교에서는 다양한 지능정보기술을 활용하여 학생 맞춤형 평가를 활성화하도록 제시하고 있다. 학생 맞춤형 평가 과정에서 지능정보기술은 개별 학습자의 특성 진단, 학습 과정 모니터닝, 학업성취도 확인 및 피드백 등에 활용될 수 있을 것이다. 또한 단위 학교에서는 개별 학습자의 요구 및 특성을 반영하여 평가 계획을 조정할 수 있다. 예를 들어, 자신의 생각이나 의견을 발표하여 평가하는 경우에, 발표내용, 발표방법, 발표시기 등의 조정을 통한 학생 맞춤형 평가를 구현할 수 있을 것이다. 한편 특수교육 대상자의 특별한 지원이 필요한 경우 평가방법을 조정하여 이들의 성장 및 발달 정도를 파악하여 이들의 지속적인 성장 및 발달을 위한 지원을 할 필요가 있다.

라. 학습자 맞춤교육 강화와 맞춤형 수업

2022 개정 교육과정 총론의 'Ⅳ. 학교 교육과정 지원'의 '2. 학습자 맞춤교육 강화'에서는 국가 수준 및 교육청 수준에서 학습자 맞춤형 교육 강화를 위한 지

원 사항이 제시되어 있다(교육부, 2022a: 42−44). 2022 개정 교육과정에서는 다양한 특성을 가진 학습자들의 학습을 지원하는 데 필요한 '학습자 맞춤교육 강화'를 <표 1−6>과 같이 제시하였다.

〈표 1-6〉 2022 개정 교육과정의 학습자 맞춤교육 강화를 위한 학교 교육과정 지원 방안

Ⅳ. 학교 교육과정 지원

(중략)

'학습자 맞춤교육 강화'에서는 다양한 특성을 가진 학습자들의 학습을 지원하는 데 필요한 사항을 제시한다.

2. 학습자 맞춤교육 강화

가. 국가 수준의 지원

1) 학교에서 학생의 성장과 성공적인 학습을 지원하는 평가가 원활히 이루어질 수 있도록 다양한 방안을 개발하여 학교에 제공한다.

가) 학교가 교과 교육과정의 목표에 부합되는 평가를 실시할 수 있도록 교과별로 성취기준에 따른 평가기준을 개발·보급한다.

나) 교과목별 평가 활동에 활용할 수 있는 다양한 평가 방법, 절차, 도구 등을 개발하여 학교에 제공한다.

2) 특성화 고등학교와 산업수요 맞춤형 고등학교가 기준 학과별 국가직무능력표준이나 직무분석 결과에 기초하여 학교의 특성 및 학과별 인력 양성 유형을 고려하여 교육과정을 편성·운영할 수 있도록 지원한다.

3) 학습 부진 학생, 느린 학습자, 다문화 가정 학생 등 다양한 특성을 가진 학생을 위해 필요한 지원 방안을 마련한다.

4) 특수교육 대상 학생에 대한 정당한 편의 제공을 위해 필요한 교수·학습 자료, 교육 평가 방법 및 도구 등의 제반 사항을 지원한다.

나. 교육청 수준의 지원

1) 지역 및 학교, 학생의 다양한 특성을 반영하여 학교 교육과정이 운영될 수 있도록 지원한다.

가) 학교가 이 교육과정에 제시되어 있는 과목 외에 새로운 교과목을 개설·운영할 수 있도록 관련 지침을 마련한다.

나) 통합운영학교 관련 규정 및 지침을 정비하고, 통합운영학교에 맞는 교육과정 운영이 이루어 질 수 있도록 지원한다.

다) 학교 밖 교육이 지역 및 학교의 여건, 학생의 희망을 고려하여 운영될 수 있도록 우수한 학교 밖 교육 자원을 발굴·공유하고, 질 관리에 힘쓴다.

라) 개별 학교의 희망과 여건을 반영하여 필요한 경우 공동으로 교육과정을 운영할 수 있도록 지원한다.

마) 지역사회와 학교의 여건에 따라 초등학교 저학년 학생을 학교에서 돌볼 수 있는 기능을 강화하고, 이에 대해 행·재정적 지원을 한다.

바) 학교가 학생과 학부모의 요구에 따라 방과 후 또는 방학 중 활동을 운영할 수 있도록 행·재정적 지원을 한다.

2) 학생의 진로 및 발달적 특성을 고려하여 자신의 진로를 스스로 설계해 갈 수 있도록 다양한 방안을 마련하여 지원한다.

가) 학교급과 학생의 발달적 특성에 맞는 진로 활동 및 학교급 간 연계 교육을 강화하는 데 필요한 지원을 한다.

나) 학교급 전환 시기 진로연계교육을 위한 자료를 개발·보급하고, 각 학교급 교육과정에 대한 교사의 이해 증진 및 학교급 간 협력 관계 구축을 위한 지원을 확대한다.

다) 중학교 자유학기 운영을 지원하기 위해 각종 자료의 개발·보급, 교원의 연수, 지역사회와의 연계가 포함된 자유학기 지원 계획을 수립하여 추진한다.

라) 고등학교 교육과정이 학점을 기반으로 내실 있게 운영될 수 있도록 각종 자료의 개발·보급, 교원의 연수, 학교 컨설팅, 최소 성취수준 보장, 지역사회와의 연계 등 지원 계획을 수립하여 추진한다.

마) 인문학적 소양 및 통합적 읽기 능력 함양을 위해 독서 활동을 활성화하도록 다양한 지원을 한다.

3) 학습자의 다양성을 존중하고 학습 소외 및 교육 격차를 방지할 수 있도록 맞춤형 교육을 지원한다.

가) 지역 간, 학교 간 교육 격차를 완화할 수 있도록 농산어촌학교, 소규모학교에 대한 지원 체제를 마련한다.

나) 모든 학생이 학습에서 소외되지 않도록 교육공동체가 함께 협력하여 학생 개개인의 필요와 요구에 맞는 맞춤형 교육 활동을 계획하고 실행할 수 있도록 지원한다.

다) 전·입학, 귀국 등에 따라 공통 교육과정의 교과와 고등학교 공통 과목을 이수하지 못한 학생들이 해당 과목을 이수할 수 있도록 다양한 기회를 마련해 주고, 학생들이 공공성을 갖춘 지역사회 기관을 통해 이수한 과정을 인정해 주는 방안을 마련한다.

라) 귀국자 및 다문화 가정 학생을 포함하는 다양한 배경의 학생들이 그들의 교육 경험의 특성과 배경에 의해 이 교육과정을 이수하는 데 어려움이 없도록 지원한다.

마) 특정 분야에서 탁월한 재능을 보이는 학생, 학습 부진 학생, 특수교육 대상 학생들을 위한 교육 기회를 마련하고 지원한다.

바) 통합교육 실행 및 개선을 위해 교사 간 협력 지원, 초·중학교 교육과정과 특수교육 교육과정을 연계할 수 있는 자료 개발 및 보급, 관련 연수나 컨설팅 등을 제공한다.

<표 1-6>에서는 학습자 맞춤 교육 강화를 위한 국가 수준과 지역 수준에서의 학교 교육과정 지원 사항을 제시하였다. 이들 사항이 국가 수준 및 지역

수준의 학교 교육과정 지원은 단위 학교에서 학생 맞춤형 수업을 설계하고 운영하는 데 직접적인 관계는 없으나, 단위 학교에서 학생 맞춤형 수업을 설계하고 적용하는 데 참고가 가능하다.

첫째, 국가 수준의 지원 사항에서는 평가 지원, 특성화 및 산업수요 맞춤형 고등학교의 교육과정 편성·운영 지원, 특별한 도움이 필요한 학생을 위한 지원, 특수 교육 대상자의 편의 제공을 위한 지원 사항들이 제시되어 있다. 단위 학교에서는 개별 학생들의 요구와 특성에 부합하는 평가를 실시하기 위하여 노력해야 하고, 특성화 및 산업수요 맞춤형 고등학교에서 단위 학교의 특색을 살릴 수 있도록 교육과정을 자율적으로 편성·운영하기 위하여 노력해야 한다. 또한, 단위 학교에서는 특별한 도움이 필요한 학생을 위한 교수·학습 자료를 개발하거나 기존에 개발된 자료를 활용하여, 이들이 지속적으로 성장 및 발달할 수 있도록 학생 맞춤형 수업을 계획하고 실행해야 한다.

둘째, 교육청 수준의 지원 사항에서는 지역과 학교 및 학생의 특성을 반영한 교육과정, 학생주도의 진로 설계, 학습 소외 및 교육격차 방지를 위한 맞춤형 지원 체제 등이 제시되어 있다. 이러한 것을 살펴보면, 단위 학교에서는 지역과 학교 및 학생의 요구와 특성을 반영한 학교자율시간의 교과 및 활동을 편성하여 운영하고, 학생 맞춤형 수업의 가능성을 고려하여 통합운영학교, 학교밖 교육, 공동교육과정을 편성 및 운영을 고려할 필요가 있다. 단위 학교에서는 학생들의 특성과 요구를 반영하여 학생 맞춤형 저학년 돌봄교육과 방과후 및 방학 중 활동 운영을 제공할 필요가 있다. 진로 설계와 관련하여, 단위 학교에서는 학생의 특성과 적성을 반영하여 진로 설계 교육이 체계적으로 이루어지도록 노력해야 하며, 진로연계교육, 중학교 자유학기제, 고등학교 학점제, 독서활동 등에서 학습자의 특성과 요구를 적극적으로 반영하여 학생 맞춤형 수업을 설계하고 적용해야 한다. 단위 학교에서는 학습 소외 및 교육격차를 방지하기 위하여 노력해야 하는데, 농산어촌학교 및 소규모학교에 재학 중인 학생들의 학습여건과 특성을 고려하여 개별 맞춤형 수업을 적용하고, 특별한 도움이 필요한 특수 교육 대상자, 다문화 가정 학생, 귀국자 학생 등에게 적합한 학생 맞춤형 수업을 적용해야 한다. 학습자 맞춤 수업을 적용함으로써, 개별 학습자가 지속적인 성장과 발달을 할 수 있어야 한다.

마. 학교의 교육환경 조성과 맞춤형 수업

2022 개정 교육과정 총론의 'Ⅳ. 학교 교육과정 지원'의 '3. 학교의 교육환경 조성'에서는 교육청 수준에서 학습자 맞춤형 교육 강화를 위한 지원 사항이 제시되어 있다(교육부, 2022: 46). 2022 개정 교육과정에서는 다양한 특성을 가진 학습자들의 학습을 지원하는 데 필요한 '학습자 맞춤교육 강화'를 <표 1−7>과 같이 제시하였다.

⟨표 1-7⟩ 2022 개정 교육과정의 학습자 맞춤교육 강화를 위한 학교 교육과정 지원 방안

3. 학교의 교육환경 조성 나. 교육청 수준의 지원 7) 온오프라인 연계를 통한 효과적인 교수·학습과 평가가 이루어질 수 있도록 하며, 지능정보기술을 활용한 맞춤형 수업과 평가가 가능하도록 지원한다. 가) 원격수업을 효과적으로 지원하기 위해 학교의 원격수업 기반 구축, 교원의 원격수업 역량 강화 등에 필요한 행·재정적 지원을 한다. 나) 수업 설계·운영과 평가에서 다양한 디지털 플랫폼과 기술 및 도구를 효율적으로 활용할 수 있도록 시설·설비와 기자재 확충을 지원한다.

<표 1−7>에서 볼 수 있듯이, 교육청에서는 학습자 맞춤형 수업을 위한 학교 교육환경 조성을 위한 지원 사항이 제시되어 있다. 교육청에서는 교원의 원격수업을 위한 기반 구축 및 교원 역량 강화를 위하여 노력해야 하며, 디지털 기기 활용을 위한 시설과 설비와 기자재 확충을 지원해야 한다. 단위 학교에서는 원격수업 기반 구축, 디지털 플랫폼, 지능정보기술 도구 등을 활용하여 학생 맞춤형 수업을 실현해야 하며, 학생 맞춤형 수업에서 요구되는 지능정보기술역량을 신장시키기 위하여 지속적인 노력이 필요하다.

가. 2022 개정 교과 교육과정의 구조

2022 개정 초등학교 교과 교육과정에서의 맞춤형 수업을 이해하기 위해서는 2022 개정 교육과정의 교과 교육과정 구조를 살펴본 필요가 있다. 맞춤형 수업에 대한 지침이 교과 교육과정에 어떻게 구현되고 있는지를 확인하기 위해서는 교과 교육과정의 구조에 대한 이해가 선행되어야 하기 때문이다. 2022 개정 교과 교육과정의 구조는 <표 1-8>과 같다.

〈표 1-8〉 2022 개정 교과 교육과정의 구조

항목	설명
교육과정 설계의 개요	• 교과(목) 교육과정의 설계 방향에 대한 개괄적인 소개
	• 교과(목)와 총론의 연계성, 교육과정 구성 요소(영역, 핵심 아이디어, 내용 요소 등) 간의 관계, 교과 역량 등
1. 성격 및 목표	[성격] 교과(목) 교육의 필요성 및 역할 설명
	[목표] 교과(목) 학습을 통해 기르고자 하는 능력과 학습의 도달점을 총괄 목표와 세부 목표로 구분하여 제시
2. 내용 체계 및 성취기준	[내용체계] 학습 내용의 범위와 수준을 나타냄
	• 영역: 교과(목)의 성격에 따라 기반 학문의 하위 영역이나 학습 내용을 구성하는 일차 조직자
	• 핵심 아이디어: 영역을 아우르면서 해당 영역의 학습을 통해 일반화할 수 있는 내용을 핵심적으로 진술한 것. 이는 해당 영역 학습의 초점을 부여하여 깊이 있는 학습을 가능하게 하는 토대가 됨.
	• 내용 요소: 교과(목)에서 배워야 할 필수 학습 내용
	• 지식·이해: 교과(목) 및 학년(군)별로 해당 영역에서 알고 이해해야 할 내용
	• 과정·기능: 교과 고유의 사고 및 탐구 과정 또는 기능

항목	설명
	• 가치·태도: 교과 활동을 통해 기를 수 있는 고유한 가치와 태도
	[성취기준] 영역별 내용 요소(지식·이해, 과정·기능, 가치·태도)를 학습한 결과 학생이 궁극적으로 할 수 있거나 할 수 있기를 기대하는 도달점
	• 성취기준 해설: 해당 성취기준의 설정 취지 및 의미, 학습 의도 등 설명
	• 성취기준 적용 시 고려 사항: 해당 고유의 성격을 고려하여 특별히 강조하거나 중요하게 다루어야 할 교수·학습 및 평가의 주안점, 총론의 주요 사항과 해당 영역의 학습과의 연계 등 설명
3. 교수·학습 및 평가	[교수·학습]
	• 교수·학습의 방향: 교과(목)의 목표를 달성하기 위한 교수·학습의 원칙과 중점 제시
	• 교수·학습 방법: 교수·학습의 방향에 따라 교과(목)의 수업에서 활용할 수 있는 교수·학습 방법이나 유의사항 제시
	[평가]
	• 평가의 방향: 교과(목)의 목표를 달성하고 학습을 지원하기 위한 평가의 원칙과 중점 제시
	• 평가방법: 평가의 방향에 따라 교과(목)의 평가에서 활용할 수 있는 평가 방법이나 유의사항 제시

<표 1-8>에서 볼 수 있듯이, 2022 개정 교과 교육과정의 구조는 교육과정 설계의 개요, 성격 및 목표, 내용체계 및 성취기준, 교수·학습 및 평가로 구성되어 있다. 단위 학교에서는 교과 교육과정의 성격, 목표, 내용체계, 성취기준, 교수·학습 및 평가에 유의하여 교육활동을 전개하게 된다.

나. 2022 개정 초등학교 교과 교육과정과 맞춤형 수업

2022 개정 초등학교의 교과는 바른생활, 슬기로운 생활, 즐거운 생활, 국어, 수학, 사회, 과학, 음악, 미술, 체육, 실과, 도덕, 영어로 구성된다. 2022 개정 교과 교

육과정에서 맞춤형 수업이 제시되어 있는 항목을 정리하면 <표 1−9>와 같다.

<표 1-9> 2022 개정 초등학교 교과 교육과정과 맞춤형 수업

교과	항목								합계
	교육과정 설계의 개요	1. 성격 및 목표	2. 내용체계 및 성취기준		3. 교수·학습 및 평가				
			가. 내용체계	나. 성취기준 (나) 성취기준 적용시 고려사항	가. 교수·학습 (1) 교수·학습의 방향	가. 교수·학습 (2) 교수·학습	나. 평가 (1) 평가의 방향	나. 평가 (2) 평가 방법	
바른 생활	○	–	–	–	–	–	–	○	2
슬기로운 생활	○	–	–	–	–	–	–	○	2
즐거운 생활	○	–	–	–	–	–	–	○	2
국어	–	–	–	○	○	–	–	–	2
사회	–	–	–	–	○	–	○	–	2
도덕	–	–	–	–	–	–	○	–	1
수학	○	–	–	–	–	○	–	○	3
과학	–	–	–	–	–	–	–	○	1
체육	–	–	–	–	–	–	○	○	2
음악	–	–	–	–	○	–	○	–	2
미술	–	–	–	–	–	–	○	○	2
영어과	–	–	–	○	–	○	○	–	3
실과	–	–	–	–	–	–	–	–	–
합계	4	–	–	2	3	2	6	7	24

　<표 1−9>에서 볼 수 있듯이, 2022 개정 초등학교 교과 교육과정에서는 교육과정 설계의 개요, 성취기준, 교수·학습, 평가 등에서 학생 맞춤형 수업과 평가에 대한 지침을 제시하고 있다. 이들 항목과 관련하여 학생 맞춤형 수업에 대

한 진술을 간략하게 정리하면 다음과 같다.

첫째, 교육과정 설계의 개요는 교과 교육과정의 설계 방향에 대하여 개괄적인 소개라고 할 수 있는데 바른생활, 슬기로운 생활, 즐거운 생활, 수학의 4개 교과에서 학생 맞춤형 수업에 대한 진술을 제시하였다.

둘째, 2022 개정 초등학교 교과 교육과정의 성취기준에는 '성취기준', '성취기준 해설', '성취기준 적용 시 고려사항'을 제시하고 있는데, '성취기준 적용 시 고려사항'에 국어, 영어의 2개 교과에서 학생 맞춤형 수업에 대한 진술을 제시하였다.

셋째, 2022 개정 초등학교 교과 교육과정의 교수·학습은 '교수·학습의 방향'과 '교수·학습'을 제시하고 있는데, 국어, 사회, 수학, 체육, 음악, 미술, 영어의 7개 교과에서 학생 맞춤형 수업에 대한 진술을 제시하였다. 7개 교과에서 '교수·학습의 방향'에서 학생 맞춤형 수업에 대하여 진술하였다. 한편, '교수·학습'과 관련하여 수학, 미술의 2개 교과에서 학생 맞춤형 수업에 대한 진술을 제시하였다.

넷째, 2022 개정 초등학교 교과 교육과정의 평가는 '평가의 방향'과 '평가방법'에 제시되어 있는데, 바른 생활, 슬기로운 생활, 즐거운 생활, 사회, 도덕, 수학, 과학, 체육, 음악, 미술, 영어과의 11개 교과에서 학생 맞춤형 수업에 대한 진술을 제시하였다. 이 중에서 '평가의 방향'에서 학생 맞춤형 수업을 제시한 교과는 사회, 도덕, 체육, 음악, 미술, 영어의 6개 교과였으며, '평가방법'에서 학생 맞춤형 수업을 제시한 교과는 바른 생활, 슬기로운 생활, 즐거운 생활, 수학, 과학, 미술, 영어의 7개 교과였다.

2022 개정 초등학교 교과 교육과정에 제시된 맞춤형 수업에 대한 진술을 2022 개정 초등학교 교과 교육과정의 구조에 따라서 제시하고, 교과 교육과정 구조에서 각 교과별로 맞춤형 수업을 어떻게 규정하고 있는지 살펴보면 다음과 같다.

1) 교육과정 설계의 개요와 맞춤형 수업

교육과정 설계의 개요에서는 있는 바른 생활, 슬기로운 생활, 즐거운 생활, 수학의 4개 교과에서 맞춤형 수업이 제시되어 있다. 교육과정 설계의 개요와 2022 개정 교과 교육과정의 맞춤형 수업과의 관계는 <표 1-10>과 같다.

〈표 1-10〉 2022 개정 교과 교육과정의 교육과정 설계의 개요와 맞춤형 수업과의 관계

교과	교육과정 설계의 개요
바른 생활, 슬기로운 생활, 즐거운 생활 [통합교과]	미래 사회와 교육 환경은 기후변화나 기술 발전 등으로 예측하기 어려워지고 있다. 기존의 표준교육과정 개념을 넘어서 학생의 삶과 성장을 지원하는 학생 맞춤형 교육과정으로 변화하고 있는 것은 여기에서 비롯된 현상이다. 그래서 교육과정은 교사와 학생의 자율성을 존중하는 방향으로 나아갈 필요가 있다.
수학	아울러 기초 소양의 함양과 생태전환 교육, 민주 시민 교육, 학생 맞춤형 교육을 도모하는 교수·학습 및 평가 방법을 제시하였다.

<표 1-10>에서 볼 수 있듯이, 교육과정 설계의 개요에서는 맞춤형 수업의 배경, 교수·학습 및 평가 방법의 주안점이 제시되어 있었다. 바른생활, 슬기로운 생활, 즐거운 생활 교육과정에서는 학생 맞춤형 교육과정을 학생의 삶과 성장의 지원으로 규정하고 있으며, 교사와 학생의 자율성과 주도성의 관점에서 학생 맞춤형 수업의 필요성을 제시하였다. 수학교과에서는 수학교과의 중점 사항으로 학생 맞춤형 교육을 위한 교수·학습과 평가를 제안하고 있다.

2) 성취기준 적용 시 고려사항과 맞춤형 수업

성취기준 적용 시 고려사항에서는 국어, 영어의 2개 교과에서 맞춤형 수업이 제시되어 있다. 성취기준 적용 시 고려사항과 2022 개정 교과 교육과정의 맞춤형 수업과의 관계는 <표 1-11>과 같다.

교과	교육과정 설계의 개요
국어	(2) 읽기 [4국02-01] 글의 의미를 파악하며 유창하게 글을 읽는다. (나) 성취기준 적용 시 고려 사항 • 읽기 유창성을 지도할 때는 먼저 혼자 읽은 후에 짝과 함께 상호 점검하며 읽을 수 있도록 지도한다. (중략) 일반 학습자를 포함하여, 다문화 배경 학습자나 느린 학습자 등의 특별한 요구가 있는 경우에는 해당 성취기준에 대한 개별화 맞춤형 수업을 통해 한글 깨치기 학습이 충실히 이루어질 수 있도록 지도한다. (하략) (나) 성취기준 적용 시 고려 사항 • 일반 학습자를 포함하여, 다문화 배경 학습자나 느린 학습자 등의 특별한 요구가 있는 경우에는 해당 성취기준에 대한 개별화 맞춤형 수업을 통해 한글 깨치기 학습과 기본적인 읽기 기능에 대한 학습이 연계하여 이루어질 수 있도록 지도한다.
영어	(2) 표현 [4영02-01] 쉽고 간단한 단어, 어구, 문장을 강세, 리듬, 억양에 맞게 따라 말한다. (중략) (나) 성취기준 적용 시 고려사항 • 학습자는 영어로 표현하는 것에 대한 어려움과 불안감을 느끼는 경우가 많다. 교사는 이해 가능한 입력 자료, 의미 중심의 활동, 동료와의 협력 등을 통해 발화에 어려움이 있는 학습자가 적극적으로 대화에 참여하도록 이끌어 주어야 한다. 쓰기에 대한 흥미와 관심도 잃지 않도록 주변의 친숙한 간판이나 표지판, 상표 등에 나타난 알파벳과 단어를 중심으로 쓰게 한다. 또한 언어 수준을 고려하여 개별 학습자에게 필요한 맞춤형 자료를 준비하여 지도한다. (1) 이해 [6영01-01] 간단한 단어, 어구, 문장을 듣고 강세, 리듬, 억양을 식별한다. (중략) (나) 성취기준 적용 시 고려사항 • 에듀테크의 발달과 함께 듣기, 읽기 도구도 다양해지고 있으므로 다양한 디지털 매체를 활용한 듣기와 읽기에 익숙해질 수 있도록 한다. 인공지능이나 앱, 번역기 등의 디지털 도구를 활용하여 학습자의 수준에 맞는 맞춤형 학습을 제공할 수도 있다.

<표 1-11>에서 볼 수 있듯이, 성취기준 적용 시 고려사항에서는 국어과 3-4학년군의 읽기 영역, 국어과 5-6학년군의 읽기 영역, 영어과 3-4학년군의 표현 영역, 영어과 5-6학년군의 이해 영역에서 학생 맞춤형 수업에서 고려할 사항을 제시하고 있다. 국어과에서는 한글 깨치기 학습과 기본적인 읽기 기능과 관련하여 학생 맞춤형 수업을 제시하고 있는데, 다문화 학생, 느린 학습자 등과 같이 특별한 교육적 요구가 필요한 학생을 대상으로 맞춤형 수업을 할 때의 지도상 유의점을 제시하였다. 영어과에서는 학습자의 수준에 따른 맞춤형 수업을 제시하였으며, 디지털 도구를 활용한 학습자 수준을 고려한 맞춤형 수업 방법을 제시하였다.

3) 교수·학습의 방향과 맞춤형 수업

교수·학습의 방향에서는 국어, 사회, 수학, 체육, 음악, 미술, 영어의 7개 교과에서 맞춤형 수업에 대한 진술이 제시되어 있다. 교수·학습의 방향과 2022 개정 교과 교육과정의 맞춤형 수업과의 관계는 <표 1-12>와 같다.

〈표 1-12〉 2022 개정 교과 교육과정의 교수·학습의 방향과 맞춤형 수업과의 관계

교과	교수·학습의 방향
국어	(나) 학습자의 다양한 능력 수준, 관심과 흥미, 적성과 진로, 언어와 문화 배경 등 개인차를 고려하고, 학습자가 교수·학습의 과정에서 자신의 학습 방법이나 학습 소재 등을 주도적으로 선택할 수 있도록 함으로써 학습자 개개인의 발달과 성장을 지원할 수 있는 학습자 맞춤형 교수·학습 및 자기 선택적 교수·학습을 계획하고 운용한다.
사회	(사) 학습자의 학습 준비 정도나 성취기준 도달 정도를 파악하고, 다양한 학습자 유형 및 특성 등을 고려하여 맞춤형 교수·학습 방법을 설계한다.
수학	(바) 학생 개인의 필요, 수학 학습 속도, 학습 능력 등을 고려하여 학생 맞춤형 수업을 실시하고 보충 학습과 심화 학습의 기회를 제공한다.
체육	(다) 자기 주도적 학습을 위한 맞춤형 교수·학습 　학습자의 자기 주도적 학습을 촉진하기 위해서는 교사에 의해 안내된 학습과 학습자가 직접 설계한 학습을 병행하여 맞춤형 교수·학습이 이루어지도록 한다. 이를 위해 학습자가 스스로 학습 내용을 파악하고, 주어진 과제를 적극적으로 해결할 수 있도록 교수·학습 환경을 조성하며, 학습자의 관심과

교과	교수·학습의 방향
	특성을 고려한 수준별 과제 제시, 자신감을 높여주는 동기 유발 전략 등을 마련한다. 학습자 스스로 문제를 해결하기 위한 탐구적 교수·학습 자료를 제공하고 신체활동의 적극적인 연습과 교정이 이루어질 수 있도록 학습 과제, 시설 및 기자재를 안전하고 효율적으로 조직한다. 또한 영역과 활동의 특성을 고려하여 적합한 수업 모형 및 전략을 선정하거나 이를 창의적으로 변형함으로써 교수·학습의 타당성을 높인다.
음악	(라) 학생들의 다양한 특성과 발달 수준을 고려하여 <음악> 과목에서의 학생 맞춤형 수업 혹은 개별화 수업 방안을 마련하며 수업 설계 과정이나 학습 자료와 학습 활동의 선택 과정 등에 학생들이 능동적으로 참여할 수 있는 기회를 제공한다. 또한 모든 음악 활동에서 서로 존중되는 분위기를 형성할 수 있도록 하며, 특히 배움이 느린 학습자, 다문화 학생, 특수 학생 등을 배려한다.
미술	(나) 학습자의 주도성을 바탕으로 삶과 긴밀하게 연관된 주제를 다루며 다양한 학습자를 고려한 맞춤형 교수·학습이 이루어질 수 있도록 계획하고 실행한다. • 학교의 다양한 여건, 지역 간 차이, 수업 환경 등을 고려하여 학습의 내용과 양, 수준을 적정화한다. • 학습자 스스로 자신이 무엇을 배우고 어떻게 문제를 해결하는지 학습 과정에 대해 성찰할 수 있도록 교수·학습을 계획하고 실행한다.
영어	(카) 학습자의 특성과 성취 단계를 고려하여 개별화 수업을 제공한다. 개별 학습자의 영어 능력 수준 및 다양한 학습자 요인을 파악할 수 있는 데이터를 수집하고, 각자의 수준과 요구에 부합하는 자료, 활동, 과제를 선택하게 하는 등 개별화된 수업 환경을 제공한다. 또한 학습 과정에 대한 맞춤형 평가와 피드백을 제공함으로써 개별 학습자의 학습 성취를 돕는다.

<표 1-12>에서 볼 수 있듯이, 각 교과별로 교수·학습의 방향에서 학생 맞춤형 수업에 대한 지침에 제시되었다. 각 교과별로 교과의 특성에 따라 학생 맞춤형 수업을 위한 교수·학습의 방향의 강조점 또는 주안점이 상이하게 제시되어 있으나, 대체로 다음과 특징이 있다. 2022 개정 교과 교육과정에서는 학생 맞춤형 수업에 대한 교수·학습의 방향으로써, 학습자의 특성, 발달 수준, 성취 단계를 고려한 개별화 수업 환경 조성, 개별 학습자의 학습 성취 지원을 위한 맞춤형 평가와 피드백 제공, 학생 스스로 학습 계획을 설계하고 성찰하는 학생 주도성 학습 촉진, 학생의 요구와 특성을 반영한 시설 및 기자재 활용, 학습자 개인의 성장과 발달 등을 고려하여 교수·학습의 설계 원리를 제시하였다.

4) 교수·학습 방법과 맞춤형 수업

교수·학습 방법에서는 수학, 미술의 2개 교과에서 맞춤형 수업에 대한 진술이 제시되어 있다. 교수·학습과 2022 개정 교과 교육과정의 맞춤형 수업과의 관계는 <표 1-13>과 같다.

〈표 1-13〉 2022 개정 교과 교육과정의 교수·학습 방법과 맞춤형 수업과의 관계

교과	교수·학습 방법
수학	(라) 수학 교수·학습 과정에서 학생의 다양성을 고려하고 학생의 성장을 지원하기 위한 맞춤형 지도를 실시한다. ① 학생의 수학 학습 수준이나 사고방식의 차이를 존중하여 학생 개인에게 적합한 학습 과제를 선정하여 제시하고, 학생이 소재나 과정을 선택하고 구성할 수 있도록 수학 학습 활동을 설계한다. ② 학생의 시도와 성취에 대해 구체적으로 격려하고 칭찬하며, 동료 학생의 학습 수준이나 학습 결과에 대해 포용적인 교실 문화를 형성한다. ③ 학생의 수학 학습 과정과 결과를 점검하여 학생의 성장 발전을 지원하고, 이때 온라인 학습 관리 시스템을 활용할 수 있다.
미술	(나) 미술 수업에서 학습자의 주도성이 적극적으로 발현될 수 있도록 학습자의 특성을 고려한 개별화, 맞춤형 교수·학습 방법을 활용할 수 있다. • 학습자의 흥미와 관심, 문화적 배경 등을 고려하여 주제를 선정하고 수업 방법을 정할 수 있다. 학습자의 개성, 사전 지식 등 개별 학생의 특성 분석을 토대로 한 맞춤형 교수·학습 설계, 실행, 지원을 통해 학생의 동기를 유발하고 적극적인 참여를 이끌 수 있다. • 미술 활동 시, 충분한 시간을 확보하여 학습 부진 학생, 느린 학습자 등이 자신의 학습속도에 맞추어 수업에 참여할 수 있도록 하고, 장애가 있는 학생을 고려하여 미술실 수업 환경, 수업 기자재와 도구 등을 사전에 점검하고 적합한 학습 환경을 구성한다. 학습의 주제와 작품 등을 선정할 때는 다문화 가정 학생을 비롯하여 소외될 수 있는 환경에 있거나, 배려가 필요한 학생들을 고려하여 신중하게 선택한다. • 학생들이 자신의 경험, 생각과 느낌을 시각적으로 표현하는 과정은 외부 세계와의 상호 관계 속에서 내면을 성찰하게 한다. 삶과의 긴밀한 연결을 만들고 의미를 구성하며 학습자의 반성적 성찰을 돕기 위해 시각 요소를 담은 신문이나 잡지, 이미지를 포함한 일기 등을 활용한 서사 중심의 교수·학습 방법을 활용할 수 있다.

교과	교수·학습 방법
	(다) 미술 학습 환경의 변화를 고려하여 온오프라인 연계가 가능한 디지털 기반 교수·학습 방법을 활용할 수 있다. • 디지털 기술을 활용하여 학습자의 개별 특성과 학습 속도에 적합한 맞춤형 학습을 도울 수 있다. 학습관리시스템을 활용하면 실시간 온라인 협업을 통해 작품 및 결과물 공유, 전시가 가능하며 학습자의 관리와 분석, 피드백 제공 등 원격수업 상황에서도 학습자에게 적합한 지원으로 학습 효과를 높일 수 있다

<표 1-13>에서 볼 수 있듯이, 교수·학습 방법에서는 수학과와 미술과에서 학생 맞춤형 수업에 대한 지침이 제시되어 있다. 수학과에서는 학생의 다양성 및 학생의 성장 지원을 위한 맞춤형 지도과 온라인 학습 관리 시스템 활용을 위한 교수·학습 방법을 제시하였고, 미술과에서는 학습자 주도성을 발휘될 수 있는 개별 맞춤형 수업, 실생활 연계 교수·학습 학습, 디지털 기반 교수·학습 방법을 활용한 맞춤형 학습 지원 방법을 제시하고 있다. 학생 맞춤형 교수·학습 방법에서는 공통적으로 학습자 주도성, 디지털 기술 활용, 소외되는 학생이 없는 모든 이를 위한 교육을 위한 교수·학습 방법이 제시되어 있다.

5) 평가의 방향과 맞춤형 평가

평가의 방향에서는 사회, 도덕, 체육, 음악, 미술, 영어의 6개 교과에서 맞춤형 평가에 대한 진술이 제시되어 있다. 평가의 방향과 2022 개정 교과 교육과정의 맞춤형 평가와의 관계는 <표 1-14>와 같다.

〈표 1-14〉 2022 개정 교과 교육과정의 평가의 방향과 맞춤형 평가와의 관계

교과	평가의 방향
사회	(자) 다양한 학습자의 유형과 특성을 고려한 맞춤형 평가 방안을 모색한다.
도덕	(바) 평가의 과정 및 결과를 분석하여 교수·학습 과정, 평가 방법을 개선하고, 학생의 도덕적 성장을 위한 맞춤형 피드백을 제공한다.

교과	평가의 방향
체육	(다) 학습자의 수준을 고려한 맞춤형 평가 학습자의 신체활동에 대한 흥미와 동기, 체력, 기능 등의 수준을 고려하여 교사는 단원이나 수업의 출발점 단계에서 학습자 수준을 파악하고 이를 학습의 과정과 결과에 반영함으로써 학습자 수준을 고려한 맞춤형 평가를 시행한다. 즉 학습자의 출발점 수준에 따라 학습 과정을 체계적으로 관찰하고, 개인별 수준을 고려하여 학습을 통해 도달해야 하는 성취기준을 융통성 있게 설정할 수 있다. 학습자는 맞춤형 평가를 통해 자기 수준에 적합한 다양하고 구체적인 피드백을 제공 받을 수 있으며, 자신의 성취수준을 파악함으로써 학습에 대한 흥미와 동기를 유지할 수 있다
음악	(마) 학생의 다양한 특성과 발달을 고려하여 음악적 수준을 진단하고 파악한 후 평가 문항 혹은 평가 과제를 개발한다. 특히 배움이 느린 학습자, 다문화 학생, 특수 학생 등을 배려하고 개별 맞춤형 피드백을 강화하며, 일정 기간 학습을 마친 후 이루어지는 평가에서는 음악 학습내용을 새로운 상황과 맥락에 적용할 수 있는 수행 능력에 관한 평가를 실시하도록 한다.
미술	(나) 학습자가 성취기준에 도달하는 과정과 학습 결과를 고려하여 학습자의 성장과 발달을 지원할 수 있도록 과정을 중시하는 평가를 계획하여 실행한다. • 교수·학습 과정에서의 다양한 산출물(계획서, 아이디어 스케치, 보고서, 창작 작품, 발표 자료 등)과 학생의 변화와 성장에 대한 자료를 다각적으로 수집하여 학습자에게 구체적이고 명확한 맞춤형 피드백을 제공한다.
영어	(마) 학습자의 학습 스타일, 정의적 특성, 영어 수준 등을 고려한 다양한 평가 방식을 마련하여 맞춤형 평가가 이루어지도록 한다. 특히, 학습 부진을 겪고 있거나 성장 속도가 느린 학습자가 단일 평가 방식으로 인해 학습 의욕 저하 및 이탈을 경험하지 않도록 다양한 유형의 평가 방안을 마련한다. (사) 평가 결과를 바탕으로 개별 맞춤형 피드백을 제공한다. 교사는 평가 결과를 지속적으로 모니터하고 교수·학습에 환류하여 수업을 개선한다. 또한 학습자에게 상세한 맞춤형 피드백을 제공하여 학습 성장을 돕는다.

<표 1-14>에서 볼 수 있듯이, 평가의 방향에서는 사회, 도덕, 체육, 음악, 미술, 영어의 6개 교과에서 학생 맞춤형 평가에 대한 지침이 제시되어 있다. 맞춤형 평가는 학습자의 유형, 특성, 수준을 고려하되, 성취수준에 도달하는 과정

과 학습 결과를 고려한 맞춤형 피드백을 통하여 학습자의 성장과 발달을 지원하는 과정중심평가를 제안하고 있다. 이와 함께 다양한 평가방법을 적용하여 저성취 학생의 학습 동기를 고취시키는 방안을 제안하였다.

6) 평가방법과 맞춤형 평가

평가방법에서는 바른 생활, 슬기로운 생활, 즐거운 생활, 수학, 과학, 미술, 영어의 7개 교과에서 맞춤형 평가에 대한 진술이 제시되어 있다. 평가방법과 2022 개정 교과 교육과정의 맞춤형 평가와의 관계는 <표 1-15>와 같다.

〈표 1-15〉 2022 개정 교과 교육과정의 평가방법과 맞춤형 평가와의 관계

교과	평가방법
바른생활, 슬기로운 생활, 즐거운 생활 [통합교과]	(가) 학생의 평가 결과는 교수·학습 결과나 효과 확인, 학생 맞춤형 수업 계획의 기초 자료, 학생이 자신의 학습에 대한 학습을 평가하는 자료로 활용할 수 있다
수학	(마) 온라인 수학 교수·학습 환경에서 평가할 때는 다음 사항을 고려한다. ② 온라인 학습 플랫폼이나 학습 관리 시스템을 이용하여 학생의 수행 과정을 관찰하고 개별 맞춤형으로 환류할 수 있다.
과학	(나) 교수·학습 계획을 수립할 때, '과학' 교육과정 성취기준을 고려하여 평가의 시기나 방법을 포함한 평가 계획을 함께 수립한다. − 평가 결과를 바탕으로 학생 개별 맞춤형 환류를 제공하여 학생 스스로 평가 결과를 해석하고 학습 계획을 세울 수 있도록 한다.
미술	(가) 교수·학습과 연계하여 학생의 성장을 도울 수 있도록 학습 과정을 중시하는 평가를 시행한다. • 디지털 평가 도구를 활용하여 학습자의 누적된 학습 데이터를 분석 및 활용하여 학습자에게 맞춤형 피드백을 제공할 수 있다. (라) 다양한 학습 플랫폼과 디지털 도구를 활용하여 평가할 수 있다. • 디지털 평가 도구를 활용하여 학습자의 누적된 학습 데이터를 분석 및 활용하여 학습자에게 맞춤형 피드백을 제공할 수 있다.
영어	(타) 이해 영역 평가에서는 학습자 개인의 읽기와 듣기 수준을 객관적으로 평가할 수 있는 각종 보충 자료 및 디지털 프로그램(인공지능

교과	평가방법
	기반 플랫폼 등)을 활용하여 학습자의 이해 능력을 진단하고, 개인별 맞춤형 피드백을 제공하여 학습의 향상 과정을 파악한다.

<표 1-15>에서 볼 수 있듯이, 평가 방법에서는 바른 생활, 슬기로운 생활, 즐거운 생활, 수학, 과학, 미술, 영어의 7개 교과에서 학생 맞춤형 평가에 대한 지침이 제시되어 있다. 맞춤형 평가방법에서는 디지털 평가 도구 및 온라인 학습 플랫폼 등을 활용한 학습자 맞춤형 피드백 제공이 공통적으로 제시되어 있으며, 학생주도성을 신장시킬 수 있도록 학생 스스로 평가 결과를 해석하고 학습 계획을 세울 수 있는 것을 강조하고 있다.

4 국가 수준 교육과정에서의 맞춤형 수업

국가 수준 교육과정에서는 맞춤형 수업에 대하여 공통된 특징 및 사항 등이 반영되어 있다. 국가 수준 교육과정에서의 맞춤형 수업에 대한 주요 사항을 살펴보면 다음과 같다.

첫째, 맞춤형 수업의 지향점은 개별 학습자의 지속적인 성장과 발달에 있다. 단위 학교에서는 개별 학습자의 동기, 흥미, 적성, 수준 등에 대한 진단 결과에 바탕을 두고, 개별 학습자의 성장과 발달을 기여할 수 있는 교육내용, 교육방법, 교육결과물에 대한 개별화를 강조하고 있었다.

둘째, 맞춤형 수업에서는 학습자가 주도적으로 학습 계획을 수립하고, 실행하고, 스스로 점검할 수 있는 학생주도성 신장을 목표로 삼고 있다. 이에 따라 맞춤형 수업에서는 학습자의 학습 선택권과 학습 개별화를 추구한다. 학습 개별화는 학습 속도의 개별화뿐만 아니라 학습자의 특성과 적성, 흥미를 고려한 학습 선택권의 의미를 포함한다.

셋째, 맞춤형 수업은 일반 학생뿐만 아니라 특정 분야의 탁월한 능력을 보이는 영재 및 우수학생, 다문화 학생, 귀국 학생, 특수교육 대상자 등과 같은 특별한 도움이 필요한 학생들 모두의 학업성취를 지향한다. 따라서 단위 학교에서는 모든 학생들의 개별적인 요구에 바탕을 두고, 모든 학습자의 성장 지원을 위한 교수·학습 방법을 마련해야 한다.

넷째, 학생 맞춤형 수업에서는 의미구성을 위한 학습자의 적극적인 참여를 중시한다. 단위 학교에서는 학습자 스스로 문제를 해결할 수 있는 탐구중심의 교수·학습 방법을 제시하거나, 집단 간의 상호작용이 활발하게 이루어지는 토의·토론학습, 협동학습, 협력학습 등과 같은 교수·학습 방법을 활용할 필요가 있다.

다섯째, 학생 맞춤형 수업과 평가와 관련하여 디지털 기기, 온라인 학습 플랫폼, 학습 관리 시스템의 활용이 강조되고 있다. 단위 학교에서는 온라인 학습 플랫폼이나 학습 관리 시스템을 이용하여 학생의 수행 과정을 관찰하고 개별 맞춤형으로 피드백을 제공할 수 있다.

여섯째, 맞춤형 수업에서는 학생 평가가 강조된다. 학생 평가는 학습자의 성장과 발달을 지원하는 과정중심평가를 요구한다. 단위 학교에서는 학습자의 인지적, 정의적, 심동적 영역에 대한 진단평가를 실시하고, 진단평가에 기초하여 학습자의 특성, 요구 등을 반영하여 학습자가 선택할 수 있는 다양한 교수·학습 활동을 제시하고, 학습과정과 학습결과에서 학업성취도를 도달하는지를 확인하고 학습자의 특성에 부합하는 피드백을 제공해야 한다.

일곱째, 학생 맞춤형 평가에서는 학습자의 수준을 고려한 맞춤형 평가가 중시된다. 단위 학교에서는 학생의 학습과정과 결과를 동시에 반영함으로써, 학습자 수준을 고려한 맞춤형 평가를 시행하게 된다. 이에 따라 교사는 학습자의 출발점 수준에 따라 학습 과정을 체계적으로 관찰하고, 개인별 수준을 고려하여 학습을 통해 도달해야 하는 성취기준을 융통성 있게 설정하게 된다. 학습자는 맞춤형 평가를 통해 자기 수준에 적합한 다양하고 구체적인 피드백을 제공받게 되며, 자신의 성취수준을 파악함으로써 학습에 대한 흥미와 동기를 유지할 수 있다.

참고문헌

- 교육부(2016). 교육과정 총론 해설서. 교육부.
- 교육부(2022a). 교육과정 총론[별책 1]. 교육부.
- 교육부(2022b). 초등학교 교육과정[별책 2]. 교육부.

ARTIFICIAL INTELLIGENCE

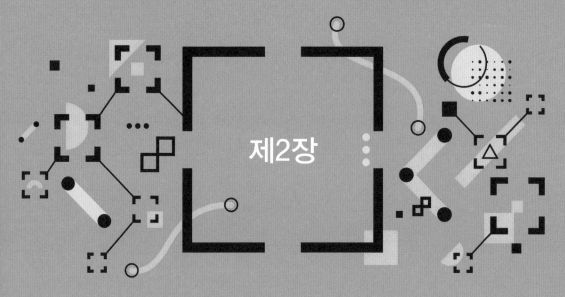

제2장

학습자 맞춤형 수업

AI와 연계한 맞춤형 수업 설계의 이론과 실제

학습자 맞춤형 수업

1 맞춤형 수업의 필요성과 의미

가. 맞춤형 수업의 필요성

4차 산업혁명, 인공지능 혁명의 시대로 대표되는 불확실성의 시기에 미래 사회에 필요한 인재는 어떠해야 하는지 학생들에게 어떠한 능력을 길러주어야 하는지 화두가 되고 있다. 미래 사회에 필요한 학습자의 능력으로 비판적 사고, 의사소통, 협력, 창의성과 같은 역량이 거론되고 있다. 그러므로 교육 분야는 어느 때보다도 그 변화의 요구에 직면해 있고, 여러 가지 요인들이 교사들에게 자신의 교실을 지속적으로 변화하도록 요구하고 있다.

OECD 교육의 미래와 기술 2030(OECD, 2018)에서도 제시한 바와 같이 교육은 급속하게 변화되는 세계에서 새로운 해결책을 제시할 필요가 있다. 그러므로 교육은 사람들이 포용적이고 지속가능한 세계로부터 도움을 받고 기여할 수 있도록 지식과 기술을 개발하고 가치와 태도를 형성할 수 있도록 중요한 역할을 맡게 된다. 미래를 준비하는 학생들은 자신의 교육과 삶을 통하여 주도적으로 행동할 필요가 있다. 학생 주도성은 다른 사람들과 사건, 주변에 보다 나은 영향을 미칠 수 있도록 세계에 대한 책임감을 가지는 것이다. 오늘의 학생들이 그들의 세계를 형성하고 발전시킬 수 있도록 지식과 기술 및 가치와 태도를 효율적으로 발전시킬 수 있는 학생 주도성(student agency)을 강조하고 있다. 학생들은 불확실한 상황에서 자기주도적으로 삶을 헤쳐나갈 수 있는 변혁적 역량을 갖추고 새로운 가치 창출과 책임의식, 갈등과 딜레마의 조정을 할 수 있을 것이다.

따라서 2022 개정 교육과정의 비전 또한 '포용성과 창의성을 갖춘 주도적인 사람'으로 설정되었다. 이를 위한 개정의 중점사항은 미래 사회가 요구하는 역량을 기르고, 학습자의 삶과 성장을 지원하는 맞춤형 교육과정을 설계하는 것이다(교육부, 2021). 2022 개정 교육과정 총론에서도 학습자의 다양성을 존중하고 학습 소외 및 교육 격차를 방지할 수 있도록 맞춤형 교육을 지원하고 교과의 특성과 학생의 능력, 적성, 진로를 고려하여 학습활동과 방법을 다양화하고, 학교의 여건과 학생의 특성에 따라 다양한 학습 집단을 구성하여 학생 맞춤형 수업을 활성화할 것을 제시하고 있다(교육부, 2022).

맞춤형 수업에 대한 논의는 미국에서는 2000년대 초반부터 미래 교육의 논의 맥락에서 맞춤형 학습(Personalized Learning)으로 회자되어 왔고(Martinez, 2001), 우리나라에서도 2000년대 중후반에 맞춤형 학습 지원 방안에 대한 연구들이 등장하기 시작하였다(김인숙, 2003; 홍선주 외, 2009; 황윤환, 2004). 이 연구들은 맞춤형 학습을 하나의 교육목표이자 방법으로서 초중등교육을 중심으로 널리 적용되었다. 최근 온라인 학습 방법이 보편화되면서 온라인 학습 플랫폼과 AI를 적용한 학습 방법에 대한 주요 쟁점이 되었고, 미래형 교육의 주요한 방법으로 맞춤형 학습이 화두가 되었다.

이렇듯 학생의 주도성이 강조되는 방향으로의 교육 패러다임의 변화는 학습자 맞춤형 수업에 대한 관심을 고조시키고 있다. 첨단 기술과 함께 사회 전반에 걸쳐 빠르게 변화하는 시대에서 학습자들이 익혀야 할 핵심역량은 자기 배움에 대해 갖는 주체성이다(김아영, 2014). 이러한 학습자들에게 필요한 핵심역량을 길러주기 위해서는 교사가 일방적으로 지식을 전달하는 강의식 수업에서 학습자가 학습의 주체로서 주도적으로 문제를 해결하고 동료들과 협력하는 학습자 중심 수업으로 변화해야 한다. 학습자 중심 수업을 효과적으로 실시하기 위해서는 학습자의 특성과 요구를 파악하여 맞춤화된 지원을 제공하는 것이 중요하기 때문이다(홍선주 외, 2018).

맞춤형 수업은 학습자의 흥미와 동기 및 학업 성취도를 높이고 스스로 과제를 해결하려고 하는 주도적 역량을 개발하는 데 효율적이라는 견해들이 많다. 또한 전통적인 수업에서 소외되었던 평균에서 동떨어진 학생들의 학습을 효과적으로 지원할 수 있다는 장점이 있다(Gregory & Chapman, 2013). 여러 연구에서 밝히고 있듯이 다양한 학습자들의 출발점과 그들의 수준과 선호도에 맞는 적절한 과제를 제시하고 여건을 조성한다면 보다 성공적인 학습자로 성장시킬 수 있다고 주장하고 있다(Tomlinson & McTighe, 2006, Chapman & King, 2012).

맞춤형 수업에 대한 국가적인 요구와 개인의 역량을 길러야 한다는 사회적 요구에도 불구하고 실제 학교 현장에서 교사들이 맞춤형 수업을 실천하는 데는 많은 어려움이 있다. 기존의 학교 수업은 대량생산 체제를 위한 산업 노동자에 대한 사회적 수요를 만족시키기 위해 수업이 설계되었다 해도 과언이 아닐 것이다. 교사들은 주로 국가 또는 교육청에서 제시하는 교육과정과 지침, 개인적인 경험과 학급의 일반적인 특성에 따라 수업을 설계하였고, 이러한 수업 설계 방식은 다인수 학급에서 교사 개인이 감당하기에 효율적인 방식이었다.

미래 사회에서는 급속한 테크놀로지의 변화, 인간의 학습에 대한 새로운 인지 연구, 학생의 다양성 등 교실 변화에 영향을 미치는 요인들이 많기 때문에(Gregory & Chapman, 2013), 개별 학습자의 특성과 요구에 맞는 수업 설계가 이루어져야 한다. 그러나 한 명의 교사가 제한된 자원을 가지고 여러 명의 학생을 담당해야 하는 일반적인 교실 환경에서 지속적으로 학생의 변화를 점검하여 맞춤화된 학습활동을 설계하는 것은 매우 어려운 일이다. 그럼에도 불구하고 교사는 새로운 시대의 요구에 부응하는 수업 설계 패러다임으로 맞춤형 수업을 택한 것은 "한 가지 도구로는 모두를 만족시킬 수 없고(Gregory & Chapman, 2013)" 학생들이 개인적인 삶과 세계 속에서 안정된 삶(well-being)을 살아갈 수 있도록 다양한 성공 기회를 제공하는 것이 중요하기 때문이다.

나. 맞춤형 수업의 의미

교육학 분야에서 '맞춤' 역시 다양한 맥락에서 포괄적으로 사용된다. 맞춤형 수업(personalized instruction)은 맥락에 따라 다양한 의미를 포함한다. 맞춤형 수업의 정의는 학자들에 따라 여러 가지 용어로 쓰인다. 맞춤형 수업은 수준별 수업(differentiated instruction)과 개별화 수업(individualized instruction)과 맞춤형 학습(personalized learning)을 모두 포함하는 개념으로 맞춤형 수업을 사용하고 있다(김선영, 2018; Spector, 2015). 수업설계의 영어 원어는 수준별 수업설계(differentiated instructional design)와 개별화 수업 설계(personalized instructional design)를 맥락에 따라 혼용하여 사용하고 있다.

맞춤형 수업은 광의의 의미와 협의의 의미로 구분해 볼 수 있다. 광의의 의미에서 맞춤형 수업은 때때로 비공식적이고 구조화되지 않은 환경에서 맞춤화가 일어나기 때문에 여러 용어의 의미와 중첩되는 부분이 있다. 때로는 맞춤형 학습(personalized learning)이라는 용어와 혼용되기도 하며, 수준별 수업(differentiated instruction)과 개별화 수업(individualized instruction)이 포함하기도 한다(김선영, 2018; Spector, 2015).

맞춤형 학습(personalized learning)은 학생의 흥미와 요구를 학교생활의 중심으로 설계된 교육 실천의 집합을 의미하며 수준별 수업과 개별화 수업을 모두 포함한 개념이다(Kalio & Halverson, 2020). 맞춤형 학습은 학생의 강점, 흥미, 필요에 맞추어 학생들이 무엇을, 어떻게 배워야 하는지 수준별로 지원하는 것이다. 수준별 수업(differentiated instruction)은 교사가 수준이 다른 학습자들의 요구에 맞추어 수업을 설계하고 다양한 과제를 제시하는 것이다. 개별화 수업(individualized instruction)은 개인 학습자의 필요에 따라 교수 학습을 설계하며, 한 명의 학습자일지라도 특정한 목표를 세우고 개별 학습자를 위해 자료와 기술을 선정하고 지원하는 것이다.

반면 협의의 의미에서 맞춤형 수업은 수준별 수업, 개별화 수업과 개념적으로 구분되며, 다양한 학습자를 위하여 맞춤화된 목표를 설정하고 적합한 학습 유형에 따라 주도적으로 학습할 수 있도록 지원하는 학습자 중심 접근 중심이라는 점에서 다르게 정의할 수 있다.

요컨대 맞춤형 수업은 개별 학습자 혹은 학습자 집단의 특성과 요구에 맞게 학습활동과 자원을 조정하여 학습자가 최적화된 학습을 경험할 수 있도록 맞춤화된 지원을 제공하는 수업을 일컫는 포괄적인 개념으로 정의할 수 있다.

다. 맞춤형 수업과 유사한 용어

넓은 의미의 맥락에서 맞춤형 수업에 포함되는 수준별 수업과 개별화 수업의 의미는 맥락에 따라 조금씩 다르게 사용된다. 개별화 학습(individualized learning)은 교실 내 학생의 학습 기회를 극대화하기 위해 개별 학생과 학습 집단의 다양한 요구에 따라 적극적으로 교육 내용(content), 과정(process), 결과(product)를 조정하여 이루어지는 수업을 의미한다. 맞춤형 수업에서는 학습자의 준비도(readiness), 흥미(interest), 학습 유형과 같은 학습자의 특성을 고려하여 과제 다양화, 유연한 집단 구성, 지속적인 평가와 조정 등과 같은 전략을 통해 학습자에게 차별화된 학습 경험을 제공한다(Tomlinson, 2006). 수준별 수업에서는 한 명의 교사가 여러 명의 학생들을 효과적으로 지도하기 위해 학습자를 적절한 집단으로 분류(clustering)하는 것을 강조한다(홍선주 외, 2019).

개별화 수업은 개별 학습자의 학습 능력, 학습 양식, 학습 속도 등의 개인차에 대한 적응 수업으로서 학습자의 여건에 맞게 학습 내용, 학습활동, 학습 자원 등을 제공하는 수업을 의미한다. 개별화 수업에서도 수준별 수업과 마찬가지로 동일한 학습목표를 지닌 학습자 집단을 상정하지만, 개별 학습자의 특성과 요구에 보다 초점을 맞추어 집단이 아니라 개별 학습자 단위로 학습 내용, 활동 및 속도, 관련 학습 자원 등을 적응적으로 제공한다는 점에서 수준별 수업과 구분된다. 예를 들어, 장애가 있는 학생에 대한 개별화된 교육 계획을 세워 처치를 제공하거나 적응적 학습 시스템을 활용하여 개별적인 튜터링을 제공하는 경우를 생각해볼 수 있다(Spector, 2015). 개별화 수업이 개별 학습자에 초점을 둔다는 면에서 수준별 수업보다 학습자 중심적인 수업이라고 볼 수 있지만, 개별화 수업에서도 여전히 교사가 학습자보다 학습 경험의 설계와 운영에서 많은 권한을 가지고 있다.

마지막으로 맞춤형 학습은 학습자가 스스로 자신의 요구에 따라 학습목표를 설정하고 목표에 따라 적응적으로 학습하는 수업을 의미한다(Kalio & Halverson, 2020). 맞춤형 학습의 주체는 교사가 아니라 학습자이다. 맞춤형 학습에서 학습자들에게는 동일한 목표가 있는 것이 아니라 자신의 특성과 요구에 따라 각기 다른 학습목표를 설정하게 된다. 또한 학습자는 자신의 목표에 따라 다른 학습 활동과 자원을 선택할 권한을 가진다. 맞춤형 학습은 교수자 중심의 전통적인 교수설계 패러다임을 학습자 중심으로 확장하여 다양한 기술 기반 학습 자원을 활용하여 학습자가 주도적으로 아이디어를 생성하여 발전시키고 공유하는 등 의미 있는 학습을 경험할 수 있도록 한다는 점에서 주목을 받고 있다(Kallick & Zmuda, 2017).

이러한 관점에서 본다면, 맞춤형 수업은 다양한 학습자의 수준을 고려하되 교사가 개인 또는 집단의 특성에 맞게 다양한 기술을 기반으로 학생의 성취를 이끌어내기 위한 수업을 의미한다고 볼 수 있다.

2 맞춤형 학습설계 주체

가. 학습자 중심 수업과 맞춤형 학습

학습자 중심 수업에서는 학생은 수동적인 지식의 수용자가 아니라 지식을 생성하고 활용하며 다양한 학습활동에 참여하고, 다양한 맥락 속에서 스스로 경험하고 지식을 재해석하고 구성해가는 학습의 주체이다. 학습자 중심 수업에 대한 논의는 구성주의가 등장하면서부터 시작되었고, 지식을 객관적 실체 혹은 절대적 진리라고 보기보다 지식은 구성적이라고 보기 때문에 학생이 지식과 의미를 생성하고 구성해간다는 측면에서 학습자의 능동적인 태도를 중시한다.

학습자 중심의 수업이란 학습자에게 수업의 초점을 맞춘 것으로써, 교사의 안내를 받아 학습자가 자신의 학습에 책임을 지는 수업을 의미한다(Eggen & Kauchak, 1999). 학습자 중심 수업은 학습 내용과 활동을 다양한 방식으로 제시하고 교사 및 학생 간 상호작용을 중시하며 적합한 학습 환경을 구상하고 교수자는 유연한 사고방식과 태도로 수업을 계획하고 실행한다(김인숙, 2003). 학습자 중심 수업의 특성은 학생들이 수업 활동을 계획하고 실행해 나가는 데 책임을 갖도록 하고, 교사의 안내를 받으며 교사와 학생이 모두 학습 내용과 과정의 이해에 참여하도록 한다.

맞춤형 학습설계(personalized learning plan)는 학생 개인의 기능과 능력, 선호도, 배경지식 및 경험에 따라 학습 경험을 최적화할 수 있도록 교수·학습을 계획하는 것이다. 학생 개인의 진로 목표, 성격과 흥미, 학업 성취도 등과 같은 개인별 차이와 요구를 고려한 최적화된 교수 계획이다(Lee, 2014). 맞춤형 학습설계를 준비하고 실행하는 것은 개별 학습자의 속도를 조절하고, 학습자의 특성에 맞는 교수 방법을 최적화하고, 학습자의 흥미와 선호도, 학습 이전의 경험에 따라 학습목표를 달리 설정하는 것이다. 학습에서 교육내용은 학습의 구체적이고 직접적인 경험과의 관련 속에서 해석되고 이해되어야 한다(Dewey, 1963).

이러한 맥락에서 본다면 학습자 중심 수업과 맞춤형 학습은 학습자의 경험을 중시하고 학습자가 학습활동을 수행하는 주체로 본다는 점에서 전통적 교수 패러다임보다 학생의 능동적인 태도와 학습자의 개별적 특성에 주목한다는 것을 알 수 있다.

나. 디지털 도구와 맞춤형 수업

맞춤형 학습의 주요한 초점은 학생 경험의 다양화이다. 현재는 사회의 여러 분야에서 인공지능(Artificial Intelligence)이 활용되고 있고, 교육 분야에서도 인공지능을 활용한 여러 교수 방법이 소개되고 있다. 실제로 디지털 도구와 AI를 이용한 교육용 프로그램이 많이 개발되고 활용되고 있으며, 다양한 학습자들에게 유용하게 활용되고 있다는 보고들이 있다(류혜인 외, 2019; 이영석 외, 2020). 에듀테크를 활용한 맞춤형 학습은 학생들의 학습 성과를 향상시킬 수 있고, 다양한 학습도구를 활용함으로써 학생들의 흥미를 유도할 수 있고, 학습 동기를 유지시킬 수 있다. 예를 들어, 수학과와 같이 단계별 학습의 경우 각 학생의 흥미와 수준에 맞추어 온라인게임 형식의 연산 과제를 해결하도록 수업을 설계할 수 있다. 또한 국어 읽기 프로그램의 경우 디지털 프로그램을 활용하여 어휘 퍼즐 또는 온라인 국어사전 등 학생들이 흥미롭게 참여할 수 있는 활동 중심으로 수업을 계획할 수 있다.

다. 맞춤형 수업 설계 방안

맞춤형 수업 설계는 학생들의 서로 다른 차이와 특성을 고려하여 수업을 계획한다. 학생은 교사와 함께 비교적 긴 시간 동안 학습을 지속해간다. 이 과정에서 개별 학습자들은 자기 학습에 대한 책임감과 주인의식을 가지고 학습을 진행할 수 있다. 개별 학습자가 모인 교실은 서로 다른 필요를 지닌 학습자들의 모임이다. 교사는 학생들 간의 차이를 파악하여 수업을 준비하고 실행한다.

1) 학습자 개별 맞춤형

맞춤형 수업에서 수업에 참여하는 모든 학습자들의 요구와 특성을 완전히 이해하고 수업에 반영한다는 것은 현실적으로 쉬운 일은 아니다. 그러나 수업에 참여하는 많은 학생들이 보다 나은 학습 성장을 하도록 지원하기 위하여 복합적 요구(multiple needs)를 고려하는 수업을 계획하는 과정은 반드시 필요하다(유상희, 2020).

맞춤형 수업은 개별 학습자의 다양한 필요를 학습 준비도와 관심, 학습 유형 등의 측면에서 고려하여야 한다. 학습자의 학습 준비도, 관심사와 흥미, 학습 과정, 학습 결과, 학습 환경 등에 대한 다양한 접근을 통하여 사전에 계획해야 한다.

첫째, 학습 준비도는 학습자의 학습 수준, 즉 이전의 학습 경험을 잘 진단하는 것이 필요하다. 학습자의 수준에 맞게 개별 또는 소그룹 학습이 가능하다. 교육과정의 내용은 학습자의 수준에 따라 우수한 학습자는 내용을 축약하거나 면제해줌으로써 학습자의 수준을 고려한 과제를 선택할 수 있도록 한다. 이때 학습자들이 다양한 과제 중에서 선택할 수 있도록 교사는 학습 메뉴와 다양한 수준의 읽기 자료를 제시할 수 있다. 예를 들어, 읽기 자료에서 단어를 추출하고 단어 퍼즐을 만들거나 풀게 할 수도 있고, 글쓰기의 틀을 그룹별로 다르게 제시함으로써 학생들이 선호하거나 수준에 맞는 과제를 선택하도록 할 수 있다.

둘째, 학생의 흥미나 관심을 고려하여 수업의 계획하는 것이 효율적이다. 학생의 흥미나 선호도를 고려하여 개인 과제를 부과할 수 있다. 학습에 흥미가 있는 그룹 학생들에게 개인 프로젝트와 같은 개인 과제를 부과할 수 있고, 학생이 좋아하는 영역이나 분야를 중심으로 도서를 추천하고 질문을 탐구하도록 수업을 설계할 수 있다. 예컨대, 학생이 예술적 분야에 관심이 있는 경우 웹사이트에서 주요 내용을 선정하고, 질문이나 그림 그리기 등의 활동을 통하여 개인 과제를 수행하도록 수업을 설계할 수 있다. 또한 조작하는 활동을 선호하는 학생들의 경우 디지털 도구 및 웹 자료의 교구나 실물 교구를 활용하여 학습활동을 할 수 있도록 설계가 가능하다.

셋째, 학습자의 학습 유형에 따라 학습과제를 달리 선정하는 것이다.

학생들은 개인에 따라 정도의 차이가 있긴 하지만, 특정한 분야에 강점을 지니고 있는 지능이 각각 다르다(Gardner, 2006). 모든 학생이 각자 가장 잘할 수 있는 학습 방법, 즉 개인에게 맞는 학습 유형의 과제로 효과적으로 학습할 수 있다. 예컨대, 신체운동지능이 우수한 학생은 다양한 활동 선택권이나 움직임을 위한 기회를 많이 제공할수록 학업을 지속적으로 해나갈 수 있다. 공간지능이 우수한 학생들은 도형과 그림 등 시각적 조직자를 활용하는 것처럼 학생의 지능이 발휘될 수 있도록 최적의 방법으로 수업을 설계하는 것이다.

넷째, 다양한 학습 도구를 활용하여 복합적인 수업 방법을 계획한다. 한 개인은 여러 지능이 따로 작용하는 것이 아니고, 서로 영향을 주고받는다. 학습자가 다양한 학습 방법을 활용한다는 것은 개인 안에서 여러 학습 방법들을 상호 보완적으로 사용하면서 학습의 효과를 높이는 것이다. 예컨대, 같은 주제를 표현하는 활동에서도 글과 그림, 기호, 만화 형식 등 다양한 학습활동을 학습자의 성격에 맞게 복합적으로 구성할 수 있다.

교사는 학습자의 다양한 요구와 특성을 반영하기 위하여 <표 2-1>과 같은

〈표 2-1〉 학습자의 요구에 반응하는 수업 전략의 선택

학생의 요구 범주	학습자의 요구에 반응하는 효과적인 수업 전략
학습 준비도	• 수준에 맞게 조절하기-소그룹 학습 • 교육내용의 축약(compacting)-개별학습자의 철자와 어휘 • 소리내어 생각하기-학습규칙 • 다양한 과제-학습 메뉴 • 요점 중심의 읽기 자료-다양한 읽기 수준의 자료 • 텍스트 요약본-단어 퍼즐(word wall) • 글쓰기 틀-안내된 동료의 평가
흥미/관심	• 흥미 중심-개인 과제 • 관심있는 학습자 그룹-개인 프로젝트(Orbitals) • 전문가 그룹-개인 과제 • 질문 중심 수업-도서 검색 • 온라인 질문-온라인 그림 그리기(Design-a-Day) • 그룹 조사-성취를 위한 개별화된 기준
학습 유형	• 시각적 조직자-지능 선호 과제(Sternberg) • 아이콘-지능 선호 과제(Gardner) • 다양한 활동 선택권-움직임을 위한 기회 • 출발점-교사 설명에 의한 다양한 형식
복합적 범주	• 서바이벌 게임(RAFTs)-복합적인 수업 • 그래픽 조직자-개인의 안건 • 생각 이어가기(ThinkDots)-주사위(Cubing)

출처: Tomlinson & McTighe(2006: 100).

여러 가지 전략을 선택하게 된다.

교사는 학생들의 다양한 요구에 대응하는 적절한 교수 전략을 선택한다. 학생들이 어떤 활동을 좋아하고, 어떤 것에 강점이 있는지에 따라 실제적인 과제를 제시한다. 학생들이 이러한 과제를 통하여 고차원적인 사고를 할 수 있도록 교사는 이러한 과제에 뒤따르는 성공의 정도를 가늠할 수 있어야 한다.

2) 학급 특성과 요구 맞춤형

한 학급의 교실에는 다양한 학습자들이 존재한다. 이들에게 적합한 교수·학습 방법은 획일적으로 적용할 수도 없으며, 적용되기 어려울 것이다. 교사는 다양한 목적과 의도에 따라 여러 요소를 재량적으로 사용할 수 있다. <표 2-2>는 이러한 요소에 따라 교실에서 유연하게 사용할 수 있는 방법을 제시한 것이다.

〈표 2-2〉 학습 필요에 따라 교실 여건을 유연하게 사용하는 방법

요소	유연한 사용의 예시	학습자 요구 해결
시간	제출 날짜/과제 기한을 협의해서 늦추기	과제를 열심히 하지만 느리거나 기능적인 면에서 어려움이 있는 학생에게 도움을 줌.
	이미 숙달한 학생에게 교육내용을 축약하거나 면제해 주기	우수한 학생이 쉬운 내용을 건너뛰고 학문적 성장을 지속하게 함.
	과제 약속이나 학습 센터를 활용해서 사전 학습에서 부족한 부분을 연습할 수 있게 하기	보충할 수 있는 시간이 적다고 보지 않고 배경지식의 차이를 줄이도록 지원함.
공간	교실 구석에 소음 및 시각적 자극을 최소화한 '조용한 장소' 만들기	조용히 작업해야 하는 학생, 쉽게 집중이 흐트러지거나 혼자 있는 공간이 필요한 조용한 성품의 학생에게 도움이 됨.
	학생이 제자리로 빨리 돌아갈 수 있도록 몇 가지 교실 배치 그림을 게시하거나 활용하기	교사가 소집단, 전체학습, 개별학습을 쉽게 활용할 수 있으며, 교사 중심 및 학생 중심 활동으로의 전환이 용이함. 또한 모든 학생에게 도움이 됨.
자료	읽기 수준이 다른 여러 교재를 모아 놓기	모든 학생이 적절한 수준에 따라 주요 자료에 접근하도록 지원함.

요소	유연한 사용의 예시	학습자 요구 해결
	주요 주제에 관하여 한국어 이외의 다른 언어로 된 웹사이트를 지정해 놓기	한국어를 배우고 있는 학생이 핵심적인 주제들을 자신의 모국어로 이해하도록 하여 한국어로 된 과제 해결을 지원함.
	비디오 및 오디오 자료를 사용하여 가르치기	활자를 어려워하거나 시각 및 청각적 선호가 강한 학생이나 아이디어/기능의 실제적 적용에 도움을 주기 위해 시각 및 청각적 이해를 지원함.
학생집단	미리 집단을 정해주고 신호를 통해 교실 내에서 자리를 이동할 수 있게 하기	교사가 다양한 그룹의 학생을 빨리 이동시킬 수 있음. 모든 학생에게 도움이 됨.
	학습 준비도, 흥미, 학습 유형과 관련해서 동질 및 이질 집단 계획하기	비슷한 학업 수준의 학생들에게 집중수업과 다양한 수준의 학생들의 아이디어를 확장하고 공통의 관심사를 탐구하거나 관심을 확장할 수 있으며 편안함을 느끼는 환경에서 작업할 수 있게 함.
교수 전략	부분에서 전체로, 전체에서 부분으로의 두 방법을 다 사용하여 가르치기	어느 방법을 선호하는 학생이든 다 도움을 받을 수 있고, 모든 학생에게 연관성과 의미를 볼 수 있도록 지원함.
	소집단 토론 사이사이에 강의 배치하기	중간중간에 몸을 움직이거나 말을 해야 하는 학생에게 좋으며, 학생이 명확하게 이해하는 데 도움이 되고, 학생들이 더 많이 참여하도록 함.
	핵심개념/기능과 학생의 문화 및 흥미와 연결짓기	많은 학생의 소속감, 관련성, 동기를 향상시키도록 함.
학습전략	학생에게 실제적, 분석적, 창의적 선택지를 제공하기	다양한 학습 선호를 가진 학생들의 성장을 지원함.
	단계별 연습 및 평가를 제공하기	학습 준비도가 다른 모든 학생이 핵심 개념 및 기능을 성공적으로 성취할 수 있도록 함.
	학생에게 개별적으로 혹은 동료와 함께 작업하도록 격려하기	모든 학생이 자신에게 가장 효율적인 방법으로 작업하도록 함.
	전문가 집단을 활용하여 핵심 개념을 가르치도록 하기	많은 학생이 자신의 관심 영역을 확장하고 새로운 관심 분야를 넓히고 자신의 생각을 들어 줄 청자가 있다는 점에서 동기를 향상시킴.

요소	유연한 사용의 예시	학습자 요구 해결
교사와의 협력 관계	특정 교사와 반드시 함께 수행해야 하는 것이 아니라면 어느 교실에서든 수행할 수 있도록 하기	산만한 학생, 항상 무언가를 해야 한다고 느끼는 학생, 리더십 기술을 훈련하고 싶은 학생, 집단에서 주인의식을 가지고 기여하게 함으로써 모든 학생에게 도움이 되게 함.
	학생의 흥미, 학습 선호도, 필요에 대한 학부모의 통찰 조사하기	아직 강점과 부족한 부분이 발견되지 않은 학생에게 도움이 됨. 그리고 많은 학생이 부모와 학교가 협력한다는 것에 의해 고무됨.
	동료 교사와 맞춤형 수업을 함께 작업하기	교실에서 시간을 보내는 동료 교사를 통해 학생을 알게 되고, 다른 경험을 가진 교사와 교육과정 및 수업설계, 학급관리를 공유하는 것이 효율적임.

출처: Tomlinson & McTighe(2006: 91).

이러한 다양한 방법의 예시는 교사들이 학생들의 수준을 고려하여 맞춤형 수업을 설계할 때 다양한 전략으로 사용될 수 있다. 교사는 학급의 특성, 즉 학습자 그룹의 특성을 파악하여 학생들의 각자 필요에 부합하는 교육내용의 선정과 교수 학습 활동을 계획하는 것이 맞춤형 수업 전략의 중요한 핵심이다.

3) 맞춤형 학습과 교실 환경

맞춤형 학습을 위한 교실에서는 학생들이 자신이 이해하지 못한 것을 자유롭게 표현할 수 있는 안전한 환경이어야 한다. 교실에서 성취 수준이 낮은 학생들은 학급에서 자신이 이해하지 못한 것을 스스로 깨닫고 다른 학생들과 상호작용하면서 자신의 사고를 넓혀갈 수 있는 환경이어야 한다. 또한 학업 성적이 우수한 학생들도 자신이 모른다는 것을 표현하기 꺼려하거나 지나치게 아는 체하지 않고 모르는 것을 자연스럽게 표현하고 더 좋은 피드백을 받을 수 있는 교실 환경이어야 한다.

맞춤형 학습을 위한 교실에서 학생들이 타고난 지능보다는 그들의 학업적 경험이나 생활 경험을 강조함으로써 모든 학생들이 존중된다(Gregory & Chapman, 2013). 교사는 효과적인 사전 학습 진단을 통하여 학생에게 이미 알고 있는 것보다 앞으로 알아야 할 것에 대하여 지식을 이해하고 기능을 익히기 위해 더 많은 연습이 필요하다는 것을 알려주도록 한다. 교사는 언어적 피드백에 있어서 단순한 칭찬이나 비판이 아니라, 노력과 끈기를 가질 수 있도록 독려해야 한다 (Gregory & Chapman, 2013).

모든 학생들이 경험하는 학습은 하나의 과정이며 결과로만 인정받아서는 안 되며, 학생들이 활동을 통해 기능을 익히고, 지식을 이해하기 위하여 사실과 개념에 대한 끊임없는 질문을 통하여 성장할 수 있다는 성장 마인드셋을 길러주어야 한다. 교사는 단순한 칭찬이나 비판이 아니라 끈기있게 일을 해나가거나 노력하는 과정을 강화해주어야 한다. "끝까지 열심히 해서 드디어 해냈구나.", "선생님은 네가 이렇게까지 끈기있게 탐구하는 모습이 멋지구나." 등 성공적으로 어떤 일을 완수해가는 과정에 대한 피드백이 긍정적인 변화를 이끌어낸다.

교실 환경은 이러한 안정적 분위기뿐만 아니라 물리적 환경도 중요하다. 적합한 조명, 청결 상태, 정리 정돈 등 학생 작품이 게시되어 있는 게시판은 긍정적인 분위기를 조성하는데 필요하다. 학생들의 학습에 대한 성공을 촉진하기 위해서는 풍부하고 적합한 자원을 필요로 한다. 교실에서 자유롭게 사용할 수 있고 직접 다룰 수 있는 스마트기기(태블릿, 크롬북, 노트북 등) 학생들이 활용할 수 있는 여러 디지털기기도 학생들의 지적인 성장을 위한 기회가 될 수 있다.

이 외에도 맞춤형 수업을 위한 교실에서는 다른 장르와 매체를 포함시킬 수 있다. 예를 들어, 음악으로 학생들에게 활력을 불어넣거나 집중력을 높이거나 스트레스를 낮추는 데 활용할 수 있다. 또한 웃음과 칭찬, 축하 등은 학습자의 학습을 촉진할 수 있는 긍정적인 환경이 될 수 있다.

맞춤형 수업 설계와 교사

교사는 학생들의 학습 성장의 안내자이다. 교사는 학생들이 학습 성장을 위해 무엇을, 어떻게, 왜 배워야 하는지 그들의 강점과 기능, 필요와 흥미에 맞추어 수업을 설계하여야 한다. 맞춤형 수업은 개별 학습자를 위하여 잘 조직되고 고려할 만한 교육과정의 필요 조건이며 교사가 다양한 학습자의 학습 필요에 맞추어 교육과정을 구성한다는 것을 의미한다.

가. 맞춤형 학습을 위한 교사의 마인드셋

맞춤형 설계를 위한 교사는 모든 학생들이 주어진 과제를 잘 학습할 수 있다는 믿음을 가지고 있으며, 의식적으로 모든 학생이 자신이 스스로 학습에 직접

〈표 2-3〉 학습 활동을 촉진하는 피드백 단서

성공에 대한 피드백	격려를 위한 피드백
• 엄청 노력했네.	• 잘하고 있어.
• 훌륭해.	• 계속 연습해.
• 해냈구나.	• 계속 노력해.
• 연습이 통했군.	• 잘하게 될 거야.
• 잘할 줄 알았어.	• 한 번만 더하면 잘하게 될 거야.
• 목표를 달성했군.	• 잘할 수 있으리라 생각해.
• 자신이 자랑스럽지 않니.	• 하게 될 거야.
• 스타가 따로 없네.	• 지금 그만두지 마.
• 잘했어.	• 제대로 따라가고 있어.
• 의심할 여지가 없어.	• 열심히 하고 있어.
	• 계속 시도해 봐.

출처: Gregory & Chapman(2013).

참여하고 있다는 느낌을 가질 수 있는 환경을 조성한다. 또한 모든 학생은 잠재 능력을 지니고 있다는 사실을 확신하고, 학생들이 이러한 잠재 능력을 발휘할 수 있는 열쇠를 찾을 수 있도록 노력한다.

교사는 학생들이 이러한 성장을 이룰 수 있도록 성장 마인드셋을 가진 사람이어야 하며, 교사가 학습활동을 촉진할 수 있는 피드백 단서는 다음과 같다.

맞춤형 수준별 수업을 위한 교사의 마인드셋은 다음과 같은 아이디어를 담고 있다(Gregory & Chapman, 2013).

- 모든 학생은 강점 영역을 가지고 있다.
- 모든 학생은 강화되어야 할 영역을 가지고 있다.
- 개별 학생의 두뇌는 지문처럼 독특하다.
- 너무 늦어서 학습할 수 없다는 말은 전혀 맞지 않다.
- 새로운 토픽을 시작할 때, 학생은 학습에 대한 자신의 선행 지식과 경험을 동반한다.
- 감성과 느낌 그리고 태도가 학습에 영향을 미친다.
- 모든 학생이 학습할 수 있다.
- 학생은 서로 다른 시간에 서로 다른 방식으로 학습한다.

교사는 맞춤형 수업에서 지속적으로 개별 학생과 긍정적인 관계를 유지해야 할 뿐만 아니라 다양한 학생을 위해 어떤 학습 접근이 가장 효과적인지 이해해야 한다. 다음은 교사의 특수한 반응 양식에 따라 학생의 성공 여부가 결정되는지 그 이유를 보여준다(Tomlinson & McTighe, 2006).

- 긍정적인 교사-학생의 관계는, 인간이 서로를 이해하고 존중하는 것을 배울 때 얻는 잠재적인 유익을 넘어서, 학생의 학습 동기로 이어진다.
- 학생이 집단 안에서 자아긍정, 소속감, 기여, 성취감, 책임감을 느낄 때 학습 상황(learning context)이 만들어진다.

- 학생의 배경 및 필요에 관심을 가지면 학생과 중요한 내용을 연결할 수 있는 방법을 찾을 수 있다.
- 학생의 준비도에 관심을 가지면 학생의 학업 성장을 도울 수 있다. 적당히 어려운 문제가 제공되는 상황에서 그 어려움을 해결할 수 있는 지원 체계가 주어지는 상황이면 학습이 더 잘 된다.
- 학생들의 개별적인 혹은 공통의 흥미를 찾고, 핵심지식과 기능이 그들의 흥미와 어떻게 연결되는지 관심을 가져야 한다.
- 학생이 선호하는 학습 유형에 따라 학습을 방해하는 요소를 줄이면 효율적인 학습이 가능해진다.

맞춤형 수준별 개별화 교실에서는 모든 학생이 위험 부담을 감수하고 자신이 이해하거나 이해하지 못한 것을 표현할 수 있을 정도로 편안하고 안전하게 느낀다.

나. 학습자에 대한 이해(학습자 변인)

학교 교실 안에는 다양한 스타일의 학습자가 존재한다. 우리가 스타일이나 몸에 맞지 않는 옷을 구입하지 않는 것처럼, 학생들에게 맞지 않는 옷을 억지로 입힐 수 없다. 또한 학생들의 두뇌 또한 그들의 외모만큼이나 서로 다르다. 학생들은 서로 다른 방식으로 학습하고 서로 다른 방식으로 정보를 처리하며, 학습의 시기와 장소 및 방법에 대해서도 서로 다른 선호도가 있을 수 있다. 따라서 교실 상황에서 학습자를 잘 이해하고 학습자에게 적합한 교육과정을 구성해야 한다. 학생들은 본인이 가지고 있는 생물학적 기질과 사회·문화적 배경 및 흥미와 동기에 따라서 학습에 따르는 시사점이 달라질 수 있다.

학습자가 학습에 성공하기 위해 필요한 것은 주어진 과제를 학습할 수 있다는 자신감과 더불어 현재 학습하고 있는 내용이 자신에게 유용하고 관련성이 있을 때 학습자는 학습에 대하여 책임을 갖고 자신감을 가지며 정보를 자기의 것으로 만드는 자기주도적 학습자가 될 수 있다(Gregory & Chapman, 2013).

〈표 2-4〉 학습에 영향을 미치는 학생의 차이와 학습에 따르는 시사점

학생 차이의 유형	차이 발생 원인	학습에의 함의
생물학적 차이	성별 신경회로 능력 장애 발달	• 모든 노력에는 능력의 차이가 존재한다. • 학생은 각기 다른 방식으로 학습한다. • 학생에게는 각기 다르게 설정된 학습 시간표가 있다. • 학습 관련 매개 변수는 정의내릴 수 있고, 적절한 맥락과 지원에 의해 처치할 수 있다.
특권의 정도	경제적 지위 인종 문화 지원 체계 언어 경험	• 저 소득층 출신 및 특권적 지위를 갖지 않은 인종·문화·언어 배경을 가진 학생은 학교에서 더 큰 어려움을 겪는다. • 성인의 지원 체계의 질이 학생의 학습에 영향을 미친다. • 학생의 경험의 폭과 깊이가 학습에 영향을 미친다.
학습에 대한 생각	성인모델 신뢰 자아 개념 동기 성격 대인관계 능력	• 교육을 중요하게 생각하는 부모는 자녀의 학습에 긍정적인 영향을 미친다. • 신뢰, 긍정적인 자아개념, 긍정적인 성격, 학습 동기는 학생의 학습에 긍정적인 영향을 미친다. • 긍정적인 대인관계 기술과 '정서 지능'은 학생의 학습에 긍정적인 영향을 미친다.
선호도	흥미 학습에의 선호 개인의 선호	• 학생의 흥미는 다양한 주제와 과목에 걸쳐서 다양하게 나타난다. • 학생이 선호하는 지식 습득 및 표현 양식은 다양하다. • 학생은 각기 다른 방식으로 교사와 관계를 맺는다.

출처: Tomlinson & McTighe(2006: 42).

1) 학습 프로파일

학습 프로파일은 개별 학생이 학습하는 방법을 확인하고 공유하기 위해 데이터를 모은 것이다. 학생이 세상을 어떻게 지각하고 어떻게 정보를 접근하여 이를 처리하고 학습하며 사고하고 기억하는지가 포함된다.

스포츠 영역에서 가장 효과적으로 공이 맞는 지점이나 영역 또는 여러 요인이 결합되어 주어진 양의 노력에 대한 최대한의 반응을 가져다주는 스윗 스팟

(sweet spot)과 같이, 교사로서 학습자가 새로운 학습을 적합하고 가장 효율적인 방식으로 연결하여 최적의 상태를 발현하는 학습을 위한 '홈런'을 산출하는 것이 중요하다.

교사는 학생에 대하여 많이 알면 알수록 학생들이 선호하는 것에 더 잘 반응할 수 있으며, 이러한 프로파일은 다음 단계로의 학습에 역동적인 도구가 되기도 하고, 다음 학년도 교사에게 인계되어 정보를 제공함으로써 학습자의 요구를 이해하는데 시간과 노력을 줄일 수 있다.

[그림 2-1] 학습 프로파일을 위한 스윗 스팟

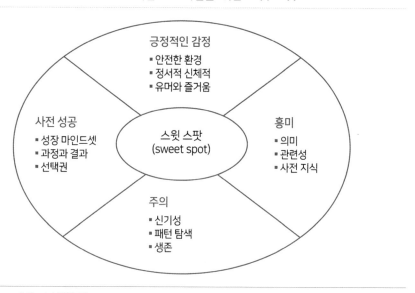

출처: Gregory & Kaufeldt(2012).

학생의 선호를 파악하기 위해서는 다음과 같은 일곱 가지 범주를 이해할 필요가 있다(Donovan & Brandford, 2005).

■ 학습에의 차이: 교사와 학생이 정보에 접근하고 처리할 수 있는 방법과 학습에 대한 접근과 선호를 어떻게 다룰 것인가를 알 수 있도록 도와준다.

- 감각 기반 학습에서의 차이: 학생은 자신의 감각을 통해 어떻게 정보를 가장 잘 처리할 수 있는가에 기반을 둔다. 선호하는 감각에는 청각, 시각, 촉각/운동 감각이 있다.
- 사고에서의 차이: 우리가 추상적 또는 구체적으로 세상을 보는 방식과 계열적 또는 무선적으로 세상을 규정하는 방식에 기인한다.
- 다중지능에서의 차이: 학생은 다중지능 영역에서의 성장을 위한 다양한 강점과 요구를 가지고 있다. Gardner(2006)는 언어적·언어학적 지능, 음악적·리듬적 지능, 논리 수학적 지능, 공간 지능, 신체·운동감각 지능, 대인관계 지능, 자기이해 지능 그리고 자연친화기능의 여덟 가지 지능을 제시하고 있다.
- 성적 차이: 남학생과 여학생의 두뇌에는 해부학적인 차이가 있다. 따라서 학습 과정에서 서로 다른 요구를 가지고 있다.
- 문화적 차이: 모든 학생은 민족성에 관계없이 학습에 대한 접근과 교실에서의 요구에 영향을 미치는 문화적 차이를 지니고 있다.
- 학생의 흥미: 다양한 경험과 노출은 학생에게 서로 다른 흥미를 가지게 한다.

교사가 학생의 선호를 파악하는 일은 학생이 세상을 어떻게 지각하고 그들의 두뇌는 어떤 궤적을 따라 특정 정보를 학습하는데 독특한 장점과 단점이 있는지를 파악하는 것이며 학습 프로파일을 형성하는 데 도움이 된다.

2) 사고 선호 양식

우리가 세상을 보는 방식과 세상에 순서를 부여하는 방식이라는 두 가지 변인에 기초하여 사고 양식을 생각할 수 있다. Gregorc(1982)은 이들 변인을 활용하여 다음과 같은 네 가지 양식을 제안하였다.

- **구체적이고 무선적으로 생각하는 사람(concrete random thinkers):** 이 유형의 사고자는 실험을 좋아하며 일반적으로 확산적 사고자로 알려져 있다. 이들은 직관적 사고를 통해 새로운 것으로 창조하기를 좋아하며, 어떤 일을 수행함에 있어 대안적 방식을 찾고자 한다. 이러한 학습자는 새로운 모형과 실용적인 것을 창안하기를 좋아하며 이를 통해 새로운 학습으로 발전시킬 수 있다.
- **구체적이고 계열적으로 생각하는 사람(concrete sequential thinkers):** 이 유형의 사고자는 자신의 감각을 통해 확인된 물리적 세계에 기초하여 사고한다. 이들은 세부적인 것을 지향하기 때문에 세부적인 주의를 기울이며, 이를 쉽게 재생한다. 학습에 있어서 구조와 틀, 스케줄 그리고 조직을 필요로 하며, 강의와 교사 주도의 활동을 좋아한다.
- **추상적이고 계열적으로 생각하는 사람(abstract sequential thinkers):** 이 유형의 사고자는 이론과 추상적 사고의 세계를 즐긴다. 이들의 사고 과정은 이성적이고 논리적이며 지적이다. 이러한 학습자는 자신에게 제시된 새로운 아이디어와 개념 및 이론을 충분히 탐구할 수 있는 시간을 필요로 한다.
- **추상적이고 무선적으로 생각하는 사람(abstract random thinkers):** 이 유형의 사고자는 공동 참여와 토론을 통해 정보를 조직한다. 이들은 감정과 정서의 세계에 살며, 정보를 개별화할 수 있을 때 가장 잘 학습한다. 이러한 학습자는 자신이 학습한 것을 다른 사람과 토의하거나 상호작용하는 것을 좋아한다. 협동집단 학습, 센터나 부서 활동, 그리고 파트너와의 공동작업을 통해 이해를 촉진한다.

또한 McCarthy(1990)는 상상력이 풍부한 학습자, 분석적 학습자, 상식적 학습자, 역동적 학습자로 분류되는 네 가지의 학습 양식과 이에 적합한 수업 전략의 유형을 제시하고 있다.

학습자들은 학습자의 사고 양식에 따라 선호하는 활동이나 방식이 다르다. 교사는 학습자들이 지닐 수 있는 여러 가지 선호하는 사고 유형을 인지하는 것

[그림 2-2] Bernice McCarthy의 4면 모형의 시사점

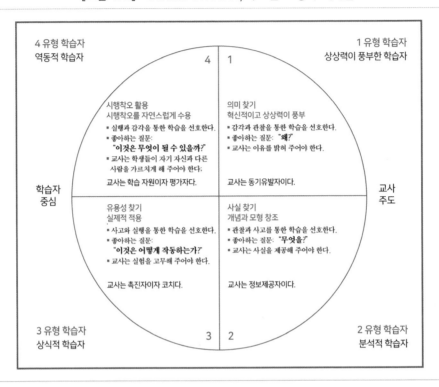

이 필요하다. 교사는 학습자와 학습자가 선호하는 학습활동의 연결 고리로 맞춤형 수업을 설계할 수 있다.

3) 학습 선호 양식과 사고 선호 양식을 교실에 활용하기

교사와 학생은 자각과 자신의 장점 영역에 대한 이해를 촉진시켜 자기 인식과 자신감을 증진시키고, 성장을 위해 초점을 두어야 할 영역을 확인하게 해준다.

개인은 어느 지능이 더 탁월한가에 따라 여덟 가지 지능으로 구분될 수 있고, 지능과 학습 선호 양식은 다음과 같이 표로 연결될 수 있다.

<표 2-5> 당신은 어떤 지능이 탁월한가

언어적/언어학적 지능	자기 이해 지능
• 나는 다른 사람에게 농담을 하거나 이야기하는 것을 좋아한다. • 나에게는 책이 매우 중요하다. • 나는 독서를 좋아한다. • 나는 글을 쉽게 쓰고 글쓰기를 즐긴다. • 내가 읽은 것을 잘 인용한다. • 나는 단어 게임이나 낱말 맞히기를 좋아한다.	• 나는 나 자신의 감정과 장단점을 알고 있다. • 나는 나 자신에 대해 더 많이 알고 싶다. • 나는 나 혼자 취미를 즐긴다. • 나는 가끔씩 혼자 있는 시간을 즐긴다. • 나는 나 자신에 대해 자신감을 지니고 있다. • 나는 혼자서 활동하고 싶다. • 나는 다음에 할 일과 계획에 대해 생각한다.
논리/수학적 지능	**시각적/공간적 지능**
• 나는 수학 문제를 쉽게 잘 푼다. • 나는 수학과 컴퓨터 활용을 즐긴다. • 나는 전략적인 게임을 좋아한다. • 나는 사물이 어떻게 작용하는지 궁금해한다. • 나는 논리를 활용해서 문제를 해결하는 것을 좋아한다. • 나는 사물을 논리적으로 생각한다.	• 나는 눈을 감고도 실상을 명료하게 연상할 수 있다. • 나는 그림에 관심이 많다. • 나는 색깔과 흥미있는 디자인을 좋아한다. • 나는 낯선 곳에서도 길을 잘 찾는다. • 나는 그림 그리기와 낙서를 좋아한다. • 나는 그림과 지도, 차트가 들어있는 책을 좋아한다. • 나는 비디오와 영화, 사진을 좋아한다.
대인관계 지능	**신체/운동 감각 지능**
• 나는 다른 사람들이 나에게 조언을 구한다. • 나는 팀으로 하는 스포츠를 좋아한다. • 나에게는 친한 친구가 많다. • 나는 집단 속에서 활동하는 것을 좋아한다. • 나는 많은 사람 속에서도 편안하다. • 나는 다른 사람들과 감정을 잘 교류한다. • 나는 다른 사람들의 감정을 잘 파악할 수 있다.	• 나는 너무 오래 앉아 있으면 불편하다. • 나는 대화할 때 신체 접촉을 좋아한다. • 나는 이야기할 때 손을 자주 사용한다. • 나는 사물을 더 잘 이해하기 위해 만져본다. • 나는 나 자신이 신체적으로 균형이 잘 잡혀 있다고 생각한다. • 나는 관찰보다는 체험을 통해 잘 학습한다.
음악적/리듬적 지능	**자연 친화 지능**
• 나는 음악 듣기를 좋아한다. • 나는 음악과 소리에 민감하다. • 나는 멜로디를 잘 기억할 수 있다. • 나는 노래를 즐겨 부른다. • 나는 음악에 시간을 투자한다. • 나는 리듬 감각이 좋다.	• 나는 자연 속에서 시간을 보내는 것을 좋아한다. • 나는 사물을 유목으로 분류하는 것을 좋아한다. • 나는 동물과 새 소리를 잘 들을 수 있다. • 나는 식물이나 꽃, 나무를 볼 때 자세히 관찰한다. • 나는 밖에 있을 때가 행복하다. • 나는 동식물 기르기를 좋아한다. • 나는 나무나 식물, 새 그리고 동물의 이름을 잘 안다.

한 개인이 강점을 가지고 있는 지능과 교실에서 적용할 수 있는 다양한 학습
활동과 관련지어 맞춤형 학습설계를 하는 것이 유용하다. 이 연계성을 <표
2-6>과 같이 제시할 수 있다.

<표 2-6> 교실에서 다중지능 강조하기

정의	지능의 개발	교실 적용
언어적/언어학적 의사소통을 위해 언어를 활용하여 읽고, 쓰고 말하기	• 단어게임 • 아이디어를 설명하는 연습하기 • 농담과 수수께끼 말하기 • 말로 일상적인 게임하기 • 5행시 짓기	• 글쓰기 • 보고서 작성하기 • 설명하기 • 기술하고 토론하기 • 인터뷰하기 • 이름 붙이기 • 지시문을 주고 따르기
음악적/리듬적 운율과 리듬으로 의사소통하기	• 사람들이 좋아하는 음악에 대해 인터뷰하기 • 좋아하는 사물에 대해 노래 짓기 • 좋아하는 음악 연주하기 • 학급노래 창작하기 • 자신에게 의미있는 시를 함께 하기	• 챈트 • 노래 부르기 • 랩하고 노래 부르기 • 리듬 두드리기 • 낭송하기 • 5행시 낭송하기
논리/수학적 논리와 추론을 활용하여 문제해결하기	• 학생에게 그래픽 조직자를 소개하고 사용 경험을 반성하게 하기 • 논리적인 문제나 상황을 제시하고 문제 해결 전략을 공유하게 하기	• 선행조직자 • 그래픽조직자 • 수수께끼 • 토의 • 비판적 사고 • 그래프와 차트 • 데이터와 통계
시간적/공간적 마음의 눈으로 시각화하는 능력	• 눈으로 관찰하여 장면과 과정, 사건을 시각화하는 기회 제공하기 • 학생의 작품에 그림과 표상을 추가하도록 하거나 이해한 것을 시범 보일 수 있도록 격려하기	• 그리기 • 창안하기 • 시각화하기 • 칠하기 • 상상하기 • 모형 • 상세하게 묘사하기
신체/운동감각 신체를 활용하여	• 역할극으로 과정과 사건을 묘사 • 춤이나 마임을 창작하여 새로 학습한	• 수행하기 • 창안하기

정의	지능의 개발	교실 적용
학습하고 자신을 표현하는 능력	것을 시범 보이기 • 몸짓이나 동작을 창작하여 새로 학습한 것을 시범보이기	• 구성하기 • 개발하기 • 조작하기 • 춤추기와 마임하기
자연 친화 인지하고 분류하는 능력	• 유사하거나 상이한 속성을 학습할 때 분류하고 조사할 수 있는 기회 제공하기 • 조사하고 면밀하게 관찰할 수 있는 시간 허용하기	• 분류하기 • 준거를 이용하여 조직하기 • 탐구하기 • 분석하기 • 확인하기, 범주화하기
자기 이해 자기 반성적 능력	• 자신의 과제 수행 계획을 숙고하도록 하거나 과정을 반성하고 개선을 위한 목표를 설정하도록 요구하기 • 자신의 활동과 사고를 반성하는 저널을 쓰거나 반성할 수 있는 시간 제공하기	• 메타인지 • 일지와 저널 쓰기 • 개별학습 • 목표 설정 • 긍정적 승인 • 자서전 • 사적인 질문
대인관계 다른 사람들과 함께 일하는 능력	• 능동적인 청취와 격려의 긍정적인 기능 연습 • 다른 사람들의 스마트함에 대한 평가	• 집단활동 • 파트너와 함께 활동 • 상호 교수 • 동료와 읽고, 편집하고, 상담하기 • 역할극 • 학급미팅 • 협의와 분담

이러한 학습자의 강점 영역별 특징과 교실에서 적용할 수 있는 게임이나 활동을 적용해봄으로써 교사는 개별 학생의 요구를 어느 정도 충족시킬 수 있는 학습 경험을 제공할 수 있다.

다. 학습자에 대한 평가

맞춤형 수업을 위한 평가는 교사가 다양한 평가도구와 접근법을 활용하여 개별 학생에게 적합한 데이터를 수집하고 지속하는 과정이다. 개별 학습자에게 적합한 평가도구를 활용할 때 학생들이 알고 있는 것을 잘 드러낼 수 있다. 교사는 이를 바탕으로 맞춤형, 수준별 개별화 수업을 위한 계획을 수립할 수 있다.

맞춤형 수업을 위한 평가에서의 교사의 역할은 학습자의 요구 및 진전 상황에 따라 평가 활동이 진행되는 동안 학생들이 피드백을 받을 수 있다고 느끼게 하는 것이다. 모든 학생들이 교사가 도움과 칭찬, 높은 기대감을 제공하는 안내자임을 알게 해야 한다(Chapman & King, 2012).

1) 형성 평가와 감성 지능

정서적으로 안전한 환경은 평가 활동을 하는 동안 두뇌의 기능 수준에 중요한 역할을 한다. 정의적 감성 지능은 개별 학생의 학습과 평가 전략을 세우는 지표로 활용될 수 있다.

〈표 2-7〉 형성평가와 감성 지능

Goleman의 감성지능	관련 지표	형성평가에 적용
자기인식	• 감정 이해하기 • 장점과 요구 알기 • 긍정적인 사고를 적용하여 자신감 높이기 • 개인적인 요구와 성공의 점검 및 평가하기	• 조사 및 목록 완성하기 • 반응일지 해당하기 • 자기점검 기회 제공하기 • 자기평가도구 활용하기 • 자기칭찬 촉진하기 • 성공 축하하기
자기조절	• 만족감을 지연시켜 목표 추구하기 • 개인적인 과제와 학업 과제를 완수하기 위해 작업하기 • 좌절로부터 회복하는 능력 소유하기 • 개선을 위한 자기평가의 지속적 사용	• 시간 테스트 시행하기 • 일정 제시하기 • 집중시간 기술하기 • 회복력을 위한 기능 통합하기 • 과제를 정시에 제출하도록 요구하기 • 독립심 가르치기 • 점수와 자기평가 기회가 있는 숙제 제시하기

Goleman의 감성지능	관련 지표	형성평가에 적용
동기유발	• 주도성 보여주기 • 단점을 극복하고 개선하려는 타고난 욕구 가지기 • 실패 후 노력하기 • 각 평가 경험에서 가져오기	• 장점과 단점 알기 • 흥미와 취미를 학습과 관련짓기 • 기대감 보여주기 • 칭찬하기 • 성공을 위해 적시에 평가도구 시행하기
감정이입	• 타인의 감정 느끼기 • 개개인의 다양한 관점 존중하기 • 성실하고 지원하기 • 개인적이고 학업적인 요구를 가진 다른 사람을 기꺼이 돕기	• 어떻게 느끼는지 이해하기 • 동료의 장점과 단점을 존중하도록 가르치기 • 도구로 사용할 칭찬 진술문 가르치기 • 배려하는 공동체 설립하기
사회적 기능	• 가치있는 팀 구성원 되기 • 효과적인 언어적 및 비언어적 의사소통방법 활용하기 • 다른 사람과 잘 지내기 • 파트너와의 작업과 집단 작업 작업 중 학습하기	• 바람직한 협력 기회 제공하기 • 작업과 토의 중 사용할 적절한 진술문 공유하기 • 사회적 행동을 정확하게 모방하고 연습하기 • 학습을 위한 문화 확립하기

출처: Chapman & King(2013).

맞춤형 수업에서는 이와 같은 감성 지능이 그들의 학습에서의 오류나 실수에 대한 부정적 의견에 대하여 개방적이고 성공적인 경험을 제공하는 평가에 대한 기능으로 작용할 수 있다.

2) 학습 전 형성 평가

교사들은 학생의 여러 반응에 주목하면서 개별 학생에 대한 정보와 지식을 얻는다. 학생의 이해 수준과 흥미와 선호도, 각 지능에 따른 활동 유형, 학생의 기질, 사회 문화적 배경 등 개별 학생에 대한 데이터의 폭넓은 수집은 유용하다.

교사는 학생들이 유의미한 지식과 경험을 습득하고, 학습에 몰입할 수 있도록 돕는 역할을 한다. 학습 전 평가에서 교사는 학생들이 어떠한 사전 경험이 있고, 어떤 학습의 과정을 거치게 되는지에 대한 질문을 할 수 있어야 한다. 교사는 수업이 진행되는 동안 다음과 같은 단계를 고려한다(Chapman & King, 2012).

- 다음 수업이나 단원의 중요한 부분을 철저하게 검토한다.
- 목표로 하는 기준과 기능, 개념을 확인한다.
- 학습을 시작하기 전에 각 개인의 지식을 정확히 파악하기 위한 가장 효율적인 평가도를 선정한다.
- 계획하기 전에 사전평가를 실시한다.
- 데이터를 수집하고 해석한다.
- 데이터를 활용해서 맞춤형 수업을 계획한다.

교사는 모든 학습자들을 위해 절차상 위와 같은 단계를 인식하고 학생의 준비도를 지속적으로 평가한다. 학생의 출발점을 점검하는 것은 학습자가 성공적으로 학습을 할 수 있도록 이끄는 것이다. "이 학습자는 (   )을 시작하기 전에 (   )하는 방법을 알고 있는가?"라는 질문은 학생의 현재 지식과 앞으로의 진보를 인식하고 데이터를 깊게 분석하는 데 필요하다. 맞춤형 수업을 위한 전략을 단계적으로 철저히 익히는 것은 문제를 보다 정확하게 진단하고 개인별 데이터를 통해 적시에 학습자에게 도움을 줄 수 있다.

3) 학습 중 형성 평가

맞춤형 학습을 위한 지속적인 평가는 수업을 안내하기 위한 필수적인 정보를 제공한다. 교사는 학생의 형성평가 정보를 유목적적이고 의도적으로 활용하기 위하여 다음과 같은 방법을 알아야 한다(Chapman & King, 2012).

- 다양한 수업 전략 계획하기
- 다시 가르치기, 개선하기 또는 강화하기

- 융통성 있는 집단 편성 활용하기
- 과제 조절하기
- 대체자원 제공하기
- 탐문 또는 질문하기
- 처방과 부가적인 자원 제공하기
- 구체적 칭찬과 격려하기

교사는 이러한 방법을 통하여 수업을 재조정하고 개선하며 학생에게 필요한 계획을 맞춤화하기 위하여 적절한 피드백을 활용한다. 학생들이 자신의 과제를 인식하고 학습을 점검할 수 있도록 자기평가를 활용하거나 학습하는 동안 학생들이 다양하고 새로운 평가도구를 활용하도록 격려하여야 한다.

4) 학습 후 형성 평가

교사는 학생을 위하여 맞춤형 수업을 계획하고 평가한다. 교사는 후속 학습을 위한 계획을 위하여 학습 후 형성평가 데이터를 수집하고 분석한다. 학생들이 학습 후 다음 사항을 성취했는지 평가도구를 활용한다(Chapman & King, 2012).

- 완전 학습된 정보를 확인한다.
- 학습 격차를 확인한다.
- 필요한 처방을 발견한다.
- 다음 활동을 계획하기 위한 구체적인 요구를 정확히 찾아낸다.

맞춤형 학습에 학생 참여를 지속시키기 위해 교사는 다음과 같은 질문을 하여야 한다.

- 교육과정 계획에서 확인된 요구와 장점을 언제 어디에서 다루고 있는가?
- 이 학습자에게 맞추기 위해 어떤 평가 도구를 활용해야 하는가?

- 이 학습자에게 도전의식을 심어주기 위해 어떤 기회를 제공해야 하는가?
- 어떻게 하면 학습자가 계속 학습에 참여하여 성공적이 되도록 할 수 있는가?

교사는 학습이 끝날 무렵 적합한 도구를 활용하여 학생의 통찰력과 지식 이해와 기능의 수준을 얼마나 진보했는지를 확인한다. 평가 데이터는 현시점에서의 학습자 진단에 대한 정보를 제공해준다. 교사는 학생들이 습득한 지식과 기능을 적용할 수 있는 기회를 제공한다. 맞춤화된 학습 양식을 계획하여 좀 더 학습이 필요한 부분의 기능을 학습할 수 있도록 결과와 후속 계획을 공유한다. 학습 후 형성평가를 통하여 교사와 학생이 학습자의 요구를 충족시킬 수 있는 지속적으로 새로운 방법을 탐구하여야 한다.

5) 총괄평가

맞춤형 학습의 총괄평가는 교사에게 형성평가 보다 복합적인 상황을 고려할 것을 요구한다. 총괄평가에서 학습자들의 다양한 요구를 공식적인 어떻게 수용할 수 있는지, 학습자들의 상이한 학습 방식에 적합하고 다양한 전략을 사용할 것인지, 학습자들의 신체적, 정서적, 학업적 요구를 어떻게 고려할 것인지, 학습자들의 불안감을 완화하기 위해서 학습자들에게 평가의 목적과 형식, 평가의 각 측면을 알려주어야 한다.

총괄평가의 목적은 학생들을 성적순으로 서열화하기 위한 것이 아니고 개별 학습자들이 좀 더 나은 성장을 할 수 있도록 돕는 것이다. 각각의 형성평가의 결과를 통해 다음 차시의 수업 활동을 개선한다.

라. 맞춤형 학습을 위한 교사의 역할

맞춤형 학습에서의 교사의 역할은 학생들의 관심을 이끌어내고 학생들이 주도적으로 학습을 할 수 있도록 안내하는 것이다. 이때 교사는 효과적인 활동이 무엇인지 탐구학습으로 어떻게 이끌 수 있는지 초점을 맞추어야 한다.

맞춤형 학습에서 교사의 역할은 코치나 지도자의 역할에 초점을 맞추고 있다. 학생들의 역량에 맞추어 학생들에게 학습 책임감을 부여하고, 학생들의 현재 수준보다 조금 더 높은 수준의 학습을 할 수 있도록 이끌어준다.

교사는 우선 다양한 방법을 통해 학생들의 학습 준비도를 판단하여야 하고, 학생의 흥미와 학습 선호도에 대한 이해와 해석 능력을 갖추어야 한다. 또한 학생들이 정보와 아이디어를 수집할 수 있는 다양한 방법을 고안하는 능력이 있어야 하며, 학생들이 아이디어를 탐구하고 소유할 수 있는 다양한 방법을 개발하는 능력과, 학생들이 배운 지식을 표현하고 확장할 수 있도록 다양한 분야의 활동을 제시하는 능력을 갖추어야 한다.

교사가 다양한 학습자를 위하여 좋은 수업을 하려면 어떤 수업이 좋은 수업인지 살펴보아야 한다. '효과적인 학습'의 특징이 무엇이며, '좋은 수업'은 무엇인지 맞춤형 수업을 위해 교사의 역할은 무엇이어야 하는지를 미리 살펴야 한다. 교사는 학생에 대한 기대감을 높게 가지고 긍정적인 학습 환경을 구성하고, 학습에 학생을 참여시키고, 자신의 교수를 성찰할 때 효과적인 수업을 할 수 있다.

교사는 학생들이 어떠한 때 배움의 의미를 아는지 판단할 수 있어야 한다. 학생들은 배운 것이 개인적으로 의미가 있거나 배우는 것이 도전할 만한 것이고 그것을 인정받을 때, 자신의 학습 수준에 맞는 것을 배울 때, 자신이 알고 있는 것을 새로운 지식 체계로 구성할 수 있을 때 효과적인 학습으로 인식한다. 학생들은 학급 내 상호작용 기회가 많을 때, 교사나 동료로부터 피드백을 얻을 때, 학습 전략을 습득하고 사용할 때, 긍정적인 분위기를 경험할 때, 의도된 학습을 지원하는 학습 환경일 때 효과적인 학습을 한다(Tomlinson, 2017).

둘째, 교사가 맞춤형 수업을 전개하기 위해서는 다음과 같은 수업 기술을 개발하여야 한다(Tomlinson, 2017).

- 모든 학생들이 참여하면서 학생들이 생각하고 학급 세우기를 이끌도록 하라.
- 학생들이 학습에 참여하고 자신의 삶을 살 수 있도록 필수적 정보와 지식과 기능에 교육과정의 초점을 맞추고 조직하라.

- 학생을 개인으로서만이 아니라 학급에서 전체의 부분으로서 양쪽의 맥락에서 학생의 요구를 고려하라.
- 첫인상에서 벗어나고, 행동 이면의 내용을 파악하고, 고정관념에서 탈피하라.
- 가능하면 다양한 측면에서 발표의 기회를 주어라.
- 시간의 융통성을 갖고 활용하라.
- 중요한 아이디어와 기능과 연결되도록 다양한 범위의 자료를 수집하라.
- 학생들이 아이디어와 기능을 탐색하고, 이해하고 학습한 것을 표현할 수 있는 다양한 방법을 고안하라.
- 그룹과 개인의 요구에 주목하되 균형을 맞추어라.
- 학생의 개인적 필요를 진단하고 그 진단의 반응과 학습 경험을 조직하라.
- 학생들의 학습 참여를 증가시킬 수 있는 유용한 피드백을 제시하고 능력과 자신감을 갖도록 하라.
- 개인과 그룹의 현재 수준과 성장을 살펴보라.
- 교수 학습의 책임을 학생들과 공유하고 학생들이 공유된 역할을 할 수 있도록 준비되어 있는지 확인하라.
- 학생들이 새로운 관점에서 바라보고 새로운 방식으로 표현할 수 있도록 다양한 과제를 제시하라.
- 학생들이 동료의 방해를 받지 않고 교사의 도움 없이도 그들이 필요로 하는 것을 쉽게 접근할 수 있도록 학습자료와 학습 공간을 구성하라.
- 활동과 과제에 대한 잠재적 문제를 예측하고 문제를 효과적으로 해결하라.
- 철저하고 생각이 깊은 방향을 제시하라.
- 성공적으로 가르쳐라.

이러한 교사의 역할을 성공적으로 수행하기 위해서는 교사는 오케스트라의 지휘자가 되어야 한다. 오케스트라의 지휘자는 음악에 정통하고, 음악을 해석할 수 있고, 단원들 개개의 장점을 알고 서로 다른 악기를 연주하는 사람들과 공동의 목표를 성공적으로 성취해나가는 것처럼 교사도 학생 한명 한명의 구성원이 학습목표를 잘 달성해갈 수 있도록 역할을 수행한다.

교사는 코치가 되어야 한다. 스포츠팀의 코치는 명확한 목표를 갖고 있으며, 동시에 선수 개개인의 취약점을 개선하고 장점을 강화시키듯이 교사는 개별 학습자의 장점과 부족한 점, 잠재력 등을 발견하여 개별 학습자의 특성에 맞는 프로그램을 제공하고 학습자에게 활기를 불어넣는 역할을 맡게 된다.

교사는 재즈 음악가가 되어야 한다. 재즈 음악가는 전반적인 음악의 흐름을 알고 새로운 음을 변화시킬 수 있으며, 독주자가 스포트라이트를 받도록 뒤로 물러나거나, 자신이 독주자가 된다. 즉흥 연주는 고도의 음악적 재능과 함께 음악가로 하여금 연주석 안팎을 모두 살피도록 한다. 교사도 재즈 음악가처럼 교수 학습에 대한 전반적 흐름을 꿰뚫고 학생들이 상황과 맥락에 맞는 학습을 할 수 있도록 하며 즉각적으로 변화하는 수업의 흐름을 예측하고 적용하여 학생들이 학습의 주체가 될 수 있도록 조정하는 역할을 해야 한다.

이렇듯 맞춤형 학습에서 교사는 오케스트라의 지휘자, 스포츠팀의 코치, 재즈 음악가처럼 전반적인 것을 아우를 수 있는 전문성을 갖추어야 한다. 교사는 학습자의 특성을 파악하고, 수업 환경을 구성할 수 있으며, 수업의 흐름을 조정할 수 있는 역할을 수행해야 할 것이다.

참고문헌

■ 교육부(2021). 국민과 함께하는 미래형 교육과정 추진 계획(안). 교육부.

■ 교육부(2022). 초·중등학교 교육과정 총론. 교육부 고시 제2022−33호.

■ 김선영(2018). 학습자 주도적 맞춤 학습(Personalized Learning)의 개념과 성격: 미국 학교 사례를 중심으로. 교육과정연구, 36(3), 49−70.

■ 김아영(2014). 미래 교육의 핵심역량: 자기주도성. 교육심리연구, 28(4), 593−617.

■ 김인숙(2003). 학습자 중심 수업의 성격과 적용방안. 초등교육연구, 17(2). 125−151.

■ 류혜인, 조정원(2020). 초·중등 교사를 위한 인공지능 교육 프로그램 설계. 한국소프트웨어종합학술대회 논문집.

■ 유상희(2020). '학습목표에 대한 학생의 반응 중심 맞춤형 수업설계 모형' 탐색. 한국어어문교육, 31.

■ 이경언, 권점례, 오상철(2008). 교실 내 맞춤형 학습지원 방안 연구. 한국교육과정평가원.

■ 이경호, 안선희(2014). 역량기반 교육 활성화를 위한 교육적 과제 탐색. 한국교육학연구, 20(1), 141−173.

■ 이영석, 조정원(2020). Teachable Machine을 활용한 인공지능 교육 방안, 한국정보과학회 학술발표논문집, 913−915.

■ 한민영(2020). 챗봇 기반 인공지능 프로그램의 개발과 적용. 한국인공지능교육학회 추계학술대회.

■ 홍선주, 김태은, 황은영, 김유나, 손지현(2009). 초등학교 맞춤형 학습 지원 방안 연구. 한국교육과정평가원.

■ 홍선주, 정연준, 안유민, 이영태, 이동욱, 안태연, 최영인, M. Lee(2018). 지능정보사회 교사 역량 제고를 위한 연수 프로그램 개발 Ⅰ: 교수학습 역량 모델링. 한국교육과정평가원.

■ 홍선주, 안유민, 최영인(2019). 미래 학교 교사의 교수 학습 역량 모델링. 교육문화연구,

25(3), 265－288.

- 황윤환(2004). 개별화 수업(Differentiated Instruction)의 본질에 관한 탐구. 초등교육연구, 17(2), 269－300.

- Chapman, C & King, R. (2012). Differentiated assessment strategies: one tool doesn't fit all. Thousand Oaks, California: Corwin.

- Dewey, J. (1963). The child and the curriculum and the school and society/by John Dewey; introduction by Leonard Carmichael. Chicago, Illinois: Univ. of Chicago Press.

- Donovan, S. & Brandford, J. D. (2005). How students learn: history in the classroom. National Research Council (U.S.). Committee on How People Learn, A Targeted Report for Teachers. Washington, D.C.: National Academies Press.

- Eggan, P. & Kauchak, D. (1999). Educational Psychology: Windows on classrooms. Columbus. OH: Merrill.

- Gardner, H. (2006). Multiple intelligences: New horizons in theory and practice. New York, NY: Basic Books.

- Gregory, G. H. & Chapman, C. M. (2013). Differentiated instructional strategies: One size doesn't fit all, 3rd Edition. Corwin Press.

- Gregory, G. H. & Kaufeldt, M. (2012). Think big, start small: How to differentiate in－struction in a brain－friendly classrooms. Solution Tree Press.

- Gregory, G. H. & Kaufeldt, M. (2012). Think big, start small: how to differentiate in－struction in a brain－friendly classroom. 생각은 크게, 시작은 작게: 맞춤형 수업과 교육 신경과학. 조영남(역). 서울: 학지사.

- Kallick, B., & Zmuda, A.(2017). Students at the center: Personalized Learning with habits of mind. Alexandria, VA: ASCD.

- Kallio, J. M. & Halverson, R. (2020). Distributed leadership for personalized learning. Journal of Research on Technology in Education, 52(3), 371－390. https://do－i.org/10.1080/15391523.2020.1734508

- Lee, D. (2014). How to personalize learning in k－12 schools: Five essential design features. Educational Technology, 54(2), 12-17.

- McCarthy, B. (1990). Using the 4MAT System to Bring Learning Styles to Schools. Educational Leadership, 48(2), 31－37.

- OECD(2018). OECD Future of Education and Skills 2030 https://www.oecd.org/educa－

tion/2030−project/

■ Prince. K., Saveri. A., & Swanson. J. (2015). Exploring the Future Education Workforce: New Roles for an Expanding Learning Ecosystem. Knowledge Works. (from http://www. knowledgeworks.org/sites/default/files/future−ed−workforce−roles−learning−ecosy stem.pdf)

■ Spector, J. M. (2015). Personalized learning and instruction. In J. M. Spector(Ed.), The SAGE encyclopedia of educational technology (pp. 575−580). SAGE Publications, Inc. https://doi.org/10.4135/9781483346397.n240

■ Tomlinson, C, A. & McTighe, J. (2006). Integrating differentiated instruction & under− standing by design. 김경자, 온정덕, 장수빈 공역(2013). 맞춤형 수업과 이해중심 교육 과정의 통합. 학지사.

■ Tomlinson, C. A., & McTighe, J. (2006). Integrating differentiated instruction & under− standing by design: Connecting content and kids, Alexandria, VA: ASCD.

■ Tomlinson, C. A. (2017). How to differentiate instruction in academically diverse classroom. ASCD, Alexandria, Virginia.

AI
ARTIFICIAL INTELLIGENCE

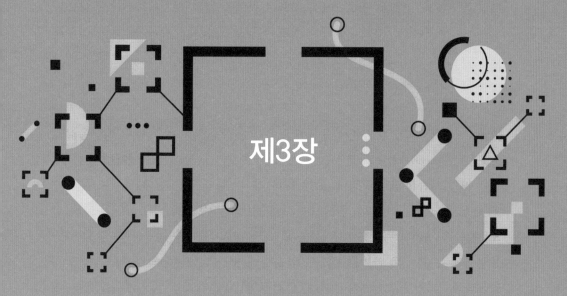

제3장

맞춤형 수업과 보편적 학습 설계

AI와 연계한 맞춤형 수업 설계의 이론과 실제

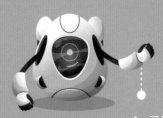

제3장

맞춤형 수업과 보편적 학습 설계

---

1 ┃ 교육과정과 맞춤형 수업 설계

가. 교육과정과 맞춤형 수업

일찍이 J. Dewey(1902)는 아동의 경험과 삶을 교육과정에 예속시키게 되면 공부는 지겨운 것이 되고 수업은 의무감으로 해야 하는 고된 일이 된다고 밝힌바 있다. 또한, 그는 학습의 질과 양을 결정하는 것은 교과가 아니라 바로 아동 자신이라고 하였다. Dewey의 이러한 교육과정관은 학습자의 다양한 특성과 개별적 능력 등에 적합하게 수업을 전개해야 하는 것을 의미하는 것이다. Dewey의 교육과정에 대한 입장에서 분명한 것은 교육과정이 교실 밖에서 계획 개발되어 교실에 외삽적으로 적용, 실행되어서는 안 된다는 점이다(홍후조, 2018).

우리나라는 교육과정 분권형으로 지역 교육과정을 강조한다. 국가 교육과정은 표준적, 공통적, 일반적인 기준으로 제시되지만 교육과정이 실행되는 교실은 구체화, 특성화, 다양화되어야 한다. 다시 말해서, 보편적인 국가 교육과정이 교실에서 실행되기 위해서는 학급의 특성에 맞게 국가 교육과정이 다시 재구조화되어야 함을 의미하는 것이다. 여기서 학습자 개인을 고려하여 해당 학급의 독특한 교육과정을 만든다면 그것이 곧 교사 교육과정이 된다는 것이다. 여기에서 핵심은 학습자 개개인의 다양한 특성과 상황 등을 고려한 교육과정이 반영되어 있어야 한다는 것이다. Dewey는 학생의 진짜 관심과 흥미가 어디 있는지를 잘 아는 교사가 실제적 탐구를 통해 교육과정을 시작해야 함을 강조하고 있다. 이것이 곧 맞춤형 수업으로 연계된다.

영 교육과정(null curriculum)을 발견한 E. Eisner(1985)는 다양한 학습기회가 제공되어야 한다고 주장한다. 여기서 핵심적 개념은 교육적 상상력이다. 이것은 교사들이 실제 학생들이 의미 있고 만족스럽게 다양한 학습기회를 제공할 수 있도록 목표와 내용을 학생에게 적합한 형태로 변형해야 하는 것을 의미한다(홍후조, 2016). 이렇게 수업에서 학습자의 수준이나 경험 등을 고려한 수업을 계획해야 함은 지극히 당연한 일임에도 불구하고 우리 현실에서는 여전히 어려운 일이다. Eisner는 교육과정을 개개인의 다양한 생각이나 가치관을 표현하도록 하는 수단이며 예술적인 과정으로 본다. 즉, 예술가는 현상을 나름대로 다양하게 인식하고, 인식한 것을 다양한 형식으로 표현하려고 한다. 마찬가지로 수업에서 학생이 이해하는 지식이나 현상은 남들과 똑같이 인식하거나 표현하는 것이 아닌 각자 다양하게 인식하고 인식한 것을 다양하게 표현하는 교육과정이 필요함을 강조하고 있다. 이는 학습자가 수업 내용을 받아들일 때 개개인의 흥미와 관심, 경험 등에 따라서 받아들일 수 있다는 것으로 개개인의 학습 내용을 인식하고 표현하는 방식을 획일화해서는 안된다는 것을 말하는 것이다. 여기서 맞춤형 수업에 시사하는 점은 학습 내용을 이해하고 습득하는 방식을 존중하고 이를 표현하는 방법을 획일화해서는 안 된다는 것으로 개개인의 특성에 따라 다르게 나타나는 것을 존중해야 한다는 것을 의미한다.

2022 개정 교육과정에서는 맞춤형 교육을 강조하고 있다. 그동안 과거의 교육과정에서도 맞춤형 수업과 수준별 수업을 병기해 오면서 총론에서 강조하였지만 2022 개정 교육과정에서는 수준별 수업이 삭제되고 맞춤형 교육이 제시하

고 있다. 이는 과거와 같이 단순한 수사(rhetoric)수준이 아닌 실제적 적용을 강조하는 차원에서 그 기준을 제시하고 있다. 정확하게는 '맞춤형 교육'이라고 칭하고 있으며 이를 에듀테크와 연계하는 것을 강조하고 있다. 그러나 맞춤형 교육이라는 것도 수업을 통해 구현될 수 있는 것이기 때문에 궁극적으로는 수업을 지칭하는 것이라고 할 수 있다.

나. 맞춤형 수업 설계 절차

수업은 학습 경험을 통하여 학습자의 꾸준한 성장을 유도해야 한다. 이를 위해 서로 다른 점을 인정하고 다양한 수준과 학습 방식, 배경 지식 등을 고려한 맞춤형 수업 설계가 필요하다. 교수·학습과정안이 교사 교육과정의 주요 핵심이라 본다면 학습자를 배제한 획일화된 목표와 방법 등은 학습자 중심이 아닌 교사중심의 교육과정이 되어 그 의미를 상실한다. 또한, 수업설계에서 학습자라는 주요 변인을 고려하지 못하고 이루어지는 수업은 학습자 간의 개인차를 고려하지 못하기 때문에 반드시 학습부진 현상을 낳을 수밖에 없다. 나아가 학습자 개개인에게 알맞은 학습기회를 제공하지 못한다는 측면에서 공정하고 평등한 학습기회를 제공하지 못하는 결과까지 초래할 수 있다. 또한, 수업과 평가가 동전의 양면과 같이 상관성을 갖기 때문에 학습자를 고려한 수업이 이루어졌다면 여기에 적절하게 대응하는 평가는 필수적이다. 수업과 평가는 상호 긴밀한 연계성을 이루는 하나의 결합체이기 때문이다. 앞서 제시한 Dewey와 Eisner의 교육과정에 대한 관점도 학습자 개인의 특성을 고려해야 한다는 것이다. 맞춤형 수업을 위한 학습목표, 내용 선정, 교수·학습 방법, 평가 등의 측면에서 고려할 점을 살펴보면 다음과 같다.

첫째, 목표 설정에 있어서 학생이 자신의 수준을 고려하여 도달 가능한 적절한 목표 수준을 제공해야 한다는 것이다. 여기서 진정한 경쟁의 대상을 발견해야 한다. 그것은 친구가 아니라 학습자 자신이 설정한 학습목표라는 것이다. 따라서 교사는 목표를 설정할 때 학생이 목표를 스스로 선택할 수 있도록 개별화

목표를 제시할 필요가 있다.

둘째, 내용 선정은 목표 설정과 무관하지 않다. 즉, 목표에 따른 내용 수준이 고려되어야 한다는 것이다. 그러나 학습내용 자체를 달리하는 것은 아니다. 학습자 간 서로 다른 인지양식을 고려하고 자신이 선택한 목표를 달성하기 위해 적절하게 차별화된 내용을 선택하도록 해야 한다.

셋째, 방법에서 중요한 것은 학습에 대한 적극적 참여 의지이다. 학습자에게 과거와 다르게 자신이 설정한 목표와 방법을 선택하기 때문에 학습에 대한 참여를 제고시킬 수 있다. 더불어 해결 의지를 학습자에게 고취시키는 책무성 부여도 필요하다. 즉, 학습자를 수동적인 자세에서 능동적인 자세를 갖도록 하고, 목표에 도달하기 위해 스스로 학습에 참여할 수 있도록 촉구해야 한다. 더불어 다양한 매체의 활용은 학습자의 이해를 용이하게 하는 수단으로 선택되어야 한다.

넷째, 평가 선정은 목표 설정과 동전의 양면과 같은 관계이다. 적절한 목표 수준이 제공되었다면 평가와 목표의 일관성을 갖기 위해서 반드시 알맞은 평가가 제공되어야 한다. 학생은 목표에 맞는 평가를 통하여 반성이나 성취감을 갖게 될 수 있고, 여기서 자기주도학습에 대한 관점을 형성할 수 있다. 또한 평가 장면에서는 학습자에게 피드백을 제공하여 학습의 오류에 대해 즉시적 피드백을 받게 하여 수업 과정 중 교정하도록 해야 한다.

학교에서 맞춤형 수업이 활성화되기 위해서는 학생들의 개별적인 특성과 학습 수준을 고려하여 교육 경험을 최적화하는 방식으로 설계해야 한다. 이를 위한 맞춤형 수업을 지원하는 방법으로 다음과 같은 설계 절차가 적용될 수 있다.

첫째, 우선 진단적 평가를 실시해야 한다. 진단은 맞춤형 수업을 위한 출발점으로 진단의 결과에 따라 맞춤형 설계가 가능해진다. 같은 수준의 내용이라고 해도 학습방법이 적절하면 학습에 도움을 줄 수도 있지만 그 반대의 경우 학습 결과가 기대 수준에 못 미칠 수도 있다. 따라서 진단 결과에 맞는 맞춤형 수업이 적용되어야 한다.

둘째, 맞춤형 수업을 위한 평가 결과를 바탕으로 개별 학생들에게 적합한 학습 계획을 수립한다. 이 계획에는 개별적인 학습목표와 교수·학습 방법, 학습

자료 활용, 평가 등이 포함된다.

셋째, 교사는 학생들을 지원하고 학생은 학생 간에 상호 협력하는 방안을 마련한다. 맞춤형 수업은 개인차가 있어서 친구의 지원과 조력을 받는 일이 다수 발생할 수 있다. 수업 상황에서는 학생도 우수한 교수 자원이 될 수 있다는 것이다. 그래서 협력하는 학습 분위기는 매우 중요하다.

넷째, 다양한 교수·학습 방법을 적용한다. 학생들의 다양한 학습 스타일과 관심사를 고려하여 다양한 교수 방법을 적용해야 한다. 시청각, 청각, 시각 등 다양한 감각을 활용한 교수법과 협력적 학습, 문제해결 중심의 학습 등 다양한 접근 방법을 활용하도록 하는 것이 필요하다.

다섯째, 학습 커뮤니티를 구축한다. 학생들이 서로 협력하고 지원할 수 있는 학습 커뮤니티를 구축해야 한다. 학습 동료들과의 소통과 협력은 학습 동기부여를 높여줄 수 있다. 학습 커뮤니티는 학급 게시판을 등을 이용하여 학습 결과를 서로 공유하고 자기평가의 기회로 활용하는 것도 좋은 방법이 된다.

여섯째, 학생 평가는 학생들의 강점과 약점, 학습 수준, 흥미를 파악하기 위해 정확하게 해야 한다. 맞춤형 처방을 위한 진단 데이터를 수집할 수 있기 때문이다. 교사는 학생들의 인지적, 사회적, 감정적 요인을 종합하여 평가해야 한다.

일곱째, 디지털 기술과 학습 관리 시스템을 활용하여 학습자를 관리한다. 학생들의 학습 상황이나 성장 과정 등에 대한 데이터를 입력하여 분석하고, 즉각적인 피드백을 제공하도록 하며 학습자에게 알맞은 맞춤형 학습 자료를 제공하도록 한다. 이는 2022 개정 교육과정의 에듀테크를 활용한 맞춤형 교육과 관련된다.

여덟째, 학부모 참여 방안을 마련한다. 맞춤형 수업은 가정의 지원도 필요하다. 학부모와의 소통을 강화하여 학생의 개인적인 요구사항을 이해하고, 가정과 학교가 협력하여 학생의 성공을 지원하도록 해야 한다.

보편적 학습 설계와 맞춤형 수업 설계 방안

가. 보편적 학습 설계

보편적 학습설계는 보편적 설계(universal design: UD)에서 시작되었다. 1970년대 건축가이면서 디자이너였던 Ronald L. Mace는 가능한 모든 사람들이 최대한 사용할 수 있는 제품과 환경을 설계하자는 의미에서 보편적 설계를 제안하였다. 이것이 교육 분야에 도입된 것은 학습자의 여러 욕구를 충족시켜야 할 필요성이 강조되었기 때문이다. 여기서 보편적 학습설계(universal design for learning: UDL)가 제안된다. 최근에는 국어, 미술, 음악, 과학 등의 교과에서 보편적 학습설계를 적용한 연구가 진행되었으며, 모든 교과에 널리 확대되고 있는 상황이다(이경란·백남권·박종호, 2015). 또한, 보편적 학습설계는 특정한 교육에 국한하지 않고 다양하게 확산되고 있다. 한경근(2012)은 UDL의 적용 범위를 통합교육에 한정하지 않고 모든 교육과정에까지 확장해야 함을 주장하였다. 이에 기본 교육과정의 사회과 지리영역과 일반사회영역의 학습지도안 각각을 작성하고, 해당 UDL 원리를 명시한 결과를 발표하였다(우정한, 2015). 이러한 보편적 학습설계의 핵심은 단적으로 표현하면 개별화 학습이다. 맞춤형 수업과 맥을 함께 하는 것이다. 즉, 보편적 학습설계는 일반 학습자 중에서도 학습 수준, 학습 양식, 흥미 등이 천차만별인 학교 내 학습자의 다양성을 좀 더 효과적으로 수용하여 모든 학생의 교육을 개선하는 데 활용될 수 있다(신현기, 2011). 따라서 보편적 학습설계를 실천하는 교사는 교실 내 학습자의 다양성에 대한 스펙트럼을 넓게 인식해야 하며, 교육과정과 수업 설계는 다양한 학습자의 특성과 요구를 구체적으로 파악하는 것에서 시작해야 한다.

Rose와 Meyer(2002)는 보편적 학습설계의 실질적 전제는 교육과정은 광범위하게 다양한 학습맥락에서, 다양한 배경, 학습 스타일, 학습 능력, 학습 장애를 가진 학습자에게 접근 가능하고 적절한 대안을 포함해야 한다는 것이다. 여기서 "보편적인(universal)"은 모든 사람을 위한 하나의 해결책이 아닌 학습자의 개별적 특징과 차이를 수용하는 요구를 인지해야 하는 것을 반영하고 있으며, 학습자에게 가장 적절하며 학습 과정에서 능력을 최대화할 수 있는 학습 능력을 창출할 수 있어야 함을 의미한다고 하였다. 보편적 학습설계는 교사가 분명한 목표와 개별화된 교과내용, 방법, 평가 등을 통해 교수법을 차별화할 수 있도록 해주는 프레임워크를 제공한다(Rose & Meyer, 2002; 안미리).

평가에서도 마찬가지로 학생들의 학습 결과를 정확하게 파악할 수 있도록 다양한 평가방법을 활용한다. 단일한 방법으로 평가할 경우, 학생에게 평가를 위해 요구되는 기능에 결함이 있으면 평가 자체에 접근하는 데 어려움을 겪어 실질적으로 학생이 알고 있는 것을 평가할 수 없기 때문이다. 가령, 자신이 알고 있는 것을 드러내는 방식을 자신이 선택하여 보여줌으로써 평가방법의 다양성이 고려될 수 있다. 학습자는 각자 표현하는 방식이 다를 수 있기 때문에 자신이 알고 있는 것을 가장 잘 드러내는 최적화된 평가방법을 스스로 선택하도록 해야 한다는 것이다.

이는 앞서 제시한 Eisner가 말하는 아는 것을 표현하는 방식을 획일화해서는 안되는 것과 같은 맥락이다. Orkwis와 Mclane은 보편적 학습설계가 모든 학습자들에게 학습의 접근성을 지원하고 발판(scaffolding) 등에 대한 선택권을 넓혀주며 유연하게 학습자료를 활용하게 하여 학습자의 학습 성취를 극대화하고 자신감을 심어줄 수 있다고 하였다(고범식 외, 2008 재인용).

나. 보편적 학습 설계와 맞춤형 수업 설계 방안

보편적 학습설계가 일반 교육 분야에 시사하는 것은 다양성을 인정하는 것이다. 여기서는 나와 다른 타인을 받아들이고 존중함을 기본으로 해야 한다는 것이다. 교육과정에서 학생들의 다양한 능력과 학습방식, 배경지식과 학습 준비도 같은 것들이 배제된 채 평균 기준의 욕구만이 충족되도록 설계된다면 모든 학생에게 학습에 대한 공정하고 평등한 기회를 제공하기 어렵다는 것이다(현주

<표 3-1> 보편적 학습설계를 적용한 교육과정 틀

영역	보편적 학습설계를 적용한 교육과정 틀
목표 설정	• 모든 학생에게 적절한 도전 제공 • 보편적 학습 설계 목표에 진술에 대해 학생들의 성취차이 고려
내용 선정	• 교수내용: 공평한 교육결과, 다양한 제시방법 간의 변형지원, 차이와 다양성을 수용하는 교육내용, 학생의 요구, 선호, 장점에 따른 교과 내용, 목표에 따른 공평한 학습내용
방법 및 매체 선정	• 교수방법: 간단하고 직감적인 교수, 다양한 표현 수단들, 학생 참여 지향적인 교수 • 교수매체: 융통성 있는 형태의 모든 학생을 지원하기 위한 여러 매체 활용
평가 선정	• 교사가 학습을 최대화하는 데 도움이 되도록 정확하며, 계속적인 정보제공 필요

출처: 박주연(2009). 통합교육현장에서 적용 가능한 보편적 학습 설계의 개념과 원리 탐색. 지적장애연구, 11(1). p. 245 에서 재구성.

외, 2010). 박주연(2009)은 보편적 학습 설계를 적용한 교육과정 틀을 목표, 내용, 방법 및 매체, 평가영역으로 <표 3-1>과 같이 제시하였다.

앞서 제시한 바와 같이 맞춤형 수업이 목표-내용-방법-평가 등의 교수·학습 설계 측면에서 모두 고려해야 한다는 측면을 우선 고려의 대상으로 볼 때 맞춤형 수업에 시사하는 점 또한 네 가지 측면 모두 밀접하게 연계되어 있음을 알 수 있다. 맞춤형 수업에서 시사하는 점의 주요 내용을 중심으로 정리하면 다음과 같다.

첫째, 목표 설정에 있어서 학생이 자신의 수준을 고려하여 도달 가능한 적절한 목표 수준을 제공해야 한다는 것이다. 여기서 진정한 경쟁의 대상을 발견해야 한다. 그것은 친구가 아니라 학습자 자신이 설정한 학습목표라는 것이다. 따라서 교사는 목표를 설정할 때 학생이 목표를 스스로 선택할 수 있도록 수준별 목표를 제시할 필요가 있다.

둘째, 내용 선정은 목표 설정과 무관하지 않다. 즉, 목표에 따른 내용 수준이 고려되어야 한다는 것이다. 그러나 학습내용 자체를 달리하는 것은 아니다. 학습자 간 서로 다른 인지양식을 고려하고 자신이 선택한 목표를 달성하기 위해 적절하게 차별화된 내용을 선택하도록 해야 한다.

셋째, 방법에서 중요한 것은 학습에 대한 적극적 참여 의지이다. 학습자에게 과거와 다르게 자신이 설정한 목표와 방법을 선택하기 때문에 학습에 대한 참여를 제고시킬 수 있다. 더불어 해결 의지를 학습자에게 고취시키는 책무성 부여도 필요하다. 즉, 학습자를 수동적인 자세에서 능동적인 자세를 갖도록 하고, 목표에 도달하기 위해 스스로 학습에 참여할 수 있도록 촉구해야 한다. 더불어 다양한 매체의 활용은 학습자의 이해를 용이하게 하는 수단으로 선택되어야 한다.

넷째, 평가 선정은 학습자의 성취수준을 고려하여 맞춤형으로 평가하는 것이 필요하다. 평가는 학습자의 잠재 가능성을 일깨워 주는 것이므로 '누가 잘하나' 보다 '누가 무엇을 할 수 있는가'를 알아 보는 기회로 활용해야 한다. 또한 정답이 아닌 다양한 해답을 도출할 수 있도록 하며 학습자에게는 자신이 배운 것을 다양한 방법으로 표현할 수 있도록 허용해야 한다.

이미 주지하다시피 맞춤형 수업에서는 학습목표, 내용 선정, 교수·학습 방법, 평가 등이 모든 학생을 위한 것이어야 한다. 획일적이거나 교사 일방적인 방법에 의해서 제시되는 것으로는 모든 학생을 만족시킬 수 없다. 여기서는 보편적 학습 설계에 기반하여 맞춤형 수업 설계에 대한 방안을 학습목표, 내용 선정, 교수·학습 방법, 평가 등의 측면에서 제시한다.

다. 맞춤형 수업 설계 구현 방안

1) 학습목표

맞춤형 수업에서는 모든 학생에게 적절한 도전을 제공해야 한다. 적절한 도전은 학습자가 학습 이전 자신의 학습 수준에 알맞은 학습목표를 스스로 선택할 수 있어야 하는 것을 의미하는 것이다. 이는 궁극적으로 학습의 성장을 위한 것이므로 자신의 수준보다 지나치게 높거나 낮은 학습목표를 선택하여 학습 효과를 저하시키지 않도록 하는 것이 중요하다. 따라서 교사는 먼저, 수업 전에 목표를 학습자 수준에 맞게 설정해야 한다. 그러나 수업 중에 교사나 동료 친구에 의해 목표를 타율적으로 선정하는 것은 바람직하지 않다. 또한, 수업 중에 교사는 목표 수행과정을 파악하여 목표를 조정하거나 목표에 도달할 수 있도록 학습 분위기를 촉진시키는 교수활동이 필요하다. 학습목표는 결국 학습을 통하여 도달해야 할 목표 지점을 명확히 하는 것이라고 할 수 있다. 학습자 수준에 따라서는 학습 경험을 다양화하기 위해 도달해야 할 학습목표를 다양하게 선택하여 학습하는 방법도 적용해 볼 수 있다. <표 3-2>는 학습목표 설정의 다양화의 사례이고, 이것에 의해 학습자가 설정한 목표 사례는 <표 3-3>과 같다. 이와 같은 학습목표의 선택은 학습자 개인의 선택을 존중해야 한다.

〈표 3-2〉 학습목표의 수준별 다양화 사례

성취기준	학습목표 설정			
	의미단위로 구분			
	매체 선택	전달 내용	효과적 방법	전달 대상
[6국01-05] 자료를 선별하여 핵심 정보를 중심으로 내용을 구성하고 매체를 활용하여 발표한다.	그림을 활용하여	**에 대한 사실을	중요 내용을	짝에게	이야기할 수 있다.
	표를 활용하여				
	그래프를 활용하여	**에 관점을 갖고	핵심 정보에 대하여 내용을	모둠원에게	발표할 수 있다.
	사진을 활용하여	**에 대한 생각이나 느낌을	설득력 있게	친구들에게	
	동영상을 활용하여				

〈표 3-3〉 학습자가 설정한 학습목표 사례

교과	국어	시간	2020○년 ○월 ○일(금) (3)교시
내가 도달해야 하는 학습목표	표를 활용하여 **에 대한 사실을 설득력 있게 짝에게 이야기할 수 있다.		

2) 교수·학습 내용

교수·학습 내용 선정은 학습목표와 일관성을 고려해야 한다. 즉, 학습자가 선정한 목표에 도달할 수 있도록 다양한 수준의 학습 내용이 제시되어야 한다. 이는 앞서 제시한 Eisner가 말하는 학습 기회의 유형을 다양화하는 방법이 된다. 결국, 학습자는 차별화된 학습내용을 선택함으로써 자신이 설정한 학습목표에 도달할 수 있도록 학습 내용 자체를 수단으로 활용하도록 해야 한다. 가령, <표 3-2>와 같이 성취기준에 의한 내용 선정은 매체의 대상과 내용을 파악하는 방법(사실 파악하기, 관점 이해하기, 생각이나 느낌을 생각하기 등)에서 선택할 수 있도록 할 수 있다. 교사는 학급에서 학생들의 수준을 어느 정도 파악하고 있기 때문에 수업 전에 학생들의 요구와 선호 등을 예측할 수 있다. 또는 사전에 파악하는 방법이 있을 수 있다. 이를 통하여 학습 내용의 다양화를 미리 모색하는 것이 필요하다. 수업 중에는 자신이 선택한 학습목표에 도달이 되도록 학습 내용을 알맞게 연계하는 것이 필요하다. 가능하다면 학습 경험을 풍부하게 하기 위하여 학습의 수단이 되는 도구를 다양하게 경험하도록 하는 것도 필요하다. 학습 후에는 정리 단계에서 학습목표 미도달 학생에게는 보충자료를 통한 피드백을 제공할 수 있다. 여기서 중요한 것은 학습자 맞춤형 피드백이 제공되어야 한다는 것이다. 이는 학습자 맞춤에 맞는 피드백을 통하여 학습자가 학습을 추가로 수행할 수 있도록 해야 한다는 것이다. 아무리 좋은 피드백이라 하더라도 맞춤형 수업에서는 학습자에게 학습을 촉진시키는 데 필요한 정보의 의미를 갖지 못하면 의미가 없다. 또한, 학습이 빠른 학생에게는 심화 활동을 통하여 학습목표에서 제시되지 않은 방법을 선택하게 하거나 또는 학습목표에 제시된 다양한 방법을 모두 경험하게 하여 학습 경험을 풍부하게 할 수 있다.

<표 3-4> 내용 선정에서의 교수·학습전략

영역	수업 흐름	교수·학습전략
내용 선정	수업 전	• 학생의 특별한 요구, 선호를 고려하여 다양한 수준과 형태의 학습내용 선정하기 • 학습내용의 난이도를 집단에 따라 조절하기
	수업 중	• 차별화된 학습내용의 선택권 제공하기
	수업 후	• 학습자의 관심도, 수행 정도를 파악하여 학습내용 수정, 변경하기

피드백의 의미와 개인 맞춤형 피드백의 강점

피드백에서는 충고, 칭찬, 평가, 지시를 반드시 피해야 한다. 이는 엄격히 말해 이런 것들은 피드백이 아니다. 피드백은 중요한 사항에 대해서 피드백을 주고 그 이유를 설명해야 하며 공감하고 질문을 던져야 한다. 강점에 초점을 맞추고 가능한 한 구체적이어야 한다. 보호나 지원받는다는 느낌을 주도록 한다.

연구에 따르면 집단으로 주는 피드백보다 개인 맞춤형(personalized) 피드백의 만족도가 더 높고 성적 향상도 더 크다. 입맛에 맞는 맞춤 피드백을 받으면 학생들의 반응이 더 좋은 것은 당연한 일이다. 학생들마다 각기 학습 유형, 강점과 약점, 흥미를 갖는 분야가 다르기 때문이다. 개인화된 피드백은 몇 가지 이점이 있다. 피드백을 받고도 이를 어떻게 사용할지 모르는 경우가 많은데 개인화된 피드백은 학습자가 자신의 과제를 어떻게 개선할지 이해하기 쉽다. 또 하나하나 구체적인 목표에 대해 피드백하기 때문에 이를 따라 실행에 옮기면 질이 향상되고 향상된 수준에 대해 뿌듯함을 느낄 수 있게 된다. 개인화된 피드백은 학생과 교사 간에 친밀감과 신뢰감을 강화한다.

출처: https://21erick.org(교육을 바꾸는 사람들), '피드백의 모든 것'을 재구성한 내용임.

---

3) 교수·학습 방법 및 매체 선정

가) 교수·학습방법 선정

방법 선정은 맞춤형 수업의 성패를 가늠하는 핵심적인 변인이 된다. 수업 전에는 적절한 수업 모형을 적용하되 필요 시 모형 간의 절충도 가능하다. 학습과정 중에는 교사는 촉진자, 안내자의 역할을 수행해야 하며 학습 내용에 대한 수정이나, 변경, 개선이 언제든지 가능하도록 해야 한다. 필수적인 학습행위가 되도록 허용적 분위기도 조성한다. 학생과 학생, 교사와 학생 간 상호작용이 원활해야 하며 이를 통하여 개별화 학습이 가능하도록 해야 한다. 협력적 기법을 적용할 때는 조력(scaffolding) 역할을 할 수 있는 학생을 적절하게 배치하는 것도 필요하다. 특히, 이 단계에서는 교사의 맞춤형 피드백이 중요한 역할을 한다. 따라서 교사는 학습자가 설정한 학습목표를 꾸준히 확인시켜주면서 도달에 필요한 지속적인 정보를 제공해야 한다. 맞춤형 수업에서 맞춤형의 요소는 수업 전이나 수업 중 또는 수업 후 적용되는 일시적인 현상이 아닌 수업의 모든 과정에서 적용되어야 한다. 따라서 수업의 전 과정에서 맞춤형 수업이 이루어지도

〈표 3-5〉 방법 선정에서의 교수·학습전략

영역	수업 흐름	교수·학습전략
방법	수업 전	• 학습자의 능력, 학습양식, 학습 선호도, 흥미 등에 따른 다양한 학습활동 고안하기 • 학습내용에 따른 다양한 수업형태 고안하기(차별화 학습, 모둠 조직)
	수업 중	• 교사−학습자, 학습자 간 상호작용과 의사소통을 촉진하는 허용적 학습 분위기 조성하기 • 학습자의 인지적 수준에 맞추어 다양한 수준과 형태의 질문하기(피드백 등) • 학습자의 서로 다른 사회문화적 삶과 연관된 활동이나 정보를 제공하기 • 어려운 낱말이나 용어, 기호(공식)를 쉬운 말로 풀이해주기 • 핵심 개념을 다양한 방법으로 제시하기 • 다양한 학습자들의 기호와 수준에 따른 활동의 선택권 제공하기 • 활동에 따른 학습 활동의 선택권 제공하기(전체, 모둠, 짝, 개별) • 학습자의 주의집중 시간을 고려하여 활동 순서, 범위, 시간, 비율, 속도 조절하기 • 지속적으로 개별학생에게 적절한 피드백 제공하기 • 보상의 선택권 제공하기
	수업 후	• 장기기억으로의 이전을 위한 다양한 사후 활동(과제) 선택권 제공하기

록 방법과 긴밀하게 연계하는 것이 필요하다. 특히, 학생 자신이 정한 학습목표에 도달하도록 맞춤형 방법을 적용하는 것이 필요하다.

나) 매체 선정

같은 용도의 약이라고 모든 사람들에게 동일한 치료 효과가 나타나지 않듯이 동일한 학습 자료가 모든 학생들에게 같은 학습목표 도달을 담보하는 것은 아니다. 따라서 학습자의 수준과 취향 그리고 학습 내용을 효과적으로 이해할 수 있는 다양한 매체를 선정할 필요가 있다. 여기서 학습자는 자신이 정한 학습목표에 도달하는 데 가장 유용하고 정보를 받기에 좋은 매체를 활용할 수 있도록 해야 한다. L.A. 타임즈(2011)는 미연방교육부가 2009년 첨단기기를 사용한 학교와 그렇지 않은 학교를 비교한 결과, 유의미한 차이를 발견하지 못했으며 오히려 6학년 학생들의 수학 성적이 떨어진 사례를 지적하면서 첨단기기에 대한 지나친 투자와 관심에 대해 비판적으로 생각해볼 필요가 있다고 지적한 바 있다. 따라서 학생들이 직접 조작을 통해 활용할 수 있는 매체를 선택하는 것이 바람직하다.

〈표 3-6〉 매체 설정에서의 교수·학습전략

영역	수업 흐름	교수·학습전략
매체	수업 전	• 학습자의 수준을 고려하여 활용 가능한 자료 탐색하기 • 학습내용에 알맞은 수업 자료 제작, 마련하기 • 다양한 수업 자료의 활용 방법 익히기
	수업 중	• 시청각 정보가 동시에 제공되는 자료 사용하기 • 실물(구체물), 이미지, 동영상, 애니메이션, 그래프, 도표 등 여러 자료 활용하기 • 학습자의 실생활, 수준, 흥미에 알맞은 자료 제공하기, 제공되는 자료의 가독성 높이기(밑줄, 형광펜, 굵거나 큰 글씨, 글자체 변형 등 배경과 핵심 정보 대조, 내용 구조화, 요소들 간 관계 명확화 등) • 학습 보조도구 제공하기

4) 평가

평가에서 반드시 고려할 점은 가르친 내용을 평가해야 한다는 것이다. 여기서 가르친 내용은 맞춤형에 맞게 학습한 내용을 확인하는 것이지 수업을 맞춤형으로 전개하고 평가 내용을 획일적인 한 방향으로만 제시한다는 것은 아니다.

〈표 3-7〉 평가 선정에서의 교수·학습전략

영역	수업 흐름	교수·학습전략
평가	수업 전	• 말, 글, 그림, 연극, 산출물 등 평가 방법을 다양하게 계획하기 • 수행 평가 활동을 지원하는 채점 루브릭 제공하기 • 학습자의 자기 평가, 동료 평가(상호 평가)를 위한 템플릿 제공하기
	수업 중	• 평가와 교수·학습 과정의 일관성 • 학습자가 잘할 수 있는 평가방법의 선택권 제공하기 • 퀴즈, 질문, 포트폴리오, 성취도 평가 등 여러 평가방법으로 평가하기
	수업 후	• 학생의 발전 정도를 명시적으로 보여주기(전후 비교사진, 그래프, 포트폴리오 등) • 학습자의 학습목표 성취 여부에 따라 교수·학습 설계 수정하기

평가에서도 맞춤형 기법은 적용된다. 다음은 Eisner가 제시한 평가에서 고려할 내용이다.

평가 방법

▢ 학생들이 알고 있는 것, 할 수 있는 것을 평가하기 위한 과제는 학교 내에만 국한된 것이 아닌 학교 밖의 세계에서 부딪힐 수 있는 것이어야 한다.

▢ 학생들은 평가하기 위해 사용된 과제는 결과뿐만 아니라 문제를 해결하는 과정도 보여 줄 수 있는 것이어야 한다.

□ 평가 과제는 그 문제 또는 질문에 대한 해결책 또는 답이 한 가지 이상이도록 구성되어야 한다.

□ 평가 과제는 수업 시간에 배운 것을 그대로 측정하는 것이어서는 안되고 학생으로 하여금 배운 것을 새로운 상황에 작용하도록 요구하는 것이어야 한다.

□ 평가 과제는 학생들이 배운 것을 표현하기 위해 사용하는 제시 형태를 다양하게 선택할 수 있도록 허용하는 것이어야 한다.

출처: 박승배(2007). 교육과정의 이해. 학지사.

일찍이 F. Oliva는 평가는 수업 전략을 선정한 다음, 평가를 고려하여 예비 선정하며 수업을 실시하고 평가방법을 최종적으로 선정한다고 하였다(홍후조, 2016). 이는 평가 내용이 곧 수업 내용과 일관성있게 연계되어야 한다는 것을 의미한다.

F. Oliva의 평가 설계 절차
수업 목표의 상세화 → 수업 전략의 선정 → 평가방법의 예비 선정 → 수업 전략의 실행 → 평가방법의 최종 선정 → 평가

앞서 강조하였지만 평가에서는 다양한 평가 옵션(option)을 제공하며 자율적 선택에 의한 맞춤형 평가가 되도록 해야 한다. 포트폴리오(portfolio)는 지속적이면서도 종합적인 평가를 중시하는 수행평가의 대표적인 유형 중의 하나이며, 학습의 과정을 평가의 주요 대상으로 삼아야 하는 맞춤형에서는 유용한 평가 방법이 된다(백순근, 2000). 이와 같은 포트폴리오는 학습의 발달 상황을 손쉽게 파악하는 방법이 될 수 있다.

평가 결과는 세 가지 측면에서 활용이 가능하다. 첫째, 학습자에게 피드백을 통하여 학습을 교정할 수 있는 자료로 활용한다. 이를 통하여 학습자는 자신이 학습한 내용을 수정, 변경, 개선할 수 있는 기회를 갖게 된다. 둘째, 평가 결과를 포토폴리오 자료로 활용하여 학생의 학습 진척 정도를 파악할 경우 성장참조평가의 주요 자료로 활용될 수 있다. 셋째, 교사도 자신의 교수를 성찰할 수 있는 기회를 가질 수 있다. 학생의 평가 결과는 교사에게는 자신의 교수 결과에 대한 거울이나 다름이 없다. 따라서 교사는 자신의 교수·학습을 반성하여 학습력을 제고할 수 있는 자료로도 활용이 가능하다.

3 보편적 학습설계의 활용

보편적 학습 설계를 맞춤형 수업에서 활용하기 위한 방안을 제시하면 다음과 같다.

첫째, 학습목표는 곧 개별화 학습목표가 된다. 학습자 스스로가 설정한 학습목표이기 때문에 자신에게 가장 적합한 목표라고 할 수 있다. 그러나 이 단계에서 고려할 점은 학습자가 의도적으로 자신의 수준과 무관하게 높거나 낮은 목표를 설정하는 경우가 발생할 수 있다는 점이다. 이와 같은 문제를 해결하기 위해서는 학습자가 보다 진지하게 학습에 임하는 자세를 갖추도록 유념할 필요가 있다. 또한, 교사에 의해 부분 수정되거나 재선택되는 경우도 상정해 볼 수 있다. 그러나 학습과정 중 학습목표를 변경할 필요성이 발생할 경우에는 학습자가 원하는 방향으로 선택할 수 있도록 유연하게 대처할 필요가 있다. 또한, 설정한 학습목표를 달성하고 추가적으로 목표를 달성하고자 한다면 이 또한 허용될 수 있는 부분이다. 이를 통하여 학습 경험은 풍부해 질 수 있다.

둘째, 내용은 학습목표를 달성하기 위한 수단성이다. 따라서 교과서 내용에 국한하지 말고 학습자가 흥미를 갖거나 일상생활에서 자주 접하는 문제, 또한 관심 분야를 학습 소재로 삼아 학습목표에 도달하게 하는 방법도 필요하다. 획일화된 주제는 학습자에게 다양한 교육적 경험을 제공하지 못한다. 차별화된 학습내용을 제공하여 선택적으로 학습할 수 있도록 할 수 있다.

셋째, 방법 및 매체 선정은 교사의 교수역량이 잘 드러나는 부분이다. 학습목표가 제한적이고 내용이 빈약하다고 하더라도 여기서는 개인 교사에 따라 교육과정의 결과는 차등을 가질 수밖에 없다. 교수·학습과정 중에는 자기주도학습이 잘 형성되지 못한 학습자를 중심으로 교수활동이 강화될 수밖에 없다. 또한, 상호작용이 중요한데 핵심은 피드백이다. 자기주도학습이 잘 형성된 학생은 사고를 촉진시키는 목표참조 피드백을 활용할 수 있다. 반면, 많은 성장이 필요한 학습자에게는 다양한 정보를 제공하는 비계(scaffolding)식 피드백 등을 활용하는 기법이 필요하다. 성취기준참조 피드백을 활용하여 궁극적으로는 학습자 다수가 성취기준에 도달하도록 학습을 촉진시킬 필요가 있다. 매체에서는 교수자 중심이 아닌 학습자의 학습 효과를 기대할 수 있는 매체를 제공해야 한다.

넷째, 맞춤형 수업에서 평가는 과정중심평가를 연계하는 것을 고려할 수 있다. 자신이 설정한 학습목표에 적절한 평가를 하고, 학습 상황에서 교사의 피드백을 받아 오개념을 수정하거나 학습 오류를 개선한 수정된 결과물을 제시하도록 해야 한다. 이와 같은 결과물은 학습 성장 곡선을 통한 강화 자료로도 활용할 수 있으며, 포트폴리오 등의 자료 모음을 통해 성장참조평가의 근거로 활용할 수 있다. 포트폴리오 평가를 하게 된다면 학습지에 반드시 교사의 피드백과 학습자의 학습 반성란을 만들어 학습이 발달되는 과정이 잘 드러나도록 해야 한다. 단순히 학습지를 수집만 해 놓는 포트폴리오 형식을 갖춘다면 이는 생명력이 없는 파일에 불과한 평가가 된다.

결론적으로 보편적 학습설계는 학습목표, 내용, 방법 및 매체 선정, 평가 등, 전 과정에 많은 점을 시사한다. 각 단계에서 교사가 고려할 점이 무엇이고, 어떻게 해야 하는지에 대한 지침은 제시하고 있다고 할 수 있다. 위와 같은 단계는 맞춤형 수업에 있어서 상호배타적 개념이 아니다. 각 단계는 서로 긴밀하게 연계되어 있음을 알 수 있다. 학습목표, 내용, 방법 및 매체 선정, 평가에서 어느 한 단계라도 방향을 다르게 설정한다면 전체적인 연계 틀이 유지되기 어렵다. 따라서 맞춤형 수업을 위해서 각 단계간 일관성 있게 설계하는 과정이 필요하다.

참고문헌

■ 고범식, 계보경, 장상현, 임서인, 김소미(2008). UDL 분석 및 디지털교과서 적용 방안 연구. 연구보고 RR 2008–10. 한국교육학술정보원.

■ 박승배(2007). 교육과정의 이해. 서울: 학지사.

■ 박주연(2009). 통합교육현장에서 적용 가능한 보편적 학습 설계의 개념과 원리 탐색. 지적장애연구, 11(1). 237–253.

■ 백순근(2000). 수행평가의 이론과 실천 방안. 열린교육연구, 7(1), 5–25.

■ 신현기(2011). 일반교육 교육과정의 보편적 학습설계로의 전환을 위한 통합교육 교육 과정의 검토. 한국지체중복건강장애교육학연구, 54(3), 1–29.

■ 우정한(2015). 보편적 학습설계의 원리를 적용한 학습지도안 분석 연구. 정신지체연구, 17(1), 81–99.

■ 이경란·백남권·박종호(2015). 보편적 학습 설계를 적용한 과학 수업의 학습성과에 관한 구조적 관계 분석. 초등과학교육, 34(1), 1–14.

■ 한경근(2012). 지적장애학생을 위한 사회과 교수,학습 방법 분석: 기본 교육과정과 공통교육과정의 교사용 지도서를 중심으로. 한국지적장애교육학회, 14(1), 1–22.

■ 현주, 유지연, 전신영(2010). 모든 학생들을 위한 보편적 학습설계. 한국교육개발원. 세계교육정책인포메이션, 교육정책네트워크 10호.

■ 홍후조(2016). 알기쉬운 교육과정. 서울: 학지사.

■ Dewey, J.(1902). The Child and the Curriculum. 박철홍(역). 서울: 문음사.

■ Eisner, E. W.(1985). The Educational Imagination(2nd ed.). New York: Macmillan.

■ L.A. 타임즈(2011). LA 학교구, 학교교육에서 교사의 질 향상을 최우선 목표로 정함. 한국교육개발원. 교육정책네트워크.

■ Rose D. & Meyer A.(2002). Teaching every student in the digital age: Universal design for learning. Baltimore: Association for Supervision & Curriculum Development.

ARTIFICIAL INTELLIGENCE

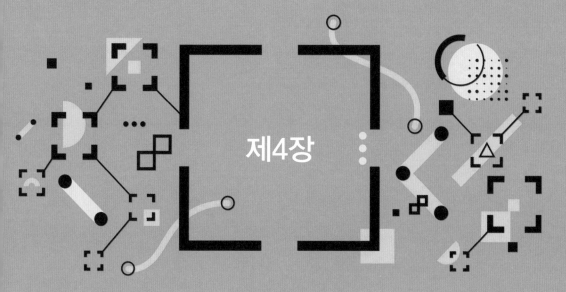

제4장

인공지능 활용 및 맞춤형 수업

AI와 연계한 맞춤형 수업 설계의 이론과 실제

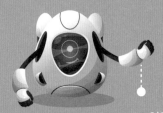

인공지능 활용 및 맞춤형 수업

1 인공지능 활용 맞춤형 수업의 필요성 및 방향

가. 인공지능 활용 맞춤형 수업의 필요성

인공지능은 컴퓨터가 인간의 지능을 모방하도록 하는 학문 분야로, 1950년대부터 연구가 시작되었다. 인공지능은 여러 하위 분야로 나뉘는데, 대표적으로는 자연어 처리, 컴퓨터 비전, 음성 인식, 기계 학습, 로보틱스 등이 있다.

인공지능은 과거에도 몇 번의 붐과 침체를 반복했다. 1980년대에는 전문가 시스템이 인공지능의 대세였고, 일본 정부는 5세대 컴퓨터 프로젝트를 통해 인공지능을 적극적으로 지원했다. 하지만 기술적 한계와 예산 부족 등으로 인해 프로젝트는 실패하고, 인공지능은 다시 한 번 침체기에 접어들었다.

현재의 인공지능 붐은 딥러닝이라는 기술의 발전과 함께 시작되었다. 딥러닝은 인공신경망을 깊게 쌓아서 복잡한 문제를 해결할 수 있는 기술로, 2012년 이미지 인식 대회에서 우수한 성능을 보인 후로 급속도로 확산되었다. 딥러닝은

제4장 인공지능 활용 및 맞춤형 수업 91

구글, 페이스북, 아마존 등의 글로벌 기업들이 적극적으로 활용하고 있으며, 다양한 분야에서 혁신을 이끌고 있다.

세계 인공지능 시장은 앞으로도 계속해서 급성장할 것으로 예상되고 있다. 한국신용정보원은 세계 인공지능 시장 규모가 2025년까지 연평균 38.4% 성장해 1천 840억 달러(약 204조원) 규모의 시장을 형성할 것이라고 전망했다. 특히, 클라우드 기반 AI 서비스와 자율주행차, 스마트팩토리 등의 분야에서 높은 성장률을 보일 것이라고 했다.

인공지능은 교육 관련 활동들을 자동화하고, 학생학습자의 요구에 부응하고, 수업의 개선점을 짚어주고, 학생학습자들에게 추가적인 지원을 제공하는 등 다양한 방식으로 교육 분야에서 활용될 수 있다.

인공지능은 학생 개인별 학습 이력을 쉽게 관리할 수 있도록 자료를 제공하고, 학생 개개인의 학습능력을 파악하여 최적의 학습 경로를 제시하는 등 개별화 교육을 가능하게 해준다. 이러한 인공지능 기반의 개별화 교육 시스템은 ITS(Intelligent Tutoring System) 혹은 AIS(Adaptive Instructional System)라고 불리며, 많은 연구가 이루어지고 있다.

인공지능은 각국의 교육 정책과 교육과정에도 반영되고 있다. 예를 들어, 우리나라는 2021년 2학기부터 고등학교 진로 선택과목으로 <인공지능 기초>, <인공지능 수학> 과목을 도입했고, 2025년까지 초·중·고 모든 학교에서 인공지능 교육을 실시할 계획이다. 또한, 한국교육과정평가원은 학교 교육에서의 인공지능 및 에듀테크 활용 방안 탐색 연구를 수행하고 있다.

교육부에서는 인공지능시대 교육정책의 방향과 핵심과제를 발표하며 인간다움과 미래다움이 공존하는 교육 패러다임을 실현하기 위해, 인공지능 기초·전문 인력 양성, 인공지능 기반 교육환경 구축, 인공지능 윤리·문화·사회적 책임 강화 등의 정책과제를 수립하고 추진할 예정이라고 하였다. 인공지능시대 교실에서는 다음과 같은 상황을 기대할 수 있다. 인공지능이 학생 개개인의 학습 수준, 성향, 흥미 목표 등을 파악하고 적절한 학습 자료와 방법을 제공하여 학생들의 학습 동기와 효과를 높일 수 있다.

또한, 인공지능이 교사의 업무 부담을 줄이고 교사들이 교수학습 자료 개발 등에 시간을 더욱 투자하여 교수학습의 질을 향상시킬 수 있다. 인공지능은 교사가 학생들의 학습 진도와 성취도를 실시간으로 모니터링하고 평가하고 피드백할 수 있도록 도와줄 수 있고, 교사가 학생들과 더 많은 상호작용과 소통을 할 수 있도록 지원할 수 있다.

인공지능은 미래 사회에 필요한 창의적이고 융합적인 인재를 양성할 수 있게 도움을 준다. 인공지능은 학생들이 다양한 분야의 지식과 기술을 습득하고, 문제를 해결하고, 협력하고, 자기주도적으로 학습할 수 있는 환경을 제공할 수 있다. 이렇게 인공지능활용 맞춤형 수업은 교육의 질과 효율성을 높이고, 미래 사회에 적응할 수 있는 인재를 육성하는 데 필요한 방법이다.

우리나라 학교에서의 인공지능 활용 현황에 대해서는 다음과 같이 설명할 수 있다. 우선, 인공지능 교육을 국가적으로 추진하고 있다. 2019년부터 초·중·고등학교에서 인공지능 교육을 실시하고 있고, 2020년부터는 인공지능 교육을 필수로 하고 있다. 특히, 우리나라는 인공지능 기반 에듀테크를 다양하게 활용하고 있다. 코로나19로 인한 비대면 수업의 확대는 교실에서 교사들의 에듀테크에 대한 역량을 높였고 온라인 학습 플랫폼 사용과 학습 분석 시스템 및 학습 콘텐츠 제작 도구를 경험하게 하였다. 이제는 이러한 도구들에 인공지능이 적용되었고 한단계 업그레이드되어 교실에서 사용되고 있다.

이러한 인공지능을 활용한 수업은 어떤 장단점이 있는지 살펴보면 인공지능을 활용한 디지털 수업의 장점은 다음과 같다.

학습자 중심의 맞춤형 교육이 가능해진다. 인공지능은 학생들의 학습 수준, 성향, 흥미 등을 분석하여 개인별로 적합한 학습 경로와 자료를 제공하고, 학습 진도와 효과를 평가하고 피드백해준다.

교육 취약계층에 대한 지원이 강화된다. 인공지능은 교육 기회가 부족한 학생들에게도 고품질의 교육을 제공할 수 있다. 예를 들어, 인공지능은 장애학생들에게 맞춤형 보조기기나 커뮤니케이션 도구를 제공하고, 농어촌이나 섬 지역의 학생들에게도 원격으로 다양한 교육 프로그램을 제공할 수 있다.

교육 내용과 방법이 혁신적으로 변화한다. 인공지능은 최신 기술과 정보를 반영하여 교육 내용을 갱신하고, 다양한 미디어와 상호작용을 통해 교육 방법을 다채롭게 만들 수 있다. 예를 들어, 인공지능은 가상현실(VR)이나 증강현실(AR)과 결합하여 실제와 유사한 체험 학습을 가능하게 하고, 인공지능 스피커나 로봇과 대화하며 학습할 수 있게 해준다.

인공지능을 활용한 디지털 수업의 단점은 다음과 같다.

첫째, 인공지능의 오류나 한계로 인한 문제가 발생할 수 있다. 인공지능은 완벽하지 않으며, 잘못된 데이터나 알고리즘으로 인해 오류나 편향이 발생할 수 있다. 예를 들어, 인공지능은 학생들의 학습 데이터를 잘못 해석하거나, 일부 학생들에게 유리하거나 불리한 평가나 피드백을 줄 수 있다.

둘째, 간의 역할과 책임이 애매해질 수 있다. 인공지능은 교육 과정에서 인간의 역할을 대체하거나 간섭할 수 있다. 예를 들어, 인공지능은 교사의 권위나 역량을 약화시키거나, 학생들의 자기주도적 학습 능력이 저하될 수 있다. 또한, 인공지능이 제공하는 교육 결과에 대한 책임이 누구에게 있는지 명확하지 않을 수 있다.

셋째, 인공지능은 인간의 정서나 윤리와 같은 비합리적인 측면을 이해하거나 배려하기 어려울 수 있다. 예를 들어, 인공지능은 학생들의 감정이나 사정을 고려하지 않고, 단순히 학습 효율이나 성취도를 중시할 수 있다. 또한, 인공지능은 인간의 윤리적 판단이나 가치관과 다른 결정이나 행동을 할 수 있다.

인공지능을 활용한 디지털 교육은 장점과 단점이 모두 존재하므로, 적절하게 활용하고 관리하는 것이 중요하다. 인공지능은 교육의 도구일 뿐이며, 교육의 목적과 방향은 인간이 결정해야 한다.

교육과정에서의 인공지능 활용 필요성에 대해서 생각해 볼 수 있다. 인공지능은 미래 사회와 산업의 핵심 기술이며, 인간의 삶과 가치를 변화시킬 수 있는 영향력을 가지고 있다. 따라서, 인공지능에 대한 기본적인 이해와 활용 능력은 미래 세대의 필수적인 역량이 되어야 한다.

인공지능은 교육의 품질과 공정성을 향상시킬 수 있다. 인공지능은 학생들의 학습 수준, 성향, 흥미 등을 분석하여 개인별로 적합한 학습 경로와 자료를 제공하고, 학습 진도와 효과를 평가하고 피드백해준다. 또한, 인공지능은 교육 기회가 부족한 학생들에게도 고품질의 교육을 제공할 수 있다.

교육과정에서의 인공지능 활용은 미래 사회에 대비하고, 교육의 질과 공정성을 높이는 데 필요할 수 있다.

인공지능은 미래 사회에서 요구되는 창의성, 비판적 사고, 협력 등의 핵심 역량을 강화시킬 수 있다. 인공지능은 학생들에게 다양한 문제 상황과 해결 방법을 제시하고, 학생들의 의견과 피드백을 반영하여 학습 과정을 조정할 수 있다. 또한, 인공지능은 학생들이 다른 학생들이나 교사, 전문가 등과 소통하고 협업할 수 있는 환경을 제공하고, 학생들의 상호작용을 분석하고 개선할 수 있다.

인공지능은 교육의 다양성과 유연성을 증진시킬 수 있다. 인공지능은 학생들의 성향, 흥미, 장단점 등을 고려하여 맞춤형 교육 프로그램을 제공하고, 학생들이 자신의 속도와 방식에 맞게 학습할 수 있게 해준다. 또한, 인공지능은 교육의 시간과 공간의 제약을 줄여주고, 다양한 분야와 주제를 연계하고 통합할 수 있다.

인공지능은 교육의 참여와 동기를 높일 수 있다. 인공지능은 학생들에게 재미있고 도전적인 학습 경험을 제공하고, 학생들의 학습 성취감과 자신감을 증가시켜준다. 또한, 인공지능은 학생들에게 적절한 목표와 보상을 설정하고, 학생들의 학습 동기와 관심을 유도하고 유지할 수 있다. 교육과정에서의 인공지능 활용은 미래 사회에 적응하고, 교육의 효과와 만족도를 높이는 데 필요하다.

나. 인공지능 활용 맞춤형 수업 방향

인공지능 활용 맞춤형 수업은 학생 개개인의 특성, 학습 수준, 학습목표 등을 고려하여 적절한 학습 콘텐츠와 방법을 제공하는 수업을 가능하게 해준다. 인공지능은 학생들의 학습 진도, 성취도, 흥미, 성향 등을 분석하고, 학생들에게 맞는 난이도와 난제를 제시하고, 학생들의 학습 과정과 결과를 피드백해준다.

인공지능 활용 맞춤형 수업은 교사와 학생 간의 상호작용을 강화하고, 교사의 역할을 변화시키는 수업이다. 인공지능은 교사가 학생들의 학습 상황을 실시간으로 파악하고, 학생들에게 적절한 지도와 도움을 제공할 수 있게 해준다. 또한, 인공지능은 교사가 단순한 지식 전달이나 평가에서 벗어나, 학생들의 창의적인 문제 해결과 협력적인 학습을 지원하고, 학생들의 인성과 가치관을 함양하는 역할을 하게 해준다.

인공지능 활용 맞춤형 수업은 온라인 콘텐츠를 활용하여 다양하고 유연한 수업을 가능하게 하는 수업이다. 온라인 콘텐츠는 동영상, 이북(e-book), PDF 등 다양한 형태로 제작되고, 교육과정과 연계되어 있다. 온라인 콘텐츠를 활용하면 교사와 학생들이 시간과 공간의 제약 없이 수업을 진행할 수 있고, 다양한 분야와 주제를 통합하고 연계할 수 있다.

인공지능 활용 맞춤형 수업은 미래 사회에 필요한 다양한 인재를 양성하고, 교육의 질과 효율을 높이는 데 도움이 된다.

인공지능과 챗봇 기술을 활용하여 교사의 업무를 지원하고, 학생들의 학습을 돕는 사례가 있다. 예를 들어, "왓슨(Watson, The Teacher Assistant)"은 교사가 학생들의 질문에 답하고, 학습자료를 추천하고, 성적을 평가하고, 학습 계획을 수립하는 등의 업무를 인공지능에 맡기고, 학생들과 더 많은 시간을 보낼 수 있게 해준다. "캠퍼스 챗봇 지니(the Chatbot Campus, Genie)"는 학생들이 챗봇과 대화하면서 학습 내용을 복습하고, 퀴즈를 풀고, 피드백을 받을 수 있게 해준다.

인공지능 기반 융합 혁신 미래교육 중장기 발전계획에 따르면, 인공지능 기반 맞춤형 교육환경을 구축하여 학습자 개별 성장을 지원하는 사례가 있다. 예를 들어, 인공지능-맞춤형 학습관리시스템은 학생들의 학습 데이터를 수집하고 분석하여, 학생들의 학습 수준과 목표에 맞는 학습 콘텐츠와 방법을 추천하고, 학습 과정과 결과에 대한 피드백을 제공해준다.

인공지능 활용 맞춤형 수업 사례는 아직 초기 단계이지만, 앞으로 더 발전하고 다양화될 것이라고 기대한다.

인공지능을 활용하여 학생들의 학습 성향과 흥미를 파악하고, 적절한 학습 경로와 목표를 제시하는 사례가 있다. 예를 들어, "스마트 러닝 컴패니언(Smart Learning Companion)"은 학생들의 학습 행동과 성취도를 분석하고, 학생들에게 적합한 학습 콘텐츠와 전략을 추천해준다. 인공지능-맞춤형 학습관리시스템은 학생들의 학습 데이터를 수집하고 분석하여, 학생들의 학습 수준과 목표에 맞는 학습 콘텐츠와 방법을 추천하고, 학습 과정과 결과에 대한 피드백을 제공해준다.

인공지능을 활용하여 교육과정과 평가를 개선하고, 교육의 질을 높이는 사례가 있다. 예를 들어, 인공지능-교육과정 개발 및 평가 시스템은 교육과정의 효율성과 적합성을 평가하고, 교육과정의 개선 방안을 제시해준다. 인공지능-교육품질 관리 시스템은 교육기관의 운영 상태와 교육 품질을 모니터링하고, 교육 품질 향상을 위한 지침을 제공해준다.

2 인공지능 플랫폼을 활용한 맞춤형 인공지능 학습 설계 (마이크로소프트/구글/네이버 커넥트재단을 중심으로)

가. 마이크로소프트 플랫폼 활용 맞춤형 학습

마이크로소프트에서는 인공지능 교육 플랫폼 AI School을 제공하고 있다. AI School은 인공지능의 기초부터 응용까지 다양한 주제와 수준의 교육 콘텐츠를 무료로 제공하고, 마이크로소프트의 인공지능 도구와 서비스를 활용하여 실습할 수 있는 환경을 제공해준다.

AI School은 마이크로소프트에서 제공하는 인공지능 교육 플랫폼으로, 인공지능의 기초부터 응용까지 다양한 주제와 수준의 교육 콘텐츠를 무료로 제공하고 있다. AI School은 AI Business School, AI School for Developers, AI School for Education 세 가지 카테고리로 구성되어 있다.

AI Business School은 비즈니스 리더들을 위한 인공지능 교육 콘텐츠로, 인공지능의 기본 개념과 전략, 문화, 책임성 등에 대해 배울 수 있다. AI Business School은 인공지능 개론, 인공지능 전략, 인공지능 문화, 인공지능 책임성, 네 가지 모듈로 구성되어 있다.

[그림 4-1] Microsoft AI School

AI School for Developers는 개발자들을 위한 인공지능 교육 콘텐츠로, 인공지능의 핵심 기술과 마이크로소프트의 인공지능 도구와 서비스를 활용하여 실습할 수 있다. AI School for Developers는 인공지능 개발자 소개, 기계 학습, 컴퓨터 비전, 자연어 처리, 대화형 에이전트 다섯 가지 모듈로 구성되어 있다.

AI School for Education는 교육자들을 위한 인공지능 교육 콘텐츠로, 인공지능의 원리와 응용, 그리고 인공지능 교육 방법론에 대해 배울 수 있다. AI School for Education은 인공지능 개론, 인공지능 원리와 응용, 인공지능 교육 방법론 세 가지 모듈로 구성되어 있다.

마이크로소프트에서는 인공지능 협업 툴 마이크로소프트 팀즈를 제공하고 있다. 마이크로소프트 팀즈는 온라인 모임과 학생 간 상호작용을 통해 진행된 수업 중 그리고 전후로 학생을 안전하게 보호할 수 있는 기능을 제공하고, 교육자와 학생들이 쉽게 협업하고 소통할 수 있는 플랫폼이다.

마이크로소프트 팀즈는 화상 회의, 채팅, 파일 공유, 팀 관리 등 다양한 기능을 제공하고 있다. 마이크로소프트 팀즈는 마이크로소프트 365와 연동되어 워드, 엑셀, 파워포인트 등의 문서 작업을 쉽게 할 수 있다.

마이크로소프트 팀즈는 인공지능 기술을

[그림 4-2] 마이크로소프트 팀즈 로고

활용하여 더 지능적이고 개인화된 경험을 제공하고 있다. 예를 들어, Chat GPT 와 같은 대형 언어 모델을 이용하여 자연스러운 대화를 가능하게 하고, AI 스피커와 같은 음성 인식 기술을 이용하여 회의에서 발언자를 식별하고, AI 카메라와 같은 컴퓨터 비전 기술을 이용하여 회의 참가자의 표정과 제스처를 인식할 수 있다.

마이크로소프트 팀즈는 교육자와 학생들이 쉽게 협업하고 소통할 수 있는 플랫폼이기도 한다. 마이크로소프트 팀즈는 온라인 모임과 학생 간 상호작용을 통해 진행된 수업 중 그리고 전후로 학생을 안전하게 보호할 수 있는 기능을 제공하고, 과제 관리, 학습 진도 관리, 학습자 평가 등의 기능을 제공하여 교육자의 업무 효율성을 높여준다.

시·도교육청에서도 마이크로소프트를 활용한 다양한 자료를 만들어 학교에 배포하고 있다. 대구광역시교육청에서는 <마이크로소프트와 함께하는 대구형 인공지능 수업> 자료를 발간했다. 이 자료는 마이크로소프트의 여러 가지 도구에 대한 사용 방법과 여러 가지 사례를 담고 있다.

특히, 이 자료에서는 마이크로소프트의 인공지능을 쉽게 배울 수 있도록 만들어졌다. 예를 들어, 마이크로소프트의 인공지능 플랫폼인 Azure AI를 이용하여 인공지능의 기본 개념과 응용 방법을 학습할 수 있고 적용할 수 있는 방법이 나와 있다.

또한, Micro:bit Educational Foundation에서는 마이크로비트(micro:bit)라는 작은 컴퓨터 보드를 이용한 인공지능 교육 자료를 제공하고 있다. 마이크로비트는 마이크로소프트가 개발한 것으로, LED, 버튼, 센서 등이 내장되어 있어서 쉽게 프로그래밍할 수 있다. 마이크로비트를 이용하면 인공지능과 관련된 다양한 주제와 분야를 탐구하고 창작할 수 있다.

[그림 4-3] 마이크로비트 로고

나. 구글 플랫폼 활용 맞춤형 학습

구글 도구를 활용한 인공지능 수업은 구글의 인공지능 플랫폼인 Google AI 를 이용하여 인공지능의 원리와 실습을 할 수 있다. Google AI는 구글의 인공지능 기술과 서비스를 소개하고, 인공지능을 배우고, 만들고, 공유할 수 있는 플랫폼이다. 구글 도구를 활용한 인공지능 수업은 다음과 같은 내용이 있다.

- AIY Projects: 구글이 제공하는 하드웨어 키트와 소프트웨어 툴을 이용하여 인공지능 프로젝트를 만들고, 실행하고, 공유할 수 있는 활동이다. 예를 들어, 음성 인식과 자연어 처리를 이용하여 스마트 스피커를 만들거나, 컴퓨터 비전과 머신러닝을 이용하여 카메라로 물체를 인식하거나, 제스처로 제어할 수 있는 장치를 만들 수 있다.

- Teachable Machine: 웹 브라우저에서 쉽게 머신러닝 모델을 만들고, 테스트하고, 다운로드하고, 공유할 수 있는 도구이다. 카메라나 마이크로 입력한 이미지나 소리를 학습시

Teachable Machine

[그림 4-4] Teachable Machine 로고

켜서 원하는 결과를 출력하도록 할 수 있다. 예를 들어, 얼굴 표정이나 손동작으로 이모티콘을 바꾸거나, 동물의 울음소리로 음악을 재생하거나, 그림으로 단어를 맞추는 게임을 만들 수 있다.

- AI Experiments: 구글이 제작한 다양한 인공지능 실험을 체험하고, 소스 코드를 확인하고, 직접 만들어 볼 수 있는 사이트이다. 예를 들어, 인공지능이 그린 그림을 맞추는 Quick Draw, 인공지능이 작곡한 음악을 듣는 AI Duet, 인공지능이 번역한 문장을 말하는 Thing Translator 등이 있다.

- Google Colab: 구글의 클라우드 기반의 주피터 노트북 환경으로, 파이썬 코드를 작성하고 실행하고 공유할 수 있는 도구다. 인공지능 관련 라이브러

리와 데이터셋을 쉽게 불러올 수 있으며, 구글의 GPU나 TPU를 무료로 사용할 수 있다. 인공지능 모델을 학습시키거나 테스트하거나 배포하는 등의 작업을 할 수 있다.

Google colab

[그림 4-5] Google Colab 로고

- Google ML Kit: 구글의 머신러닝 서비스를 모바일 앱에 적용할 수 있는 도구다. 이미지 인식, 텍스트 인식, 얼굴 인식, 바코드 스캔, 번역, 스마트 리플라이 등의 기능을 제공하며, 오프라인에서도 작동한다. 안드로이드나 iOS 앱에 쉽게 머신러닝 기능을 추가할 수 있다.

- Google Dialogflow: 구글의 자연어 처리 서비스를 이용하여 대화형 인터페이스를 만들 수 있는 도구다. 음성이나 텍스트로 사용자의 의도와 맥락을 파악하고, 적절한 응답을 생성하고, 웹훅을 통해 외부 서비스와 연동할 수 있다. 챗봇이나 음성 비서 등의 애플리케이션을 만들 수 있다.

다. 네이버 커넥트재단 인공지능 플랫폼 활용 맞춤형 학습

네이버 커넥트재단은 네이버의 공익목적 교육사업을 네이버가 2011년 설립한 비영리 기관이다. 네이버 커넥트재단은 라인엔트리 런칭, 부스트캠프 프로그램 리뉴얼, KAIST, 포스텍 등 6개 과학기술특성화 대학 STAR-MOOC을 위한 플랫폼 소프트웨어 교육플랫폼 '엔트리' 사업 이관, SEF(Software Edu Festival) 컨퍼런스, 칸아카데미 한국어 서비스, "소프트웨어야 놀자" 시즌1 캠페인, 미국 '칸아카데미'와 파트너십 협약 체결 등 다양한 활동을 하고 있다. 네이버 커넥트재단은 네이버와 함께 에드위드(Edwith)라는 온라인 강좌 교육 플랫폼도 제공하고 있다.

네이버 커넥트재단에서 만든 엔트리로 다양한 인공지능 플랫폼 활용 맞춤형 학습을 할 수 있다. 대표적으로는 엔트리 인공지능&데이터 과학이 있다. 엔트리에서는 데이터 수집부터 직접 인공지능을 만들 수 있는 기능까지 제공한다. 이미지 인식, 음성 인식, 텍스트 분석 등의 인공지능 블록을 사용하여 다양한

창작 활동이 가능하다. 엔트리에서 제
공하는 교육 자료를 참고하면 수업을
쉽게 진행할 수 있다.

논문으로는 허경(2020)의 엔트리를
활용한 초등 데이터 과학 교육 사례
연구가 있다. 이 논문은 엔트리의 데
이터 분석 기능을 활용하여 여러 교

[그림 4-6] 엔트리 로고

과에서 발생하는 데이터를 사용한 초등 데이터과학 융합 교육을 제안하고 있
다. 또한, 엔트리를 사용하여 텍스트, 음성 및 영상인식 AI 도구와 결합한 데이
터과학 교육 자료도 개발 가능하다고 소개한다.

쉽게 시작하는 데이터 과학 교육, 엔트리와 함께한다! 포스트에서도 엔트리
를 활용한 교육을 소개하고 있다. 이 포스트는 엔트리에서 제공하는 인공지능
& 데이터 과학 기능을 소개하고, 이를 활용한 다양한 창작 활동과 수업 예시를
보여준다. 이미지 인식, 음성 인식, 텍스트 분석 등의 인공지능 블록과 표, 그래
프, 지도 등의 데이터 분석 블록을 사용하여 인공지능의 원리와 응용을 배울 수
있다.

다양한 포스트에서 엔트리를 활용한 맞춤형 학습의 사례를 확인할 수 있다.
먼저, '쉽게 시작하는 데이터 과학 교육, 엔트리와 함께해요!' 포스트에서는 엔
트리를 활용한 교육을 소개하고 있다. 이 포스트는 엔트리에서 제공하는 인공
지능 & 데이터 과학 기능을 소개하고, 이를 활용한 다양한 창작 활동과 수업
예시를 보여준다. 이미지 인식, 음성 인식, 텍스트 분석 등의 인공지능 블록과
표, 그래프, 지도 등의 데이터 분석 블록을 사용하여 인공지능의 원리와 응용을
배울 수 있다.

두 번째로 '엔트리 인공지능 & 데이터과학 콘텐츠 모아보기' 포스트를 활용하
여 엔트리가 제공하는 인공지능과 데이터 분석 콘텐츠를 확인할 수 있다. 데이
터 분석 개발 일정, 상세 기능 설명, 창작 예시 등을 확인할 수 있다. 다양한
모델 학습 기능에 대한 원리를 이미지, 텍스트, 음성 등으로 나누어 설명이 되

어있으며 수업에도 바로 활용할 수 있는 콘텐츠를 제공하고 있다.

세 번째로 '인공지능 블록 활용 수업' 포스트가 있다. 엔트리의 인공지능 블록을 이용하여 인공지능의 원리와 응용을 배울 수 있는 수업의 예시가 제공되어 있다. 인공지능의 이해와 윤리, 인공지능의 학습법, 인공지능 블록의 종류와 사용법 등을 학습하고, 실제로 인공지능 프로그래밍을 해보는 활동을 확인하고 활용할 수 있다.

네 번째로 '인공지능 블록 > 모델 학습이란?' 이 문서는 엔트리에서 직접 인공지능 모델을 만들고 학습시키는 방법을 설명하고 있다. 이미지/음성/텍스트를 각각의 클래스로 분류할 수 있는 모델, 숫자를 분류/예측하거나 군집으로 만드는 모델 등을 학습할 수 있다. 모델 학습에 필요한 데이터와 레이블, 하이퍼파라미터 등을 설정하고, 학습 결과를 확인하는 과정을 단계별로 알려준다.

다양한 교육 자료와 포스트를 통해 엔트리를 활용한 학습 사례 및 인공지능 및 데이터 과학 기능의 활용법, 인공지능 모델 학습 방법 등이 제시된 자료들이 많아 활용이 가능하며 유용한 자료를 제공하고 있다.

참고문헌

■ 아람(2022). 인공지능 블록 활용 수업. 링크: https://m.blog.naver.com/meta_momm/ 222927125655(검색일자: 2023.9.18.)

■ 엔트리(2020). 쉽게 시작하는 데이터 과학 교육, 엔트리와 함께해요!. 링크: https://naver.mex T7KHuI4(검색일자: 2023.9.18.)

■ 엔트리(2020). 엔트리 인공지능&데이터과학 콘텐츠 모아보기. 링크: https://naver.me/ FqikC49G(검색일자: 2023.9.18.)

■ 엔트리(2021). 인공지능 블록>모델 학습이란?. 링크: https://docs.playentry.org/user/ block_ai_model.html(검색일자: 2023.9.18.)

■ 허경(2020). 엔트리를 활용한 초등 데이터 과학 교육 사례 연구. 정보교육학회논문지 24.5: 473-481.

ARTIFICIAL INTELLIGENCE

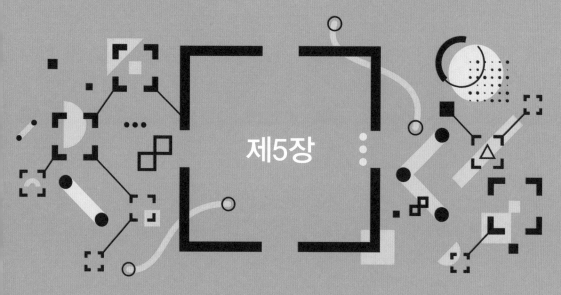

제5장

AI 연계 맞춤형 수업 설계 및 사례

AI와 연계한 맞춤형 수업 설계의 이론과 실제

제5장

AI 연계 맞춤형 수업 설계 및 사례

1 맞춤형 수업 설계의 적용과 활용

5장에서는 맞춤형 수업 설계 및 유형별 사례를 제시하였다. 교과는 2022 개정 교육과정 성취기준을 적용하여 인공지능 적용 기법, 국어, 수학, 사회, 과학, 영어 등으로 하였으며 학년은 3~4, 5~6학년군을 대상으로 하였다. 또한, 2022 개정 교육과정에서 강조하는 에듀테크를 활용하는 맞춤형 수업도 제시하였다. 맞춤형 수업 설계는 학습자 특성에 따라 맞춤형 전략을 어떻게 하는가에 따라 유형은 다르게 나타날 수 있다. 따라서 획일화된 틀을 적용하지 않고 집필자의 의도에 따라 유형의 특징을 잘 나타내도록 구성하였다. 다음은 교과별 맞춤형 수업 설계 및 유형별 사례의 주요 내용을 제시한 것이다.

○ 인공지능 맞춤형 수업의 주안점 및 전략

인공지능을 활용한 맞춤형 수업은 빅데이터, 공공데이터 등 다양한 데이터를 활용하고 인공지능 기반 앱 및 사이트를 활용한 수업으로 자연스럽게 학생들이 인공지능의 원리를 습득하고자 한다. 다양한 인공지능 맞춤형 수업의 사례를 제시하기 위해 마이크로소프트, 구글, 네이버 커넥트재단 관련 인공지능 활용 수업으로 나눠 제시하였다. 또한, 다양한 교과에 대한 사례를 제공하기 위해 사회, 과학, 미술, 음악, 체육 등에서 활용 가능한 사례를 제시하였다. 인공지능에 대한 이해가 부족한 교사들도 바로 활용할 수 있는 다양한 도구들을 제시하였고 맞춤형 수업을 할 수 있도록 다양한 전략을 제시하였다. 학생들이 인공지능 활용 수업을 하기 위해 기본적으로 스마트기기에 대한 활용 역량이 필요하여 유의 사항에 관련된 내용을 제시하였다.

○ 국어과 맞춤형 수업의 주안점 및 전략

국어는 말과 글을 통해 의사소통을 하는 교과로 타인과의 의사소통을 통해 국어를 정확하고 효과적으로 사용하며 깊이 있게 사고하게 된다. 국어 교과 맞춤형 수업 사례에서는 단원의 핵심 아이디어를 성취하기 위해 학생의 흥미, 학습 능력, 학습 과정이 다름을 알고 자신에게 맞는 방식과 능력에 맞게 학습을 하며 그에 따라 학습 결과도 다르게 나올 수 있음을 제시하고 있다. 수업 중 학생의 능력에 맞도록 선택할 수 있는 부분을 제공하며 잘 모르는 부분에 대해 서로 협력하거나 도움을 줄 수 있도록 하여 이해를 돕고 자신의 이해도 높일 수 있는 수업 전략을 제시하고 있다. 유의 사항에서는 수업 운영 시 발생한 문제점 등에 대해 기술하여 실제 수업에 대비할 수 있도록 하였다.

○ 수학과 맞춤형 수업의 주안점 및 전략

교실 안에서 학생 개인의 특성 및 수학 학습 경험에 따라 학생들은 다양한 개인차를 보이며, 수학 학습에서의 개인차를 극복하려면 오랜 시간과 노력이 필요하다. 교사는 모든 학생이 수학의 개념, 원리, 법칙 등을 이해하고 수학적 지식을 형성할 수 있도록 개별 학생에게 알맞은 학습 경험을 제공하여야 한다. 이를 위해 학생의 학습 준비도 및 학습 능력 등을 파악하여 AI, 교구, 공학적 도구 등 적절한 학습 도구 및 학생 개인에 맞춘 과제를 제공하는 맞춤형 수업을 운영하도록 하였다.

○ 사회과 맞춤형 수업의 주안점 및 전략

사회과는 학생의 사회 현상에 대한 호기심과 배경지식에 대한 이해 정도가 사회적 현상의 이해 및 개념 형성의 깊이와 밀접한 관련이 있는 교과이다. 이런 다양한 호기심과 배경지식에 대한 이해 정도를 맞춤형 요소로 파악하고 다양한 수업의 방법으로 구현해 낼 수 있도록 맞춤형 수업을 제시하였다. 또한, 사회 변화에 따라 우리 사회가 직면한 문제에 대한 획일적인 방법이 아닌 다양한 해결책이 요구되는 만큼 사회적 문제 해결에 대해서도 다중지능에서의 수업 방법 등을 참고로 다양하고 창의적으로 해결하는 과정을 경험해 볼 수 있도록 맞춤형 수업을 구성하였다.

○ 과학과 맞춤형 수업 사례 개관

과학과는 "한 교실에서 다양한 학습자들의 관심과 요구를 우리 교실 수준에 맞게 반영한 과학과 맞춤형 수업 사례는 성취 수준이 높은 학생의 멘토 역할을 부여한 '필습 면제 학습', 학습자의 사전 학습 준비도 점검이나 학습 주제와 관련된 도구의 다양화, 그리고 개별적 수준에 적합한 교사의 피드백 전략, 그리고 과학 실험 수업에서 시뮬레이션을 활용한 디지털 매체 활용 등의 수업 전략을 사례로 제시하고 있다.

○ 영어과 맞춤형 수업 사례 개관

영어과는 담임교사보다는 교과전담교사가 지도하는 경우가 많은 교과이다. 교사는 개별 학습자의 특성 및 영어를 접한 경험, 흥미, 동기 등의 다양한 변인을 고려해야 함과 동시에 각 학급의 문화와 학생 간의 관계 형성 등도 함께 파악하여 맞춤형 학습을 설계할 수 있다. 학교마다 교과서가 다를 수 있기에 일부 맞춤형 수업 사례는 개념을 중심으로 단원을 설계하여 제시하였으며, 디지털 매체 활용 내용 및 학교 내 영어 캠프에서 적용한 사례도 함께 소개하였다. 학습자 개별 맞춤형 및 학급 전체를 대상으로 맞춤형 수업을 설계하고 적용하고자 하였다.

2 인공지능 맞춤형 수업 사례

인공지능 맞춤형 수업 사례(1) : 마이크로소프트 도구를 활용한 수업 설계

본 단원 수업은 4학년을 대상으로 '지역문제'의 개념을 습득한 후 지역문제를 해결하는 태도와 능력 함양에 초점을 맞춘 단원으로 설계하였다. 지역문제를 파악하고 해결하는 능력에 인공지능과 연계된 활동을 한다. 빅데이터를 활용한 지역문제 파악과 생각그물을 이용한 지역문제 원인 파악, 지역문제를 해결할 수 있는 자료를 공공데이터 포털에서 조사하고 지역문제를 해결하기 위한 데이터 시각화 앱과 챗봇을 만드는 활동을 통해 지역문제 해결에 적극적으로 참여한다.

교육과정 분석	⇨	학습자 분석 및 맞춤형 전략	⇨	맞춤형 수업 및 평가 계획	⇨	맞춤형 수업 적용	⇨	맞춤형 평가
• 지역문제를 파악하고 문제 해결 참여하는 태도 함양		• 학생의 흥미 • 학생 과정		• 학습 내용의 선택 • 학습 결과 다양화		• 학생의 능력과 개별 선택에 따른 과제 수행		• 자기 점검표

1 교육과정 분석

단원명	지역 문제와 주민 참여
핵심 아이디어	빅데이터를 활용한 지역문제를 파악한다. 지역문제를 해결하기 위한 데이터 시각화 앱을 만든다.
성취기준	[4사09-01] 생활 주변에서 찾을 수 있는 여러 가지 문제를 파악하고, 그 문제를 합리적으로 해결하는 능력을 기른다. [4사08-02] 지역에서 이루어지는 민주주의 사례를 통해 주민 자치와 주민 참여의 중요성을 파악하고, 지역 사회의 문제 해결에 참여하는 태도를 기른다.

	[4사01-02] 주변의 여러 장소를 살펴보고, 우리가 사는 곳을 더 살기 좋은 곳으로 만드는 방안을 탐색한다.		
	지식·이해	과정·기능	가치·태도
범주	• 지역문제 이해하기 • 지역문제 해결방법 알기	• 빅데이터 활용 지역문제 파악하기 • 데이터 시각화 앱 만들기	• 지역문제 해결에 적극적 참여
수행과제	빅데이터를 활용한 지역문제를 파악하기 지역문제를 해결하기 위한 데이터 시각화 앱을 만들기		

2 학습자 분석 및 맞춤형 전략

○ 학급 특성

4학년 ○반 학생은 모두 24명이다. 담임교사인 A 교사는 학생들이 사용할 수 있는 윈도우 기반의 노트북을 학급에 배치하여 사용하고 있음. 담임교사가 창의적 체험활동을 통해 학생들의 인공지능 관련 수업을 다수 진행하여 학생들의 인공지능에 대한 관심이 많이 있음. 지능형 과학실 구축으로 다양한 데이터에 대한 관심이 많고 다양한 활동을 이미 진행하였음. 다양한 프로젝트 운영으로 학생들이 지역문제에 대한 관심도가 높음. 모둠 형태의 책상 배치로 모둠형 협력 활동을 주로 하고 있음.

○ 학습자 특성 및 맞춤형 전략

학습자 특성	(학습 양식) 개인 활동보다는 프로젝트를 통한 소그룹 활동을 주로 선호하고 공동작업을 선호함. (학습자 흥미) 인공지능에 대한 관심이 많고, 지역문제에 관심이 많이 있음. 스마트기기를 활용한 수업에 흥미가 많이 있음.
맞춤형 전략	(과제 난이도) 학생들의 인공지능 활용 역량을 사전에 설문을 통해 진단을 하여 과제 난이도 조정함. (학습량 적정화) 지역문제에 대한 학습 방법 선호도, 적절한 표현 방법, 선택 허용함. (학습 조직) 공공데이터 활용이 어려운 학생들을 위해 미리 교사가 공공

	데이터를 활용 가능한 데이터로 만들어 제공하여 학생들이 어려움 없이 활용할 수 있도록 조직함.
교육과정 재구성	(학습 요소) 지역문제라는 학습 요소를 인공지능 활용한 방법으로 학생들이 지역문제를 파악하고 해결하려고 함. 학생들이 실생활에서 겪은 지역문제 위주로 탐구 과제를 제시함. (내용의 재구성) 학생들의 자율성을 높여 지역문제에 대해 넓은 시각으로 볼 수 있도록 중점을 두어 재구성함.

3 맞춤형 수업 설계

차시	학습 활동	맞춤형 요소 및 맞춤 전략
1	• 단원 안내 선수학습 요소를 확인한다. 지역문제에 대한 관심을 높인다.	– 준비도
2~3	• 우리 지역에는 어떤 문제가 있을까요? 빅데이터를 활용하여 지역문제를 파악해 본다. 핵심 질문: 빅데이터를 활용하여 지역문제를 파악할 수 있는가?	– 준비도 – 학습 경험, 관심사 – 학습 내용 제시 방식 다양화
5~7	• 지역 문제를 어떻게 해결할 수 있을까요? 챗봇과 데이터 시각화 앱을 통해 지역문제 해결방법을 제시해 본다. 핵심 질문: 챗봇과 데이터 시각화 앱을 통해 지역문제 해결방법을 제시할 수 있는가?	– 학습 방법 선호도 – 과제 난이도
8	• 지역문제에 지역 주민이 어떻게 참여할 수 있을까요? 주민참여의 중요성과 방법을 설명해 본다. 핵심 질문: 주민참여의 중요성과 방법을 설명	– 학습 경험, 관심사 – 학습 내용 제시 방식 다양화
9	• 지역 문제 해결에 어떤 태도로 참여해야 할까요? 주민참여의 바람직한 태도를 살펴보고 지역문제 해결에 적극적으로 참여하는 태도를 기른다.	– 자기주도, 참여도

4 맞춤형 수업의 실제

○ 수업 사례

주제	우리 지역의 문제 파악하기	차시	2~3/9
학습목표	빅데이터를 활용하여 지역문제를 파악할 수 있다.		
맞춤 요소	준비도, 학습 경험, 관심사	**맞춤형 전략**	학습 내용 제시 방식 다양화
준비물	스마트기기		

활동 내용 및 맞춤형 TIP

지역문제는 학생들의 경험 속에서 찾을 수 있다. 빅데이터 활용하여 학생들의 경험 속에 있는 지역문제를 파악하고 해당 지역문제의 원인을 찾는 활동을 구성하였다. 스마트기기 사용을 통해 학습 내용을 스스로 찾아가고 인공지능 요소인 데이터 활용 부분을 마이크로소프트 팀즈 기반의 학습관리시스템(LMS: Learning Management System)에서 생각그물 외부 앱을 사용하여 활용하여 학생량을 적정화하고 학생의 학습 내용 제시 방식을 다양화하여 학생 주도의 빅데이터 사이트 및 생각그물 외부앱을 선택하여 사용할 수 있도록 수업을 설계하여 운영하였다.

- **학습자 변인:** (학습경험) 이전 소단원에서 우리 지역의 공공기관과 3학년 지역화 교과서에서의 우리 지역에 대한 학습 및 실생활에서 경험을 통한 학습을 끌어낼 수 있는 수업으로 구성함. (관심사) 학생들의 스마트기기활용 수업에 대한 관심이 높음.
- **맞춤형 전략:** (학습 내용 제시 방식 다양화) 지역문제를 파악하고 지역문제의 원인을 찾을 때 다양한 빅데이터 활용 사이트를 제시하고 마이크로소프트 LMS인 Teams를 활용하여 다양한 생각그물 앱을 활용할 수 있도록 구성함.

수행 과제 1 뉴스 및 소셜 빅데이터 사이트를 활용해 우리지역 문제를 발견할 수 있는가?

- 수업 활동
  - ▶ 뉴스 및 소셜 빅데이터 사이트 활용 우리지역 문제 발견하기

(1) 스마트기기를 준비한다.

(2) 모둠별 뉴스 및 빅데이터 사이트에 접속하여 우리 지역 문제와 관련된 키워드를 넣어 빅데이터를 살펴본다.

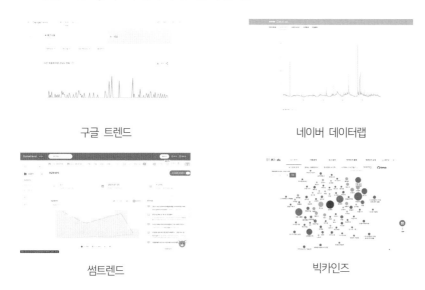

구글 트렌드

네이버 데이터랩

썸트렌드

빅카인즈

(3) 뉴스 및 소셜 빅데이터 사이트에서 수집한 내용을 마이크로소프트 팀 즈 모둠 채널에 게시한다.

■ 맞춤형 TIP

■ 마이크로소프트 팀즈라는 LMS 기능을 활용할 수 있도록 사전에 미리 학생들과 사용을 하여 충분히 익히도록 해야 함.

■ 뉴스 및 빅데이터 사이트는 학생들이 선택할 수 있도록 네 가지 형태로 제시하여 선택하여 사용할 수 있도록 해야 함.

■ 뉴스 및 빅데이터 사이트 활용 방법에 대해서는 학생들이 쉽게 사용할 수 있도록 매뉴얼을 모둠별로 제시해야 함.

수행 과제 2　생각그물 형태로 지역문제를 정리하고 문제의 원인을 찾을 수 있는가?

■ 수업 활동

　▸ 생각그물 활용 지역문제 원인 찾기

　(1) 생각그물 형태로 지역문제를 정리하고 문제의 원인을 찾아본다.

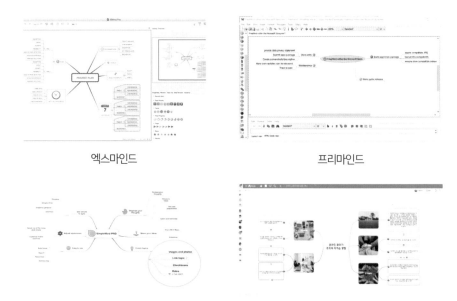

엑스마인드　　　　　　　　　　　　　　　프리마인드

심플마인드　　　　　　　　　　　　　　　아요아

　(2) 결과물을 마이크로소프트 팀즈 모둠 게시판에 게시한다.

■ 맞춤형 TIP

- 다양한 생각그물 형태 정리 사이트를 제공해주고 모둠에서 선택적으로 사용할 수 있도록 안내하고 사용방법에 대한 매뉴얼을 학생들에게 제시함.
- 마이크로소프트 팀즈에 있는 외부앱을 사용할 수 있도록 하면 별도의 사이트에 접속 없이 마이크로소프트 팀즈에서 사용이 가능함.

수행 과제 3 지역문제 해결 방법 데이터를 찾을 수 있는가?

■ 수업 활동

　▶ 공공데이터 활용 지역문제 해결 방법 찾기

　(1) 지역문제 해결 방법을 공공데이터를 활용하여 조사한다.

공공데이터 포털 사이트

　(2) 각 모둠별 찾은 자료를 마이크로소프트 팀즈에 탑재한다.

■ 맞춤형 TIP

■ 학생의 학년수준을 고려하여 공공데이터를 학생들에게 미리 교사가 다듬어 마이크로소프
트 팀즈에 제시하여 사용할 수 있도록 할 수 있음.

■ 다음 차시에서 앱을 만들 때 사용할 수 있음을 학생들에게 안내를 하여 추후 활용에 대해
알려줄 필요성이 있음.

■ 맞춤형 평가를 위한 교사 일지

일시	20○○. 5. ○.	학급	4학년 ○반
단원	지역 문제와 주민 참여		
관찰 및 피드백 내용	• 모든 학생이 스마트기기를 활용하여 인공지능 앱을 만들 수 있는 데이터를 수집하는데 높은 참여도를 보임. • 전체적인 활동을 마이크로소프트 팀즈에 작성을 하여 학생들이 자신의 모둠에서 활동한 내용을 한 곳에서 보고 확인을 할 수 있음. • 데이터 활용에서 지역문제의 내용에 대해서 작성 시 다른 지역의 내용은 나오고 우리 지역의 데이터는 나오지 않는 경우가 발생하여 교사의 도움이 필요했음. • 스마트기기에 대한 학생들의 사용 경험이 각기 달라 모둠활동으로 구성하여 학생들이 서로 도움을 받고 역할을 나누어 진행하여 전체 학생들이 참여할 수 있는 수업을 진행할 수 있었음.		
맞춤형 평가 TIP	• 본 활동은 학생들이 뉴스 및 소셜 빅데이터 사이트와 생각그물 작성 사이트를 활용하여 학생들의 경험 속에 있는 지역문제에 대해 파악하고 문제 원인을 찾는 데에 초점이 맞춰져 있음. • 인공지능 데이터를 활용할 수 있는 기초 작업에 대한 부분으로 학생들이 자신이 필요한 데이터를 수집할 수 있는지에 대해서 평가할 필요가 있음.		

인공지능 맞춤형 수업 사례(2) : 인공지능 기반 구글 도구 활용

다음 맞춤형 수업 사례는 예술교과에 적용한 인공지능 기반 구글 도구 활용 맞춤형 수업 예시이다. Google AI 실험 사이트를 기반으로 스마트기기를 사용하여 학습자의 수준에 맞춰 인공지능 도구와 앱 및 사이트를 제공하였다. 학생들의 개별 학습을 구글의 LMS인 구글 클래스룸을 통하여 확인하고 교사는 학습자의 수준에 맞는 학습 자료 제공 및 평가를 실시한다.

퀵, 드로우! 오토드로우 활용 미술수업	아트팔레트 및 런웨이 팔레트 활용 미술수업	이매지너리 사운드 스케이프 활용 음악수업	바흐두들 활용 작곡 음악수업	리빙아카이브 활용 표현활동 체육수업
인공지능 모델과 함께 그림 퀴즈 및 작품 활동	색상 활용 예술 작품 및 패션 관련 활동	주변의 장소 및 그림, 사진에서 나는 소리 활동	두 마디 악보에 자신만의 바흐 풍 곡 작곡 활동	유명 안무가들의 안무를 통한 표현활동

1 퀵, 드로우!, 오토드로우 활용 미술수업

단계	활용 점검 내용 및 활동 내용
1	인공지능 활용 그림 퀴즈 원리 파악하기
2	인공지능 활용 그림 퀴즈를 통해 미술 표현활동 실시하기(퀵, 드로우!)
3	머신 러닝 기술 활용 웹 기반 그림 도구 살펴보기
4	주제(예: 여름방학)에 대한 인공지능 기반 표현활동 실시하기(오토드로우)
5	구글 클래스룸에 업로드하여 서로의 작품 감상하기

■ 퀵, 드로우!, 오토드로우 활용 미술수업의 실제

▶ 퀵, 드로우!에서 인공지능 원리 이해하기
▶ 인공지능 모델 퀴즈를 통해 미술 작품 실력 향상시키기

▶ 오토드로우를 활용하여 인공지능 기술 활용된 작품 활동 실시하기

맞춤형 TIP   학생들의 관심사에 맞춰 작품 활동을 실시할 수 있으며 스마트기기의 디지털 잉크를 활용한 작품활동으로 인공지능의 도움으로 작품 활동을 하며 퀴즈를 실시할 수 있다. 학생들이 단순히 미술 교과 활동에 치우치지 않고 인공지능 기술이 들어간 도구라는 것을 인식할 수 있도록 하는 것도 좋다.

▶ 오토드로우로 그린 작품들을 Google Classroom 혹은 패들렛과 같은 곳에 전시하기

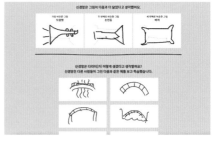

▶ 퀵, 드로우! 활용하여 자신의 그림에 대한 피드백 확인하기

맞춤형 TIP 인공지능 기반 미술 작품활동의 장점은 인공지능이 피드백을 해 줄 수 있다는
점이다. 학생들이 스스로 자신의 작품 활동에 대한 개별화 피드백을 받을 수
있도록 안내하도록 한다. 또한 학생들의 작품활동을 한 곳에 모아 서로의 피드
백을 받는 곳을 만들어 사용을 한다면 맞춤형 수업을 진행할 수 있다.

2 아트팔레트 및 런웨이 팔레트 활용 미술수업

단계	활용 점검 내용 및 활동 내용
1	색상관련 수업 진행하기
2	비슷한 색상을 가진 작품 감상하기(아트팔레트)
3	자신이 좋아하는 색을 가진 작품 설명하기(아트팔레트)
4	콜라주 활용 작품 만들기(런웨이팔레트)
5	서로의 콜라주 작품 Google Classroom에서 감상하기

■ 아트팔레트 및 런웨이 팔레트 활용 미술수업의 실제

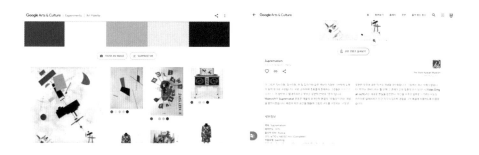

맞춤형 TIP 학생들이 대비, 보색의 개념 등 색상 관련 수업을 듣고 아트팔레트 수업을 한
다면 색상에 대한 이해를 가지고 수업을 진행할 수 있다. 아트팔레트 수업을
하기 전에 Google 아트앤컬쳐 사이트 혹은 앱으로 감상활동 수업을 사전에
진행하는 것도 좋다.

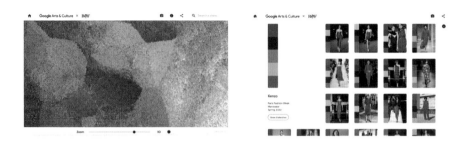

맞춤형 TIP 학생들이 자신만의 런웨이를 런웨이 팔레트를 활용하여 콜라주 작품 활동을
구성할 수 있다. 학생들의 경험이 들어간 패션쇼 런웨이를 구상을 하면서 색상
에 대한 이해 및 패션 디자인에 관심을 가질 수 있다. 학생들이 모둠활동으로
구성하여 서로의 생각을 공유하면서 모둠 런웨이를 구성하면 의견 교환을 하
며 다양한 런웨이를 구성할 수 있다.

3 이매지너리사운드스케이프 활용 음악수업

단계	활용 점검 내용 및 활동 내용
1	우리 주변에서 나는 소리 탐색하기
2	이매지너리사운드스케이프 사용방법 알기(갤러리 탐색하기)
3	이매지너리사운드스케이프 활용 맞춤형 수업하기
4	자신이 생각한 소리와 비교하여 작성하기
5	자신이 그린 그림 이매지너리사운드스케이프로 심화 활동하기

■ 이매지너리사운드스케이프 활용 음악수업의 실제

맞춤형 TIP 학생들은 이매지너리사운드스케이프 활용하기 전에 사용 방법에 대해서 충분
히 알고 수업할 수 있도록 한다. 이매지너리사운드스케이프에서는 두 가지 형
태로 사진 혹은 이미지를 활용한 사운드 제공과 Google Map기반의 해당 위
치에서의 소리를 인공지능 기반으로 제공한다.

4 바흐두들 활용 작곡 음악수업

단계	활용 점검 내용 및 활동 내용
1	바흐의 작품 감상하기
2	8마디의 작곡하기
3	인공지능 기반의 작곡하기(바흐두들 활용)
4	바흐두들 숨겨진 기능 활용하여 작곡하기
5	자신이 작곡한 곡 발표하기

■ 바흐두들 활용 작곡 음악수업의 실제

맞춤형 TIP   학생들이 바흐두들을 사용하기 전에 작곡에 대한 사전 경험을 시켜주는 것은 작곡에 대한 어려움을 인공지능의 도움으로 쉽게 할 수 있다는 것을 느끼게 할 수 있다. 또한, 바흐 두들 실행 시 바흐 두들 사용방법에 대한 설명을 교사 가 한번 더 설명을 진행을 하여 모든 학생들이 자신의 수준에 맞는 작곡 활동 을 할 수 있도록 제공한다.

맞춤형 TIP   학생들의 개별화된 작곡활동을 하기 위해서는 숨겨져 있는 기능들에 대한 설 명이 이뤄지면 훨씬 풍성한 작곡을 할 수 있다. 조표에 대한 이해와 다양한 장조를 활용한 작곡을 할 수 있다. 클래식컬한 작곡도 이뤄질 수 있지만 현대 에 있는 전자음에 대한 이해로 전자음 작곡도 제공하고 있다. 학생들의 흥미에 맞춘 맞춤형 작곡도 가능하다.

5 리빙아카이브 활용 표현활동 체육수업

단계	활용 점검 내용 및 활동 내용
1	아이돌 안무를 통해 안무 이해하기
2	리빙아카이브 사용방법 익히기
3	모둠별 주제에 대한 안무 구상하기
4	자신의 동작 인식시켜 안무 만들기(리빙아카이브)
5	모둠별 안무 음악에 맞춰 발표하기

■ 리빙아카이브 활용 표현활동 체육수업의 실제

맞춤형 TIP 학습자 특성을 분석하면 초등학교 고학년 학생들은 아이돌에 관심이 많았다. 학생들의 흥미도를 반영하여 리빙아카이브를 통해 아이돌 그룹의 안무에 대한 관심과 해당 직업에 대한 이해를 시키고 이 활동을 진행한다면 교육적 효과가 더욱 높을 것이다. 학습 결과에 대해서 학생들이 먼저, 리빙아카이브로 보여주고 모둠별로 만든 안무를 실제 공연함으로써 학습 결과를 다른 학생들에게도 발표를 할 수 있다.

인공지능 맞춤형 수업 사례(3) : 네이버 커넥트재단 엔트리 활용한 수업 설계

본 단원 수업은 4학년을 대상으로 과학 '식물의 생활'단원의 식물의 특징을 알고 특징에 따라 분류한 후 우리 생활에 활용할 수 있는 방법에 초점을 맞춘 단원으로 설계하였다. 식물의 특징을 파악하고 식물의 특징에 맞춘 분류 모델을 만들어 인공지능과 연계된 활동을 한다. 데이터를 수집하여 해당 데이터를 가지고 엔트리를 활용한 식물의 특징에 따른 분류 모델 프로그램을 만드는데 적극적으로 참여한다.

교육과정 분석	⇨	학습자 분석 및 맞춤형 전략	⇨	맞춤형 수업 및 평가 계획	⇨	맞춤형 수업 적용	⇨	맞춤형 평가
• 식물의 특징에 따라 식물을 분류하기		• 학생의 흥미 • 학생 과정		• 학습 내용의 선택 • 학습 결과 다양화		• 학생의 능력과 개별 선택에 따른 과제 수행		• 자기 점검표

1 교육과정 분석

단원명	식물의 생활		
핵심 아이디어	식물의 특징에 따라 식물을 분류한다.		
성취기준	[4과05-01] 여러 가지 식물을 관찰하여 특징에 따라 식물을 분류할 수 있다.		
범주	지식·이해	과정·기능	가치·태도
	• 식물의 특징 이해하기	• 식물의 특징에 따라 분류하기 • 식물의 특징을 우리 생활에 활용하기	• 식물의 특징에 관심 가지기
수행과제	여러 가지 식물을 관찰하여 식물 분류 프로그램 만들기		

2 학습자 분석 및 맞춤형 전략

○ 학급 특성

4학년 ○반 학생은 모두 27명이다. 담임교사인 C 교사는 학년 초부터 학생들이 다양한 식물을 관찰할 수 있도록 학급에서 식물을 키우고 있어 식물에 대한 관심이 많고 1인1역을 통해 식물 관련 활동을 진행하고 있다. 학생들이 1인 1디바이스 사업을 통해 스마트기기를 가지고 있다. 평소 엔트리를 활용한 수업을 많이 진행하고 학생들 모두 엔트리 활용 기초 능력을 가지고 있다. 주로 모둠 형태로 학습이 이뤄지며 모둠 안에서의 수준차는 거의 없다.

○ 학습자 특성 및 맞춤형 전략

학습자 특성	(학습 양식) 개인 활동보다는 프로젝트를 통한 소그룹 활동을 주로 선호하고 공동작업을 선호함. (학습자 흥미) 식물에 대한 관심이 많으며 스마트기기를 활용한 수업에 흥미가 많이 있음.
맞춤형 전략	(과제 난이도) 학생들의 인공지능 활용 역량을 사전에 설문을 통해 진단을 하여 과제 난이도 조정함. (학습량 적정화) 과학 교과 수업에 대한 학습 방법 선호도, 적절한 표현 방법, 선택 허용 (학습 조직) 학생들이 식물의 특징에 대한 프로그램 개발 시 학생들이 수집한 데이터를 가지고 교사가 학생들이 활용할 수 있도록 초등학교 3~4학년 수준으로 전처리를 진행하여 원활한 수업이 이뤄질 수 있도록 함.
교육과정 재구성	(학습 요소) 식물의 특징을 데이터를 통해 수집하고 식물의 특징을 알려주는 프로그램을 개발하여 인공지능적인 요소를 식물의 특징 단원에서 활용함. (내용의 재구성) 학생들의 자율성을 높이기 위해 학교 주변의 식물로 초점을 맞춰 교과서에 나오는 식물의 종류를 수정 제공함.

3 맞춤형 수업 설계

차시	학습 활동	맞춤형 요소 및 맞춤 전략
1	• 단원 안내 선수학습 요소 확인 단원 소개	– 준비도
2~3	• 우리 주변에는 어떤 식물이 살까요? 네이버 스마트렌즈를 통해 학교 주변의 식물 확인하기 핵심 질문: 스마트기기를 활용하여 학교 주변의 식물을 관찰할 수 있는가?	– 준비도 – 학습 경험, 관심사 – 학습 내용 제시 방식 다양화
4~7	• 식물의 특징에 따라 분류해 볼까요? 식물의 특징 데이터를 수집하여 수집한 데이터로 프로그램 개발하기 핵심 질문: 식물의 특징으로 분류해주는 프로그램을 개발할 수 있는가?	– 학습 방법 선호도 – 과제 난이도
8~9	• 여러 지역에 사는 식물에는 어떤 특징이 있을까요? 들이나 산, 강이나 호수, 사막 등에서 사는 식물의 특징 알아보기 핵심 질문: 여러 지역에 사는 식물의 특징을 알 수 있는가?	– 학습 경험, 관심사 – 학습 내용 제시 방식 다양화
10	• 식물의 특징을 우리 생활에 어떻게 활용할까요? 식물의 특징이 드러난 우리 생활에 도움을 줄 수 있는 발명품 설계하기	– 자기주도, 참여도

4 맞춤형 수업의 실제

○ 수업 사례

주제	식물의 특징에 따라 분류하기	차시	4~7/10
학습목표	식물의 특징에 따라 분류할 수 있다.		
맞춤 요소	준비도, 학습 경험, 관심사	맞춤형 전략	학습 내용 제시 방식 다양화
준비물	스마트기기, 여러 가지 식물		

활동 내용 및 맞춤형 TIP
학생들의 경험 속에서 다양한 식물을 관찰할 수 있다. 학교 주변의 식물로 제한하여 학생들의 경험 속에 있는 식물들을 관찰하여 분류 모델로 인공지능을 경험하도록 구성하였다. 인공지능 경험뿐만 아니라 학생들이 식물의 특징에 대한 데이터 수집을 통해 식물의 특징에 따른 분류 프로그램을 개발하는 활동을 구성하였다. 스마트기기를 사용하여 인공지능 기능으로 식물을 관찰하고 특징을 스스로 찾아가는 맞춤형 수업을 구성하였다. 학생 주도의 프로젝트 수업을 진행할 수 있도록 수업을 설계하여 운영하였다.

- **학습자 변인:** (학습경험) 학년초부터 심은 식물을 관찰하고 식물의 한 살이에 대한 이해와 생태체험 수업 시 학교주변 식물에 대한 설명을 통해 충분한 경험을 갖고 있음. (관심사) 학생들의 스마트기기활용 수업에 대한 관심이 높음.
- **맞춤형 전략:** (학습 내용 제시 방식 다양화) 다양한 데이터를 활용하여 식물의 특징에 따른 분류 프로그램을 개발할 수 있도록 모둠별 프로그램 개발에는 다양성을 추구함.

수행 과제 1 네이버 커넥트재단의 엔트리 이미지 모델 학습하기를 통하여 식물의 특징(잎의 생김새)에 따른 분류를 할 수 있는가?

- 수업 활동
  - ▶ 이미지 모델 학습하기를 통해 식물의 특징에 따른 분류하기
    (1) 스마트기기를 준비한다.
    (2) 학교 주변에서 수집한 식물의 잎을 분류한다.

(3) 분류한 내용을 이미지 모델 학습하기에 넣어 학습시킨다.

(4) 스마트기기를 학교 주변에 들고 다니며 분류 모델이 잘 작동이 되는지 확인한다.

■ 맞춤형 TIP

■ 학생들의 경험 속에서 잎의 생김새에 자연스럽게 관심을 가질 수 있도록 다양한 식물을 접할 수 있도록 해야 함.
■ 엔트리의 이미지 모델 학습하기를 사용할 때는 학생들의 자율성을 존중하여 분류할 수 있도록 해야 함.
■ 테스트할 수 있는 잎들은 학교 주변의 잎들로 하여 학교 주변을 다니며 분류 모델을 잘 만들었는지 확인할 수 있도록 해야 함.

수행 과제 2   학교 주변의 잎의 생김새 데이터를 수집할 수 있는가?

■ 수업 활동
▶ 학교 주변의 잎의 생김새 데이터 수집하기
(1) 이미지 분류 모델에서 수집한 데이터를 모아 잎의 특징을 스프레드시트에 정리한다.

(2) 정리한 자료를 전처리를 통해 사용할 수 있는 데이터만 남긴다.

■ 맞춤형 TIP

■ 데이터 입력은 스프레드시트 사용에 있어 어려움이 있을 수 있으므로 사전에 입력 방법에 대한 교육을 하도록 함.
■ 학습 조직을 모둠으로 구성을 하여 모든 학생들이 참여할 수 있는 수업을 구성하도록 함.

수행 과제 3 데이터를 가지고 식물의 특징 분류 프로그램을 만들 수 있는가?

■ 수업 활동
▶ 데이터를 가지고 식물의 특징 분류 프로그램을 만들기
(1) 수행 과제 2에서 전처리한 데이터를 가져온다.
(2) 데이터를 통해 엔트리에서 식물의 특징 분류 프로그램을 만든다.
(3) 인공지능 블록을 통해 학습시킨 모델을 가지고 프로그램을 만든다.

(4) 학교 주변의 잎을 채취하여 제대로 프로그램을 만들었는지 확인한다.

■ 맞춤형 TIP

■ 학생들이 더 자유롭게 탐구할 수 있도록 개별 맞춤형 탐구 과정을 수행할 수 있도록 맞춤형 전략을 사용한다.
■ 구조화된 탐구를 통해 학생들의 수준에 적합한 엔트리 프로그램 개발을 진행하도록 한다.
■ 프로그램 개발에 대한 디버깅을 통해 개별적으로 수정 보완할 수 있는 기회를 제공하도록 한다.

■ 맞춤형 평가를 위한 교사 일지

일시	20○○. 10. ○.	학급	4학년 ○반
단원	식물의 생활		
관찰 및 피드백 내용	• 학생들이 스마트기기를 활용하여 이미지 분류를 하는데 적극적으로 참여함. • 학생들이 관찰한 내용을 자신만의 방법으로 정리하여 스프레드시트에 작성하여 입력함. • 데이터 활용부분에서 어려움을 겪는 학생은 모둠원에서 도움을 주어 어려움을 극복함. • 자신이 만든 프로그램을 다른 사람들이 사용할 수 있도록 공개를 하여 성취감을 가짐. • 식물의 특징을 관찰하고 인공지능 프로그램을 개발하며 식물의 특징에 관심이 높아짐.		
맞춤형 평가 TIP	• 본 활동은 학생들이 네이버 커넥트재단의 엔트리를 활용하여 자신이 경험한 식물을 관찰하고 데이터를 수집하여 자신만의 프로그램을 개발하도록 함. • 인공지능적인 부분이 부족한 학생에게 사전 프로그램 개발 플랫폼에 대한 사전 교육이 필요하며 학습수준을 적정하게 제공하기 위해 사전 설문이 필요함.		

국어과 3~4학년군 맞춤형 수업 사례(1) : 생각을 펼쳐요

본 단원은 3학년을 대상으로 중심 문장과 뒷받침 문장의 의미와 특징에 대해 알아보고 주제에 대해 생각이나 의견을 쓰는 단원이다. 중심 문장과 뒷받침 문장의 관계를 알고 자신의 생각과 의견을 짜임새 있게 문단으로 표현하는 능력을 기를 수 있다. 중심 문장과 뒷받침 문장을 사용하여 문단을 만들기 위해 문장과 문단을 다듬어 쓰는 과정을 거치면서 쓰기를 통한 표현과 자신감을 가질 수 있도록 한다.

교육과정 분석	⇨	학습자 분석 및 맞춤형 전략	⇨	맞춤형 수업 및 평가 계획	⇨	맞춤형 수업 적용	⇨	맞춤형 평가
• 중심 문장과 뒷받침 문장의 의미와 특징		• 학생의 능력 • 학생의 관심과 학습 내용		• 학습 방법의 다양화 • 학습 결과 다양화		• 학생의 능력과 개별 선택에 따른 과제 수행		• 자기 점검표

1 교육과정 분석

단원명	생각을 펼쳐요
핵심 아이디어	중심 문장과 뒷받침 문장을 갖춘 문단으로 자신의 생각과 의견을 표현한다.
성취기준	[4국03−01] 중심 문장과 뒷받침 문장을 갖추어 문단을 쓰고, 문장과 문단을 중심으로 고쳐 쓴다. [4국03−03] 대상에 대한 자신의 의견과 그렇게 생각한 이유가 드러나게 글을 쓴다. [4국03−05] 자신의 쓰기 과정을 점검하며 쓰기에 자신감을 가진다.

범주	지식·이해	과정·기능	가치·태도
	• 중심 문장	• 중심 문장과 뒷받침	• 쓰기를 통한 표현

• 뒷받침 문장 • 문장과 문단 • 생각과 의견	문장을 갖춘 문단 쓰기	• 쓰기에 대한 자신감
수행과제	중심 문장과 뒷받침 문장을 갖추어 문단 쓰기	

2 학습자 분석 및 맞춤형 전략

3학년 학생들은 구어 표현력이 좋으나 글을 쓸 때는 생각이 연결되지 않고 감정적인 내용에 치우쳐 쓰는 경우가 많다. 생각이나 의견에 대한 이유를 제시해야 상대방이 받아들이거나 이해할 수 있다는 것을 알고 있으나 어떻게 글로 써야 하는지는 잘 알지 못한다.

이 단원에서는 중심 문장과 뒷받침 문장의 의미와 특징을 알고 글을 읽고 중심 문장을 뒷받침 해주는 문장을 찾아본다. 또 중심 문장에 어울리게 뒷받침 문장을 수정하거나 추가해보고, 중심 문장에 알맞은 뒷받침 문장을 직접 만들어 본다. 문장과 관련된 연습이 익숙해지면 제시된 주제 또는 자신이 주제를 정하여 중심 문장과 뒷받침 문장으로 문단을 만들 수 있도록 설계하였다.

2-1. 학습 능력에 따른 맞춤형 전략

학습자 특성 (1)	분석	중심 문장과 뒷받침 문장에 대한 이해를 바탕으로 중심 문장과 뒷받침 문장이 제시된 예를 보고 중심 문장에 어울리는 뒷받침 문장 찾기, 중심 문장에 어울리는 뒷받침 문장으로 수정하기, 뒷받침 문장 추가하기, 중심 문장에 어울리는 뒷받침 문장 만들기를 단계적으로 해봄으로써 중심 문장과 뒷받침 문장에 대해 이해하고 문단을 쓰기 위한 준비를 한다.
	반영	☐ 흥미도 　☐ 학습 양식 　☑ **학습 능력** 　☐ 기타
맞춤형 전략 (1)		☐ 학습 내용 　☑ **학습 과정(학습 방법, 모둠, 시간 등)** ☐ 학습 결과 　☐ 학습 환경 　　　☐ 기타
평가		• 중심 문장에 어울리는 뒷받침 문장 찾기 • 중심 문장에 어울리게 뒷받침 문장 수정하기 • 중심 문장에 어울리는 뒷받침 문장 추가하기

2-2. 학습자 특성에 따른 맞춤형 전략

학습자 특성 (2)	분석	중심 문장과 뒷받침 문장으로 문단을 작성한다. 직접 주제 선택이 어려울 경우 제시된 낱말이나 주제에 대해 문단을 작성할 수 있다. 뒷받침 문장을 만들 때 주제가 잘 드러나도록 내용을 구성한다.
	반영	☐ **흥미도**　☐ 학습 양식　☑ **학습 능력**　☐ 기타
맞춤형 전략 (2)		☑ **학습 내용**　☐ 학습 과정(학습 방법, 모둠, 시간 등) ☐ **학습 결과**　☐ 학습 환경　　　　☐ **기타**
평가		• 문단을 쓰는 방법 알기 • 중심 문장과 뒷받침 문장으로 문단 만들기

３ 차시별 수업 설계

차시	학습 활동	맞춤형 전략	자료㉯ 및 유의점㉵
1	• **참고자료 읽기** 　– 참고자료를 읽고 알게 된 내용 발표하기 • **참고자료와 비슷한 글을 읽어본 경험 나누기** 　– 글을 통해 무엇을 알게 되었는지 발표하기 　– 모르는 내용에 대해 알려주거나 의견을 말할 때 등		㉯ 참고자료
2~3	• **문단의 구성 알아보기** 　– 문장과 문단의 의미, 문단의 특징 알기 　– 중심 문장과 뒷받침 문장의 의미 알아보기 　– 중심 문장과 문단의 중심 내용 알아보기		㉯ 참고자료
4~5	• **중심 문장과 뒷받침 문장 만들기** 　– 글의 내용 파악하기 　– 중심 문장과 뒷받침 문장 찾기 　– 중심 문장에 알맞게 뒷받침 문장 수정하기 　– 중심 문장에 알맞은 뒷받침 문장 추가하기	(1) 학습 능력에 따른 맞춤형 전략	㉯ 학습 활동지

6~7	• 문단의 특징 알아보기
	  – 문단의 구분 알아보기
	  – 문단 비교해보기(잘 작성된 문단과 그렇
	    지 않은 문단)
	• 문단 만들기 1
	  – 낱말 또는 주제 제시하기
	  – 중심 문장과 뒷받침 문장 만들기
	  – 중심 문장과 뒷받침 문장으로 문단 만들기
	• 문단 만들기 2
	  – 쓰고 싶은 글감 또는 주제 찾기
	  – 중심 문장과 뒷받침 문장 만들기
	  – 중심 문장과 뒷받침 문장으로 문단 만들기
	• 글의 내용 공유하기
		(2) 학습자
		특성에 따른
		맞춤형 전략
			㉔ 학습 활동지
			스마트기기

4 맞춤형 수업 설계

4-1. 학습 능력에 따른 맞춤형 수업

학습 주제	중심 문장과 뒷받침 문장 만들기		차시	4~5/7
학습목표	중심 문장과 뒷받침 문장을 만들 수 있다.			
학습자 특성	학습 능력	맞춤형 전략	학습 과정	

(1) 맞춤형 설계

■ **학습자 변인:** 학습 능력의 차이에 따른 특성

　학습자는 중심 문장과 뒷받침 문장의 의미와 특성을 학습한 후 글을 읽고 중심 문장과 뒷받침 문장을 구분해 본다. 또 중심 문장과 뒷받침 문장을 조직화하여 두 종류의 문장이 내용을 알기 쉽게 이해할 수 있도록 한다는 것을 알게 된다. 그러나 직접 중심 문장과 뒷받침 문장을 만들어보는 학습 능력에는 아직 어려움이 있을 수 있어 중심 문장에 어울리는 뒷받침 문장을 연결해보는 활동이 필요하다.

■ **맞춤형 설계 요소:** 학습 과정의 단계적 진행

　　참고자료 및 추가로 제시된 자료를 읽고 글의 내용을 파악한다. 글의 내용, 문장의
의미와 특성을 이해한 후 중심 문장에 대한 뒷받침 문장을 단계적으로 만든다. 처음에는
중심 문장에 알맞은 뒷받침 문장 찾기, 뒷받침 문장 수정하기, 적절한 뒷받침 문장을
1~2가지 추가해보는 활동을 한 후, 익숙해지면 중심 문장에 알맞게 뒷받침 문장을 만들
어 본다.

■ **맞춤형 수업 자료:** 학습 활동 자료
- 중심 문장에 알맞은 뒷받침 문장 찾기
- 중심 문장에 알맞게 뒷받침 문장 수정하기
- 중심 문장에 알맞은 뒷받침 문장 추가하기
- 중심 문장에 알맞게 뒷받침 문장 만들기

(2) 맞춤형 평가

■ 맞춤형 평가를 위한 교사 일지

일시	20○○. . .	학급	3학년 ( ) 반
단원	생각을 펼쳐요		
관찰 및 피드백 내용(예시)	• 동기 유발 시 교실에 있는 물건 등에 대한 설명이나 모두가 아는 내용에 　대해 퀴즈 형식으로 제시할 수 있음 • 뒷받침 문장을 쓸 때 중심 문장과 관련이 있는 내용에 대해 의견을 발 　표해보도록 함		
맞춤형 평가 TIP	• 뒷받침 문장을 추가할 때 중심 문장과 관련이 있는 내용을 추가할 수 있 　도록 지도한다. • 중심 문장과 뒷받침 문장을 만들 때 이해하기 쉬운 내용부터 해보도록 　한다.		

■ 평가 기준표(예시)

평가요소 \ 척도	매우 우수	우수	보통
문단의 짜임	중심 문장과 뒷받침 문장으로 이루어진 문단의 짜임을 잘 알고 있다.	문단의 짜임을 알고 있다.	도움을 받아 문단의 짜임을 안다.
문장 만들기	중심 문장에 어울리게 뒷받침 문장을 수정하고 새로운 뒷받침 문장을 추가한다.	중심 문장에 어울리게 뒷받침 문장을 수정하거나 추가한다.	도움을 받아 뒷받침 문장을 쓴다.

4-2. 학습자 특성에 따른 맞춤형 수업

학습 주제	중심 문장과 뒷받침 문장 사용하여 문단 만들기	차시	6~7/7
학습목표	중심 문장과 뒷받침 문장을 사용하여 문단을 만들 수 있다.		
학습자 특성	학습 능력	맞춤형 전략	학습 내용

(1) 맞춤형 설계

■ **학습자 변인:** 학습 능력의 차이에 따른 특성

학습자는 중심 문장과 뒷받침 문장의 의미와 특성을 알고, 뒷받침 문장 만들기를 학습한 후 직접 문단을 작성해 본다. 문단의 특성에 대해 이해한 후 중심 문장에 적절한 뒷받침 문장 작성 시 중심 문장의 내용을 잘 뒷받침 할 수 있도록 내용을 생각하며 문장을 만든다. 또 문장의 내용 연결을 통해 통일성 있는 글이 작성됨을 알게 된다.

■ **맞춤형 설계 요소:** 학습 내용

학습자가 중심 문장과 뒷받침 문장을 사용하여 문단을 작성할 때 글감을 선택하기 어려운 학생을 위해 교사는 낱말, 주제 등을 제시하여 아이디어를 얻을 수 있도록 한다. 또는 학습자가 관심을 가진 부분을 주제로 선택하여 흥미를 가지고 문단을 쓸 수 있다.

문단을 쓸 때 혼자 글을 쓰는 것을 어려워하는 학습자는 짝 활동을 통해 의견을 나누며 문단 작성을 해보고 자신감을 얻어 직접 주제를 선택하여 글을 써 볼 수 있다.

- **맞춤형 수업 자료:** 학습 활동 자료
  - 문단의 구분

    - 설명하고자 하는 내용이 바뀔 때 문단을 구분한다
    - 시간이나 장소가 바뀔 때 문단을 구분한다
    - 자신의 입장이나 논점이 바뀔 때 문단을 구분한다
    - 단계가 바뀔 때 문단을 구분한다

  - 문단의 내용-내용의 일관성 살펴보기

    ① 나는 가을을 제일 좋아합니다. 왜냐하면 내가 좋아하는 과일인 사과가 많이 나오는 계절이기 때문입니다. 사과를 한 입 베어 물면 새콤달콤한 즙이 나오고 신 맛 때문에 저절로 인상이 찡그려집니다. 친구야, 어떤 계절을 좋아하고 어떤 과일을 좋아하니? 내가 좋아하는 과일을 친구에게도 알려주고 싶습니다.

    ② 내가 좋아하는 계절은 가을입니다. 여름철의 무더위와 습기가 사라지고 선선한 바람이 불어 기분이 상쾌하기 때문입니다. 그리고 좋아하는 사과가 많이 나오는 계절이기 때문입니다. 사과는 그냥 먹어도 맛있지만 사과즙이나 사과잼으로 만들어 먹어도 맛있습니다. 그리고 가을은 나무들이 울긋불긋 단풍이 들어 보기가 정말 좋습니다. 그래서 나는 가을을 좋아합니다.

  - 주제 선택하기
    - 학생이 관심을 가지고 있는 주제 또는 교사가 제시한 주제
    - 주제에 대해 어떤 내용을 설명하고 싶은지 의논하기
    - 매체 등을 이용하여 설명하고자 하는 주제에 대한 내용 찾기
    - 주제에 따라 대상의 특성이 잘 드러나도록 쓰는 방법 선택하기
    - 짝과 함께 활동할 때 주제, 쓰는 방법을 의논한 후 중심 문장과 뒷받침 문장 써 보기

(2) 맞춤형 평가

■ 맞춤형 평가를 위한 교사 일지

일시	20○○. . .	학급	3학년 ( ) 반
단원	생각을 펼쳐요		
관찰 및 피드백 내용(예시)	• 주제에 따라 알리고자 하는 글을 쓰는 방법의 차이가 있음을 알게 함		
맞춤형 평가 TIP	• 관심을 가진 주제를 찾아보고 어떤 방법으로 쓰는 것이 대상에 대해 잘 설명할 수 있는지 생각해 보고 글을 쓰도록 한다. • 짝과 함께 글의 내용을 작성하고 공유하여 부족한 부분을 보충할 수 있도록 한다.		

■ 평가 기준표(예시)

척도 평가요소	매우 우수	우수	보통
문단을 쓰는 방법	문단을 쓰는 방법을 구체적으로 알고 있다.	문단을 쓰는 방법을 알고 있다.	도움을 받아 문단을 쓰는 방법을 안다.
주제를 정하여 글쓰기	주제를 정하여 주제의 특징이 잘 드러나도록 글을 쓴다.	주제를 정하여 글을 쓴다.	도움을 받아 글을 쓴다.

국어과 3~4학년군 맞춤형 수업 사례(2) : 이런 표현 어떤가요

본 단원 수업은 3학년을 대상으로 감각적 표현에 대해 알아보고 감각적 표현을 사용하여 문장을 만들거나 글쓰기를 하는 단원을 설계하였다. 글에서 감각적 표현을 사용하면 대상을 실감나게 표현할 수 있으며 글의 내용에 대한 이해도 쉬워질 수 있다. 또한 사물을 다양한 관점에서 관찰하며 표현할 수 있는 표현력을 높이며 재미나 감동을 느껴 작품을 즐겨 읽거나 창작하는 데 도움이 될 수 있다.

교육과정 분석	⇨	학습자 분석 및 맞춤형 전략	⇨	맞춤형 수업 및 평가 계획	⇨	맞춤형 수업 적용	⇨	맞춤형 평가
• 감각적 표현의 의미와 특징		• 학생의 흥미 • 학생의 학습 능력과 학습 결과		• 학습 내용의 다양화 • 학습 결과 다양화		• 학생의 흥미와 개별 선택에 과제 수행		• 자기 점검표

1 교육과정 분석

단원명	이런 표현 어떤가요
핵심 아이디어	감각적 표현은 생각이나 감정을 풍부하게 표현한다.
성취기준	[4국05-04] 감각적 표현에 유의하며 작품을 감상하고 감각적 표현을 활용하여 자신의 생각이나 감정을 표현한다. [4국05-05] 재미나 감동을 느끼며 작품을 즐겨 감상하는 태도를 지닌다.

범주	지식·이해	과정·기능	가치·태도
	• 감각적 표현	• 감각적 표현을 사용하여 생각이나 감정 표현	• 감각적 표현을 통한 말의 재미 느끼기
수행과제	감각적 표현을 사용하여 생각이나 감정 표현하기		

2 학습자 분석 및 맞춤형 전략

> 3학년 학생들은 자신의 생각을 적극적으로 표현하며 직설적인 표현과 좋고 싫음에 대한 감정 표현이 많으나 감각적인 표현을 사용하는 경우는 드문 편이다. 또한 감각적인 표현을 사용하는 학생의 표현 또한 시각적 표현에 그치는 경우가 대부분이다. 감각적 표현의 의미에 대해 잘 알지 못하며 사용해보지 않거나 평소 생활에서 사용하지 않은 낯선 표현을 사용하는 것에 대해 쑥스러움을 느끼는 것도 그 이유 중 하나이다.
>
> 감각적 표현의 의미와 감각적 표현을 사용한 예를 살펴보고 실제로 감각적 표현을 사용해 볼 수 있도록 한다.

2-1. 학습자 특성에 따른 맞춤형 전략

학습자 특성 (1)	분석	감각적 표현의 의미에 대해 알지 못하며, 감각적 표현을 사용하는 학생의 표현도 시각적 표현이 대부분이라 감각적 표현이 제한적으로 사용되고 있다. 학생들이 재미있거나 특이한 표현에 관심이 많고, 따라하기 좋아하는 특성과 감각적 표현을 활용한 문제를 제시하여 감각적 표현에 대해 지도한다.
	반영	☑ **흥미도**　　□ 학습 양식　　□ 학습 준비도　　□ 기타
맞춤형 전략 (1)		☑ **학습 내용**　　□ 학습 과정(학습 방법, 모둠, 시간 등) □ 학습 결과　　□ 학습 환경　　　　□ 기타
평가		• 감각적 표현의 의미 알기 • 감각적 표현을 사용하여 문제 만들기

2-2. 학습 능력에 따른 맞춤형 전략

학습자 특성 (2)	분석	감각적 표현의 사용에 대해 알고 감각적 표현을 사용하여 생활문을 쓰거나 간단한 동시를 짓는다. 생활문 쓰기나 동시 쓰기가 어려울 경우 생활문 또는 동시 속 표현을 자신이 생각한 감각적 표현을 사용하여 바꾸어 써 보도록 한다.
	반영	□ 흥미도　　□ 학습 양식　　☑ **학습 능력**　　□ 기타

맞춤형 전략 (2)	☐ 학습 내용　　☐ 학습 과정(학습 방법, 모둠, 시간 등) ☑ **학습 결과**　☐ 학습 환경　　☐ 기타
평가	• 감각적 표현을 사용하여 생활문이나 동시로 바꿔 쓰기 • 감각적 표현을 사용하여 생활문이나 동시 쓰기

3 차시별 수업 설계

차시	학습 활동	맞춤형 전략	자료㉜ 및 유의점㉭
1	• 자료를 보고 생각과 느낌 말하기 　- 제시된 사진이나 그림을 보고 생각과 느낌 　　말하기 • 감각적 표현의 의미 알기 　- 시각, 청각, 후각, 미각, 촉각을 활용한 표현 　- 감각적 표현을 사용한 예시 보기 • 감각적 표현 사용의 효과 알아보기		㉜ 참고자료 (사진, 그림)
2	• 감각적 표현 사용하여 문제 만들기 　- 감각적 표현이 들어간 설명을 듣고 어떤 　　사물인지 맞추기 　- 감각적 표현을 사용하여 사물에 대한 문 　　제 만들기		
3~4	• 글에 나타난 감각적 표현 찾기 　- 글에서 감각적 표현 찾아 표시하기 • 감각적 표현을 사용하여 문장 만들기 　- 그림이나 사진을 보고 감각적 표현을 활용 　　하여 표현하기 　- 감각적 표현을 사용하여 마음 표현하기	(1) 학습자 특성에 따른 맞춤형 전략	
5~6	• 감각적 표현을 사용하여 글쓰기 　- 제시된 글에 나온 감각적 표현 바꿔 보 　　기(생활문 또는 동시) 　- 감각적 표현을 사용하여 생활문 쓰기 　　(생활문 수정하기) 　- 감각적 표현을 사용하여 간단한 동시 쓰기 　　(동시 수정하기)	(2) 학습 능력에 따른 맞춤형 전략	

4 맞춤형 수업 설계

4-1. 학습자 특성에 따른 맞춤형 수업

학습 주제	감각적 표현 사용하여 문장 만들기	차시	3~4/6
학습목표	감각적 표현을 사용하여 여러 가지 문장을 만들 수 있다.		
학습자 특성	흥미도	맞춤형 전략	학습 내용

(1) 맞춤형 설계

- **학습자 변인:** 흥미에 따른 전략

  시각, 청각, 후각, 미각, 촉각의 감각적 표현의 의미와 표현의 예를 알아본 후 여러 가지 감각적 표현을 만드는 것을 학습하게 된다. 하나의 사물을 감각적 표현으로 표현해 보고 알아맞추는 활동을 통해 감각적 표현에 대한 관심을 높인다. 각자 만든 감각적 표현을 공유하며 재미있고 흥미롭게 만든 감각적 표현을 선택하여 이유를 말하고 그에 대한 다른 감각적 표현도 함께 만들어 본다. 다른 친구들이 만든 감각적 표현을 활용하여 다른 표현으로 수정하여 만들어 보는 활동을 통해 표현력이 향상될 수 있다.

- **맞춤형 설계 요소:** 학습 내용의 다양화

  참고자료를 읽고 감각적 표현을 찾아 표시한다. 표시한 감각적 표현 중 몇 가지를 선택하여 다른 감각적 표현으로 바꿔보고, 학습자의 마음을 감각적 표현을 사용하여 나타내 보는 활동을 한다.

  감각적 표현을 만드는 활동이 익숙해지면 하나의 사물을 선택하여 감각적 표현을 활용하여 표현하고 어떤 사물인지 알아맞추는 활동을 통해 흥미를 가지고 참여하며 표현 능력이 향상될 수 있다. 감각적 표현에 대해 이해한 후 하나의 사물에 대해 여러 가지 감각적 표현을 만들 수 있으며, 감각적 표현을 사용하면 생각과 감정을 생생하게 표현할 수 있음을 알게 된다.

■ **맞춤형 수업 자료:** 학습 활동 자료

- 참고자료 제시-감각적 표현 찾기/감각적 표현 바꿔보기
- 학습자의 마음을 감각적 표현을 사용하여 나타내기
- 사물을 선택하고 감각적 표현을 사용하여 표현하고 맞추기

- 파란 하늘과 구름
- 쿵작 뽕짝 띠리리라라
- 매콤하고 고소한 냄새에 코끝이 찡했어
- 고소하고 짭조름하고 바삭바삭한 그걸 달라고!

제시한 글감 〈귤〉에 대해 감각적 표현을 사용하여 문장 만들기
- 먹음직스런 색에 연필로 점을 찍은 듯한 외모
- 귤껍질과 알맹이 사이에 들어갈 얇은 틈도 없이 단단하게 붙어 있다
- 껍질을 까면 물밀 듯이 밀려오는 상큼한 냄새
- 상큼한 냄새에 먹기도 전에 벌써 침이 가득 고인다.
- 새콤달콤한 귤맛

출처: https://pixabay.com

날이 너무 더워서 땀띠가 났다. <u>오톨도톨한 빨간 땀띠가</u> 가려워서 어젯밤에는 선풍기를 틀고 잤다. 아침에 일어났더니 <u>몸이 물에 젖은 솜처럼 무겁고</u> 열이 38도나 되었다. 누가 <u>머리를 콕콕 때리는</u> 것처럼 아프고 목소리도 잘 나오지 않았다. 아파서 입맛이 없는 나를 위해 엄마는 내가 좋아하는 전복죽을 끓여주셨다. 전복 내장을 넣어 죽 색깔이 <u>풀을 빨아 넣은 것처럼 초록색이고 고소한 참기름</u> 냄새가 났다. <u>사이다처럼 톡 쏘는</u> 동치미 국물과 함께 먹으니 열로 <u>부글부글한 몸이 뻥 뚫리는</u> 것 같다. 나는 몸이 아프지만 부모님은 마음이 아프다고 하셨다.

- 내일은 좋은 일이 있을 것이라 날아갈 듯한 마음이 들어.
- 내 마음은 무지개처럼 여러 가지 색깔이다.
- 이런 일로 친구에게 화를 내다니 ... 내 마음은 고슴도치처럼 뾰족뾰족한 가시를 가지고 있는 것일까?

> • 물렁물렁, 미끈미끈하고 오톨도톨한 돌기가 있고 바다 냄새가 나는 것은 무엇일까요? (해삼)
> • 뾰족뾰족한 가시로 뒤덮여 있어. 껍질을 벗기면 화장실 냄새처럼 지독하지만 냄새를 참고 한 입 먹으면 눈이 확 커지는 맛이야(두리안)

(2) 맞춤형 평가

■ 맞춤형 평가를 위한 교사 일지

일시	20○○. . .	학급	3학년 ( ) 반
단원	이런 표현 어떤가요		
관찰 및 피드백 내용(예시)	• 감각적 표현의 의미와 예를 연결해 보는 활동으로 감각적 표현에 대해 자연스럽게 익힐 수 있는 지도가 필요 • 교사가 제시한 단어에 대해 학생들이 만든 표현을 공유하여 서로 다른 감각적 표현을 할 수 있음을 알게 함 • 감각적 표현이 있는 글을 많이 접하면서 감각적 표현의 다양한 예를 알도록 하고 스스로 다른 표현을 찾아보도록 함		
맞춤형 평가 TIP	• 학습자가 선택한 단어에 대해 감각적 표현을 만들기 어려울 때는 이미 알고 있는 감각적 표현을 수정해보도록 한다.		

■ 평가 기준표(예시)

평가요소 ＼ 척도	매우 우수	우수	보통
감각적 표현의 의미	감각적 표현의 의미와 구체적인 예를 이해한다.	감각적 표현의 의미를 알고 있다.	감각적 표현에 대해 안다.
감각적 표현으로 사물 표현하기	감각적 표현의 의미를 살리며 사물을 표현한다.	감각적 표현으로 사물을 표현한다.	도움을 받아 감각적 표현을 사용한다.

4-2. 학습 능력에 따른 맞춤형 수업

학습 주제	감각적 표현을 사용하여 생각이나 감정 표현하기	차시	5~6/6
학습목표	감각적 표현을 사용하여 생각이나 감정을 표현할 수 있다.		
학습자 특성	학습 능력	맞춤형 전략	학습 결과

(1) 맞춤형 설계

■ **학습자 변인:** 학습 능력의 차이에 따른 특성

　감각적 표현에 대해 알고 있으나 아직 감각적 표현에 익숙하지 않은 학습자들은 기존의 감각적 표현을 수정해보는 연습을 한다. 감각적 표현에 익숙해진 학습자는 감각적 표현이 들어간 생활문을 쓰거나 간단한 동시를 만든다. 5가지 감각적 표현을 골고루 만들어 보면 좋으나 어려울 경우 글의 내용에 잘 어울리는 표현을 몇 가지만 써보도록 한다.

■ **맞춤형 설계 요소:** 학습 내용에 따른 결과

　감각적 표현이 있는 생활문이나 동시를 참고자료로 제시하여 감각적 표현을 찾아본다. 동시 등에 많이 나온 감각적 표현을 읽고 표현 방법에 익숙해지면 글에 나온 감각적 표현을 다른 감각적 표현으로 바꾸어 본다. 이 때 글의 내용과 감각적 표현에서 의미하는 내용에 어울리게 바꾸는 것이 필요하다. 이 활동이 끝나면 감각적 표현을 사용하여 직접 생활문 또는 동시를 쓰는 활동을 한다.

■ **맞춤형 수업 자료:** 생활문, 동시 등

생활문	동시
생활하면서 보고 듣고 생각하고 느낀 것에 대해 쓴 글	어린이를 위하여 어린이다운 심리와 정서로 표현한 시

■ 참고자료 제시

〈여름〉

– 땀이 후두둑 떨어지고 얼굴이 딸기처럼 빨개지는 여름

– 땀이 쏙 들어가게 얼음처럼 차가운 물로 샤워를 한다

– 샤워한 후 보송보송한 내 얼굴

– 갑자기 내린 소나기로 아스팔트 냄새가 모락모락

– 한 입만 먹어도 겨울처럼 차가운 아이스크림을 먹으며 소나기가 오는 것을 본다

(2) 맞춤형 평가

■ 맞춤형 평가를 위한 교사 일지

일시	20○○. . .		학급	3학년 ( ) 반
단원	이런 표현 어떤가요			
관찰 및 피드백 내용(예시)	• 감각적 표현을 사용할 때 방송에서 사용하는 용어 등을 떠올려 문제를 해결할 경우도 있으므로 동기 유발 자료로 사용이 가능하나 점차 개인이 직접 감각적 표현을 만들 수 있도록 함 • 기존에 있던 감각적 표현을 조금씩 수정해 보는 활동을 통해 감각적 표현을 만드는 것을 익힘 • 5가지 감각적 표현의 사용에 익숙하지 않은 학생은 자신이 잘 할 수 있는 표현부터 시작해보며 차츰 익숙해질 수 있도록 함			
맞춤형 평가 TIP	• 감각적 표현을 사용할 때 표현하고자 하는 의미를 알고 알맞게 수정하거나 표현할 수 있도록 한다. • 감각적 표현으로 알 수 있게 된 점도 함께 지도한다.			

■ 평가 기준표(예시)

평가요소 \ 척도	매우 우수	우수	보통
감각적 표현을 사용한 문장 만들기	5가지 감각적 표현을 사용한 문장을 만든다.	3가지 감각적 표현을 사용한 문장을 만든다.	도움을 받아 감각적 표현을 사용한 문장을 만든다.
감각적 표현을 활용하여 글쓰기	감각적 표현이 잘 드러난 생활문이나 동시를 쓴다.	감각적 표현을 사용하여 생활문이나 동시를 쓴다.	도움을 받아 감각적 표현을 사용한 생활문이나 생활문이나 동시를 쓴다.

국어과 3~4학년군 맞춤형 수업 사례(3) : 중심 생각 파악하기

이 단원은 4학년을 대상으로 유창하게 소리내어 글을 읽고, 질문하기와 문단의 중요한 내용을 찾는 활동을 통해 글의 중심 내용을 간추리도록 하는 내용으로 설계하였다. 중심 내용을 간추리기 위해 각 문단에서 중심 단어와 중심 문장을 파악하고 통합하는 활동을 하며 질문을 통해 글의 내용을 파악하였는지 확인하며 읽을 수 있도록 한다. 문단의 중요 내용 정리와 질문을 통해 글을 이해했는지 파악하고 읽기 능력을 개발하며 읽기에 자신감을 가질 수 있도록 한다.

교육과정 분석	⇨	학습자 분석 및 맞춤형 전략	⇨	맞춤형 수업 및 평가 계획	⇨	맞춤형 수업 적용	⇨	맞춤형 평가
• 소리내어 읽기 • 중심 생각 파악하기 • 질문 활용하기		• 학생의 능력 • 학생의 관심과 학습 내용		• 학습 방법의 다양화 • 학습 결과 다양화		• 학생의 능력과 개별 선택에 따른 과제 수행		• 자기 점검표

1 교육과정 분석

단원명	중심 생각 파악하기
핵심 아이디어	글 속에는 글쓴이가 말하고자 하는 내용이 담겨 있다.
성취기준	[4국02-01] 글의 의미를 파악하며 유창하게 글을 읽는다. [4국02-02] 문단과 글에서 중심 생각을 파악하고 내용을 간추린다. [4국02-03] 질문을 활용하여 글을 예측하며 읽고 자신의 읽기 과정을 점검한다. [4국02-06] 바람직한 읽기 습관을 형성하고 읽기에 대한 자신감을 기른다.

범주	지식·이해	과정·기능	가치·태도
	• 소리내어 읽기 • 글의 중심 생각	• 글의 중심 내용 간추리기	• 읽기에 대한 자신감

		• 질문을 통해 내용 파 악하고 예상하기
수행과제	글의 중심 생각 간추리기	

2 학습자 분석 및 맞춤형 전략

4학년 학생들은 새로운 내용의 글에 대해 관심을 가지고 즐겨 읽으며 글의 중심 생각을 대부분 잘 파악한다. 그러나 눈으로 읽는 것에 비해 유창하게 소리 내어 글을 읽는 것은 매우 서툰 편이다. 따라서 글의 유형에 따라 띄어읽기, 소리, 억양, 속도 등을 조절하여 읽는 연습이 필요하다. 또한 글의 내용에 대해 질문을 만드는 활동에 대한 경험이 부족하여 어떻게 질문을 만드는지, 어떤 질문을 해야 하는지 잘 알지 못한다. 질문을 통해 글의 내용을 확인하고, 글 속의 요인을 통해 앞으로 글의 전개 과정을 추측해 보는 등의 활동이 필요하다.

2-1. 학습자 흥미에 따른 맞춤형 전략

학습자 특성 (1)	분석	글의 분위기를 파악하며 어조, 억양, 속도, 강세 등의 표현 요소를 활용하여 소리 내어 읽어 본다. 소리 내어 읽은 후 어떻게 글을 읽는 것이 좋은지 글을 읽을 때 유의점에 대해 알아본 후 읽기 연습을 한다. 소리 내어 읽을 글을 찾아 연습한 후 짝과 함께 소리 내어 읽기를 함께 해본다.
	반영	☑ 흥미도 ☐ 학습 양식 ☐ 학습 능력 ☐ 기타
맞춤형 전략 (1)		☑ 학습 내용 ☐ 학습 과정(학습 방법, 모둠, 시간 등) ☐ 학습 결과 ☐ 학습 환경 ☐ 기타
평가		• 소리 내어 글을 읽을 때 유의점 알기 • 글의 내용에 알맞게 소리 내어 읽기

2-2. 학습 능력에 따른 맞춤형 전략

학습자 특성 (2)	분석	글의 중심 생각을 알기 위해 문단을 나누고, 문단의 중심 단어나 중심 문장을 찾아본다. 각 문단에서 찾은 중심 단어와 중심 문장을 통합하여 글의 중심 생각을 파악한다. 글 속에 나와 있는 내용에 대한 질문과 글에 나오지 않은 내용에 대한 질문을 통해 글의 내용을 파악하고 뒤에 이어질 내용을 예상하며 글의 내용을 파악한다.
	반영	☐ 흥미도　☐ 학습 양식　☑ **학습 능력**　☐ 기타
맞춤형 전략 (2)		☐ 학습 내용　　☐ 학습 과정(학습 방법, 모둠, 시간 등) ☑ **학습 결과**　☐ 학습 환경　　☐ 기타
평가		• 질문을 통해 글의 내용 파악하고 예상하기 • 글의 중심 생각 파악하기

3 차시별 수업 설계

차시	학습 활동	맞춤형 전략	자료㉯ 및 유의점㉵
1	• 소리 내어 읽기 자료 들어보기 – 소리 내어 읽기 자료 들어보고 생각 발표하기	(1) 학습 능력에 따른 맞춤형 전략	㉯ 참고자료, 라디오 역할극 자료, 스마트기기
2	• 소리 내어 글 읽기 – 글의 분위기를 파악하며 어조, 억양, 속도, 강세 등의 표현 요소를 활용하여 읽기 – 소리 내어 글을 읽은 소감 발표하기 – 소리 내어 글을 읽을 때 유의점 알아보기 (글의 유형, 대화글, 글의 내용 등) – 유의점을 알고 다시 소리 내어 읽기		
3	• 소리 내어 읽을 글 찾기 – 소리 내어 읽을 글감 찾기 – 소리 내어 읽기 연습하기 – 짝과 함께 소리 내어 읽기		

4~5	• 글의 중심 생각 파악하기
	   – 문단 나누기
	   – 문단의 중심 단어, 중심 문장 찾기
	   – 문단별 중심 문장 통합하기
		(2) 학습
		능력에 따른
		맞춤형 전략	

6~7	• 질문 만들기
	   – 문맥을 고려하여 글의 내용 파악하기
	   – 글의 내용에 대한 질문 만들기
	   – 글의 내용에 나오지 않는 내용에 대한 질
	     문 만들기
	   – 질문을 통해 이어질 내용 예상해보기
	   – 이어질 내용 공유하고 비교해보기
	 • 질문을 통해 글의 내용 파악하기
	 • 질문을 만든 후 질문 내용 공유하기		

4 맞춤형 수업 설계

4-1. 학습 능력에 따른 맞춤형 수업

학습 주제	소리 내어 읽기		차시	2–3/7
학습목표	글을 소리 내어 유창하게 읽을 수 있다.			
학습자 특성	흥미도	맞춤형 전략	학습 내용	

(1) 맞춤형 설계

■ **학습자 변인:** 학습 능력의 차이에 따른 특성

   참고자료로 제시한 글을 혼자 읽어 본 후 짝과 함께 소리 내어 읽기를 해본다. 서로의 글 읽기에 대한 점검과 소리 내어 읽을 때 유의점을 알고 소리 내어 읽기 연습을 하며 짝 활동을 한다.

■ **맞춤형 설계 요소:** 학습 내용의 선택

   라디오 등에서 나오는 역할극을 들어보고 소리 내어 읽기와 연관성을 찾아본다. 역할

극을 듣고 스마트기기를 활용하여 소리 내어 읽을 자료를 찾는다. 자신이 관심을 가진 내용이나 소리 내어 읽기에 편안한 자료 등 자연스럽게 글을 읽을 수 있는 수준에 따라 글을 선택할 수 있다. 선택한 글에 대해 자신감을 가지고 유창하게 읽을 수 있도록 연습한다.

- **맞춤형 수업 자료:** 학습 활동 자료
  - 소리 내어 읽기 자료(글의 유형, 대화글, 글의 내용의 차이)

〈우리반 친구들에게〉	〈감기〉	〈놀이 방법〉
친구들아, 안녕? 나 태웅이야. 오늘 운동회에서 있었던 일을 생각하면 아직도 가슴이 두근거려. 그때 그 고마운 마음을 직접 말로 전하고 싶었지만 쑥스러워서 이렇게 편지를 쓰게 되었어. 운동회 날이 되면 나는 기쁘면서도 두려웠어. 달리기 경기를 할 때면 나는 어디론가 숨고 싶었거든. 오늘도 그만 넘어지고 말았지, 그런데 너희가 달리다가 돌아와서 나를 일으켜 주었지. 내 손을 꼭 잡은 너희들의 따뜻한 마음이 느껴져서 눈물이 날 것 같았어. 고마워, 친구들아! 같이 달려주고 응원해 준 따뜻한 마음을 잊지 않을게. 출처: 4학년 2학기 국어 교과서	내 몸에 불덩이가 들어왔다 – 뜨끈뜨끈. 불덩이를 따라 몹시 추운 사람이 들어왔다 – 오들오들 약을 먹고 나니 느릿느릿, 거북이도 들어오고 까무룩, 잠꾸러기도 들어왔다 내 몸에 너무 많은 것들이 들어왔다 그래서 내 몸이 아주 무거워졌다 출처: 3학년 2학기 국어 교과서	앞에 놓인 4개의 반환점까지 콩주머니를 빨리 가져다 놓는 놀이입니다. 1. 4명이 한 모둠이 됩니다. 모둠원이 3명인 경우 모둠원 중 1명이 한 번 더 달립니다. 2. 모둠원이 달리기 순서를 정합니다 3. 모둠원이 달릴 순서대로 뒤로 줄을 섭니다 4. 교사가 신호를 하면 각자 가진 콩주머니를 반환점에 가져다 놓고 돌아옵니다 5. 다음번 모둠원이 다른 반환점에 콩주머니를 놓고 옵니다. 6. 콩주머니를 놓고 빨리 돌아오는 모둠이 이기는 활동입니다.

(2) 맞춤형 평가

■ 맞춤형 평가를 위한 교사 일지

일시	20○○. . .		학급	4학년 ( ) 반
단원	중심 생각 파악하기			
관찰 및 피드백 내용(예시)	• 소리 내어 읽을 때 단어의 연음이나 띄어 읽기가 잘 안되는 학생들이 있음 • 아직 한글이 완전하지 않은 학생이나 다문화 학생은 천천히 읽을 수 있도록 하며 놀림의 대상이 되지 않도록 약속함			
맞춤형 평가 TIP	• 유창하게 읽는 것이 필요하나 인내심을 가지고 천천히 읽는 것부터 시작할 수 있도록 한다. • 자신이 잘 읽을 수 있는 내용을 선택하여 읽기 연습을 할 수 있다.			

■ 평가 기준표(예시)

척도 평가요소	매우 우수	우수	보통
소리 내어 읽을 때 유의점	소리 내어 읽을 때 어조, 억양, 속도, 강세 등의 표현 요소에 대해 잘 알고 있다.	소리 내어 읽을 때 표현 요소를 활용해야 함을 안다.	도움을 받아 소리 내어 읽을 때 유의점을 안다.
소리 내어 읽기	소리 내어 읽을 때 어조, 억양, 속도, 강세 등에 유의하며 유창하게 읽는다.	소리 내어 읽을 때 어조, 억양, 속도, 강세 등에 유의하며 읽는다.	도움을 받아 천천히 소리 내어 읽는다.

4-2. 학습 능력에 따른 맞춤형 수업

학습 주제	글의 중심 생각 파악하기	차시	4~7/7
학습목표	글의 중심 생각을 파악할 수 있다.		
학습자 특성	학습 능력	맞춤형 전략	학습 내용

(1) 맞춤형 설계

- **학습자 변인:** 학습 능력의 차이에 따른 특성

  글을 읽고 문단을 나누어 보는 활동을 할 때 문단에 대한 개념 습득이 아직 완전하지 않은 학생들은 들여쓰기를 한 부분을 찾아 문단으로 이해할 수 있다. 문단에 있는 내용에 대해 질문 만들기를 하며 질문 만들기가 익숙하지 않을 경우 질문에 대한 답을 내용에서 찾는다.

- **맞춤형 설계 요소:** 학습 활동과 결과의 차이

  문단 내에서 자주 등장하거나 중요 단어를 찾고 중심 문장을 찾는다. 각 문단의 중심 문장을 연결하여 글의 중심 내용을 파악하게 된다. 글에 나오는 내용에 대해 질문을 만들어 글의 내용을 파악하며 글에 나오지 않은 내용을 예상하여 질문을 만든다. 짝과 함께 질문에 대한 답을 해보며 왜 그렇게 생각했는지 의견을 나눈다.

- **맞춤형 수업 자료:** 학습 활동 자료(예시)

  > 정약용은 1762년 지금의 경기도 남양주에 있는 마재에서 태어났어요. 지방 관리였던 아버지 덕분에 정약용은 어릴 때부터 백성의 삶을 가까이서 지켜볼 수 있었어요.
  > 백성은 이른 아침부터 해가 떨어질 때까지 한시도 쉬지 않고 일했지요. 그런데도 백성은 늘 배불리 먹지 못했어요. 세금을 내지 못해 남의 집 머슴살이를 하는 사람도 많았어요. 어린 정약용의 눈에 그것은 참 이상한 일이었어요.
  > – 중략 –
  > 정약용은 정조가 보내 준 책들을 꼼꼼히 읽으며 힘을 덜 들이고 크고 무거운 돌을 옮길 거중기를 만들었어요. 도르레의 원리를 이용해 적은 힘으로도 무거운 물건을 들 수 있도록 만든 기계였지요.
  >
  > 1. 누구에 대한 이야기입니까?
  > 2. 정약용은 만든 것은 무엇이고, 어떤 기능을 가지고 있습니까?
  > 3. 정약용의 눈에 이상하게 비친 것을 어떻게 해결할 수 있을까요?

(2) 맞춤형 평가

■ 맞춤형 평가를 위한 교사 일지

일시	20○○.　.　.	학급	4학년 (　　) 반
단원	중심 생각 파악하기		
관찰 및 피드백 내용(예시)	• 질문 만들기를 어려워하는 학생들은 글의 내용에서 답을 찾을 수 있는 내용을 질문으로 만들도록 함 • 다른 교과에서 배운 내용과 연계하여 글에서 답을 찾지 못하는 질문에 답을 할 수 있음		
맞춤형 평가 TIP	• 각 문단을 읽고 중심 내용을 간략하게 정리하도록 한다.		

■ 평가 기준표(예시)

평가요소 ＼ 척도	매우 우수	우수	보통
글의 중심 생각	문단의 각 내용을 파악하여 글의 중심 생각을 간추린다.	문단의 중심 생각을 파악한다.	도움을 받아 글의 중심 생각을 파악한다.
질문 만들기	글을 내용에 대한 질문과 글에 나오지 않은 내용에 대한 질문을 만든다.	글을 내용을 파악하는 질문을 만든다.	도움을 받아 글에 대한 질문을 만든다.

수학과 3~4학년군 맞춤형 수업 사례(1) : 덧셈과 뺄셈

2학년 1학기 때 두 자리 수의 범위에서 덧셈과 뺄셈을 다루었다. 3학년 1학기에서 수의 범위를 세 자리 수로 넓혀 덧셈과 뺄셈을 학습한다. 학생들은 2학년 때의 학습 경험을 바탕으로 덧셈과 뺄셈을 익혀야 하므로 학습에 대한 학생들의 부담이 큰 편이다. 본 단원은 도움이 필요한 학생의 보충 및 숙달을 위한 반복 학습을 위해 컴퓨터화 검사(똑똑! 수학탐험대)를 적용한 수업 설계를 구안하여 적용해 보았다.

교육과정 분석	⇨	학습자 분석 및 맞춤형 전략	⇨	맞춤형 수업 설계	⇨	맞춤형 수업의 실제
• 덧셈과 뺄셈 단원 분석		• 맞춤형 수업을 위한 학급 및 학습자 특성 분석		• 맞춤형 전략에 따라 학습 활동 내용 설계		• 맞춤형 수업의 실제 및 활동자료

1 교육과정 분석

단원명	덧셈과 뺄셈(3학년)		
핵심 아이디어	수와 사칙계산은 수학 학습의 기본이 되며, 실생활 문제를 포함한 다양한 문제를 해결하는 데 유용하게 활용된다.		
성취기준	[4수01-03] 세 자리 수의 덧셈과 뺄셈의 계산 원리를 이해하고 그 계산을 할 수 있다.		
범주	지식·이해	과정·기능	가치·태도
	세 자리 수의 덧셈과 뺄셈	사칙계산의 의미와 계산 원리를 탐구하고 계산하기	사칙계산의 유용성 인식
수행 과제	덧셈과 뺄셈의 계산 원리를 이해하고 그 계산을 할 수 있는가?		

② 학습자 분석 및 맞춤형 전략

○ 학급 특성

읍면지역에 위치한 A학급은 학생이 10명인 소규모 학급임. 학급에는 국어 시간과 수학 시간에 보조교사가 투입되어 학습에 어려움을 겪는 학생 2명을 개별지도하는 일종의 맞춤형 학습을 실시하고 있음.

학급에는 학급내 모든 학생이 활용할 수 있는 스마트기기가 비치되어 언제라도 온라인 학습이 가능함.

○ 학습자 특성 및 맞춤형 전략

학습자 특성	(학습 경험) 사교육을 받은 사례가 없으며, 평소 예습이나 복습을 하는 학생이 별로 없음. (학습 능력) 5명 정도는 이해 수준이 높고, 2명은 학습 부진이 심하여 보조교사의 지도를 받고 있음.
맞춤형 전략	(과제 난이도) 기본적인 덧셈과 뺄셈을 익히고 숙달하도록 학습량을 적정화하였음. (컴퓨터화 검사) 똑똑! 수학탐험대를 활용하여 익히기 활동과 학습에 소극적인 학생들의 참여를 북돋움.
교육과정 재구성	(학습 요소) 학습량을 적정화하여 학습 부담을 줄이고 똑똑! 수학탐험대를 활용하여 수학 흥미를 높임. (내용의 재구성) 수 모형 대신 동전 모형을 활용하여 받아올림이나 받아내림이 필요한 상황을 이해하기 쉽도록 안내함.

③ 맞춤형 수업 설계

차시	학습 활동	맞춤형 요소 및 맞춤 전략
1~2	• 단원 안내 선수학습 요소 확인 핵심 질문: 덧셈과 뺄셈이 필요한 상황을 말할 수 있는가?	− 준비도 − 학습자 경험 − 학습 능력

3~5	• 세 자리 수의 덧셈 익히기 (세 자리 수)+(세 자리 수)의 계산 원리를 이해하고 계산해 본다. 핵심 질문: 받아올림이 있는 덧셈은 어떻게 계산하는가?	− 학습량의 적정화 − 과제 난이도 − 학습 방법 선호도
6~8	• 세 자리 수의 뺄셈 익히기 (세 자리 수)−(세 자리 수)의 계산 원리를 이해하고 계산해 본다. 핵심 질문: 받아내림이 있는 뺄셈은 어떻게 계산하는가?	− 학습 도구 − 학습 방법 선호도
9~10	• 다양한 문제 해결하기 세 자리 수의 덧셈과 뺄셈이 필요한 실생활 문제를 해결해 본다.	− 프로젝트 − 학습집단 구성

4 맞춤형 수업의 실제

○ 수업 사례 1

주제	세 자리 수의 덧셈		차시	4/10
학습목표	받아올림이 한 번 있는 (세 자리 수)+(세 자리 수)의 계산 원리를 이해하고 계산할 수 있다.			
맞춤 요소	준비도, 학습자 흥미	맞춤형 전략	학습 방법 선호도, 학습 도구	
준비물	똑똑! 수학탐험대(스마트기기), 동전 모형, 수 모형			

활동 내용 및 맞춤형 TIP
10명 학생 중 2명은 두 자리 범위의 덧셈과 뺄셈을 계산하지 못하였고, 다른 학생 3명은 쉬운 계산만 할 수 있었다. 이번 차시는 받아올림이 한 번 있는 (세 자리 수)+(세 자리 수)의 계산으로 수 모형을 동전 모형으로 바꾸어 학생의 이해를 높이고 난이도를 적정화하였다.

- **학습자 변인:** (준비도) 학급내 학습 격차가 매우 큼. (학습자 흥미) 학생들은 소그룹, 정보화 기기를 활용하는 수업을 선호함.

■ **맞춤형 전략:** (학습 방법 선호도) 학생들이 선호하는 스마트기기로 똑똑! 수학탐험대를 활용하여 개별화, 맞춤형 수업을 구안함. (학습 도구) 수 모형, 동전 모형 등 학생의 이해를 돕는 교구를 준비하여 수업에 적용함.

수행 과제 1　받아올림이 한 번 있는 (세 자리 수)＋(세 자리 수)를 계산하는 방법을 말하고 계산할 수 있는가?

■ 수업 활동

▸128＋114를 어떻게 계산하면 되는지 알아보기

(1) 동전 모형으로 128과 114를 나타내어 본다.

128원   114원

(2) 동전은 모두 얼마인가요?

(3) 어떻게 계산하였는지 설명하고 친구들과 공유한다.

▸계산 원리 형식화하기

(1) 342＋117의 계산 과정을 받아내림이 있는 식으로 나타내어 보고, 계산 절차를 탐구하도록 한다.

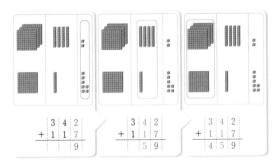

출처: 2015 개정 3학년 1학기 수학과 교과용 도서(교과서) 13쪽.

(2) 수 모형으로 조작하는 과정과 결과를 세로 계산으로 나타낸다. 이해가 어려운 학생은 똑똑 수학탐험대 영상 설명 자료를 확인한다.

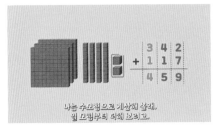

영상 설명

익히기 활동

(3) 세로 계산으로 계산하는 방법을 말해 보고 친구들과 공유한다.

■ 맞춤형 TIP

■ 교사의 설명이나 지시를 이해하지 못하는 학생은 보조교사의 도움과 함께 똑똑! 수학탐험대의 교과 활동 또는 익히기를 활용하여 학습 내용을 익히도록 함.

■ 똑똑! 수학탐험대는 수업 중 또는 쉬는 시간, 방과후 시간을 적절히 활용할 수 있음.

수행 과제 2 받아올림이 한 번 있는 (세 자리 수)+(세 자리 수)를 계산할 수 있는가?

- 수업 활동

  ▶ 계산해 보세요.

  $$\begin{array}{r} 2\ 0\ 8 \\ +\ 3\ 5\ 4 \\ \hline \end{array}$$
  $$\begin{array}{r} 4\ 5\ 3 \\ +\ 1\ 7\ 4 \\ \hline \end{array}$$
  $417+309$

  (1) 세 자리 수의 덧셈을 하고 어떻게 계산하였는지 설명한다.

  (2) 가로 계산과 세로 계산의 공통점과 차이점을 찾고 이야기한다.

  ▶ 문제를 만들고 해결하기

  (1) 세 자리 수의 덧셈식을 주고 알맞은 문제 상황을 나타내어 보게 한다.

  (2) 문제 상황이 옳은지 판단하고 문제를 해결한다.

- 맞춤형 TIP

- 학생의 학습 성향과 학습 양식을 고려하여 '수행과제2'와 병행하거나 대체하여 스마트기기를 통한 똑똑! 수학탐험대의 활동을 하도록 함.

- 맞춤형 평가를 위한 교사 일지

일시	20○○. 3. ○.	학급	3학년 ○반
관찰 및 피드백 내용	• 똑똑! 수학탐험대 활동을 하였을 때 모든 학생이 적극적으로 활동에 참여하였음. 다만 덧셈에 익숙하지 않은 학생은 활동에 어려움이 있었음. 교사는 똑똑! 수학탐험대의 평가 문항을 활용하여 덧셈이 어려운 학생들에게 보충 지도를 하였음.			
맞춤형 평가 TIP	• 2학년에서 학습한 두 자리 수의 덧셈과 뺄셈을 어느 정도 할 수 있는지 사전에 평가하고 선수학습의 이해와 숙달이 부족한 학생을 파악하여 맞춤형 지원 계획을 세우는 것이 중요함.			

○ 수업 사례 2

주제	세 자리 수의 뺄셈		차시	7/10
학습목표	받아내림이 한 번 있는 (세 자리 수)−(세 자리 수)의 계산 원리를 이해하고 계산할 수 있다.			
맞춤 요소	준비도, 학습 태도	맞춤형 전략	학습 도구, 학습 방법 선호도	
준비물	똑똑! 수학탐험대(스마트기기), 동전 모형, 수 모형			

활동 내용 및 맞춤형 TIP

받아내림이 있는 뺄셈의 경우 자릿값 개념이 제대로 형성되지 않아 무조건 받아내림을 하거나 받아내림을 한 후 1을 빼지 않는 등 다양한 오류 유형을 보인다.
학생들이 표준 알고리즘의 원리를 이해하고 받아내림의 과정을 제대로 경험할 수 있도록 지도한다.

- **학습자 변인:** (준비도) 두 자리 수의 범위의 뺄셈을 하지 못하는 학생이 있음. (학습 태도) 자기주도적으로 수업에 참여하려는 태도가 형성되어 있음.
- **맞춤형 전략:** (학습 도구) 수 모형, 동전 모형 등 학생의 이해를 돕는 교구를 준비하여 수업에 적용함. (학습 방법 선호도) 학생들이 선호하는 스마트기기로 똑똑! 수학탐험대를 활용하여 개별화, 맞춤형 수업을 진행함.

수행 과제 1 받아내림이 한 번 있는 (세 자리 수)−(세 자리 수)를 계산하는 방법을 말하고 계산할 수 있는가?

- 수업 활동
  ‣ 245−128을 어떻게 계산하면 되는지 알아보기
  (1) 동전 모형으로 245를 나타내어 본다.

245원

(2) 245원에서 128원을 어떻게 뺄 수 있는지 생각해 본다.

(3) 어떻게 계산하였는지 설명하고 친구들과 공유한다.

▶ 계산 원리 형식화하기

(1) 374−158의 계산 과정을 받아내림이 있는 식으로 나타내어 보고, 계산 절차를 탐구하도록 한다.

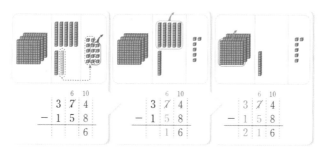

출처: 2015 개정 3학년 1학기 수학과 교과용 도서(교과서) 19쪽.

(2) 수 모형으로 조작하는 과정과 결과를 세로 계산으로 나타낸다. (학습자에 따라 동전 모형을 사용할 수 있다.)

(3) 세로 계산으로 계산하는 방법을 말해 보고 친구들과 공유한다.

■ 맞춤형 TIP

■ 학생의 이해를 돕기 위해 수 모형 대신 동전 모형을 사용하는 것이 효과적일 수 있음.
■ 똑똑! 수학탐험대를 활용할 때는 학생 스스로 공부할 부분을 선택하도록 하여 학생의 자발성을 이끌 필요가 있음.

받아내림이 한 번 있는 (세 자리 수) − (세 자리 수)를 계산할 수 있는가?

- **수업 활동**
  - ▸ 계산해 보세요.

$$
\begin{array}{r}
5\ 7\ 1 \\
-\ 2\ 1\ 9 \\
\hline
\end{array}
\qquad
\begin{array}{r}
7\ 0\ 8 \\
-\ 3\ 5\ 5 \\
\hline
\end{array}
\qquad
634 - 352
$$

  (1) 세 자리 수의 뺄셈을 하고 어떻게 계산하였는지 설명한다.

  (2) 가로 계산과 세로 계산의 공통점과 차이점을 찾고 이야기한다.

  - ▸ 문제를 만들고 해결하기

  (1) 세 자리 수의 뺄셈식을 주고 알맞은 문제 상황을 나타내어 보게 한다.

  (2) 문제 상황이 옳은지 판단하고 문제를 해결한다.

- **맞춤형 TIP**

  - ▪ 뺄셈 알고리즘을 익히는 과정에서 미니수업을 운영할 수 있음.
  - ▪ 컴퓨터화 검사는 학생이 스마트기기를 활용하여 주도적으로 학습하므로 교사의 부담을 덜고 학생의 주도성을 높일 수 있음. 학습 관리는 똑똑! 수학탐험대의 『확인해요 ▸ 평가 결과』를 통해 학생의 학습 현황 및 결과를 파악할 수 있음.

■ 맞춤형 평가를 위한 교사 일지

일시	20○○. 3. ○.	학급	3학년 ○반
관찰 및 피드백 내용	• 받아내림을 하지 않거나 중복하여 받아내림을 하는 등 일반적인 오류를 겪는 학생이 3명 관찰됨. 수업 중 어려움을 겪는 학생은 보조교사가 교구(수 모형, 동전 모형)를 사용하여 1:1로 개별지도하였음. • '수행과제 2'에서 학생 10명 모두 받아내림이 있는 뺄셈을 해결하였음. 다만 계산 속도가 느리거나 잦은 실수를 하는 경향을 보여 당분간 매일 뺄셈 연습을 하도록 안내하였음. • 받아내림의 과정이 중요하므로 받아내림이 있는 뺄셈을 세로로 계산하는 과정을 친구에게 설명하게 하여 계산 과정을 완벽하게 습득하도록 하는 것이 필요함.		
맞춤형 평가 TIP	• 뺄셈에서 받아내림하는 과정을 설명하게 하여 바르게 설명할 수 있는지를 평가해야 함. • 받아내림은 뺄셈의 중요한 기초가 되므로 모든 학생이 숙달할 수 있도록 지속적인 피드백이 요구됨.		

수학과 3~4학년군 맞춤형 수업 사례(2) : 나눗셈

일상생활에서 일정한 양을 똑같이 나누었던 경험과 나눗셈이 필요한 상황을 통해 문제를 해결함으로써 학생의 이해와 흥미를 돕는다. 특히 나눗셈 알고리즘에 익숙해지도록 여러 상황을 통해 맞춤형 설계를 구안하였다.

교육과정 분석		학습자 분석 및 맞춤형 전략		맞춤형 수업 설계		맞춤형 수업의 실제
• 나눗셈 단원 분석	⇨	• 맞춤형 수업을 위한 학급 및 학습자 특성 분석	⇨	• 맞춤형 전략에 따라 학습 활동 내용 설계	⇨	• 맞춤형 수업의 실제 및 활동자료

1 교육과정 분석

단원명	나눗셈(3학년)		
핵심 아이디어	수와 사칙계산은 수학 학습의 기본이 되며, 실생활 문제를 포함한 다양한 문제를 해결하는 데 유용하게 활용된다.		
성취기준	[4수01-05] 나눗셈이 이루어지는 실생활 상황과 연결하여 나눗셈의 의미를 알고, 곱셈과 나눗셈의 관계를 이해한다. [4수01-06] 나누는 수가 한 자리 수인 나눗셈의 계산 원리를 이해하고 그 계산을 할 수 있으며, 나눗셈에서 몫과 나머지의 의미를 안다.		
범주	지식·이해	과정·기능	가치·태도
	곱셈과 나눗셈	사칙계산의 의미와 계산 원리를 탐구하고 계산하기	사칙계산의 유용성 인식
수행 과제 (평가)	일상생활과 연계하여 나눗셈의 계산 절차를 이해하고 나머지를 구할 수 있는가?		

2 학습자 분석 및 맞춤형 전략

○ 학급 특성

> 대도시에 위치한 3학년 A학급 학생수가 28명으로 과밀학급임. 허용적인 학급 문화가 형성되어 있음. 수학 학습 능력에서 학생 간의 개인차가 매우 큰 편이며, 교실에는 주의집중을 하지 못하는 학생이 5명 정도 있음.

○ 학습자 특성 및 맞춤형 전략

학습자 특성	(이해 수준) 곱셈을 자유롭게 하지 못해 어려움을 겪음. (학습 능력) 학습 수행 능력 및 이해 수준의 개인차가 매우 심한 편임.
맞춤형 전략	(과제 난이도) 복잡한 연산은 가능한 배제함. (학습 성향) 소그룹 및 협력 중심의 활동을 선호하므로 유연한 학습 집단을 구성함.
교육과정 재구성	(학습 요소) 학습 능력에 따라 안내 발문을 추가하고 좀 더 복잡하지 않은 연산을 활동으로 제시함. (내용의 재구성) 학습 능력이 낮은 학생의 이해를 돕기 위해 직관적인 누감 알고리즘으로 지도함.

3 맞춤형 수업 설계

차시	학습 활동	맞춤형 요소 및 맞춤 전략
1	• 단원 안내 선수학습 요소 확인 나눗셈이 필요한 상황 인식	− 준비도 − 이해 수준 − 학습 능력
2~3	• (몇십)÷(몇)의 계산 내림이 없는 경우와 내림이 있는 나눗셈의 계산 원리를 알고 몫을 구해 본다.	− 학습량의 적정화
4~5	• (몇십몇)÷(몇)의 계산(1)	− 준비도

	나머지가 없는 나눗셈의 계산 원리를 알고 몫을 구해 본다. 핵심 질문: 자릿값에 맞추어 몫을 구할 수 있는가?	– 개념 기반 – 과제 난이도
6~7	• (몇십몇)÷(몇)의 계산(2) 내림이 있고 나머지가 있는 나눗셈의 계산 원리를 알고 몫과 나머지를 구해 본다. 핵심 질문: 나눗셈의 계산 원리를 설명할 수 있는가?	– 다양한 표현 – 학습량의 적정화
8~9	• (세 자리 수)÷(한 자리 수)의 계산 (세 자리 수)÷(한 자리 수)의 계산 원리를 알고 계산할 수 있는가?	– 학습량의 적정화 – 과제 난이도
10	• 계산이 맞는지 확인하기 나머지가 있는 나눗셈의 계산이 맞는지 확인하는 방법을 설명해 본다.	– 준비도 – 유연한 수업 절차 적용

4 맞춤형 수업의 실제

○ 수업 사례 1

주제	(몇십몇)÷(몇)		차시	4~5/10
학습목표	나머지가 없는 (몇십몇)÷(몇)의 계산 원리와 방법을 이해하고 계산할 수 있다.			
맞춤 요소	준비도	맞춤형 전략	개념 기반	
준비물	모눈 공책, 수 모형, 똑똑! 수학탐험대(스마트기기)			

활동 내용 및 맞춤형 TIP

본 단원은 나머지가 없는 (몇십몇)÷(몇)의 계산으로 내림이 있는 경우와 없는 경우로 구분된다. 학생들에게 누감 알고리즘을 먼저 적용하고, 이를 간단히 하는 과정으로 분배 알고리즘을 익히도록 구성하였다.

■ **학습자 변인:** (준비도) 21÷3=7과 같이 곱셈구구로 나눗셈의 몫을 구하기와 내림이 없는 (몇십)÷(몇)은 잘 해결하는 편이나 내림이 있는 (몇십)÷(몇)은 몇몇 학생들이 어려움을 겪음.

■ **맞춤형 전략:** (개념 기반) 학생들이 개념적 이해를 통해 나눗셈 알고리즘을 익히고 나눗셈 계산에 숙달되도록 구안하였음.

수행 과제 1 나머지가 없는 (몇십몇)÷(몇)의 계산에서 자릿값에 맞추어 몫을 구할 수 있는가?

■ 수업 활동

▸ 36÷3의 계산

(1) 수 모형 또는 바둑돌을 이용하여 36을 세 묶음으로 똑같이 나누어 보고, 이때 한 묶음은 몇인지 살펴본다.

(2) 나눗셈 결과를 가로 계산과 세로로 나타내는 방법과 비교해 보고 세로로 나타내는 방식의 특징을 발견하도록 안내한다.

(3) 세로로 나타내는 방식을 모든 학생이 이해할 수 있도록 교구(수 모형, 동전 모형 등), 자릿값 판 등을 활용하여 안내한다.

▸ 나눗셈 알고리즘 살펴보기

누감 알고리즘

분배 알고리즘

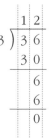

(1) 36÷3 계산하는 두 가지 과정을 살펴보고 어떤 차이점이 있는지 생각해 보게 한다.

(2) 두 가지 방법으로 나눗셈을 해 보고, 몫의 위치와 자릿값과의 관계를 살펴본다.

■ 맞춤형 TIP

■ 세로로 나타내는 방법에서 분배 알고리즘은 가장 많이 쓰이는 일반적인 방식임. 모든 학생이 이해할 수 있도록 보조교사의 활용 및 미니수업을 운영할 수 있음.
■ 학생의 이해를 돕기 위해 실생활 사례, 수 모형 등 다양한 사례나 방식 활용.

수행 과제 2 내림이 있고 나머지가 없는 (몇십몇)÷(몇)의 계산에서 자릿값에 맞추어 몫을 구할 수 있는가?

■ 수업 활동
▸ 48÷3의 계산
(1) 수 모형 또는 바둑돌을 이용하여 48을 세 묶음으로 똑같이 나누어 보고, 이때 한 묶음은 몇인지 살펴본다.

(2) 나눗셈 결과를 세로로 계산하는 방법으로 나타내고 세로로 어떻게 계산하는지 생각해 보게 한다.

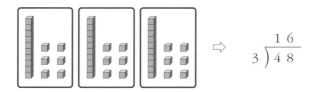

(3) 48÷3＝16의 계산을 분배 알고리즘을 이용하여 계산할 수 있는지 살펴보고 이해가 부족한 학생은 개별 지도한다. 이때 누감 알고리즘을 이용하여 학생의 이해를 돕는 것도 좋은 방법이다.

■ 맞춤형 TIP

■ 세로로 나타내는 나눗셈은 숫자를 적는 위치가 중요하므로 모눈, 세로줄 등을 사용한 적절한 활동지를 제작하여 학생의 학습을 지원함.
■ 모둠 내에서 협력학습이 원활히 이루어지도록 이질집단을 구성하고 꼬마 선생님이 다른 학생의 학습을 지원하도록 함.
■ 나눗셈 계산을 위한 분배 알고리즘은 학생들이 반드시 숙달해야 하는 기능이므로 개념 이해를 바탕으로 순차적으로 지도함.

■ 맞춤형 평가를 위한 교사 일지

일시	20○○. ○. ○.	학급	3학년 ○반
관찰 및 피드백 내용	• 분배 알고리즘을 익히기 전에 누감 알고리즘으로 나눗셈의 계산 방법을 지도하였는데, 평소 이해 수준이 느린 학생도 세로로 나타내는 나눗셈을 수월하게 이해하였음. • 세로로 나타내는 나눗셈에서 자릿값 위치에 맞게 숫자를 쓰지 못해 오류를 겪는 학생이 있었는데 칸이 있는 모눈 공책을 활용하도록 하여 수정할 수 있었음. • 주의집중을 하지 못해 수업에 방해를 주는 학생은 보조교사가 수시로 점검하여 학습에 집중하도록 지도함.		
맞춤형 평가 TIP	• 가로로 나타낸 나눗셈식을 세로로 나타내는 것은 나눗셈의 기본이 되므로 이해가 느리거나 도움이 필요한 학생은 보충지도 계획을 세워 학습 결손이 생기지 않도록 함. • 과밀학급의 경우 지속적인 도움이 필요한 학생을 파악하여 학습 결손이 누적되지 않도록 관리하도록 함.		

○ 수업 사례 2

주제	계산이 맞는지 확인하기	차시	10/10
학습목표	나머지가 있는 나눗셈의 계산이 맞는지 확인하는 방법을 설명할 수 있다.		
맞춤 요소	준비도	맞춤형 전략	유연한 수업 절차 적용
준비물	모눈 공책, 똑똑! 수학탐험대(스마트기기)		

활동 내용 및 맞춤형 TIP

나머지가 있는 나눗셈의 몫과 나머지를 바르게 구했는지 검산하는 방법은 나눗셈 개념을 익히는 데 필요한 요소이다. 나눗셈의 검산은 곱셈의 역연산 관계와 나머지를 더하는 덧셈을 활용한다. 검산 학습은 몫과 나머지를 바르게 구했는지 스스로 확인해 보는 것이 중요하다.

■ **학습자 변인:** (준비도) 나눗셈 알고리즘의 이해 및 숙달 정도에 개인차가 있음.
■ **맞춤형 전략:** (유연한 수업 절차 적용) 이미 나눗셈한 결과를 이용하여 검산해 보도록 함.

수행 과제 1 계산이 맞는지 확인하는 방법을 알고 설명할 수 있는가?

■ 수업 활동

▸ 계산이 맞는지 확인하는 방법 탐구하기

$$23 \div 4 = \boxed{} \cdots \boxed{}$$

(1) $23 \div 4$의 몫과 나머지를 구한다.

(2) 나눗셈 계산이 맞는지 어떻게 확인할 수 있는지 친구들과 이야기해 본다.

(3) 나누는 수와 몫의 곱에 나머지를 더하면 나누어지는 수가 됨을 여러 사례를 통해 알게 한다. 이때 학생의 다양한 방법을 수용하도록 한다.

▸ 나눗셈식 $16 \div 3$의 계산

(1) $16 \div 3$을 세로로 계산하여 몫과 나머지를 구해 보게 한다.

$$
\begin{array}{r}
1\ 0 \\
3 \overline{)\ 1\ 6} \\
\underline{1\ 5} \\
1
\end{array}
\qquad
16 \div 3 = 5 \cdots 1
\qquad
\begin{array}{l}
3 \times 5 = 15 \\
15 + 1 = 16
\end{array}
$$

(나눗셈식)   (검산식)

(2) 나누는 수, 몫, 나머지, 나누어지는 수를 찾아보고, 검산하여 계산 결과가 맞는지 확인한다.

(3) 나눗셈 결과가 맞는지 확인하는 방법을 설명하고 친구들과 공유한다.

■ 맞춤형 TIP

■ 나누는 수, 몫, 나머지, 나누어지는 수를 정확히 찾을 수 있도록 지도함.
■ 짝 활동, 모둠 활동 등으로 자신이 알게 된 방법을 설명하고 친구의 생각과 공유하게 함.

주어진 나눗셈식을 계산해 보고 계산 결과가 맞는지 확인할 수 있는가?

- **■ 수업 활동**

  ▸ 나눗셈식을 보고 계산 결과가 맞는지 확인해 보기

$$
\begin{array}{r} 8 \\ 5\,\overline{)\,4\ 0} \\ \underline{4\ 0} \\ 0 \end{array}
\qquad
\begin{array}{r} 7 \\ 6\,\overline{)\,4\ 6} \\ \underline{4\ 2} \\ 4 \end{array}
\qquad
\begin{array}{r} 9 \\ 3\,\overline{)\,2\ 9} \\ \underline{2\ 7} \\ 2 \end{array}
$$

  (1) 나누는 수, 몫, 나머지, 나누어지는 수를 찾아본다.

  (2) 계산 결과가 맞는지 확인하고, 계산 결과가 맞다고 생각하는 이유를 말해 본다.

  ▸ 일상생활 문제를 해결하고 바르게 해결하였는지 알아보기

  > 달걀 30개가 있습니다. 하루에 달걀 4개씩 일주일 동안 먹는다면 일주일 후에 달걀 몇 개가 남는지 구해 보세요.

  (1) 일상생활 문제를 제시한다.

  (2) 각자 또는 짝 활동으로 문제를 해결하게 한다.

  (3) 어떻게 계산하였는지 설명하고 친구들과 공유한다.

- **■ 맞춤형 TIP**

  - 나눗셈식을 계산하고 계산 결과가 맞는지 확인해 보는 활동에 익숙해지도록 함.
  - 보조교사 또는 꼬마 선생님을 활용하여 오류를 겪거나 이해가 느린 학생을 돕도록 함.

■ 맞춤형 평가를 위한 교사 일지

일시	20○○. ○. ○.	학급	3학년 ○반
관찰 및 피드백 내용	• 계산 결과가 맞는지 어떻게 확인할 수 있는지 생각해 보게 하는 걸로 수업을 시작함. 검산의 필요성을 인식하게 하고 검산하는 과정을 탐구하였음. • 나눗셈식을 능숙하게 하는 학생도 검산하는 과정을 식으로 나타내어 검산하는 데는 다소 서툰 사례가 있었음. • 나눗셈식에서 나누는 수, 몫, 나머지, 나누어지는 수와 수 사이의 관계를 제대로 알지 못하는 경우 검산식을 세우는 데 어려움이 겪는 것으로 보임. • 주어진 나눗셈식과 자신이 만든 검산식을 비교하여 검산식이 타당함을 모둠 활동을 통해 서로 공유하도록 함. • 능숙하게 나눗셈을 검산하는 것은 필요하나 식을 써서 나타내는 것을 지나치게 강조하지 않아도 됨.		
맞춤형 평가 TIP	• 나눗셈에 서툰 학생이 있는지 관찰하고 꾸준한 연습을 통해 숙달할 수 있도록 지속적인 평가와 피드백을 제공하여야 함.		

수학과 3~4학년군 맞춤형 수업 사례(3) : 삼각형

삼각형은 세 변으로 이루어진 가장 간단한 평면도형이다. 삼각형을 변의 길이와 각의 크기에 따라 분류하고 여러 가지 삼각형의 성질을 탐구한다. 학생들이 교구를 활용한 구체적 조작 활동을 통해 논리적 추론 능력을 기르도록 본 수업을 구안하였다.

교육과정 분석	학습자 분석 및 맞춤형 전략	맞춤형 수업 설계	맞춤형 수업의 실제
• 삼각형 단원 분석	⇨ • 맞춤형 수업을 위한 학급 및 학습자 특성 분석	⇨ • 맞춤형 전략에 따라 학습 활동 내용 설계	⇨ • 맞춤형 수업의 실제 및 활동자료

1 교육과정 분석

단원명	삼각형(4학년)		
핵심 아이디어	평면도형과 입체도형은 여러 가지 모양을 범주화한 것이며, 각각의 평면도형과 입체도형은 고유한 성질을 갖는다.		
성취기준	[4수03-08] 여러 가지 모양의 삼각형에 대한 분류 활동을 통하여 이등변삼각형, 정삼각형을 이해하고, 그 성질을 탐구하고 설명할 수 있다. [4수03-09] 여러 가지 모양의 삼각형에 대한 분류 활동을 통하여 직각삼각형, 예각삼각형, 둔각삼각형을 이해한다.		
범주	지식·이해	과정·기능	가치·태도
	도형의 기초 여러 가지 삼각형	여러 가지 사물과 도형을 기준에 따라 분류하기	평면도형에 대한 흥미와 관심
수행 과제 (평가)	이등변삼각형과 정삼각형의 성질을 이해하고 자와 각도기를 사용하여 삼각형을 그릴 수 있는가?		

2 학습자 분석 및 맞춤형 전략

○ 학급 특성

> 도서벽지에 위치한 4학년 ○반은 5명인 소규모 학급임. 개개인의 특성과 성취 정도를 고려한 맞춤형 수업이 가능한 규모임. 수업에 매우 적극적으로 참여하나 학생수가 적어 다양한 활동은 제한적임.
>
> 수와 연산은 학생간 개인차가 크게 발생하는 것으로 보이나 도형 영역에서의 개인차는 두드러지지 않음.

○ 학습자 특성 및 맞춤형 전략

학습자 특성	(학습 준비도) 선수학습 내용에 대한 이해가 부족함. 예각, 둔각을 이해하지 못하는 학생이 있음. (학습자 흥미) 새로운 주제에 대한 호기심이 높음.
맞춤형 전략	(과제 난이도) 출발점 진단을 통한 선수학습 확인. (학습량 적정화) 학습량을 조절하여 학생의 부담 감소. (학습 조직) 소규모 학급으로 1:1로 개별학습이 가능함.
교육과정 재구성	(학습 요소) 삼각형을 변의 길이, 각의 종류에 따라 분류하는 데 초점을 둠. (산출물 다양화) 삼각형 건축물 만들기 등으로 삼각형을 다양하게 탐구하도록 함.

3 맞춤형 수업 설계

차시	학습 활동	맞춤형 요소 및 맞춤 전략
1	• 단원 안내 선수학습 요소 확인 여러 가지 삼각형 찾아보기	− 준비도 − 학습자 흥미
2~4	• 이등변삼각형과 정삼각형 삼각형을 변의 길이에 따라 분류하여 이등변삼각형과 정삼각형을 알게 한다.	− 학습량의 적정화 − 학습 성향 − 학습 도구

	핵심 질문: 이등변삼각형과 정삼각형의 성질을 말할 수 있는가?	
5~6	• 예각삼각형, 직각삼각형, 둔각삼각형 삼각형의 세 각을 살펴 예각, 직각, 둔각을 찾아보게 한다. 핵심 질문: 여러 가지 삼각형을 각의 종류에 따라 분류할 수 있는가?	− 학습 방법 선호도 − 학습량 적정화 − 과제 난이도
7~8	• 삼각형을 두 가지 기준으로 분류하기 여러 가지 삼각형을 변의 길이와 각의 크기에 따라 분류하여 본다.	− 준비도 − 학습 방법 선호도
9~10	• 삼각형 건축물 만들기 삼각형으로 집짓기, 지오데식 돔, 시어핀스키 피라미드 등 다양한 건축물을 만들어 본다.	− 학습자 흥미 − 산출물 다양화

4 맞춤형 수업의 실제

○ 수업 사례 1

주제	이등변삼각형과 정삼각형	차시	3~4/10
학습목표	이등변삼각형과 정삼각형의 성질을 알 수 있다.		
맞춤 요소	학습 성향	맞춤형 전략	학습 도구
준비물	색종이, 가위, 자, 각도기, 똑똑! 수학탐험대(스마트기기)		

활동 내용 및 맞춤형 TIP
지난 시간에는 삼각형을 변의 길이에 따라 이등변삼각형과 정삼각형으로 분류하였다. 이번 차시는 이등변삼각형과 정삼각형의 성질을 탐구한다.

- **학습자 변인:** (학습 성향) 종이접기, 그리기 등 손으로 조작하는 활동을 선호함.
- **맞춤형 전략:** (학습 도구) 종이접기와 스마트기기를 활용함.

■ 수업 활동

▸ 조작 활동으로 이등변삼각형 성질 알아보기

(1) 색종이를 그림과 같이 잘라 삼각형을 만들어 본다.

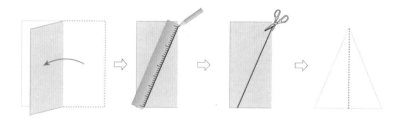

출처: 2015 개정 4학년 2학기 수학과 교과용 도서(교과서) 32쪽

(2) 만들어진 도형이 이등변삼각형이 되는지 확인하고 그 이유를 설명하게 한다.

(3) 이등변삼각형에서 크기가 같은 두 각을 찾고, 두 각의 크기가 어떻게 같다는 것을 알 수 있는지 생각해 보게 한다.

▸ 이등변삼각형 그려보기

(1) 똑똑! 수학탐험대를 활용하여 이등변삼각형을 만들어 보게 한다.

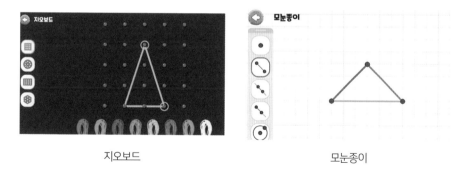

지오보드 　　　　　　　　　　　　　모눈종이

(2) 이등변삼각형의 변의 길이와 각에 대해 알게 된 것을 말해 보게 한다.

수행 과제 2 정삼각형의 성질을 이용하여 정삼각형을 그릴 수 있는가?

■ 수업 활동

▶ 정삼각형의 성질 알아보기

(1) 자와 각도기를 이용하여 세 변의 길이와 세 각의 크기를 각각 재어보게 한다.

(2) 정삼각형에서 변의 길이에 대해 알게 된 것을 말해 보게 한다.

(3) 정삼각형에서 각의 크기에 대해 알게 된 것을 말해 보게 한다.

▶ 정삼각형의 성질을 이용하여 정삼각형 그리기(선택 활동)

(1) 교과서 활동 또는 똑똑! 수학탐험대의 지오보드를 활용하여 정삼각형을 만들어 보게 한다.

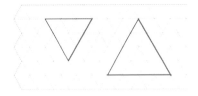

<교과서 활동>

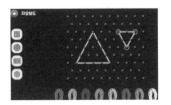

<똑똑! 수학탐험대>

(2) 만든 도형이 정삼각형인 이유를 설명해 본다.

(3) 필요한 경우 자와 각도기를 사용한다.

■ 맞춤형 TIP

■ 정삼각형 그림 대신 실물 교구를 준비할 수 있음.
■ 학습 능력이나 학습 성향에 따라 자신이 원하는 활동을 선택할 수 있도록 함.
■ 학생의 성향을 고려하여 다양한 도구 중 선택하여 수업에 참여할 수 있도록 맞춤형 전략을 구안함.

■ 맞춤형 평가를 위한 교사 일지

일시	20○○. ○. ○.	학급	4학년 ○반
관찰 및 피드백 내용	• 이등변삼각형의 의미를 이해하지 못하는 학생이 있어, '이등변'이 어떤 의미인지 풀어 설명하였음. • 스마트기기, 자, 각도기 등 도구 사용이 서툰 학생은 친구의 도움을 받아 문제를 해결함. • 똑똑! 수학탐험대 교구를 활용하는데 흥미를 갖고 적극적으로 참여하였음.		
맞춤형 평가 TIP	• 자와 각도기를 활용한 삼각형의 작도는 학생들의 조작이 서툴고 완성도가 크게 떨어지는 경향이 있음. 지오보드 등 실물 교구나 똑똑! 수학탐험대 교구와 같이 컴퓨터 프로그램을 활용하는 작도가 삼각형을 탐구하는 데는 오히려 긍정적 부분이 있으므로 작도 과정을 지나치게 강조할 필요는 없음.		

○ 수업 사례 2

주제	두 가지 기준으로 분류하기	차시	7~8/10
학습목표	삼각형을 두 가지 기준에 따라 분류할 수 있다.		
맞춤 요소	관심과 흥미	맞춤형 전략	선택 활동
준비물	자, 각도기, 똑똑! 수학탐험대(스마트기기), 지오보드(도형판)		

학생들은 삼각형의 변의 길이와 각의 크기 중 한 가지 기준으로 분류하였다. 이번 차시는 변의 길이와 각의 크기 두 가지 기준으로 삼각형을 분류해 본다.

- **학습자 변인:** (준비도) 학생들은 변의 길이에 따라 이등변삼각형, 정삼각형, 각의 크기에 따라 예각삼각형, 둔각삼각형으로 분류할 수 있음. 용어를 다소 어려워하는 학생은 반복하여 익힐 수 있도록 안내하여 지도함.
- **맞춤형 전략:** (학습 방법 선호도) 학습에 흥미를 갖고 참여할 수 있도록 게임 형태로 수업을 계획함. 교사가 제시한 조건에 맞는 삼각형을 똑똑! 수학탐험대 교구(지오보드)로 만들어 보게 함.

수행 과제 1 삼각형을 두 가지 기준으로 분류할 수 있는가?

- 수업 활동
  - ▸ 삼각형의 분류 기준 알아보기

(1) 어떤 삼각형인지 알아보도록 한다(이등변삼각형, 둔각삼각형).

(2) 삼각형을 분류할 수 있는 기준은 어떤 것이 있는지 생각해 보게 한다(변의 길이, 각의 크기).

(3) 삼각형을 분류 기준에 따라 다르게 말할 수 있음을 알게 한다.

▸ 두 가지 기준으로 삼각형 분류하기

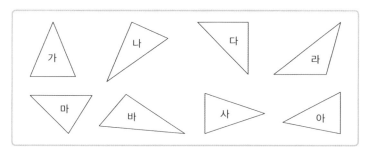

출처: 2015 개정 4학년 2학기 수학과 교과용 도서(교과서) 41쪽

(1) 변의 길이에 따라 삼각형을 분류해 보게 한다.

(2) 각의 크기에 따라 삼각형을 분류해 보게 한다.

(3) 변의 길이와 각의 크기에 따라 삼각형을 분류하고 표로 나타내어 보게 한다.

■ 맞춤형 TIP

■ 삼각형의 변의 길이나 각의 크기를 직접 재지 않고 직관적인 방법으로 문제를 해결할 수 있음. 또 삼각형을 모눈종이에 제시하거나 세 변의 길이를 미리 주는 것도 좋은 방법임.

■ 크기가 작은 도형은 각도기 사용이 불편하므로 가능한 크기가 큰 삼각형을 주거나 각의 크기를 미리 제시하는 것이 필요함.

수행 과제 2   두 가지 기준에 맞는 삼각형을 나타낼 수 있는가?

■ 수업 활동

▸ 조건에 맞는 삼각형 만들기

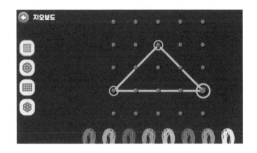

(1) 똑똑! 수학탐험대의 지오보드를 실행한다.

(2) 교사가 제시한 두 가지 조건에 맞는 삼각형을 지오보드를 이용하여 만들어 보게 한다.

(3) 교사와 제시한 조건과 맞는지 확인한다.

(4) 짝 활동 또는 전체 활동으로 진행할 수 있다. 한 학생이 자신이 생각한 삼각형의 두 가지 조건을 말하면 다른 학생들은 그 조건에 맞는 삼각형을 각자 만들어 본다.

■ 맞춤형 TIP

- 실물 지오보드(도형판)에 나타내거나, 점 종이 또는 모눈종이에 삼각형을 그려보게 함.
- 주어진 삼각형 중 조건에 맞는 삼각형을 찾아보는 활동으로 변형하여 운영할 수 있음.
- 학습이 느린 경우 수업 중간에 담임교사가 1:1로 개별지도할 수 있음.

■ 맞춤형 평가를 위한 교사 일지

일시	20○○. ○. ○.	학급	4학년 ○반
관찰 및 피드백 내용	• 삼각형 종류의 이름을 익히는 데 서툰 학생이 있어 삼각형 그림과 뒷면에 도형의 이름이 적힌 삼각형 카드를 만들어 제공함. 한 명이 삼각형 그림을 제시하면 다른 학생이 이름을 말하는 활동을 수시로 진행함. • 활동에 흥미를 갖고 적극적으로 수업에 참여하였으나 교사가 제시한 삼각형을 만드는 데는 어려움이 겪는 학생들이 있음. • 학습 결과를 친구들과 공유하기 위해 1명씩 발표하는 형식을 취함. 원형으로 자리를 배치하여 발표하는 과정에서의 어색함을 줄임.		
맞춤형 평가 TIP	• 소규모 학급의 특성을 살려 학생의 이해과 과제 수행 정도를 교사가 학생과 1:1로 개별 평가하는 것이 좋음. • 여러 삼각형 종류의 이름에 익숙해질 수 있도록 지속적인 반복 학습 및 피드백이 필요함.		

사회과 3~4학년군 맞춤형 수업 사례(1) : 플라스틱! 똑똑한 사용법

　본 사회과 사례는 초등학교 4학년 지역문제와 주민참여를 중심으로 재구성한 환경 프로 젝트로 구성해 보았다. 이번 단원에서는 플라스틱이라는 물질의 특성에 대한 이해를 바탕 으로 플라스틱의 장·단점을 파악하고, 플라스틱이 환경에 미치는 영향을 탐구하고자 한 다. 이를 바탕으로 폐플라스틱 문제 해결을 위해 기업과 환경단체, 재활용업체, 시민 등 다양한 이해당사자들의 입장을 고려하여 대안을 마련하기 위한 토의를 실시하고, 플라스틱 으로 인한 환경문제를 해결하기 위한 다중지능 학습에 바탕을 둔 캠페인 활동을 계획하여 실천하고자 한다.

교육과정 분석	학습자 특성	맞춤형 활동 및 평가 전략	맞춤형 수업 설계	맞춤형 평가
• 주민 참여를 통한 민주 주의 실현	• 도구 관심이나 선호도 차이 • 다중지능	• 방법 다양화 • 결과물 다양화	• 개별 선택을 통한 탐구활동 • 선택 다양화를 통한 결과물 제작	• 자기 점검표

1 교육과정 분석

단원명	플라스틱! 똑똑한 사용법
핵심 아이디어	• 다양한 정치 주체가 정치과정에 참여하여 제도를 개선하며, 민주주의는 시민의 관심과 참여를 통해 살기 좋은 방향으로 실현된다.
성취기준	[4사03-06] 주민 참여를 통해 지역 문제를 해결하는 방안을 살펴보고, 지역 문제의 해결에 참여하는 태도를 기른다.
범주	<table><tr><td>지식·이해</td><td>과정·기능</td><td>가치·태도</td></tr><tr><td>• 민주주의의 실천 • 주민 참여와 지역사회 문제 해결</td><td>• 민주주의 사례를 조사 하기 • 미디어 콘텐츠를 비판 적으로 분석하기</td><td>• 민주적 기본 가치 • 선거 과정의 참여 • 학교 자치에의 참여 • 미디어에 대한 비판적</td></tr></table>

		• 사회문제 해결에 참여 하기	태도
수행 과제		• 균형 잡힌 플라스틱 사용 방법에 관해 캠페인 도구 제작하기	

2 학습자 분석 및 맞춤형 전략

학급상황	24명의 학생들은 지역의 문제에 대한 관심도와 해결방안도 다양하다. 우선, 우리 지역의 쓰레기 문제해결을 위해서 주제와 관련된 과학지식과 정보를 습득하도록 한다. 수집한 자료와 교사가 제공하는 참고자료를 바탕으로 문제상황 해결을 위한 토의를 진행한다. 다음 단계로 이해 당사자들의 상황을 고려하여 모둠별 해결방안을 합의한 이후에는 캠페인 활동을 위한 자료를 제작하도록 한다. 이때는 다중지능에 바탕을 둔 다양한 방법이 선택되도록 하여 결과물 맞춤형 수업을 구현하도록 설계되었다.

2-1. 도구 선호도에 따른 학습 방법 맞춤형 전략

학습자 특성 (1)	분석	우리가 사는 지역의 문제점을 찾기 위해 학습자가 선호하는 학습자가 선호하는 방식을 선택하도록 하고, 자신의 관심이나 선호도를 바탕으로 지역의 문제점과 여러 당사자들의 이해 관계에 대해 다각도로 깊이 있게 탐구하도록 한다. 이를 바탕으로 우리 지역의 문제점과 해결방안에 대한 깊은 탐구가 이루어지도록 수업을 구성한 것이다.
	반영	☑ 흥미도 ☐ 학습양식 ☐ 학습 능력 ☐ 기타
맞춤형 전략 (1)		☐ 학습 내용 ☑ 학습 과정(학습 방법, 모둠, 시간 등) ☐ 학습 결과 ☐ 학습 환경 ☐ 기타
평가		• 우리가 사는 지역의 문제점 • 이해 당사자들의 아해관계를 바탕으로 해결방안 찾아보기

2-2. 다중지능에 바탕을 둔 학습 결과물 맞춤형 전략

학습자 특성 (2)	분석	평소 학생들이 지역 문제에 대해 관심을 갖고 해결방안을 도출하는지에 대한 관찰 결과와 학습 선호도의 조사 결과를 바탕으로 다양한 학습자가 있음을 확인하였다. 이를 근거로 결과물의 과제 작성을 언어적, 시각적, 음악적, 신체적, 대인관계 지능 등의 형태로 제시하고 모둠에서 협의하여 자유롭게 선택할 수 있도록 하였다.
	반영	☐ 흥미도 ☑ **학습양식** ☐ 학습 능력 ☐ 기타
맞춤형 전략 (2)		☐ 학습 내용 ☐ 학습 과정(학습 방법, 모둠, 시간 등) ☑ **학습 결과** ☐ 학습 환경 ☐ 기타
평가		• 우리 지역의 쓰레기 문제 해결방안에 대한 협의 결과를 바탕으로 한 똑똑한 플라스틱 사용법 캠페인 작품을 제작하도록 한다. 이를 위한 평가 기준표는 미리 작성하여 제시되도록 한다.

3 차시별 수업 활동

차시	학습 활동	맞춤형수업	자원
1~2	• 주제: 우리 지역의 문제는? 　– 지역 문제, 주민참여 개념 알아보기 　– 플로깅 활동하며 직접 확인하기 　– 로드맵 짜기		• 학습 활동지 • 비닐봉지, 막대
3~4	• 주제: 우리 지역 문제의 원인 찾기 　– 플라스틱의 장점 알아보기 　– 플라스틱의 단점 알아보기 　– 플라스틱 사용 기간 분류 　– 이해 당사자들의 입장 듣기	(1) 관심도에 따른 학습 도구의 다양화 맞춤형	• 스마트기기, 역할극 대본, 학습지
5~6	• 지역문제 해결방안 찾기 　– 해결 방안: 어른 VS 어린이가 할 수 있는 일 　– 그림책 ① 그레타툰베리가 외쳐요 　– 그림책 ② 착한 사람들이 지구를 지켜요 　– 그림책 읽고 생각 나누기		• 스마트기기, 그림책, 학습지

	– 공공데이터 검색을 통한 해결방안 찾기		
7~9	• 캠페인하기 – 모둠별 캠페인 준비하기 – 캠페인 실천하기 – 소감 나누기	(2) 다중지능 지표에 따른 결과물 맞춤형	• 캠페인 제작 도구 • 다중지능과제 • 평가기준표
평가 및 성찰	• 자기 점검 평가표 작성		

4 맞춤형 교수·학습 설계

4-1. 관심도에 따른 도구 다양화 맞춤형 수업

(1) 맞춤형 설계

■ **학습자 변인:** 흥미도에 따른 학습자 특성 문제점과 해결방안

　학습자는 우리가 사는 지역에 대해 관심도나 흥미있어 하는 분야, 불편해서 해결해야 하는 문제점에 대한 인식 정도가 다르다. 내가 사는 지역의 문제점을 찾아보기 위해선 직접 조사, 면담, 공공 데이터를 활용한 실제적인 지역의 문제를 해결하는 방법 등 다양한 도구를 활용할 수 있다. 따라서 실제적으로 내가 사는 지역의 문제점과 해결방안을 찾기 위해 학습자의 선호도나 흥미를 바탕으로 하면 자신의 관심사가 구체적 학습 활동과 연결되므로 삶과 배움이 연계되어 학습에 호기심을 가지고 더 적극적으로 참여하게 될 것이다.

■ **맞춤형 설계 요소:** 교수학습 과정에서 '방법'의 다양화

　학습자 선호도에 따른 도움 자료로 그림책, 스마트기기를 활용한 자료 검색, 공공데이터 검색 등은 지역 문제의 원인과 구체적인 해결방안을 찾는 데 도움을 주는 구체적 도구로서 학습 내용을 학생 주도적으로 탐구하는 방향으로 이끈다. 따라서 맞춤수업설계 시 다양한 수업 방법 측면의 맞춤형 수업 설계가 이루어질 수 있다.

■ **맞춤형 수업 자료**

▸ 플라스틱의 특징 및 해결방안 도움 동영상 자료

플라스틱 장점	https://www.y outube.com /watch?v=Mj PbfQ6HXII(4분 30초부터)
플라스틱 단점	https://www.y outube.com/w atch?v=cV02flb0sys&index=8&list= PLvNzOb WMMx6vM-8-H-n3hFhXb2Q LTQ1nU(3분 30초~7분)
플라스틱 재활용	https://www.youtube.com/watch?v=el2CikYC Bdg&feature=youtu.be
플라스틱 이해당사자들 입장 및 문제해결	□ 재활용업체 https://www.youtube. om/watch?v=PCIGx 1z99JM □ 플라스틱문제해결방법 https://www.youtube.com/watch?v=AtNUKYOVdXw&feature= youtu.be
모둠 캠페인 준비	□ 환경부 만화 https://www.youtube.co m/watch?v=ah2tAyTbUTI

▸ 지역 환경문제 원인 및 해결방안 도움 자료

A: 그레타툰베리의 연설을 통해 기후변화에 대한 사람들의 마음을 움직이는 사례 살펴보기

출처: https://www.youtube.com/watch?v = BvF8yG7G3mU

출처: https://www.youtube.com/watch?v = Rdkz8WNvFpE

B: 공공데이터를 활용하여 실제적인 원인 및 해결방법 찾기

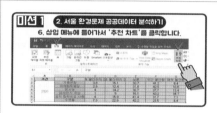

출처: https://blog.naver.com/ai_minissaem/223060843593

▸ 플라스틱 문제해결방안 및 공공데이터 학습지 예시자료

1) 플라스틱 문제해결 방법 토의 및 캠페인 계획하기

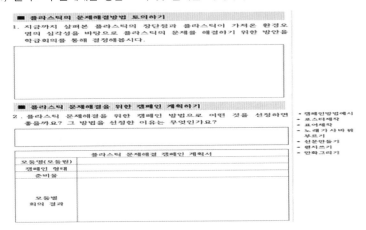

2) 공공데이터로 지역문제 해결 활동 학습지 예시자료

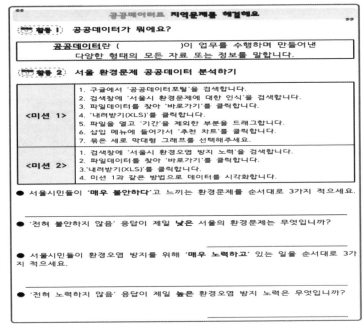

출처: https://blog.naver.com/ai_minissaem/223060843593

(2) 맞춤형 평가

■ 맞춤형 평가를 위한 교사 일지

일시	20○○. ○. ○.	학급	4학년 ( )반
단원	플라스틱! 똑똑한 사용법		
관찰 및 피드백 내용(예시)	• 본 수업에서는 플라스틱이라는 소재의 장점과 단점을 찾아 보고 객관적 시각에서 플라스틱 사용 방법에 대해 균형적인 시각을 바탕으로 똑똑한 사용법을 생각해보도록 한다. • 플라스틱이 개발되면서 유리 주사기를 사용하던 시절 소독불량으로 인해 감염의 위험에 노출되는 일이 플라스틱 일회용 주사기의 사용으로 극복된 점 등 학생들에게 일상적으로 다가오는 딜레마 상황을 제시하여 플라스틱이라는 소재를 객관적으로 바라보되 장점을 살리고 단점을 줄일 수 있는 방안을 찾을 수 있도록 안내한다.		
맞춤형 평가 TIP	• 본 수업의 진행 중간에 시간을 할애하여 지구의 기후 위기에 관심을 갖게 된 다양한 나라 학생들의 노력한 사례를 떠올리게 한다. • 시민의 노력과 관심으로 우리 지역의 플라스틱 문제로 인한 불편한 점들이 개선될 수 있다는 것을 알게 한다.		

■ 평가 기준표(예시)

평가요소 \ 척도	매우 우수	우수	보통
플라스틱의 장·단점	플라스틱이 가져온 문제상황을 바탕으로 플라스틱의 장점과 단점을 타당한 과학적 근거를 바탕으로 설명할 수 있다.	플라스틱이 가져온 문제상황을 바탕으로 플라스틱의 장점과 단점을 근거를 들어 설명할 수 있다.	플라스틱이 가져온 문제상황을 바탕으로 플라스틱의 장점과 단점을 설명하지 못한다.
아이디어 제시	플라스틱 문제와 관련된 이해당사자들의 입장을 고려하여 해결 방법을 합리적으로 제시할 수 있다.	회의에 적극적으로 참여하였으나 이해당사자들의 입장을 고려하지 않은 채 플라스틱 문제의 해결 방법을 제시한다.	플라스틱 문제의 해결 방법을 합리적으로 제시하지 못하며, 토의에 적극적으로 참여하지 않는다.
관심 및 실천	플라스틱과 관련된 환경문제에 관심을 가지고	플라스틱과 관련된 환경문제에 관심을 가지고	플라스틱과 관련된 환경문제에 관심을

| 적극적인 해결을 위해 실천한다. | 실천한다. | 가진다. |

4-2. 다중지능 지표에 따른 결과물 맞춤형 수업

(1) 맞춤형 설계

■ **학습자 변인:** 다중지능 학습자 특성

플라스틱은 무조건 나쁘다고 생각하는 것이 아니라 필요한 상황에서만 플라스틱을 사용하고 일회용 플라스틱의 사용을 줄이는 방향을 모색하는 등 사고를 전환할 수 있는 계기를 마련해 주어야 한다. 따라서 플라스틱의 똑똑한 사용법에 대한 학습 결과물을 만들기 위해서 학습자의 다중 지능 측면을 고려하여 결과물을 작성하도록 학습자의 언어적, 시각적, 신체적, 대인관계 지능 등을 선택하여 활동하도록 하였다.

■ **맞춤형 설계 요소:** 교수학습 과정에서 '결과물'

플라스틱의 똑똑한 사용법을 위한 다양한 캠페인 활동을 위해 결과물을 제작하는 시간으로 언어적, 시각적, 신체적, 대안 관계 지능 등 다양한 다중지능 요소에 바탕을 두고 결과물을 학습자가 선택해서 제작하도록 안내하고 있다.

■ **플라스틱 똑똑한 사용법 캠페인 결과물 맞춤형 수업 자료**
  ‣ 지금까지 학습한 내용과 연계하여 똑똑한 플라스틱 사용법을 위한 다양한 캠페인 활동을 하려고 합니다. 아래 과제물 중 선택해서 활동을 결정하고 그 결과를 제출하시오.
  ‣ 이 과제는 단원의 마무리 활동에도 적용하여 사용할 수 있다.
  ‣ 학습자 변인과 맞춤형 과제

시각적/공간적	음악적/리듬적
A: 포스터(만화) 도안 및 완성	B: 노래 가사, 랩 작사
논리적/수학적	자유 과제
C: 플라스틱 조사보고서 작성 (그래프 등)	D: 자유 선택 활동 (환경 관련 동화, 신문기사 등 읽기)

신체/운동 감각적	대인관계
E: 플라스틱 관련 판토마임 등	F: 플라스틱 관련 인터뷰나 역할극

■ **플라스틱! 똑똑한 사용법 캠페인 결과물 맞춤형 수업 자료**

▸ 학생들은 다양한 방법으로 표현하는 과제들 중 1가지를 선택하여 결과물 제작 활동에 참여하고, 다양한 결과물을 완성하도록 한다. (다양한 결과물의 예시)

A: 포스터 도안 및 완성	B: 폐박스로 피켓 만들기

포스터를 도안하고 실제 색을 칠하여 포스터를 완성한다.	지구 환경 보호 실천 가능한 문구를 작성한다.
C. 손팻말 캠페인 도구	D. 미리캔버스로 환경보호 포스터 완성

택배 상자를 이용해서 손팻말을 만들어 복도에서 캠페인 활동할 수 있다.	미리캔버스를 활용하여 포스터를 완성할 수 있다.
E. 플라스틱 사용 관련 인터뷰하기	F. 티셔츠 로고 만들기

플라스틱 사용에 대한 당사자의 이해관계를 듣고, 각자 입장에 대한 근거를 토대로 주장을 정리할 수 있다.	티셔츠에 로고를 만들 수 있다. 출처: https://www.google.com(구글 이미지)

E. 지구의 날 UCC	F. 만화그리기

개사할 부분	가사 바꾸기
작은 가슴 가슴마다 고운 사랑 모아 우리 함께 만들어봐요 아름다운 세상	

▲ 신동빈(학생 작품) 겨울잠 자는 동물들의 슬픈 봄(크레파스, 사인펜, 수채 물감/27×39㎝)

모둠별로 개사한 가사와 함께 간단한 몸동작 or 소품을 만들고 촬영한다.	환경 보호 관련 만화작품으로 표현할 수 있다.

(2) 맞춤형 평가

■ 맞춤형 평가를 위한 교사 일지

일시	20○○. ○. ○.	학급	4학년 ( )반
단원	플라스틱! 똑똑한 사용법		
관찰 및 피드백 (예시)	• 학습자의 흥미나 관심, 학습의 선호도를 사전에 조사하여 학습자의 개별 특성을 파악할 수 있어야 한다. • 이전 학습에서 플라스틱 사용에 대한 여러 이해당사자의 입장을 공동 데이터 분석과 관련지어 효과적인 플라스틱 사용법 캠페인의 근거자료가 되도록 하여 완성한다. • 일방적으로 플라스틱을 사용하지 말자는 주장이 되지 않도록 확인한다.		
맞춤형 평가 TIP	• 다중지능을 바탕으로 한 결과물 과제는 학습자들이 관심을 가지는 적절한 표현 방법을 자유롭게 선택하도록 허용해야 한다. • 다양한 홍보 방법은 제작물에 따라 학교 아침 방송을 이용하거나 복도 캠페인 활동, 복도 게시 등 후속 활동을 꾸준히 하도록 격려하고, 문제 해결에 계속적인 관심을 가지도록 한다.		

■ 학생 자기평가 점검표(예시)

평가요소 \ 척도	매우 우수	우수	보통
학습 결과물	학습한 내용이나 조사한 자료를 근거로 모둠원의 참여와 합의로 결과물을 제작한다.	학습한 내용을 바탕으로 모둠원이 참여하여 결과물을 제작한다.	일반적인 내용으로 모둠원이 참여하여 제작한다.
관심 및 참여	자료조사, 제작에 역할을 정하고, 각자 책임감을 가지고 참여한다.	조사한 자료를 바탕으로 모둠활동에 참여한다.	개별적으로 참여하는 부분이 많다.
캠페인 활동하기	플라스틱 문제해결을 위한 캠페인의 계획과 준비과정에서 자신의 역할을 충실히 수행하고 캠페인에 적극적으로 참여한다.	플라스틱 문제 해결을 위한 캠페인의 계획 및 준비과정에 참여하고 캠페인 활동에 적극적으로 참여한다.	플라스틱 문제해결을 위한 캠페인 준비과정과 캠페인 활동에 소극적으로 참여한다.

사회과 3~4학년군 맞춤형 수업 사례(2) : 나! 우리 지역 인플루엔서

　사회현상을 이해하고 사회문제를 해결하며 삶을 영위하기 위해서도 이른바 사회지식 (social knowledge)이 있어야 한다. 그리고 그 사회지식은 체계적이고 구조화되어 있어야 이른바 세상을 구조적이고 체계적으로 이해할 수 있을 것이다.

　따라서 본 단원은 다양한 방식들로 개념 발달과 연관된 구체적인 자료 또는 활동으로 스마트기기를 활용하여 우리 지역의 문화유산 조사하기, 다양한 학습 도구로 우리 지역의 문화유산 소개자료 만들기, 지역 캐릭터 그리기, 지역문화유산해설사 활동으로 구성되었으며, 이를 통해 우리 지역의 문화유산에 대해 깊이 있는 탐구가 이루어지도록 한다.

교육과정 분석	학습자 특성	맞춤형 활동 및 평가 전략	맞춤형 수업 설계	맞춤형 평가
• 우리 지역의 문화유산 탐구	⇨ • 탐구를 위한 질문의 계층화	⇨ • 학습 방법의 다양화	⇨ • 수준에 적합한 질문의 제시	⇨ • 수준별 루브릭 제공

1 교육과정 분석

단원명	나! 우리 지역 인플루엔서		
핵심 아이디어	• 문화유산은 과거와 현재를 이어주고, 지역의 박물관, 기념관, 유적지는 지역의 정체성을 보여준다.		
성취기준	[4사03-03] 우리 지역을 대표하는 유·무형의 문화유산을 알아보고, 지역의 문화유산을 소중히 여기는 태도를 갖는다. [4사03-04] 우리 지역과 관련된 역사적 인물의 삶을 알아보고, 지역의 역사에 대해 자부심을 갖는다.		
범주	지식·이해	과정·기능	가치·태도
	• 지역의 문화유산 알아보기	• 지역의 박물관, 기념관, 유적지 답사, 조사하기 • 신뢰성 있는 문화유산	• 지역의 문화유산에 대한 관심과 흥미 • 지역의 문화유산을 보존하는 태도

		정보를 선택, 분석, 추론하기
수행 과제	• 지역 문화유산 조사 자료를 바탕으로 옛날 사람들의 생활 모습을 추론하고, 지역문화해설사 활동에 참여하기	

2 학습자 분석 및 맞춤형 전략

학급 상황	학급당 학생 수가 24명이며 역사적 사실이나 문화재에 대해 단순히 나열하는 것보다는 프로젝트 활동하는 것을 훨씬 선호한다. 학생들의 사회 현상 탐구활동에 대한 수준은 매우 다양하게 분포해 있어 탐구 수준별 학습 전략이 필요하다. 특히 역사적 사실에 대한 조사 활동을 통한 탐구활동 과정에서도 교사의 적절한 질문 안내는 중요하다. 학생들의 배경 지식이나 탐구 능력이 다양하므로 교사는 <u>계층화된 질문 제시를 통해서 학생들이 수준에 적합한 방식으로 응답할 수 있는</u> 맞춤형 전략을 구현해야 한다.

2-1. 질문 수준에 따른 학습 방법 맞춤형 전략

학습자 특성	분석	사회과에서 사회 현상과 역사적 현상을 파악하기 위한 탐구활동은 신뢰성 있는 지식과 정보의 획득, 분석, 조직, 추론, 활용 등이 있는데 추론은 확인된 역사적 사실의 이해를 바탕으로 타당한 근거를 제시해야 한다. 따라서 학생의 학습 수준에 적절한 <u>구체적이고 사실적인 질문부터 추상적 질문을 제시</u>하여 학습자가 선택하여 학습하는 맞춤형 전략을 구현한다.
	반영	☐ 흥미도 ☑ **학습양식** ☐ 학습 능력 ☐ 기타
맞춤형 전략		☐ 학습 내용 ☑ **학습 과정(학습 방법**, 모둠, 시간 등) ☐ 학습 결과 ☐ 학습 환경 ☐ 기타
평가		• 우리 지역의 문화유산을 통해 옛날 사람들의 생활모습을 추론하고, 문화유산을 보호하고 실천하는 태도를 갖는다.

3 차시별 수업 활동

차시	학습 활동	맞춤형수업	자원
1~2	• 주제: 우리 지역의 문화유산 조사하기 　– 모둠별 지역 배분, 조사하기	계층화된 질문의 사용 전략	• 학습 활동지 • 스마트기기 • 문화유산사진
3~4	• 주제: 우리 지역의 문화유산 소개자료 만들기 　– 모둠별로 안내도 만들기 　– 모둠이 맡은 지역 문화재 공부하기		• 문화유산 사진 • 안내도에 활용 　할 지역 지도 • 색도화지 준비
5~6	• 주제: 지역 캐릭터 그리기 　– 내가 우리 지역 인플루엔서 　– 모둠에서 맡은 지역의 캐릭터 만들기		• 모둠별(지역 　별) 캐릭터
7	• 주제: 지역 문화해설사 활동하기 　– 각 모둠에서 2–3명 문화해설사, 2–3명 　　관광객 되기 　– 문화해설사는 모둠에서 맡은 지역의 문 　　화재 소개하기, 간단한 퀴즈 내기 　– 관광객은 다른 모둠, 학급 돌아다니며 설 　　명 듣기		• 모둠 제작 　작품
평가 및 성찰	• 주제별 루브릭 • 자기 점검 평가표 작성		

4 맞춤형 교수·학습 설계

4-1. 질문 수준에 따른 학습 방법 맞춤형 전략

(1) 맞춤형 설계

> ■ **학습자 변인:** 학습자 인지 발달 수준을 고려한 학습자 특성
>
> 　교사는 학습자의 인지 발달 수준을 고려하여 학습자들이 주제에 대하여 무엇을 발견

하고 무엇을 알았는지를 말해보도록 격려해야 한다. 학생의 개별적 수준을 고려한 계층화된 질문들을 미리 제시하여 학생의 탐구가 원활하게 이루어지도록 도와주어야 한다. 따라서 교사는 학생의 수준에 적절한 형태의 질문으로 상호작용을 유도할 수 있도록 해야 한다. 첫 번째 단계로 교사는 학생들이 주제에 대하여 무엇을 발견하고 무엇을 알았는지를 말해보도록 하고, 두번째 단계는 학생들로 하여금 요점들을 서로 관련시키도록 하는 것이다. 이때 교사는 학생들에게 어떤 일이 왜 발생했는지 생각하고 설명해보도록 하는 질문을 제기하도록 한다. 마지막 단계는 학생들로 하여금 정보가 함축된 바를 숙고해보도록, 그리고 정보로부터 추론해 보도록 하는 것이다.

■ **맞춤형 설계 요소:** 교수학습 과정에서 '질문'의 다양화

계층화된 질문 활동 과정에서 학생들이 더욱 학습할 내용에 집중할 수 있도록 교사의 질문을 통한 상호작용이 필요하다. 이때 학생과 상호작용을 위한 계층화된 질문지를 제시하여 학습 과정을 안내하고 지원하는 과정을 위한 다양한 학습 방법에 대한 맞춤형 전략을 제시한다.

■ **계층화된 질문 만들기**
▸ 학생의 인지 발달을 고려하여 질문의 유형을 계층화시켜서 학생과 학생, 학생과 교사 사이의 상호작용을 돕는데 활용하도록 하는 전략이다.
▸ 교사는 수업 전에 학생의 인지 발달 수준을 고려하여 세분화된 질문의 유형을 미리 준비해야 한다.

질문 수준	질문 내용
낮은 수준	~ 찾은 것을 보여주세요. ~본 것을 알려주세요 ~ 관심 있는 것에 동그라미 해 주세요. 등
↕	'예 또는 아니오'로 답해 주세요. 1~2개 단어로 답해 주세요.
	왜 무엇 무엇이 발생했는지 짧게 설명해 주세요. 왜 ~라고 생각해요? 만약~? 등
높은 수준	이것은 무엇을 의미한다고 생각하나요? 네 마음에 어떤 모습을 떠오르게 하니? 너는 어떻게 결론을 내릴거니? 등

▸ 계층화된 질문 제시: 학생들에게 다음과 같은 질문의 유형을 제시하고 학생은 자신의 수준

에 적합한 질문을 해달라고 요청하거나 표시하여 교사가 학생이 선택한 수준에 적절한 질문을 요청할 수 있다.

- **계층화된 질문의 활용**
  ▸ 우리 지역의 문화유산을 통해 옛날 사람들의 모습을 추론하는 활동은 학생들이 본문을 읽거나 다른 자원들로부터 정보를 획득할 때 학습 과정에서 일반화를 고려하고 보조적인 진술들을 확인해 보도록 요구할 수 있다. 이때 교사와의 질문이나 상호작용을 통해서 학습 내용을 명확히 할 수 있다. 따라서 학습자 수준에 따라서 다음과 같은 질문이 가능하다.

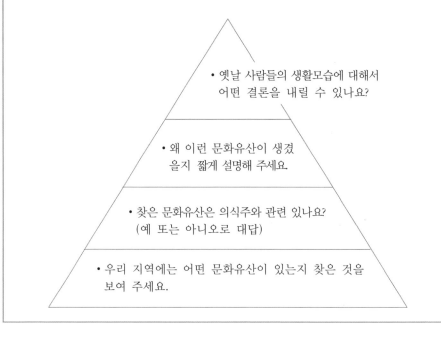

- 옛날 사람들의 생활모습에 대해서 어떤 결론을 내릴 수 있나요?

- 왜 이런 문화유산이 생겼을지 짧게 설명해 주세요.

- 찾은 문화유산은 의식주와 관련 있나요? (예 또는 아니오로 대답)

- 우리 지역에는 어떤 문화유산이 있는지 찾은 것을 보여 주세요.

(2) 맞춤형 평가

■ 맞춤형 평가를 위한 교사 일지

일시	20○○. ○. ○.	학급	4학년 (　)반
단원	나! 우리 지역 인플루엔서		
관찰 및 피드백 (예시)	• 인지 수준이 높은 학생은 추론적 질문을 제시함으로써 다양한 생각을 할 수 있는 기회를 제공하고 깊이 있게 생각하는 모습과 문제를 해결하려는 도전하는 모습을 보여줌. • 학생의 인지 수준별 상호작용 결과, 역사적 사실만 아는 것에서 그치지 않고, 개념 및 일반화하는 과정에서 학생들과 교사 간의 활발한 피드백이 형성됨.		
맞춤형 평가 TIP	• 교사는 학생의 인지 발달 수준에 적합하고 다양한 질문지를 미리 마련해야 한다. • 제시된 계층화된 질문을 학생이 선택하도록 하고, 학생과 상호작용하면서 질문의 수준이 적절한지를 판단하여 질문의 수준과 횟수를 조절할 수 있어야 한다.		

■ 평가 기준표(예시)

평가요소＼척도	매우 우수	우수	보통
지역문화 유산과 생활모습	지역의 문화유산에 대해 조사한 자료를 바탕으로 생활 모습에 대해 정확히 추론할 수 있다.	지역의 문화유산에 대해 조사한 자료를 바탕으로 생활 모습에 대해 추론할 수 있다.	지역의 문화유산에 대해 조사할 수 있다.
관심 및 참여	자료조사, 제작에 역할을 정하고, 각자 책임감을 가지고 참여한다.	조사한 자료를 바탕으로 모둠활동에 참여한다.	개별적으로 참여하는 부분이 많다.
지역문화해설사 활동하기	지역문화해설사 계획과 준비과정에서 자신의 역할을 충실히 수행하고 지역문화해설사 활동에 적극적으로 참여한다.	지역문화해설사 계획 및 준비과정에 참여하고 지역문화해설사 활동에 적극적으로 참여한다.	지역문화해설사 준비과정과 활동에 소극적으로 참여한다.

사회과 3~4학년군 맞춤형 수업 사례(3) : 인공지능 디지털 매체 활용

본 사례는 사회 수업에서 인공지능 앱을 활용하여 학습의 과정 및 결과물을 학습자의
학습 선호도에 맞추어서 과제를 완성하도록 한다. 학습 선호도는 다중 지능에 바탕을 두었
으며, 이에 시각적, 청각적, 운동적 지능을 고려하여 학생의 선택권을 통하여 결과물을 완
성하도록 하였다.

교육과정 분석	학습자 특성	맞춤형 활동 및 평가 전략	맞춤형 수업 설계	맞춤형 평가
• 인공지능으로 미래의 공공기관을 디자인하기 ⇨	• 도구 관심이나 선호도 차이 • 다중지능 ⇨	• 방법 다양화 • 결과물 다양화 ⇨	• 개별 선택을 통한 탐구활동 • 인공지능 앱을 활용한 결과물 제작 ⇨	• 자기 점검표

1 교육과정 분석

단원명	인공지능과 함께 떠나는 서울 명소
핵심 아이디어	• 지역의 박물관, 기념관, 공공기관은 그 지역의 정체성과 문화를 보여준다.
성취기준	[4사03-02] 고장 사람들의 생활과 밀접하게 관련이 있는 지역의 다양한 중심지(행정, 교통, 상업, 산업, 관광 등)를 조사하고, 각 중심지의 위치, 기능, 경관의 특성을 탐색한다. [4사03-03] 우리 지역을 대표하는 유·무형의 문화유산을 알아보고, 지역의 문화유산을 소중히 여기는 태도를 갖는다. [4사03-05] 우리 지역에 있는 공공 기관의 종류와 역할을 조사하고, 공공 기관이 지역 주민들의 생활에 주는 도움을 탐색한다.
범주	지식·이해 / 과정·기능 / 가치·태도

범주	지식·이해	과정·기능	가치·태도
	• 지역의 문화유산 • 지역의 공공기관	• 지역의 박물관, 기념관, 유적지 및 공공기	• 지역의 문화유산에 대한 관심과 흥미

		관 답사하기	• 지역의 공공기관에 관심
수행 과제		• 인공지능 앱을 활용하여 미래 공공기관의 기능과 역할에 대해 **창의적으로** 표현하기	

2 학습자 분석 및 맞춤형 전략

학급상황		우리 지역의 공공기관과 유적지 등을 직접 탐방하는 것이 현장감과 생동감을 줄 수 있지만, 시간과 공간적인 제약 등의 문제를 간과할 수 없는 것이 현실이다. 인터넷 검색 도구를 활용하여 우리 지역의 공공기관을 조사하고 다양한 학습도구 툴을 사용하여 발표자료를 협력하여 제작하고 공유하는 작업도 유의미한 학습활동이다. 이에 더해 내가 사는 지역에 대한 현장감과 생동감 있는 탐구를 위해 다양한 인공지능 앱을 수업 도구로 적절히 활용할 필요가 있다. 학생들은 스마트폰이나 탭 등 디지털 기기를 개인별로 가지고 있으며, 이를 여러 교과 수업 시간에서 문서나 이미지 등을 활용한 경험을 다수 가지고 있다. 인공지능 앱을 학습 보조 도구자료로 활용함으로써 학생의 몰입감과 상상력을 발휘할 수 있는 기회를 마련해 주었다.
학습자 특성	분석	학생들은 개인별로 디지털 기기의 활용 능력에는 차이가 있지만, 문서작업, 사진이나 그림 올리기 및 가져오기, 링크 걸기 등을 해 본 경험이 있다. 이러한 디지털 활용 경험을 바탕으로 QR 코드를 활용하여 생활 속에서 다양한 기후변화 대응 방법의 실천방법을 학습하게 된다.
	반영	☐ 흥미도 ☑ 학습양식 ☐ 학습 능력 ☐ 기타
맞춤형 전략 (1)		☐ 학습 내용 ☐ 학습 과정(학습 방법, 모둠, 시간 등) ☑ 학습 결과 ☐ 학습 환경 ☐ 기타
평가		• 인공지능 앱을 활용하여 미래 공공기관의 기능과 역할에 대해 창의적으로 표현하기

③ 차시별 수업 활동

차시	학습 활동	맞춤형 수업	자원

1	• 주제: 공공기관의 의미
	  − 공공기관이란?
	  − 공공기관의 종류 알아보기		

2~3	• 메타버스로 서울중심지 투어하기
	  − 메타버스 도구를 활용하여 서울의 공공기관, 박물관, 유적지 등을 둘러보기
	  − 서울의 건축물이 많은 이유와 사람들의 생활과 관계 생각해보기
		• 학습 선호도에 따른 디지털 매체 활용 맞춤형 활동	• 캔바, 뤼튼 AI, 메타버스
			• 스마트기기
			• 학습지

4~5	• 인공지능으로 그려본 미래의 공공기관
	  − 캔바를 모둠별로 접속해 우리 지역의 공공기관 기능을 찾고, 바꿀 기능을 정하기
	• 뤼튼 AI를 활용하기
	  − 뤼튼 어플을 활용해 바꿀 부분을 입력해 상세하게 그리고 캔바에 넣어 소개하기		

6	• 활동 소감 및 평가하기		

④ 학습 선호도에 따른 디지털 매체 활용 맞춤형 수업

■ **학습자 변인:** 학습 선호도

    사회과에서 유용하게 사용할 수 있는 메타버스와 캔바, 뤼튼 AI를 수업 도구로 활용하도록 한다. 메타버스로 서울 지역의 인문환경에 대해 살펴본 후, 캔바와 뤼튼 AI를 활용하여 미래의 공공기관을 디자인 해보는 활동을 한다. 학생들의 학습 선호도와 몰입감을 높여주는 활동으로 미션을 수행하며 서울의 중심지 인문환경 둘러보기, 나만의 개성있는 캐릭터 제작하기, 뤼튼 AI를 활용한 인공지능으로 미래 공공기관 그리기 등의 학습을 실시한다.

■ **맞춤형 설계 전략:** 교수학습 과정에서 '산출물'의 다양화

현재의 공공기관의 기능에서 바꾸고 싶은 기능의 일부분을 상상해서 미래의 공공기관
의 모습을 그림으로 그려보고 소개하는 활동으로 학생들이 흥미감과 현장감을 느낄 수
있도록 캔바, 뤼튼 AI 인공지능 매체를 사용하고 최종 산출물인 미래의 공공기관의 모습
을 패들렛에 업로드하여 제출하는 것이다.

■ **맞춤형 수업 자료**

▶ 메타버스에 접속을 해서 서울의 주요 명소들을 미션을 수행하며 탐방을 한다. 학생들에게
인기있는 마인크래프트, 로블록스 등의 메타버스 게임과 형태가 비슷해서 학생들이 무척
좋아한다. 이 때 주요 명소들을 탐방하면서 알게 된 사실과 가보고 싶은 명소에 대해 학습
지에 정리한다.

▶ 캔바를 모둠별로 접속해 우리 지역의 공공기관 기능을 찾고, 현재의 공공기관의 기능 중
일부분의 바꿀 기능을 정한다. 뤼튼 어플을 활용해 바꿀 부분을 자세하게 입력해 그림을
그리고 캔바에 넣어 소개한다. 인공지능으로 미래의 공공기관의 모습과 역할을 소개하는
활동을 통해 학생들의 상상력과 그림 그리기에 다소 소극적인 학생들에게 부담없이 활동
할 수 있는 맞춤형 수업 자료이다.

▶ 다음은 메타버스에 접속해서 서울의 주요 명소를 탐방하는 메타버스 화면이다.

'서울 수학' 메타버스 앱 접속	학급코드 입력

아이디 로그인	첫화면
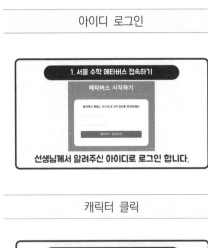	
선생님께서 알려주신 아이디로 로그인 합니다.	짠! 서울 수학 메타버스에 오신 여러분을 환영해요!
캐릭터 클릭	개성있는 캐릭터 만들기

우측 아래에 있는 캐릭터를 눌러주세요.	나만의 개성있는 캐릭터를 만들어봅시다.
서울의 여러 명소 탐방	탐방한 명소의 스탬프 모으기
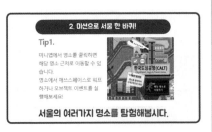	
서울의 여러가지 명소를 탐험해봅시다.	명소를 방문해서 스탬프를 모아보세요.

출처: https://blog.naver.com/ai_minissaem

▸ 메타버스 서울의 명소들을 탐방하면서 알게 된 사실을 기록하는 학습지 예시 자료이다.

메타버스로 서울 한 바퀴!

활동 1 서울 수학 메타버스 접속하기

〈활동 방법〉
1. '서울 수학 메타버스' 앱을 플레이스토어에서 다운받아 접속합니다.
2. 우리반 학급코드를 입력합니다.
3. 선생님께서 알려주신 아이디, 비밀번호로 접속합니다.
4. 나만의 개성있는 캐릭터를 만들어봅시다.

활동 2 미션으로 서울 한 바퀴!

● 서울의 여러 명소들을 찾아가 봅시다. 방문한 명소에 동그라미 표시를 해주세요.

	명소 이름	새롭게 알게 된 사실
서울의 명소에 대해서 새롭게 알게 된 사실 세 가지		
가장 가보고 싶은 명소 (이미 다녀와 본 곳도 좋아요)		

출처: https://blog.naver.com/ai_minissaem

▶ 다음은 인공지능으로 그려 본 미래의 공공기관 학습 흐름이다.

학습 활동 안내	지난 학습 상기
활동 1. '캔바' 모둠별 링크로 접속해 우리 지역의 공공 기관을 정하고 기능 바꾸기 활동 2. '뤼튼 AI'(생성형 인공지능 chat gpt, 하이버 클로버 기반)를 활용해 상상한 기관의 모습을 그리고 캔바에 넣고 발표하기	지난 시간에 조사한 공공 기관의 역할을 퀴즈로 복습하고, 조사했던 시청을 언급하면서 공공 기관의 특징을 상기하기

동기유발	생각 나누기
미래 건축과 인공지능 알아보기 – 유현준 건축가의 영상은 20분 가량(미드저니를 활용한 건축 등) https://www.youtube.com/watch?v=YRL6cOeVse0&ab_channel=%EC%85%9C%EB%A1%9D%ED%98%84%EC%A4%80 	1) 인공지능이 '건축의 재미 있는 부분'을 뺏어간다. 인간의 역할은? 2) 실제 건축 설계에 실제 활용했던 예시(실제 설계: 직선 → 곡선을 요구 → 6개월 건축 기간을 3개월로 단축 가능) 통해 이제 적은 인력으로 많은 일을 해낼 수 있다. Q. 재미있고 창의적인 일을 모두 인공지능이 한다면? Q. 인공지능의 도움을 받아 건축한 건축물의 모습은 어떠한가? → 결론: 그럼 우리도 한번 공공 기관을 디자인해볼까?

〈활동 1〉 우리 지역의 공공기관 기능을 찾고 바꿀 부분 찾아 캔바에 적기(동시 협업 기능 활용)	〈활동 2〉 뤼튼 AI를 활용해 바꿀 부분을 상세하게 입력해 그림 그리고 캔바에 넣어 소개하기
1) 모둠별 협업이 가능한 캔바 공간에 접속한다. (구글 클래스룸) [캔바-구글 클래스룸 연동된 과제 만들기 기능 활용] 2) 캔바에 동시 접속해 자신의 캔바 페이지를 작성한다.	1) 뤼튼 어플을 활용해 뤼튼에 접속한다. – 자신이 자료 1에서 바꾸고 싶은 부분을 참고하여 명령(프롬트)을 입력한다. 2) 다양하게 조건을 바꿔보고 문장을 조절하며 원하는 미래의 공공 기관을 디자인한다.

3) 원하는 이미지 자료(4가지 중 1-2가지)를 다운 받아 캔바 자료 2에 입력한다.
- 원하는 사진을 누르면 쉽게 다운로드가 가능하다.

학생들 작품

학습지 예시 자료1

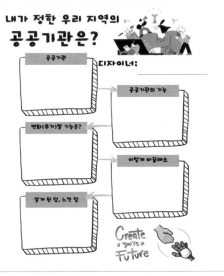

학습지 예시 자료2

출처: https://blog.naver.com/ai_minissaem

▸ 학생들은 작품의 우수성보다는 상상력을 발휘해서 기존의 공공기관의 기능 중 바꾼 공공기관의 기능을 참신하게 생각했는지 좋은 아이디어라는 생각이 드는 작품에 점수를 부여하도록 한다.

5 맞춤형 평가

■ 맞춤형 평가를 위한 교사 일지

일시	20○○. ○. ○. 학급 4학년 (　　)반
단원	인공지능과 함께 떠나는 서울 명소
관찰 및 피드백 내용(예시)	• 개별 학생들은 인공지능 앱(메타버스, 캔바, 뤼튼 AI 등) 활용에 관심과 흥미도가 높아 수업 활동에 매우 능동적으로 참여하고, 그리기에 자신감이 없던 학생들도 부담감 없이 자신의 생각한 내용을 주저없이 표현하는 등 과제 활동에 적극적으로 참여하는 모습을 보임. • 학생들이 공공기관의 역할과 의미에 대해 바르게 이해하고 있고, 미래의 공공기관의 역할 중 자신이 바꾸고 싶은 기능을 소신껏 입력하고, 입력한 결과가 바로 이미지로 산출되는 것을 확인함으로써 스스로 고칠 점, 개선하고 싶은 점 등을 생각해서 더 나은 아이디어를 생각해내려고 노력함. • 아이디어가 그림으로 자동 표현되어 나타나는 것을 스스로 확인하면서, 더 발전적인 아이디어나 다른 각도에서 생각해 보는 등의 내재적인 학습 동기가 유발되어 과제 집중력이 높아지는 것을 확인할 수 있음.
맞춤형 평가 TIP	• 교사는 사용할 매체들인 인공지능 앱(메타버스, 캔바, 뤼튼 AI 등)을 학생들이 무난히 활용할 수 있도록 학생 숙달도를 파악하고 있어야 한다. • 학급 전체를 대상으로 평가하되 매체 활용 정도의 평가보다는 미래에 공공기관의 역할과 기능의 적절성에 더 집중하여 평가하도록 한다.

■ 동료 평가와 자기평가표(예시)

평가내용	• 미래 공공기관의 기능과 역할에 대해 창의적으로 제안할 수 있다. • 인공지능 매체의 특징을 잘 활용하여 적극적으로 참여할 수 있다.

평가 요소	성취 수준	평가	특기 사항
미래공공기관의 기능	◎: 공공기관의 기능을 정확히 이해하고 있고, 바꾸고 싶은 공공기관의 기능이 나타난 미래의 공공기관의 모습을 창의적으로 표현함 ○: 공공기관의 기능을 정확히 이해하고 있고, 바꾸고 싶은 공공기관의 기능이 나타난 미래의 공공기관의 모습을 표현함 △: 미래의 공공기관의 모습을 표현함		
매체의 표현	◎: 매체의 특징을 잘 살려서 창의적으로 표현함 ○: 매체를 활용하여 공공기관의 모습을 표현함 △: 매체를 활용하는데 도움이 필요함		

자기평가	학습 활동 참여 태도	구체적 아이디어 제시	친구들과 묻고 답하기
학습성찰	☺ ☺ ☺	☺ ☺ ☺	☺ ☺ ☺

과학과 3~4학년군 맞춤형 수업 사례(1) : 소리의 성질

본 과학 사례는 초등학교 3학년 '소리의 성질' 단원으로, 소리의 발생, 소리의 구별, 소리의 전달과 소음이라는 3개 성취기준을 포함하고 있다. 이에 소리의 발생과 소리의 구별 활동을 위해서 학생들에게 다양한 악기를 제시하고 이를 관심이나 선호도에 따라 선택하도록 하고, 소리의 발생과 소리의 구별 활동을 지속적으로 탐구하는 학습자 관심이나 선호도에 따른 수업 방법 맞춤형 설계를 구현한다. 다음으로 소음 관련 학습 활동에서는 학습 이후 안전한 생활을 위한 소음 방지 캠페인 활동은 결과물 제작을 위해 다중지능 학습에 바탕을 둔 여러 가지 방법을 제시하여 학생들이 선택하도록 하여 다중지능에 바탕을 둔 학습 결과물 맞춤형 설계를 구현하였다.

교육과정 분석	학습자 분석 및 맞춤형 전략	맞춤형 활동 및 평가 전략	맞춤형 수업 설계	맞춤형 평가
• 소리 발생 원인 • 소리 구별 하기	• 도구 관심이나 선호도 차이 • 다중지능	• 방법 다양화 • 결과물 다양화	• 개별 선택을 통한 탐구활동 • 선택 다양화를 통한 결과물 제작	• 자기 점검표

1 교육과정 분석

단원명	소리의 성질
핵심 아이디어	소리는 진동, 전달 등의 파동적 특성을 가지며, 그 특성은 악기 소리 등 편리한 삶에 도움이 된다.
성취기준	[4과07-01] 여러 가지 물체를 이용하여 소리를 내보고, 소리가 나는 물체는 떨림이 있음을 설명할 수 있다. [4과07-02] 큰 소리와 작은 소리, 높은 소리와 낮은 소리를 구분하고, 세기와 높낮이가 다른 소리를 낼 수 있다. [4과07-03] 여러 가지 물질을 통하여 소리가 전달되는 것을 관찰하고, 소음을 줄이는 방법을 찾아 일상생활에서 실천할 수 있다.

	지식·이해	과정·기능	가치·태도
범주	• 소리의 발생 • 소리의 구별 • 소리의 전달	• 자료를 수집하고 비교 분석하기	• 과학의 유용성 • 자연과 과학에 대한 감수성
학습 연계성	• 중학교 1~3학년군 '빛과 파동'에 연계된다.		

2 학습자 분석 및 맞춤형 전략

학급상황	25명의 학생들이 관심사도 다양하다. 따라서 소리의 발생과 특성을 확인하는 탐구활동을 위해서 여섯 가지 악기를 제시하고 이때 학습자의 선호도에 따라 한 가지 악기를 선택해서 그 악기에 대한 지속적인 탐구를 통하여 소리의 발생과 소리의 구별을 탐구하도록 한다. 또한 소음 학습이 이루어진 이후에는 소음 방지 캠페인 활동을 위한 자료를 제작하도록 한다. 이때는 다중지능에 바탕을 둔 다양한 방법이 선택되도록 하여 결과물 맞춤형 수업을 구현하도록 설계되었다.

2-1. 도구 선호도에 따른 학습 방법 맞춤형 전략

학습자 특성 (1)	분석	다양한 악기나 도구를 제시하여 학습자가 선호하는 것을 선택하도록 하고, 자신의 관심이나 선호도를 바탕으로 한 악기를 깊이 있게 탐구하도록 한다. 이를 바탕으로 소리의 발생과 소리의 특성에 대한 깊은 이해가 이루어지도록 선택한 악기를 더 잘 이해하도록 하는 수업을 구성한 것이다.
	반영	☑ **흥미도**　　☐ 학습양식　　☐ 학습 능력　　☐ 기타
맞춤형 전략 (1)		☐ 학습 내용　　　☑ **학습 과정(학습 방법, 모둠, 시간 등)** ☐ 학습 결과　　　☐ 학습 환경　　　☐ 기타
평가		• 소리가 생기는 부분 관찰하기 • 여러 가지 세기, 높낮이가 다른 소리를 구별하기

2-2. 다중지능에 바탕을 둔 학습 결과물 맞춤형 전략

학습자 특성 (2)	분석	평소 학생들이 정보를 어떻게 처리하고 학습하는지에 대한 관찰 결과와 학습 선호도의 조사 결과와 바탕으로 다양한 학습자가 있음을 확인하였다. 이를 근거로 결과물의 과제 작성을 언어적, 시각적, 음악적, 신체적, 대인관계 지능 등의 형태로 제시하고 학습자가 자유롭게 선택할 수 있도록 하였다.
	반영	□ 흥미도 ☑ **학습양식** □ 학습 능력 □ 기타
맞춤형 전략 (2)		□ 학습 내용 □ 학습 과정(학습 방법, 모둠, 시간 등) ☑ **학습 결과** □ 학습 환경 □ 기타
평가		• 소리 학습의 결과를 바탕으로 한 소음 방지 캠페인 작품을 제작하도록 한다. 이를 위한 평가기준표는 미리 작성하여 제시도록 한다.

3 차시별 수업 활동

차시	학습 활동	맞춤형수업	자원
1~2	• 주제: 소리의 발생 – 소리 추리하기 – 소리가 만들어지는 물체 관찰하기 – 소리 발생의 공통점 말하기	(1) 관심도에 따른 학습 도구의 다양화 맞춤형	• 학습 활동지 • 소리굽쇠, 자일로폰, 북
3~4	• 주제: 소리의 구별 – 소리 듣고 소리 구별하기 – 센 소리와 약한 소리 만들고 두 소리의 차이를 관찰하기 – 높은 소리와 낮은 소리 만들고 두 소리의 차이를 관찰하기		• 자일로폰, 팬플룻, 큰북, 작은 북
5~6	• 소리의 전달 – 여러 가지 물질에서 소리 전달 – 실전화기 소리 전달 실험		• 빨대, 가위
7~9	• 소음 – 소음이란 무엇인가?	(2) 다중지능	• 다중지능 과제

	– 소음은 어떻게 줄일 수 있는가? – 소음 방지 캠페인 과제 활동	지표에 따른 결과물 맞춤형	• 평가기준표
평가 및 성찰	• 자기 점검 평가표 작성		

4 맞춤형 교수·학습 설계

4-1. 관심도에 따른 도구 다양화 맞춤형 수업

(1) 맞춤형 설계

■ **학습자 변인:** 흥미도에 따른 학습자 특성

학습자는 악기나 도구에 대해서 좋아하거나 싫어하는 것, 몰두하거나 관심을 가지고 호기심을 나타내는 정도가 다르다. 소리가 발생하는 다양한 악기가 있고, 그중에서 직접 소리 발생을 감각적으로 관찰할 수 있는 여러 가지 악기들을 사용하게 된다. 따라서 악기들에 대한 학습자의 선호도나 흥미를 바탕으로 하면 자신의 관심사가 구체적 학습 활동과 연결되므로 학습에 호기심을 가지고 더 적극적으로 참여하게 될 것이다.

■ **맞춤형 설계 요소:** 교수학습 과정에서 '방법'의 다양화

학습자 선호도에 따른 도구나 악기 선택은 이후 단원 학습을 이해하는 구체적 도구로서 악기를 활용하여 학습 내용을 관찰하고 탐구하는 학습 활동으로 연결된다. 따라서 맞춤형 설계에서 다양한 수업 방법 측면의 맞춤형 수업 설계가 이루어질 수 있다.

■ **맞춤형 수업 자료**
  ▸ 제시된 악기나 도구의 특징

악기나 도구	특징 및 관찰 활동
소리굽쇠	소리굽쇠 머리를 망치로 세게 칠 때 소리를 관찰한다.
기타	줄을 칠 때 소리가 어떻게 발생하는지 관찰해야 한다.

자일로폰	손잡이로 자일로폰 금속판을 때릴 때 소리를 관찰한다. 한 음과 다른 음의 차이를 주목한다.
오르골	회전하면서 음이 발생시키는 가는 쇠 부분을 관찰한다. 각 음의 소리를 주의 깊게 관찰한다.
유리잔	살짝 칠 때 소리를 듣는다.
큰북/작은북	북채로 한번 칠 때 북 가죽을 자세히 관찰한다. 큰북과 작은 북의 소리를 비교한다.

▶ 악기 선택 활동

학생들의 선호도에 따라 악기를 선택하도록 한다. 악기를 중심으로 모둠을 구성하거나 악기 수가 많을 때는 개인별로 지급해 줄 수도 있다.

▶ 악기 활용한 학습 활동

1) 소리는 어떻게 생기는가?

선택한 악기에서 소리가 발생하도록 만들고, 소리가 발생하는 부분을 자세히 관찰하고 그 결과를 기록하도록 한다. 이때 개인별로 돌아가면서 소리가 생기는 부분, 그 부분을 손으로 잡았을 때 소리의 변화는 어떠한지 자세히 관찰하여 활동지에 기록하도록 한다.

악기나 도구	소리가 발생하는 부분	손으로 잡았을 때
소리굽쇠	소리굽쇠 쇠 부분	소리가 안난다.
기타	줄이 떨린다.	줄을 잡으면 소리가 안난다.
자일로폰	금속판에서 난다.	소리가 멈춘다.
오르골	가는 금속 막대가 튕기면서 만들어진다.	손을 대면 소리가 멈춘다.
유리잔	치면 소리가 난다.	손을 대면 멈춘다.
큰북/작은북	북가죽이 소리를 만든다.	손을 대면 소리가 멈춘다.

관찰한 결과는 모둠별 발표를 통하여 공유하도록 한다.

- 모둠 공유의 결과 소리가 물체의 떨림으로 생기게 됨을 학생들이 스스로 도출할 수 있도록 한다.

2) 소리의 세기와 높낮이를 위한 탐구 활동

- 선택한 악기를 세게, 또는 약하게 칠 때나 누를 때의 소리를 녹음하고 그 차이를 비교해 보자.

- 선택한 악기를 낮은 음, 높은 음을 같은 세기로 치거나 누를 때의 소리를 녹음하고 그 차이를 비교해 보자.

악기나 도구	약하게 강하게 칠 때	낮은 음, 높은 음 소리
소리굽쇠	*조금 떨림, 많이 떨림*	*소리 다름*
기타	*줄 세게, 약하게, 흔들림*	*다른 줄을 침*
자일로폰	*관찰 어려움, 소리다름*	*금속판 길이 다름*
오르골	*실험 어려움, 소리다름*	*금속막대 길이 다름*
유리잔	*관찰 어려움, 소리다름*	*물의 양 다름*
큰북/작은북	*북가죽 조금 많이 튐*	*작은 북이 높은 소리 남*

　활동한 결과는 모둠별로 발표하여 공유하도록 한다.
- 모둠 공유의 결과를 바탕으로 약하게, 세게 치면 소리의 세기가 달라지는데 약하게 치면 약한 소리, 세게 치면 강한 소리가 난다.
- 줄이 짧거나 작은 북, 짧은 금속판일수록 더 높은 음의 소리가 발생한다.
- 두 가지 실험을 통해서 공통점을 찾고 일반화하도록 돕는다.

(2) 맞춤형 평가

■ 맞춤형 평가를 위한 교사 일지

일시	20○○. ○. ○.	학급	3학년 (　　)반
단원	소리의 성질		
관찰 및 피드백 내용	• 학생의 흥미에 적합한 악기를 선택하므로 개인별로 관심과 흥미가 높았다. • 악기의 떨리는 부분이 신기해하면서 관찰해야할 부분에 집중하는 시간이 길어졌다. • 악기 소리에 집중하기보다는 소리를 만드는 부분을 더 주의깊게 관찰하도록 안내가 필요하였다.		
맞춤형 평가 TIP	• 소리의 성질과 관련하여 악기소리가 날 때 소리의 세기에 해당하는 감각적 관찰을 표현하도록 한다.		

■ 평가 기준표(예시)

척도 / 평가요소	매우 우수	우수	보통
소리 성질	소리의 성질과 관련된 용어를 실생활에 적용하여 모두 바르게 사용한다.	소리의 성질과 관련한 용어를 올바르게 사용한다.	소리의 성질과 관련한 용어를 바르게 이해하여 사용할 필요가 있다.
아이디어 제시	소리의 발생 원인이나 소리의 전달과 관련된 소음 문제의 해결 아이디어를 올바르게 제시한다.	소음의 발생이나 전달 과정에 대한 설명 없이 소음을 줄이는 방법 위주로 아이디어를 제시한다.	소음을 줄이는 아이디어만을 몇 가지 제시한다.
관심 및 실천	소리와 관련된 일상생활의 문제에 관심을 가지고 적극적인 해결을 위해 실천한다.	소리와 관련된 일상생활의 문제에 관심을 가지고 실천한다.	소리와 관련된 일상생활의 문제에 관심을 가진다.

4-2. 다중지능 지표에 따른 결과물 맞춤형 수업

(1) 맞춤형 설계

■ **학습자 변인:** 다중지능 학습자 특성

　　소음은 쾌적하고 안전한 생활을 지속하는데 방해가 된다. 따라서 소음 방지를 위한 학습 결과물을 만들기 위해서 학습자의 다중 지능 측면에서 결과물을 작성하도록 학습자의 언어적, 시각적, 신체적, 대인관계 지능 등을 선택하여 활동하도록 하였다.

■ **맞춤형 설계 요소:** 교수학습 과정에서 '결과물'

　　소음 방지를 위한 다양한 캠페인 활동을 위한 결과물을 제작하는 시간으로 언어적, 시각적, 신체적, 대안 관계 지능 등 다양한 다중지능 요소에 바탕을 두고 결과물을 학습자가 선택해서 제작하도록 안내하고 있다.

■ 소음 방지 캠페인 결과물 맞춤형 수업 자료

▸ 지금까지 학습한 내용과 연계하여 소음 방지를 위한 다양한 캠페인 활동을 하려고 한다. 아래 과제물 중 선택해서 활동을 결정하고 그 결과를 제출하시오.

▸ 이 과제는 단원의 마무리 활동에도 적용하여 사용할 수 있다.

■ 학습자 변인과 맞춤형 과제

시각적/공간적	음악적/리듬적
A: 포스터 도안 및 완성	B: 노래 가사, 랩 작사
논리적/수학적	자유 과제
C: 소음 조사보고서 작성 (그래프 등)	D: 자유 선택 활동 (901호 딩동 아저씨 책읽기 등)
신체/운동 감각적	대인관계
E: 소음 관련 만화 작성	F: 소음 관련 인터뷰나 관찰 일지(5일 이상)

■ 소음 방지 캠페인 결과물 맞춤형 수업 자료

▸ 학생들은 다양한 방법으로 표현하는 과제들 중 1가지를 선택하여 결과물 제작 활동에 참여하고, 다양한 결과물을 제작 완성하도록 한다. (다양한 결과물 예시 참고)

A: 포스터 도안 및 완성	B: 노래 가사, 랩 작사
	♪♬ 쿵쿵쿵 발걸음 윙윙윙 청소기 툭 투두둑 투-욱.세탁기 밤에도 사방이 시끄럽다.
포스터를 도안하고 실제 색을 칠하여 포스터를 완성한다.	소음 관련 실천 가능한 활동으로 노래 가사를 작성한다.

C. 소음 그래프 작성	D. 소음관련 만화 4컷 제작
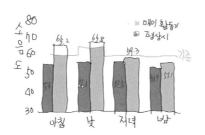	
층수나 도로에서 거리에 따른 소음을 측정 후 그래프로 그린다.	4컷 만화 앱을 이용하여 디지털 기기를 활용할 수 있다.
E. 소음 관련 인터뷰하기	F. 자유주제: 독서 활동 등

층간 소음의 경험에 대한 이야기를 녹음하여 듣고 정리할 수 있다.	소리나 소음관련 책을 읽고 이야기로 정리하거나 느낀 점 말하기

(2) 맞춤형 평가

■ 맞춤형 평가를 위한 교사 일지

일시	20○○. ○. ○.	학급	3학년 ( )반
단원	소리의 성질		
관찰 및 피드백 (예시)	• 학습자의 흥미나 관심, 학습의 선호도를 사전에 조사하여 학습자의 개별 특성을 파악할 수 있어야 한다. • 자료를 찾을 곳, 검색어 등 주제 관련 내용을 보충하고, 작성 방법 등을 지원하면서 결과물의 완성을 돕는다. • 이전 학습에서 학습한 소리의 특징이나 전달과 관련지어 효과적인 소음 방지 캠페인의 근거자료가 되도록 하여 완성한다. • 일반적 소음 방지 주장이 되지 않도록 확인을 하도록 한다.		
맞춤형 평가 TIP	• 다중지능을 바탕으로 한 결과물 과제는 학습자들이 관심을 가지는 적절한 표현 방법을 자유롭게 선택하도록 허용해야 한다. • 다양한 홍보 방법은 제작물에 따라 학교 아침 방송을 이용하거나 게시, 캠페인 등 후속 활동을 꾸준히 하도록 격려하고, 문제 해결에 계속적인 관심을 가지도록 한다.		

■ 학생 자기평가 점검표(예시)

척도 평가요소	매우 우수	우수	보통
학습 결과물	학습한 내용이나 조사한 자료를 근거로 모둠원의 참여와 합의로 결과물을 제작한다.	학습한 내용을 바탕으로 모둠원이 참여하여 결과물을 제작한다.	일반적인 내용으로 모둠원이 참여하여 제작한다.
동료평가	자료조사, 제작에 역할을 정하고, 각자 책임감을 가지고 참여한다.	조사한 자료를 바탕으로 모둠활동에 참여한다.	개별적으로 참여하는 부분이 많다.
자기평가	소음의 원인과 해결을 위한 실천 가능한 방법을 제시하고자 하였다.	소음의 원인과 예방을 위한 방안을 제시하였다.	소음 방지의 중요성을 알리고자 하였다.

과학과 3~4학년군 맞춤형 수업 사례(2) : 물의 상태변화

본 단원은 얼음이나 수증기를 관찰하거나 논리적으로 생각하여 물이 다른 상태로 변화할 수 있음을 탐구하여 학습하게 된다. 이러한 물의 상태 변화 과정에서 무게와 부피 변화를 관찰하여 발견하며, 일상생활에서 물의 상태 변화를 어떻게 이용하는지 알아보고 관찰을 통한 탐구의 중요성을 익히고, 일상의 문제를 탐구하려는 태도를 기르게 된다.

교육과정 분석	학습자 분석 및 맞춤형 전략	맞춤형 활동 및 평가 전략	맞춤형 수업 설계	맞춤형 평가
• 물의 세 가지 상태 • 물의 상태 변화	• 과학적 탐구 수준의 차이 • 관찰을 위한 질문의 계층화	• 학습 방법의 다양화	• 탐구 수준에 따른 활동 수행 • 수준에 적합한 질문의 제시	• 수준별 루브릭 제공

1 교육과정 분석

단원명	물의 상태 변화		
핵심 아이디어	물은 여러 가지 상태로 변화하며, 일상생활에서 물의 상태변화는 유용하게 활용된다.		
성취기준	[4과10−01] 물이 세 가지 상태로 변할 수 있음을 알고, 우리 주변에서 예를 찾을 수 있다. [4과10−02] 물이 얼 때, 얼음이 녹을 때, 물이 증발할 때와 끓을 때, 수증기가 응결할 때의 변화를 관찰할 수 있다. [4과10−03] 물의 상태 변화를 이용하여 물을 얻을 수 있는 장치를 설계하고 만들 수 있다.		
범주	지식·이해	과정·기능	가치·태도
	• 물의 상태 변화	• 관찰, 분류, 측정, 예상, 추리 등을 통해 자료를 수집하고 비교 분석하기	• 과학의 유용성 • 자연과 과학에 대한 감수성
학습 연계성	• 3~4학년군 '물체와 물질' 중학교 1~3학년군 '물질의 상태변화'와 연계된다.		

2 학습자 분석 및 맞춤형 전략

학급 상황	학급당 학생 수가 25명이며 학생들은 내용의 학습보다는 실험으로 활동하는 것을 훨씬 좋아한다. 학생들의 과학 탐구활동에 대한 수준은 성취가 매우 낮은 학생부터 스스로 혼자서 탐구할 수 있는 수준까지 다양하게 분포해 있어 탐구 수준별 학습전략이 필요하다. 또한 관찰이나 추론을 통한 탐구활동 과정에서도 구체적으로 안내하거나 추상적으로 생각하는 수준의 차이를 보여서 계층화된 질문 제시를 통해서 학생들이 수준에 적합한 방식으로 응답할 수 있는 맞춤형 전략이 필요한 상황이다.

2-1. 탐구 수준에 따른 학습 방법 맞춤형 전략

학습자 특성 (1)	분석	실험 활동을 좋아하는 학생들이지만 실제 탐구를 수행하는 데는 학생들의 탐구 수준에 따라 구체적인 교사의 안내가 필요하거나 안내된 절차를 따라하거나 스스로 탐구를 수행할 수 있다. 이에 탐구 수준에 따른 학습 방법으로서 맞춤형 전략을 구현한다.
	반영	☐ 흥미도　☐ 학습양식　☑ **학습 능력**　☐ 기타
맞춤형 전략 (1)		☐ 학습 내용　☑ **학습 과정(학습 방법**, 모둠, 시간 등) ☐ 학습 결과　☐ 학습 환경　　☐ 기타
평가		• 물이 얼거나 녹을 때의 부피나 무게 변화를 설명할 수 있다.

2-2. 질문 수준에 따른 학습 방법 맞춤형 전략

학습자 특성 (2)	분석	과학에서 기초적인 탐구활동은 관찰, 분류, 측정 등이 있는데 관찰은 그냥 눈으로 바라보는 정도를 넘어서 세밀하고 자세한 관찰을 필요로 한다. 따라서 학생의 학습 수준에 적절한 구체적 질문부터 추상적 질문을 제시하여 학습자가 선택하여 학습하는 맞춤형 전략을 구현한다.
	반영	☐ 흥미도　☑ **학습양식**　☐ 학습 능력　☐ 기타

맞춤형 전략 (2)	☐ 학습 내용　　☑ **학습 과정(학습 방법**, 모둠, 시간 등) ☐ 학습 결과　　☐ 학습 환경　　　☐ 기타
평가	• 수증기가 응결하면 물이 되는 상태 변화를 관찰할 수 있는지를 평가한다.

3 차시별 수업 활동

차시	학습 활동	맞춤형수업	자원
1~2	• 주제: 물의 세 가지 상태 변화 　− 물의 세 가지 상태와 상태변화 　− 우리 주변의 예 찾기		• 학습 활동지 • 페트리 접시, 얼음, 물
3~4	• 주제: 물이 얼 때와 녹을 때 변화 　− 물이 얼 때 부피와 무게 변화 　− 물이 녹을 때 부피와 무게 변화	탐구 수준에 따른 맞춤형 전략(1)	• 실험활동지 • 시험관, 물, 얼음, 소금
5~6	• 주제: 물이 증발할 때와 끓을 때 변화 　− 과일 말릴 때의 물 　− 물 가열할 때 변화 　− 공통점과 차이점		• 실험활동지 • 말린 사과 지퍼백, 건조기
7	• 주제: 수증기가 물로 변하는 현상 　− 차가운 컵 표면의 물방울	계층화된 질문의 사용 전략(2)	• 학습 활동지 • 비커, 차가운 물, 컵
8	• 주제: 물의 상태 변화 이용 　− 물의 상태 변화 우리 생활 이용		• 학습 활동지
9~10	• 주제: 물 얻는 장치 설계하고 만들기 　− 설계하기와 만들기		• 활동지
평가 및 성찰	• 주제별 루브릭 • 자기 점검 평가표 작성		

4 맞춤형 교수·학습 설계

4-1. 탐구 수준에 따른 학습 방법 맞춤형 전략

(1) 맞춤형 수업 설계

■ **학습자 변인:** 탐구 수준에 따른 학습자 특성

　　과학적 문제를 해결하기 위한 탐구 과정에 대한 이해는 자료를 수집하여 결론을 도출하는 데 매우 중요한 영향을 미친다. 따라서 학생들의 탐구 수준이 너무 낮으면 탐구의 전체 과정을 따르기 힘들고 탐구 수준이 너무 높으면 교사의 관여보다는 학생들이 더 자유롭게 탐구할 수 있도록 지원을 해야 한다. 따라서 학생의 탐구 수준에 적합한 방식의 학생을 구분하여 개별 맞춤형 탐구 과정을 수행할 수 있도록 하는 맞춤형 전략이 필요하다.

■ **맞춤형 설계 요소:** 교수학습 과정에서 '방법'의 다양화

　　탐구 수준에 적절한 탐구 방법으로 학습 방법을 다양하게 제시할 필요가 있다. 여기서는 교사가 직접 탐구 과정에 관여하는 직접 교육 방식과 교사가 제시한 내용을 따라가면서 하는 구조화된 탐구, 그리고 어느 정도 교사가 이끌어 주지만 학생들이 스스로 탐구하는 안내된 탐구방식으로 세 가지 유형의 탐구 수업 방법을 제시하여 학습자의 수준에 적합한 맞춤형 전략을 사용하게 된다.

■ **맞춤형 수업 자료**
　▸탐구 수준별 유형과 탐구 방식

직접 교수	구조화된 탐구	안내된 탐구
교사가 직접 활동을 하게 하도록 하여 구체적인 경험을 가지도록 유인하는 방식임	교사가 실험할 문제를 제시하고, 이를 해결할 방법과 수단을 가능한 상세히 제공하여 학생이 해결해 가는 방식임	과제를 학습지나 활동지 형태로 제시하지만 문제를 해결하는 방법이 다양하여 학생이 탐구 방식을 직접 결정할 수 있음

▶ 탐구 수준별 학습 활동지 형식

직접 교수	구조화된 탐구	안내된 탐구
• 물이 얼음이 될 때 부피와 무게가 어떻게 되는지 알아보기 - 플라스틱 시험관에 물을 넣고 마개를 막은 뒤 물의 높이를 유성펜으로 표시한다. - 전자저울로 플라스틱 시험관의 무게를 측정하게 한다. - 물을 얼리도록 한다. - 얼렸을 때 시험관의 부피를 측정하고 얼기 전 부피와 비교하여 말하도록 한다. - 얼렸을 때 무게를 측정하고, 얼기 전 무게와 비교하여 말하도록 한다.	• 다음 과정에 따라 부피와 무게를 측정하여 기록하여라. - 시험관 속 물의 처음 부피를 표시하고, 무게를 측정한 후, 얼리도록 한다. - 얼었을 때 부피와 무게를 측정하여 기록하여라. • 처음 물의 부피와 무게, 그리고 얼었을 때 부피와 무게가 어떻게 되는지 비교하여 말하여라.	• 시험관 속의 물과 이를 얼렸을 때 부피와 무게가 어떻게 되는지 실험을 통해 확인하여라. - 준비물: 학습지, 전자저울, 소금, 물, 시험관, 마개, 유성펜, 약숟가락 - 주의사항: 유리 기구를 깨지 않도록 주의한다. 소금을 섞은 얼음을 맨손으로 만지지 않도록 한다.

▶ 수업 적용 tip
- 교사는 전체 학생을 대상으로 오늘의 학습 내용과 활동 과정에 대한 안내를 한 후 학생들이 활동 수준을 선택하도록 한다. 이때 교사는 직접 교수 학생을 대상으로 집중하여 지도하지만 다른 탐구 수준의 학생들의 안전이나 실험 진행 과정을 관찰하고 필요할 때 관여하거나 지원하도록 한다.
- 직접 교수는 과학에 대한 성취수준이 매우 낮거나 실험 내용에 대한 이해도가 낮아 자발적으로 수행하기 어려운 경우 교사가 학생들을 지켜보면서 학생들이 한 단계씩 수행하도록 안내하여 직접 결과를 얻을 수 있도록 지원하는 경우에 해당한다.
- 구조화된 탐구는 학습지나 활동지로 실험 과정이 안내되어 있고, 한 단계씩 수행하면 결과에 도달할 수 있게 설계되어 있다.
- 안내된 탐구는 탐구 결과물은 예측가능하지만 탐구 시작을 촉진하도록 제공하는 도움말의 양이 구조화된 탐구보다 적고 학생이 탐구 방식을 직접 선택할 수 있도록 설계한다. 그리고 결과를 자유로운 형식으로 발표하도록 한다.

(2) 맞춤형 평가

■ 맞춤형 평가를 위한 교사 일지

일시	20○○. ○. ○.	학급	4학년 ( )반
단원	물의 상태변화		
관찰 및 피드백 내용(예시)	• 실험에 대한 이해도가 낮은 학생들이 직접 교사와 가까이서 실험활동을 수행하고, 결과를 얻게 됨으로써 학습을 해냈다는 성취감과 자신감을 가지는 모습을 보여주었다. • 성취가 높은 학생은 주어진 실험 도구로서 실험을 직접 설계하고 수행하므로 실험 몰입도가 매우 높고 적극적인 자세를 보여주었다.		
맞춤형 평가 TIP	• 학생들 전체는 이 실험이 전체적으로 안전을 고려하면서 수행되는지를 교사가 세밀하게 관심을 가지고 지켜봐야 한다. • 직접 교수의 경우는 교사가 학생들 개별적으로 눈을 맞추며 활동을 안내하고, 그 결과를 어떻게 측정하고 결과를 어떻게 기록하는지 구체적으로 하나씩 알려준다. • 안내된 탐구를 수행하는 학생들은 먼저 실험을 어떻게 할 것인지 계획을 한 후에 직접 측정 활동을 하도록 안내하고, 교사에게 언제든지 도움을 청하도록 안내한다. • 구조화된 탐구의 경우 학습 활동지의 안내에 따라 탐구를 수행하며, 질문이나 도움을 위해 언제든 교사의 지원을 요청하도록 안내한다.		

■ 평가 기준표(예시)

평가요소 \ 척도	매우 우수	우수	보통
상태 변화와 부피	실험 결과를 해석하여 물이 얼 때 부피가 증가함을 도출함	물이 얼 때 부피가 증가함을 말함	물과 얼음의 부피를 측정함
상태 변화와 무게	실험 결과를 해석하여 물의 상태가 변해도 무게가 일정하다는 결론을 도출함	물의 상태가 변해도 무게가 일정함을 말함	물과 얼음의 무게를 측정함
실험 활동 참여	호기심을 가지고 실험 활동에 적극적으로 참여함	실험 활동에 참여함	실험 활동에 관심을 보임

4-2. 질문 수준에 따른 학습 방법 맞춤형 전략

(1) 맞춤형 설계

> ■ **학습자 변인:** 학습자 인지 발달 수준을 고려한 학습자 특성
>
> 학습자의 인지 발달 수준을 고려하여 학습자들의 반응을 다양하게 유도하는 방식이다. 교사는 사전 조사를 통해 학습자들의 인지 발달 수준을 파악하고 있으며, 학생의 개별적 수준을 고려하여 학생과의 상호작용에 있어서 계층화된 질문들을 제시하여 학생이 이를 선택하도록 하거나 교사는 학생의 수준에 적절한 형태의 질문으로 상호작용을 유도할 수 있도록 한 것이다.
>
> ■ **맞춤형 설계 요소:** 교수학습 과정에서 '방법'의 다양화
>
> 관찰하고 추리하는 실험 활동 과정에서 학생들이 더욱 학습할 내용에 집중할 수 있도록 교사의 질문이나 안내를 통한 상호작용이 필요하다. 이때 학생과 상호작용을 위한 계층화된 질문지를 제시하여 학습 과정을 안내하고 지원하는 과정을 위한 다양한 학습 방법에 대한 맞춤형 전략을 제시한다.
>
> ■ **KWL을 활용한 학습자의 사전 학습 조사**
>
> ▸ 사전검사는 학습 경험에 앞서 교사가 학생의 사전 지식을 평가함으로써 다양한 정보를 파악하기 위함이다. 이러한 정보에는 선행지식, 개별학습자의 기능 습득, 집단 편성 등이 있으며, 코너학습, Yes/No 카드, 손가락으로 반응 보이기 등을 활용할 수 있다.
>
> ▸ KWL은 학습할 내용에 대해서 이미 알고 있는 것-알고 싶은 것-새로 배운 것을 기록하는 방법이며, 학생의 사전 학습 정도를 확인할 수 있다.
>
> | 이미 아는 것 | 알기를 원하는 것 | 새로 배운 것 |
> |---|---|---|
> | - 물이 끓으면 물의 양이 줄어든다.
 - 겨울에 따뜻한 방에 들어오면 안경이 뿌옇게 흐려진다.
 - 물은 증발하거나 끓으면 수증기로 변한다. | - 수증기가 물로 변할 수도 있을까?
 - 냉장고에서 꺼낸 음료수병 바깥에는 왜 자꾸 물방울이 생길까? | * 학습을 한 후에 기록하도록 한다. |

■ **계층화된 질문 만들기**

▸학생의 인지 발달을 고려하여 학생과의 상호 소통을 위한 질문의 유형을 계층화시켜서 학생들에게 제시한다. 이를 바탕으로 학생과 학생, 학생과 교사 사이의 상호작용을 돕는데 활용하도록 하는 전략이다.

▸계층화된 질문 제시: 학생들에게 다음과 같은 질문의 유형을 제시하고 학생은 자신의 수준에 적합한 질문을 해달라고 요청하거나 기록하여 교사가 학생이 선택한 수준에 적절한 질문을 제시할 수 있다.

질문 수준	질문 내용
낮은 수준	~을 손으로 가리켜 주세요. ~을 보여주세요. ~에 동그라미를 그려 주세요. 등
↕	'예 또는 아니오'로 답해 주세요. 1~2개 단어로 답해 주세요. 등
	왜 그런지, 어떻게 하는지 짧게 설명해 주세요. 등
높은 수준	왜 ~라고 생각해요? 만약~? 등

■ **계층화된 질문의 활용**

▸수증기가 물로 변하는 현상은 관찰과 추리적 사고를 필요로 하므로 교사와의 질문이나 상호작용을 통해서 학습 내용을 명확히 할 수 있다. 따라서 학습자 수준에 따라서 다름과 같은 질문이 가능하다.

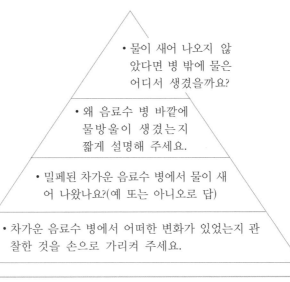

(2) 맞춤형 평가

■ 맞춤형 평가를 위한 교사 일지

일시	20○○. ○. ○.	학급	3학년 ( )반
단원	물의 상태 변화		
관찰 및 피드백 (예시)	• 학생의 수준에 적절한 간단한 답변을 요구하므로 학생과의 상호작용이 매우 용이하여 활동에서 학생이 부담을 가지지 않고 참여하면서 적극적인 관심을 더 보여주었다. • 인지 수준이 높은 학생은 추론적 질문을 제시함으로써 다양한 생각을 할 수 있는 기회를 제공하고 깊이 있게 생각하는 모습과 문제를 해결하려는 도전하는 모습을 보여주었다. • 학생의 인지 수준별 상호작용을 한 결과 학습 후 많은 학생들이 교사와 학습을 위한 관계가 더욱 수월해지고 개방적 관계가 되었다.		
맞춤형 평가 TIP	• 사전검사를 통해서 교사는 학생과의 상호작용 전에 학생의 인지 발달 수준에 대하여 파악을 하고 있어야 한다. • 제시된 계층화된 질문을 학생이 선택하도록 하거나 표시하도록 한다. 교사는 학생과 상호작용하면서 질문의 수준이 적절한지를 판단하면서 질문의 수준을 조절할 수 있어야 한다.		

■ 평가 기준표(예시)

평가요소 ＼ 척도	매우 우수	우수	보통
수증기 응결	물이 수증기가 됨을 통해 수증기가 응결되어 물이 됨을 추리함	수증기가 물로 상태 변화함을 관찰 결과로 이해함	수증기가 응결하여 물이 됨을 앎.
실험 활동 참여	학습 내용과 관련된 작은 변화의 관찰도 세밀하게 관찰하는 데 적극적으로 참여함	학습 내용 관련된 변화된 결과의 모습을 관찰하는 데 적극적으로 참여함	변화된 결과를 보고 관찰하는 활동에 관심을 보임

과학과 3~4학년군 맞춤형 수업 사례(3) : 디지털 매체 활용

본 사례는 과학수업에서 디지털 기기를 활용하여 학습의 결과물을 학습자의 학습 선호도에 맞추어서 과제를 완성하도록 한다. 학습 선호도는 다중 지능에 바탕을 두었으며, 이에 시각적, 청각적, 운동적 지능을 고려하여 학생의 선택권을 통하여 결과물을 완성하도록 하였다.

교육과정 분석	학습자 분석 및 맞춤형 전략	맞춤형 활동 및 평가 전략	맞춤형 수업 설계	맞춤형 평가
• 기후변화 대응	• 도구 관심이나 선호도 차이 • 다중지능	• 방법 다양화 • 결과물 다양화	• 개별 선택을 통한 탐구활동 • 선택 다양화를 통한 결과물 제작	• 자기 점검표

1 교육과정 분석

단원명	기후와 우리 생활		
핵심 아이디어	과학기술은 자원과 에너지 등의 효율적 이용방안을 제공하여 지속 가능한 사회에 기여한다.		
성취기준	[4과16-03] 기후변화 대응 방법을 조사하고, 생활 속에서 기후변화 대응 방법을 실천할 수 있다.		
범주	지식·이해	과정·기능	가치·태도
	• 기후변화 사례 • 기후위기 대응	• 자신의 생각과 주장을 과학적 언어를 사용하여 다양한 방식으로 표현하고 공유하기	• 과학의 사회적 가치
학습 연계성	• 초등학교 5~6학년 '날씨와 우리생활', 중학교 1~3학년 군 '날씨와 기후변화', '재해 재난과 안전'과 연계된다.		

2 학습자 분석 및 맞춤형 전략

학급상황		한 학급의 인원이 24명이며, 학생들은 학습하는 방법에 대한 흥미도는 매우 다양하며, 주로 시각적, 청각적, 운동적 능력 등으로 구분할 수 있다. 또한 학생들은 스마트폰이나 탭 등 디지털 기기를 개인별로 가지고 있으며, 이를 여러 교과 수업 시간에서 문서나 이미지 등을 활용한 경험을 다수 가지고 있다.
학습자 특성	분석	학생들은 개인별로 디지털 기기의 활용 능력에는 차이가 있지만, 문서작업, 사진이나 그림 올리기 및 가져오기, 링크 걸기 등을 해 본 경험이 있다. 이러한 디지털 활용 경험을 바탕으로 QR 코드를 활용하여 생활 속에서 다양한 기후변화 대응 방법의 실천 방법을 학습하게 된다.
	반영	☐ 흥미도 ☑ 학습양식 ☐ 학습 능력 ☐ 기타
맞춤형 전략 (1)		☐ 학습 내용 ☐ 학습 과정(학습 방법, 모둠, 시간 등) ☑ 학습 결과 ☐ 학습 환경 ☐ 기타
평가		• 기후변화 대응 방법을 생활 속에서 구체적으로 실천할 수 있는 방법을 제시하는지를 평가한다.

3 차시별 수업 활동

차시	학습 활동	맞춤형 수업	자원

1	• 주제: 여러 가지 기후변화 대응 방법 조사
	  − 기후변화 대응 방법 조사
	  − 개인적 사회적 사례 조사		

2	• 나만의 기후 변화 대응 실천 방안
	  − 사진이나 그림, 음성 녹음, 영상, 캠페인
	    활동 등 표현 방식 결정하기
	  − 표현 방식에 적합한 대본 작성
	  − 제작 활동
		• 학습 선호도에 따른 디지털 매체 활용 맞춤형 활동	• 학생 활동지
			• 개인별 디지털 기기

3	• 전시 및 발표 − 작품 관람 및 평가		

4 학습 선호도에 따른 디지털 매체 활용 맞춤형 수업

■ **학습자 변인:** 학습 선호도

스마트폰이나 스마트기기 등 디지털 도구를 활용하여 학생들의 학습 선호도에 맞추어서 다음 네 가지 활동 중에서 선택하도록 한다. 사진이나 그림으로 표현하기, 설득하는 말 녹음하기, 몸동작으로 캠페인 나타내기 영상, 실제 실천하는 방법의 영상 제작 등에서 선택하여 제작하고 이를 QR코드에 연결한다.

■ **맞춤형 설계 전략:** 교수학습 과정에서 '산출물'의 다양화

기후변화에 대한 학생 차원의 실천적 방법을 제안하는 캠페인 활동으로 학생들이 선택한 매체를 사용하여 최종 산출물인 기후변화 대응 실천 캠페인 활동들을 담은 QR 코드를 제출하는 것이다.

■ **맞춤형 수업 자료**

▸ 기후변화 대응 방법을 조사하여 다양한 실천을 확인한다. 이때 개인적 실천방안이나 지역적 사회적 실천방안에 대해 조사하고 정리한다.

▸ 내가 할 수 있는 구체적인 실천방안을 생각해 보고, 이를 그림이나 사진, 포스터, 말이나 글, 그리고 구체적인 행동 영상 등 어떻게 표현할 것인지를 선택한다.

▸ 각 개인의 선호도에 따라 표현할 방법이 결정되면, 실제 제작을 구체적 자료를 찾거나 대본을 작성하도록 한다.

사진	그림이나 포스터
사진 자료를 활용하여 포스터 만들기	직접 제작한 그림으로 글자 추가하여 포스터 만들기

말하기	영상 자료
 정리한 글을 작성한 후 이를 바탕으로 말하기를 음성으로 녹음하기	 몸을 실천하는 모습이나 캠페인 활동의 영상 제작

- 사진이나 그림, 포스터의 경우는 제시되는 그림을 통하여 전하고자 하는 메시지를 직접 그림에 텍스트를 추가하여 제작할 수 있다. 제작 완료한 사진, 그림이나 포스터는 파일 이름을 잘 알아두고 저장한 후 QR 코드를 제작한다.(이때 저작권에 유의하도록 한다.)
- 설득하는 글을 작성한 후 말로 전달하는 경우에는 대본을 작성한 후 녹음파일을 만들도록 한다. 그리고 이 파일을 교사가 알려준 곳에 올린 후 링크를 연결한 QR 코드를 제작하도록 한다.
- 행동하는 영상이나 몸으로 표현하는 영상의 경우는 실제 모습을 촬영한 후에 영상을 교사가 알려준 곳에 올린 후 링크를 연결한 QR 코드를 제작하도록 한다.

▶ 제작된 작품은 A4 용지에 간단하게 소개와 QR코드를 함께 붙여서 교사에게 제출한다.
▶ 교사는 안내 과제물을 교실이나 넓은 공간 벽면에 붙여놓는다. 그리고 학생들이 스마트폰으로 QR 코드를 스캔하여 학생 작품을 감상하도록 한다. 이때 각 작품에 대해 동료평가가 되도록 스티커를 붙이거나 작품에 대한 간단한 소감을 작성하도록 한다. 이때 학생들의 평가를 위한 양식은 공유 문서로 제작되어 학생들이 직접 작품을 본 후 바로 기록할 수 있도록 한다.

QR코드 모델1

> ▶ 학생들은 작품의 우수성보다는 기후변화 대응방안으로 구체적으로 가정이나 학교에서 학생 수준으로 실천 가능하고 좋은 아이디어라는 생각이 드는 작품에 스티커를 붙이거나 점수를 부여하도록 한다.

5 맞춤형 평가

■ 맞춤형 평가를 위한 교사 일지

일시	20○○. ○. ○.		학급	4학년 ( )반
단원	열과 우리 생활			
관찰 및 피드백 내용(예시)	• 개별 학생들은 매체 활용에 대해 관심이 매우 높고 적극적인 참여를 보여주고, 각자가 선호하는 방식에 대해 그림에 집중하거나 영상 제작에 집중하는 등 과제 활동에 적극적으로 참여하는 모습을 보임. • 학생들이 가정에서 또는 학교나 지역에서 구체적으로 활동할 수 있는 방법을 잘 표현하고 있음. • 선호도가 같은 매체에 대해 모둠별 과제를 논의하고 조정하는 과정에서 협력이 잘 이루어짐.			
맞춤형 평가 TIP	• 교사는 사용할 매체들인 녹음이나 그리기, 영상 촬영 등에 사용하는 앱에 대해 활용 가능성, 학생 숙달도를 파악하고 있어야 한다. • 학급 전체를 대상으로 평가하되 매체 활용정도의 평가보다는 기후변화 대응 실천 방안의 적절성에 더 집중하여 평가하도록 한다.			

■ 동료 평가와 자기평가표(예시)

○ 모둠 평가

평가내용	• 생활 속에서 구체적으로 실천 가능한 방법을 제안할 수 있다. • 매체의 특징을 잘 활용하여 실천을 유도하고 있다.

평가 요소	성취 수준	평가	특기 사항
실천 방안	◎: 생활 속에서 구체적 실천 가능한 방법을 창의적으로 제시함 ○: 생활 속에서 실천 가능한 방법을 제시함		

	△: 일반적 실천방안을 제시함		
매체의 표현	◎: 매체의 특징을 잘 살려서 호소력 있게 표현함 ○: 매체를 활용하여 실천을 강조함 △: 실천해야 하는 내용을 강조함		

○ 자기 평가

	학습 활동 참여 태도	구체적 아이디어 제시	친구들과 묻고 답하기
자기평가	☺ ☺ ☺	☺ ☺ ☺	☺ ☺ ☺

영어과 3~4학년군 맞춤형 수업 사례(1) : Can You Swim?

Can You Swim?은 할 수 있는 것과 할 수 없는 것을 나타내는 말을 배워보는 단원으로 실생활에서 활용할 수 있도록 설정되었으나 본 맞춤형 사례에서는 과업중심언어교수법 (Task-Based Language Teaching, TBLT)으로 설계하여 더욱 의미 있고, 의사소통이 활발히 이루어질 수 있도록 재구성하였다. 이를 통해 학생 개별 맞춤형 수업 전략을 적용하였다.

교육과정 분석	학습자 분석 및 맞춤형 전략	맞춤형 수업 설계	맞춤형 수업 실제 및 자료 1, 2
• 할 수 있는 것과 할 수 없는 것 ⇨	• 학급 특성 및 학습자 파악 ⇨	• 맞춤형 전략에 따른 활동 및 평가 설계 ⇨	• 맞춤형 수업 활동, 맞춤형 Tip

1 교육과정 분석

단원명	Can You Swim? (3학년)		
핵심 아이디어	자신의 감정이나 의견을 담화나 글로 표현하는 능력을 함양한다.		
성취기준	[4영02-08] 자기 주변 주제에 관한 담화의 주요 정보를 묻거나 답한다.		
범주	지식·이해	과정·기능	가치·태도
	• 쉽고 간단한 단어, 어구, 문장의 소리	• 강세, 리듬, 억양에 맞게 따라 말하기	• 말하기에 대한 흥미와 자신감
수행과제	주말 활동 같이 할 친구 찾기		

2 학습자 분석 및 맞춤형 전략

○ 학급 특성

자신의 의견이나 생각을 적극적으로 표현하는 학생들이 많고, 수업 규칙을 잘 지키지 않는 학생이 2~3명 있음. 영어에 대한 흥미와 관심을 가지며, 노래와 게임 활동을 매우 좋아함.

■ **학습자 분석**

학습 준비도	학습 흥미	목표 설정

영어학습 경험 및 개인차에 따른 준비도가 다름. 표현 및 활동에 서로 다른 흥미를 가짐.
학습 활동에 대한 스스로의 목표를 설정함.

■ **맞춤형 전략**

(시각 표현) (옵션 메뉴) (수신호 하기) (학습 결과 표현 다양화)

학습 활동을 고려한 다양한 맞춤형 전략으로 개인의 성장 및 가능성을 극대화함.

3 맞춤형 수업 설계

○ 차시별 수업 활동 설계

차시	학습 활동	맞춤형 전략	자료㉜ 및 유의점㉴
1	• 동물들이 할 수 있는 것과 할 수 없는 것 핵심 질문: 동물들의 능력은 어떻게 다른가?	시각표현	㉜ 동물 동작 그림 카드, 노래 영상
2	• 사람들이 할 수 있는 것과 할 수 없는 것 핵심 질문: 사람들은 무엇을 할 수 있나요? – 능력이 다른 사람들을 대하는 자세	– 매체 활용	㉜ 동영상 자료 ㉴ 에듀테크 활용 의견 수렴
3	• 주말 활동 함께 할 친구 찾기(TBLT) 핵심 질문: 활동을 할 수 없는 친구도 주말에 같이 놀 수 있을까요?	– 수신호하기	㉜ 그림자료 ㉴ 활동이 제한적이지 않도록 다양한 의견을 수렴
4	• 몸으로 말해요. 핵심 질문: 말을 하지 않고 의사소통하려면 어떻게 할 수 있을까요? – 여러 나라의 여가 활동, 여가 활동 카드 만들기	– 학습결과물 표현의 다양화	㉜ 스마트기기, AutoDraw 활동 ㉴ 카드 제작 후 말하기 활동하기

○ 맞춤형 평가 설계(3/4차시)

▸ 수행과제명: 주말 활동 같이 할 친구 찾기

　– 친구에게 할 수 있는 것과 할 수 없는 것을 질문해 보고 주말 활동 함께 할 친구 찾기 Can you swim? Yes, I can./ No, I can't.

▸ 맞춤형 평가 전략 　목표 설정　　옵션 메뉴

　– 학생이 바라는 목표에 도달할 수 있도록 선택권 제시하기, 활동을 할 수 있는 것과 할 수 없는 것으로 나누고 결과대로 그룹 정하기 또는 다양하게 제시되거나 스스로 찾은 자유질문을 통해 주말 활동 같이 할 친구 정하기

▸ 분석적 루브릭

척도 ＼ 평가요소	상	중	하
① 친구와 할 수 있는 것과 없는 표현으로 대화하기	할 수 있는 것과 할 수 없는 것을 자신 있게 질문하고 답함.	할 수 있는 것과 할 수 없는 것을 말하는 표현이 양호함.	도움을 받아 할 수 있는 것과 할 수 없는 것을 질문하고 답함.
② 주말 활동 함께 할 친구 정하기	자신이 정한 목표에 맞게 주말 활동할 친구를 정하고 이유를 잘 말함.	주말 활동할 친구를 정하고 이유를 말하는 수준이 양호함.	도움을 받아 주말 활동할 친구를 정하고 이유를 말할 수 있음.

4 맞춤형 수업 실제 1

단원	Can You Swim?		차시	3/4
핵심 아이디어	자신의 감정이나 의견을 담화나 글로 표현하는 능력을 함양한다.			
성취기준	[4영02-08] 자기 주변 주제에 관한 담화의 주요 정보를 묻거나 답한다.			
학습목표	친구와 대화하며 주말 활동을 함께 할 친구를 정하고 계획을 세울 수 있다.			
주요 어휘	Can you swim? Yes, I can./ No, I can't.			

■ **학습자 변인:** 할 수 있는 것과 할 수 없는 것을 자유롭게 묻고 답하는 활동을 스스로 하기 어려운 학생들이 있음. 주말 활동을 함께 할 친구를 어떻게 정할지 옵션을 주고 편안한 목표를 본인이 설정하고 활동하도록 함.

활동 1　주말 활동 함께 할 친구 찾기(TBLT)

1. 상황 : 주말 친구들과 함께 놀고 싶음. 시간도 되고 용돈도 있음.
2. 주요 표현 : 할 수 있는 것과 할 수 없는 것을 묻는 표현 말하기
3. 주요 과업 : 같은 활동을 하고 싶은 친구를 정하고 그룹 계획 짜기
4. 맞춤형 전략 : 옵션 메뉴 제공하기, 디지털 기기 활용하기

맞춤형 전략	옵션 메뉴 1	옵션 메뉴 2	옵션 메뉴 3
학습 준비도 목표 설정	시각 그림 카드 자료를 이용하여 선생님과 연습 후 친구에게 보여주며 질문하기	한국어로 하고 싶은 질문을 교사 또는 스마트기기를 이용하여 검색하고 질문하기	주말 활동을 함께 할 친구들과 시각과 장소 등도 함께 논의하고 작성하기

■ 맞춤형 수업 활동 자료

옵션 메뉴 1　그림 자료(학생과 연습, 필요 시 한국어로 표기)

Can you swim?　　Can you sing?　　Can you ski?

야구 할 수 있니? Can you play baseball?

축구 할 수 있니? Can you play soccer?

스케이트 탈 수 있니? Can you skate?

▸ 학생들이 질문하기 좋아하는 내용은 칠판에 크게 써 주어 함께 참고하도록 한다. 스마트기기 활용 시 주의점을 사전 안내하도록 한다.

옵션 메뉴 3

친구와 함께 하는 주말 활동 계획 정리하기

Class: 3 - ○　　　　　　　　　Name:

친구와 함께 할 활동: (간단한 그림으로 제시)

함께 할 친구: 희윤이, 도윤이, 영아

만날 장소: ○○동 스케이트장

Can you skate? Yes, I can.

맞춤형 TIP

- 학생 준비도가 다르기 때문에 활동의 도달 방법도 스스로 선택할 수 있도록 옵션을 제공함. 활동은 좀 다르되 목표에 도달하는 내용은 동일할 수 있음. 교사는 선택권을 제시하고 학생은 완성할 것을 선택함.
- 대화가 어려운 학생의 경우는 간단한 수신호를 통하여 대화할 수 있도록 안내함.

■ 맞춤형 평가를 위한 교사 일지

일시/학급	20○○.○.○.( ). / 3학년 ( )반
단원	Can You Swim?
관찰 및 피드백 내용	• 도전 의식이 많은 3학년은 의외로 질문이 많았다. 특히 축구, 배드민턴, 줄넘기 등 실제 생활에서 많이 하고 있는 활동들을 질문하고 싶어 했고, 스마트기기를 활용하여 스스로 질문하기를 시도하는 학생들도 있었다. 교사에게 바로 질문하는 경우가 가장 많았다. 발화를 어려워하는 ○○이는 그림 카드를 가지고 연습한 후 친구들에게 질문을 하였다.
맞춤형 평가 TIP	• 학생이 설정한 목표와 옵션에 따라 평가하되 상하향 조정할 수 있도록 여지를 두도록 함.

5 맞춤형 수업 실제 2

단원	Can You Swim?	차시	4/4
핵심 아이디어	자신의 감정이나 의견을 담화나 글로 표현하는 능력을 함양한다.		
성취기준	[4영02−08] 자기 주변 주제에 관한 담화의 주요 정보를 묻거나 답한다.		
학습목표	여가 활동 카드를 만들고 대화할 수 있다.		
주요 어휘	Can you swim? Yes, I can./ No, I can't.		

활동 내용 및 맞춤형 TIP

■ **학습자 변인:** 그림 그리기 활동을 할 경우 의사소통 능력보다 자칫 그림 실력에 좌우되지 않도록 염두에 두어야 할 필요가 있음. 시각 자료를 활용할 때 학습 활동 동기부여가 될 수 있음.

활동 1	여가 활동 카드 만들고 대화하기

맞춤형 전략	디지털 매체 활용 1	디지털 매체 활용 2
학습 흥미	교과서 카드 자료에 그림을 그리고, 디지털 매체로 사진을 찍어 Padlet 등(협업 플랫폼)에 공유하기	디지털 매체를 활용한 그림을 그리며 카드 만들고 할 수 있는 것과 할 수 없는 것의 표현을 말하며 대화하기

▶ 디지털 매체를 간단하게 그림판 이용하여 그림을 그리고 파일 저장하기, AutoDraw와 같은 인공지능 그림 도구 등을 활용하여 쉽게 제작할 수 있다. 학생 수준 및 흥미에 맞도록 평소에 자주 활용하여 익숙한 경우 더욱 쉽게 활동할 수 있다.

■ 맞춤형 수업 활동 자료

디지털 매체 활용 1) 스스로 그림을 그린 후 Padlet에 공유하기

디지털 매체 활용 2) 디지털 매체를 활용하여 카드 만들고 대화하기

Can you play soccer?

맞춤형 TIP

- 디지털 매체의 활용을 통한 디지털 역량의 강화는 교사와 학생 모두에게 중요함. 다양한 인공지능 프로그램 및 매체를 활용하여 학생의 영어 활동을 지원하되, 프로그램 활용 자체에만 집중하지 않도록 유의할 필요가 있음. 영어과에서 의사소통 능력 신장 목표를 달성할 수 있는 보조 활동으로 다룰 필요가 있음.

■ 맞춤형 평가를 위한 교사 일지

일시/학급	20○○.○.○.( ). / 3학년 ( )반
단원	Can You Swim?
관찰 및 피드백 내용	• 디지털 매체를 활용한 활동이 새롭게 보여 대부분의 학생들은 스마트기기를 활용하여 컴퓨터로 그림 카드 만들기를 해 보았으나 스스로 그림을 그리는 경우를 선호하는 경우도 있었다. 학생들의 흥미는 영향을 끼치는 다양한 요인이 있기에 교사가 판단하거나 고정관념을 가지지 않도록 해야 함을 느꼈다. 카드 만들기 후 Can you~? 표현을 활용하여 대화하는 활동을 더욱 신나게 하는 것을 보았다. 또한 새로운 표현을 시도해 보려는 학생이 많아 실생활에서 정말 궁금해하는 표현들이 많음을 알 수 있었다.
맞춤형 평가 TIP	• 그림 그리기 자체나 디지털 매체 활용 능력에 집중되지 않도록 유의하며 개인 피드백을 하였음. • 공유 플랫폼에 올리는 활동도 평상시 자주 하여 시간을 많이 소모하지 않도록 할 필요가 있음.

■ 맞춤형 평가를 위한 학생 자기평가

평가내용	• 여가 활동 카드를 만들고 대화할 수 있다.

척도 평가요소	상 수준	중 수준	하 수준
여가 활동 카드 만들기	내가 표현하고 싶은 질문을 넣어 카드를 잘 만들었다.	내가 질문하고 싶은 표현을 정하고 표현하는 상태가 양호하다.	도움을 받아 질문하고 싶은 표현을 정하고 그림 카드를 만들었다.
여가 활동에 대해 대화하기	친구와 여가 활동을 위해 대화를 자신있게 말할 수 있다.	친구와 여가 활동에 대해 묻고 답하는 표현 정도가 양호하다.	도움을 받아 여가활동에 대해 묻고 답할 수 있다.

이름	학습 활동 참여 태도	여가 활동 카드 만들기	친구와 Can you~? 묻고 답하기
	⌣ ⌣ ⌣	⌣ ⌣ ⌣	⌣ ⌣ ⌣

영어과 3~4학년군 맞춤형 수업 사례(2) : What Color Is It?

본 단원은 What color is it? 단원을 중심으로 학생들에게 외국어 학습 시 실제적 어려움을 보이는 학습자 요구를 중심으로 맞춤형 수업을 설계하였다. 특히 읽기 영역을 중심으로 언어의 네 가지 기능을 고루 습득할 수 있도록 맞춤형 전략을 세우고 적용한 예시이다.

교육과정 분석	학습자 분석 및 맞춤형 전략	맞춤형 수업 설계	맞춤형 수업 실제 및 자료 1, 2
• 색깔 이름 익히기	• 지도할 학급 특성 및 학습자 파악	• 맞춤형 전략에 따른 활동 및 평가 설계	• 맞춤형 수업 활동 및 맞춤형 Tip

1 교육과정 분석

단원명	What color is it? (3학년)		
핵심 아이디어	적절한 전략을 활용하여 담화나 글의 의미를 파악하고 분석한다.		
성취기준	[4영01−07] 적절한 전략을 활용하여 담화나 문장을 듣거나 읽는다.		
범주	지식·이해	과정·기능	가치·태도
	• 이야기나 서사 및 운문	• 세부 정보, 중심 내용 파악하기	• 흥미와 자신감을 가지고 듣거나 읽으며 즐기는 태도
수행과제	우리가 읽어 주는 동화책		

2 학습자 분석 및 맞춤형 전략

○ 학급 특성

영어 수업의 어려움 중 하나로 개인 수준 차이가 있음. 학급마다 읽기에 도움이 필요하거나 수업 집중에 어려움이 있는 학생들이 있으며, 학습 영역마다 강점을 보이는 영역도 다양함.

학습자 분석	읽기 수준 이해 수준 학습 흥미 읽기에 도움이 필요한 학생이 있음. 활동에 대한 이해 수준 및 문화적 배경의 차이로 한국어 이해 특히 용어 및 활동의 설명이 필요한 학생이 있음. 외국어로서 한국어를 배우고 있는 학생의 경우는 영어 시간 이중의 어려움을 겪기도 함.
맞춤형 전략	읽기 친구 중요 부분 표시 녹음 자료 선택 게시판 새로운 읽기 자료를 제시할 때 읽기 친구를 허용하여 학습 불안을 낮추고, 소집단 구성을 자유롭게 할 수 있도록 함. 형광펜을 사용하여 중요한 부분을 표시하여 주거나 미리 표시해 주어서 용어와 철자 규칙을 어려워하는 학생을 지원함. 읽기 학습의 동기 부여 및 성취수준을 높이기 위해 함께 녹음하기 활동을 하고 자료를 들을 수 있도록 함. 수업 목표로 이어질 서로 다른 활동을 정하여 학생이 선택할 수 있도록 함.

3 맞춤형 수업 설계

○ 차시별 수업 활동 설계

차시	학습 활동	맞춤형 전략	자료㉯ 및 유의점㉤
1	• 색깔을 묻고 답하는 표현 이해하기 핵심 질문: 왜 색깔을 알고 말할 수 있어야 할까?	– 중요 부분 표시	㉯ 색깔 카드, 동영상 자료
2	• 다양한 방법으로 색깔 익히기 핵심 질문: 색깔의 이름은 어떻게 정했을까?	– 읽기 친구	㉯ 색종이, 채색도구, 활동지 ㉤ 에듀테크 활용 의견 수렴
3	• 이야기책을 통해 색깔 익히기 핵심 질문: 색깔 이야기는 어떤 이야기일까?	– 녹음 자료	㉯ 이야기책, 녹음 기기
4	• 색깔을 나타내는 낱말 읽고 따라 쓰기 핵심 질문: 색깔을 나타내는 말은 읽을 수 있으려면 어떻게 해야 할까?	– 선택 게시판	㉯ 미니북 템플릿, 색 필기도구

○ 맞춤형 수행과제

▸ 수행과제명: 우리가 읽어 주는 동화책

  – 색깔 관련 이야기책을 함께 읽는 연습을 하고, 녹음하여 듣기

  – ⬚이해 수준⬚ ⬚녹음 자료⬚ 내가 읽을 부분을 파악하고 선택하기

  – 평가 기준: 내가 맡은 부분 읽고 녹음하기

▸ 평가를 위한 분석적 루브릭

평가요소＼척도	상 수준	중 수준	하 수준
이야기책 읽고 녹음하기	내가 맡은 부분을 자신 있게 잘 읽고 녹음할 수 있음.	자신이 맡은 이야기 부분을 읽는 정도가 양호함.	친구나 교사의 도움을 받아 맡은 부분을 읽을 수 있음.

4 맞춤형 수업 실제 1

단원	What Color Is It?	차시	2/4
핵심 아이디어	담화나 글로 표현하는 활동은 협력적이고 포용적으로 상호 소통하며 의미를 표현하거나 교환하는 태도를 길러 준다.		
성취기준	[4영01-07] 적절한 전략을 활용하여 담화나 문장을 듣거나 읽는다.		
학습목표	색깔을 묻고 답하는 표현을 읽을 수 있다.		
주요 어휘	What color is it? It's red. It's yellow. It's green. ...		

활동 내용 및 맞춤형 TIP

활동 1　색종이의 색깔 읽기

■ **학습자 변인:** 읽기에 도움이 필요한 학생이 있음. 활동에 대한 이해 수준 및 문화적 배경의 차이로 한국어 이해 특히 용어 및 활동의 설명이 필요한 학생이 있음.

맞춤형 활동 설계	읽기 친구	중요 부분 표시
읽기 수준 이해 수준	색종이와 색깔 이름 카드 짝을 짓고 읽는 활동을 위해, 읽기 친구를 정하기	문화적 배경의 차이로 인해 한국어 활동 설명 이해가 어려운 학생을 위해 중요 부분을 미리 표시해 둔 자료 제공하기

■ 맞춤형 수업 활동 자료

▸ 색종이와 색깔 이름 카드 짝을 짓거나 색깔 이름을 쓴 후, 읽기 친구와 읽기 연습하기

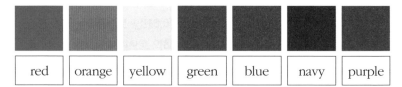

| red | orange | yellow | green | blue | navy | purple |

맞춤형 TIP

- 읽기 친구 읽기 친구는 학생들의 특성과 의견을 반영하여 2~4인까지 구성할 수 있도록 함. 너무 인원이 많은 경우는 개별 읽기 능력을 파악하기 힘들 수 있음. 전체 학생 수를 미리 파악하고 함께하는 읽기 친구끼리 공통의 이름을 만들거나 표시할 수 있는 기호를 사용하는 것도 동기 부여가 될 수 있음.

- 중요 부분 표시 문화적 배경의 차이 또는 개인적 어려움으로 활동 이해가 어렵거나 집중에 문제가 있는 학생에게는 활동 자료에 형광펜 또는 굵은 글씨체 등으로 중요한 부분을 미리 표시해 주거나 단서를 주어 활동을 쉽게 이해하고 접근하도록 지원함.

▸ 중요 부분 표시의 예 1

| red | orange | | green | blue | navy | purple |

글자 색을 달리하거나 색연필로 색깔 이름 카드 한쪽에 색을 표시해 줄 수
도 있음.

▸ 중요 부분 표시의 예 2

5 맞춤형 수업 실제 2

단원	What Color Is It?	차시	3/4
핵심 아이디어	담화나 글로 표현하는 활동은 협력적이고 포용적으로 상호 소통하며 의미를 표현하거나 교환하는 태도를 길러 준다.		
성취기준	[4영01−07] 적절한 전략을 활용하여 담화나 문장을 듣거나 읽는다.		
학습목표	이야기책을 활용하여 이야기 녹음과 역할극을 할 수 있다.		
주요 어휘	What color is it? It's red. It's yellow. It's green. ...		

활동 내용 및 맞춤형 TIP
■ **학습자 변인:** 이야기책 읽기 수업은 개별 학생의 수준을 다 맞추기가 어렵고 흥미가 서로 다름. 학생들의 영어 수준을 고려하여 이야기책을 선정할 필요가 있음. 이야기책을 활용한 다양한 활동 구상이 필요함.

맞춤형 활동 설계	녹음 자료 1	녹음 자료 2	녹음 자료 3
학습 흥미	• 색깔을 주제로 다룬 다양한 이야기책의 녹음 자료 듣기	• 우리가 만든 이야기책 녹음 준비하기 • 내가 맡을 부분 연습하기	• 각자 읽는 부분을 녹음하여 합한 후 전체 이야기 듣기

맞춤형 TIP

■ 학생들이 자신의 목소리로 이야기를 녹음하고 친구들과 함께 들어 보는 경험을 통해 읽기에 대한 자신감과 흥미를 갖도록 할 수 있음. 녹음 도구는 방송실 시설 또는 휴대폰 녹음 기능 앱을 활용하여 쉽게 녹음할 수 있음. 이야기 편집 시에는 장면마다 어울리는 그림들 함께 제작해도 좋고 소리로만 듣는 이야기도 상상력을 자극하기에는 좋음. 녹음 할 파트를 나눌 때는 학생 수준을 고려하되 누구나 잘 할 수 있고, 교사가 잘 도와줄 것을 말해 주어 불안을 해소해 주는 것도 효과적임. 서로 다른 반의 녹음 이야기를 함께 공유하는 방법도 있음.

▸ 이야기책 예시

제목: Blue Hat Green Hat, 저자: Sandra Boynton

YELLOW PANTS,　RED PANTS,　GREEN PANTS,　OOPS.

학생 1 녹음: Yellow pants, red pants

학생 2 녹음: Green pants, oops.

■ **학습자 변인:** 역할극 수업의 경우도 자신이 맡을 부분을 정하는 데 개인차로 인한 어려움이 발생함. 대사를 외우기가 어려워 역할극 참여를 싫어하는 학생이 있음. 이야기책의 수준을 기본으로 학생 개개인의 선호와 어휘 수준을 고려하여 누구든 쉽게 대사를 말하고 역할극을 할 수 있는 전략이 필요함.

활동 2	이야기 대본을 만들고 역할극 하기

맞춤형 활동 설계	역할극 1	역할극 2	역할극 3
학습 흥미 어휘 수준	• 녹음 자료의 한 파트를 그대로 대사로 말하기	• 어디를 맡아도 읽을 수 있도록 연습하기	• 역할을 다르게 하여 여러 버전으로 역할극 하기

▸ 역할극 단계

  1. 전체 이야기 듣기: 교사가 읽어 주는 이야기 듣기

  2. 각 부분 활동지 읽기 친구를 정하고 함께 읽기

  3. 활동지를 무작위로 선택하여 내가 맡은 부분 읽기 친구와 함께 읽기

  4. 내가 맡고 싶은 부분 활동지 선택하기

  5. 내 대사에 맞는 그림 자료 또는 같은 색깔이 있는 옷이나 소품 준비하기

  6. 여러 버전의 이야기가 있는 역할극 하고 동영상 촬영하기

  7. 우리가 한 역할극 동영상 함께 보고 즐기기

■ 맞춤형 수업 활동 자료

  ▸ 이야기 대사(예시): Green pants, red pants, yellow pants, oops.

  ▸ 이야기를 대사별로 나누어 인쇄하고 뒷면에는 번호를 매김

	1		2		3
앞면	뒷면	앞면	뒷면	앞면	뒷면

 마지막 라임인 OOPS. 부분은 다 같이 말하기

▸ 다른 부분도 번호를 이어 가며 활동지를 만들어 학생에게 어떤 번호의 활동지가 주어지든 읽고 말할 수 있도록 연습함.

▸ 1번~12번 정도로 나뉘는 활동지를 이야기 내용 및 학생 수를 고려하며 준비하고 첫 번째 이야기 역할극을 함. 활동지를 받은 학생들은 교실 앞쪽에 1번~12번의 순서대로 서며 이것이 역할극의 순서가 됨.
1번 학생부터 큰 소리로 말할 수 있도록 격려하며 자기 파트를 읽어 마지막 OOPS.를 다 같이 외치며 이야기 한편을 완성함.

맞춤형 TIP

■ 충분한 읽기 연습이 완료되면 학생들은 어떤 파트가 나에게 와도 할 수 있는 자신감을 가지게 됨. 이야기책 활용 역할극의 마지막은 대사 없이 바로 학생들이 입고 있는 옷 색깔이나 소품을 준비하여 바로바로 대사를 하며 즉석 역할극도 가능함. 동영상 촬영 시 고정 카메라 또는 학생에게 핸드폰을 이용하여 촬영하도록 기회를 주어도 좋음. 동영상 편집 시 교사는 자막을 넣어 주어도 좋고 모두 수준이 비슷해지면 자막 없이 동영상을 감상함.

■ 맞춤형 평가를 위한 교사 일지

일시/학급	20○○.○.○.( ). / 3학년 ( )반
단원	What Color Is It?
관찰 및 피드백 내용	• 역할극이 어렵게 느껴졌던 이유는 학생들의 수준차 및 다 같이 역할을 편하게 할 수 없는 이유였다. 대사가 외우기 힘든 수준이거나 실생활과 동떨어진 이야기로 이야기에 학생들을 맞추는 모양새가 되면 왜 역할극을 하는지 의미가 무색해지기도 했다. 읽기 자료나 수준에 적합한 이야기책으로 시도했을 때 대사는 짧지만 완벽하게 자신감 있게 해내는 모습이 좋았다. 쉬운 이야기책 후에는 흥부와 놀부 등 교과서에 나오는 이야기를 학생들이 할 수 있는 쉬운 표현으로 바꾼 후 같은 방식으로 진행해도 좋다.
맞춤형 평가 TIP	• 역할극을 하는 연기력보다 읽기 친구 활동이나 자신이 맡은 역할을 성실하게 자신 있게 해내는 면에 초점을 두고 학생들에게 미리 어떤 점을 중요하게 볼지를 알려 주고 활동을 해야 함.

■ 맞춤형 평가를 위한 학생 자기평가

평가내용	• 이야기 녹음과 역할극을 할 수 있다.

이름	학습 활동 참여 태도	이야기 녹음하기	역할극 하기
	☺ ☺ ☺	☺ ☺ ☺	☺ ☺ ☺

다음 맞춤형 수업 사례는 여름, 겨울 학교 내 영어 캠프 활동을 중심으로 맞춤형 활동을 설계하고 적용한 사례이다. 3, 4학년은 영어 캠프 참여율이 높다. 영어 캠프는 풍부한 주제로 학생들의 흥미를 더욱 북돋우고, 실제 의사소통 기회를 풍부하게 제공할 수 있는 장점이 있다. 영어 캠프 활동에서도 수준이 다양한 학습자 맞춤형 수업 전략을 적용하여 의사소통기능을 신장할 수 있도록 설계하였다.

캠프 활동 개관		학습자 분석 및 맞춤형 전략		맞춤형 수업 설계		맞춤형 수업 실제 및 자료 1, 2
의사소통 능력 신장 중심 활동 선정	⇨	캠프 참여 학생 특성 및 학습자 파악	⇨	맞춤형 전략에 따른 활동 및 평가 설계	⇨	맞춤형 영어 캠프 활동 및 맞춤형 Tip

1 영어 캠프 활동 개관

핵심 아이디어	의사소통 목적과 상황에 맞게 배경지식을 활용한다. 적절한 사고 과정 및 전략을 활용하여 의미를 표현하거나 교환한다.		
범주	지식·이해	과정·기능	가치·태도
	• 의사소통 기능과 예시문 • 자기 주변 주제	• 세부 정보 묻거나 답하기	• 의사소통 활동에 참여하는 태도
성취기준	[4영01-10] 자기 주변 주제에 관한 담화의 주요 정보를 파악한다. [4영02-08] 자기 주변 주제에 관한 담화의 주요 정보를 묻거나 답한다.		
캠프명	English(Summer/Winter) Camp		

2 학습자 분석 및 맞춤형 전략

○ 3, 4학년 영어 캠프 참여자 특성

> 대체로 영어에 흥미가 많고, 영어를 잘하고 싶은 동기가 있음. 다양한 캠프 활동을 선호하고 평소 수업에서 하기 어려운 요리 실습이나 특별한 활동 선호도가 높으며, 영어학습에 우수한 학생이 많은 편임.

학습자 분석	학습 준비도　학습 흥미　선호도　다중지능 교내 영어 캠프는 사회적 배려대상을 무료로 우선 선정하는 경우가 있고, 영어 실력이 우수한 학생들은 영어에 대한 흥미가 많아 수준차가 많음. 기본적인 영어에 대한 흥미는 가지고 참여함. 소수 인원으로 진행되는 경우 개인별 다중지능을 고려한 학습이 가능한 상황임.
맞춤형 전략	수준 높은 자료 제공　독립적 연구 장려 수준별 질문　다중지능　소집단 자주 만나기 주제에 대해 특별히 더 흥미를 보이는 학생, 자신이 배운 것을 다른 사람과 나누고 싶은 학생, 선택권이 주어졌을 때 더욱 동기가 유발되는 학생을 위한 다양한 전략이 필요함. 영어 캠프에서는 학생 흥미에 맞게 수준 높은 자료 제공하기, 독립적인 연구 장려하기, 소집단으로 자주 만나기를 통해 학습자의 준비도와 흥미에 맞게 운영할 수 있음. 특히 다중지능을 고려한 다양한 학습 내용 및 방법으로 운영할 수 있음.

3 맞춤형 영어 캠프 설계(예시)

순서	캠프 활동	맞춤형 전략	자료㉔ 및 유의점㉦
Day 1	• Arts & Crafts / Experiments - Camp Bag, Pteranodon glider, boat	- 소집단으로 자주 만나기 - 독립적 연구 장려	㉔ Arts & Crafts materials ㉦ 여분의 재료 준비
Day 2	• Everyday Emotions • Storytelling	- 수준별 질문하기	㉔ ppt, Worksheet

Day 3	• Egypt & Mexico • Dinosaurs	− 수준 높은 자료 제공 − 독립적 연구 장려	㉜ video clip, work sheet
Day 4	• Cooking Class − New York Hotdog	− 개별 선택(recipe)	㉜ cooking ingredients ㉴ 감염병 대비
Day 5	• Activity Menu	− 다중지능	㉜ Camp booklet

④ 맞춤형 영어 캠프 운영 실제

Day 1 Arts & Crafts

학습 흥미   소집단 자주 만나기

▸ 소그룹 예시

남학생 남학생 남학생	남학생 남학생	남학생 남학생

여학생	여학생 여학생 여학생	여학생 여학생

■ 맞춤형 영어 캠프 활동 자료

Camp Bag   Skiing Dino   Flying Cheetah

Floating a Boat 1   Floating a Boat 2

■ 맞춤형 TIP

■ 영어 캠프에서는 좌석 배치가 더욱 자유로움. 남남, 여여, 둘 또는 세 명씩 함께 앉을 수 있도록 허용함. 교사는 그룹별 자주 궤간 순시를 통해 소집단별 대화 및 활동을 점검함. 캠프 활동 스티커 또는 스탬프제를 실시할 때 소그룹별 활동 결과를 반영할 수 있음. 특히 Arts & Crafts 활동에서는 더욱 탄력적 소그룹으로 운영하여 학생 간 협력이 가능하도록 함.

Day 2   Everyday Emotions, Storytelling

학습 준비도   수준별 질문하기

‣ Everyday Emotions를 주제로 한 수준별 질문하기(Bloom 분류표 활용)

  – 기억하기(정의와 다시 말하기): What's emotion? — happy, sad, good...

  – 이해하기: How are you? How is she? How is he? — I'm happy. She's angry.

  – 적용하기: When are you excited? Circle the emotions you see in the videos.

- 평가하기: When you're tired, what do you usually do?
- 창안하기(아는 것을 활용하여 새롭고 다른 것을 만들기): What can you design using emoticon icons? — T-shirt, emoticon dice, bags...

■ 맞춤형 영어 캠프 활동 자료

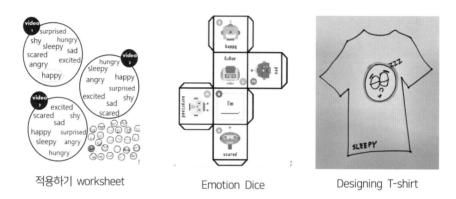

| 적용하기 worksheet | Emotion Dice | Designing T-shirt |

■ 맞춤형 TIP

- <u>수준별 질문하기</u> 수준별 질문하기는 어떤 주제이든 가능한 맞춤형 전략으로 질문 수준을 학생의 지식, 기능 수준과 일치시킴. 교사는 어떤 질문으로 학생의 회상, 이해, 적용, 분석, 평가, 창안하기를 위해 학생의 사고를 신장할지 질문을 미리 고민해야 함(Bloom 분류표 활용). 전략에 따라 패턴 찾기, 주요 아이디어 이해하기, 주제에 많은 시간을 두고 살펴보기 형태로 질문할 수 있음(Kaplan 전략 활용).

학습 준비도   수준별 질문하기

▶ Storytelling 활동 수준별 질문하기(Kaplan 전략 활용)

- 이야기 제목: The Good Egg by Jory Tohn and Pete Oswald
- 패턴 찾기: What expressions do you see the most in this story?
  (good egg, a very good egg...)

– 주요 아이디어 이해하기: What did the egg do for others? Do you think the egg is good? Let's think about good vs. bad.

– 주제에 대해 많은 시간을 두고 살펴보기: After listening to the teacher read the story, try to read the story by yourself and think about the Good Egg.

■ 맞춤형 영어 캠프 활동 자료

Book Cover
출처: Jory John & Pete Oswald(2020). The Good EGG

주요 아이디어 이해하기:
The good egg vs. the bad egg

주제에 대해 오래 살펴보기

■ 맞춤형 TIP

■ Storytelling 수업 시 질문은 학습자의 언어 수준에 따라 쉬운 표현과 어려운 표현으로 유연하게 질문하도록 함.

학습 경험   수준 높은 자료 제공   독립적 연구 장려

▶ Egypt & Mexico를 주제로 수준 높은 자료 제공 및 독립적 연구 장려하기
  – 나라를 살펴보는 주제는 국가명과 위치 외에도 다양한 문화적 배경을 살펴
    볼 수 있는 자료를 제공함.
  – 학생들은 개인 폰, 스마트기기, 상황에 따라 컴퓨터실로 이동하여 정답
    관련 읽을 자료를 살펴보고, 독립적으로 더 살펴보고 싶은 활동을 정하
    여 탐색할 수 있음.

■ 맞춤형 영어 캠프 활동 자료

Egypt 살펴보기   나라가 속한 대륙 찾아보기   Egypt 문화 배우기

Posters about Mexico   Mexican Animals   Famous Sights

■ 맞춤형 TIP

■ 수준 높은 자료 제공   독립적 연구 장려   주제 관련 별도의 잡지 및 읽을 자료를
  검색하도록 하여 출력한 후 학생 간 자료를 돌려볼 수 있음. 스스로 정한 나라에 대해 더

알고 싶은 내용이나 알게 된 내용들을 패들렛(Padlet)이나 잼보드(Jam board), 구글 화이트보드 등에 함께 탑재하고 자료를 공유함. 영어 캠프 기간이나 가정에서 추가로 연구해 볼 수 있도록 하고 개별 칭찬 및 보상제도로 격려 가능함.

Day 4　　Cooking Class

선호도　　　개별 선택

▸ Cooking Class를 통한 개별 선택(recipe)하기
- 음식 만들기 활동은 가장 개인의 취향과 음식 선호도가 두드러지는 활동임.
- 전체 재료명 익히기
- 만드는 과정을 살펴보기
- 자신이 선호하는 재료로 음식 만들기 및 나만의 recipe 개발하기

■ 맞춤형 영어 캠프 활동 자료

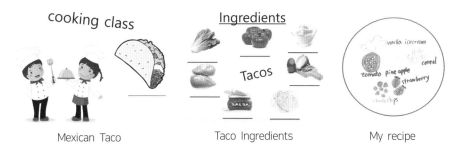

Mexican Taco　　　　Taco Ingredients　　　　My recipe

▸ 미래 음식 재료 개별 선택하기
- 식량난과 미래를 대비한 미래 음식 재료 살펴 보고 나의 선택하기
- 미래 음식 개발에 사용된 식재료 살펴보기: meal worm, grass hopper, cockroach, algae, fruits, vegetables
- 미래 음식 체험하기

    – 나의 선택과 이유 말하기: 미래 음식 재료를 먹어 본 소감, 먹지 않은 이유
      말하기

Dried cricket

Meal worm

미래 음식 재료 맛보기

■ 맞춤형 TIP

■   개별 선택

개인의 선택에 대한 이유를 함께 말하거나 표현할 수 있도록 함. 미래 음식 재료의 선택
시 처음에는 먹기 힘들었으나 먹어 본 후 고소해서 많이 먹었다는 소감이 있음. 먹지 않기
로 한 경우의 이유로는 너무 징그럽게 생겨서, 먹으면 배가 아플 것 같아서 등의 이유가
있는데 적극 수렴하도록 함. 맞춤형에서 개인의 선택에 대해서는 자신만의 이유와 그 결과
에 대한 자신의 이야기가 함께 발생함을 학생에게 말하고 항상 이유를 준비할 수 있도록
하는 것이 좋음.

Day 5   Activity Menu

다중지능   활동 메뉴

▸ 인간 잠재력을 설명하는 지능 유형으로 일곱 가지 지능 중 한 가지에 기초하
여 학생활동을 차별화하기
    – 활동 메뉴 또는 맞춤형 활동 선택 등 다양한 용어로 사용되나 언어적,
      놀이/수학적, 신체/운동, 시각/공간적, 대인관계, 개인 내적, 음악적 지
      능 등을 고려하여 학습 활동 메뉴 준비하기

- Action Verbs를 주제로 활동 시 어휘 익히기(미니 북 만들기), Writing Practice(단어 쓰기 학습지 하기), 단어 미로 찾고 쓰기, 배경 그림에 알맞은 단어 찾아 붙이거나 쓰기, 내가 좋아하는 신체 활동 그리기, 관련 어휘 word puzzle(워드 퍼즐), 음악 듣고 action verb 찾아 쓰기, 그림 카드 보고 실제 동작하고 기록하기 등 활동 중 세 가지 골라 학습하기로 제시

- ■ 맞춤형 TIP

■ ⬭ 활동 메뉴 ⬭

활동 메뉴의 종류와 몇 가지 활동을 하기로 하면 좋을지 학생들과 함께 의논하고 결정해도 좋음. 몇 차례 활동 메뉴 전략을 경험해 보면 학생들은 스스로 어떤 활동을 할 수 있을지 제시하기 시작함. 함께 만들어 가는 활동과 활동 완료 시 학습 계약 전략과 연계하여 자신만의 학습 활동을 이어 나갈 수 있음.

4 5~6학년군 맞춤형 수업 설계

국어과 5~6학년군 맞춤형 수업 사례(1) : 체험한 일을 글로 써요

본 단원은 5학년을 대상으로 체험을 글로 써 보는 내용이다. 저학년에서 그림일기 형식으로 일어난 일을 써보는 활동을 했으나 학년이 높아짐에 따라 그림은 넣지 않고 글밥이 있는 형식으로 겪은 일을 표현해 보게 된다. 체험한 일을 쓸 때 시간의 흐름과 장소의 이동에 따른 내용도 서술하지만 그때의 감정도 함께 서술해보며 감정의 다양함을 알 수 있게 된다. 체험한 일을 쓰는 형식에는 일기, 기행문, 생활문 등이 있으므로 각각의 글의 형식에 대해 학습한 후 체험한 일을 쓰기에 알맞은 글의 형식을 선택하여 글을 써본다.

교육과정 분석	⇨	학습자 분석 및 맞춤형 전략	⇨	맞춤형 수업 및 평가 계획	⇨	맞춤형 수업 적용	⇨	맞춤형 평가
• 체험한 일과 감정 표현		• 학생의 흥미 • 학생의 관심과 학습 내용		• 학습 내용의 선택 • 학습 결과 다양화		• 학생의 능력과 개별 선택에 따른 과제 수행		• 자기 점검표

1 교육과정 분석

단원명	체험한 일을 글로 써요
핵심 아이디어	생활하면서 다양한 체험을 하며 그 때 느끼는 감정은 다양하다.
성취기준	[6국03-03] 체험한 일에 대한 감상을 나타내는 글을 쓴다. [6국03-04] 독자와 매체를 고려하여 내용을 생성하고 표현하며 글을 쓴다. [6국03-06] 쓰기에 적극적으로 참여하며 자신의 글을 독자와 공유하는 태도를 지닌다.

범주	지식·이해	과정·기능	가치·태도
	• 체험한 일의 시간 흐름과 장소의 이동 • 다양한 감정	체험한 일에 대한 글쓰기	체험한 일에 대한 느낌 표현
수행과제	체험한 일이 잘 드러나게 글쓰기		

2 학습자 분석 및 맞춤형 전략

초등학교 고학년인 5학년 학생들은 언어 구사 능력은 뛰어나지만 자신의 생각을 글로 쓰는 것을 싫어하며 글쓰기 능력도 떨어진다. 저학년 때 그림일기 쓰기 활동 경험은 가지고 있으나 그림이 없이 글밥이 있는 글을 쓴다는 것에 어려움을 느끼며 자신의 감정 표현이 단순한 표현에 머물고 있어 표현에 서툰 점이 있다. 일상생활에서 체험한 일에 대해 시간의 흐름과 이동, 그때 느꼈던 감정을 되돌려 보며 감정에 대해 표현해 보도록 한다. 체험한 일이 일어났을 때를 상기시키며 글쓰기와 연결하여 자연스럽게 쓰기의 재미를 느끼도록 한다.

2-1. 학습자 특성에 따른 맞춤형 전략

학습자 특성 (1)	분석	체험한 일에 대해 쓴 글을 읽고 체험한 일을 다양한 형식으로 표현하는 것과 감정 표현에 대해 알아본다. 체험한 일과 감정에 대해 생각해보고 매체를 활용하여 체험한 일을 쓴 글을 찾아 공유한다.
	반영	☐ 흥미도　　☐ 학습 양식　　☑ **학습 준비도**　　☐ 기타
맞춤형 전략 (1)		☑ **학습 내용**　　☐ 학습 과정(학습 방법, 모둠, 시간 등) ☐ 학습 결과　　☐ 학습 환경　　☐ 기타
평가		• 체험한 일을 쓴 글의 형식 알아보기 • 감정에 대해 알아보고 표현하기

2-2. 학습 선호에 따른 맞춤형 전략

학습자 특성 (2)	분석	체험한 일을 표현할 수 있는 글의 형식을 알고 자신이 체험한 일과 그때의 감정을 생각하며 글을 쓴다. 체험한 일이 잘 드러날 수 있는 글의 형식을 선택할 수 있다.
	반영	☐ 흥미도　　☐ 학습 양식　　☐ 학습 준비도　　☑ **기타**
맞춤형 전략 (2)		☐ 학습 내용　　　☐ 학습 과정(학습 방법, 모둠, 시간 등) ☑ **학습 결과**　　☐ 학습 환경　　　☐ 기타
평가		• 체험한 일과 감정이 드러나게 글쓰기 • 글의 형식에 맞게 글쓰기

3 차시별 수업 설계

차시	학습 활동	맞춤형 전략	자료㉠ 및 유의점㉮
1	• 일상생활에서 체험한 일에 대해 발표하기 　– 가정과 학교에서 있었던 일을 중심으로 발표하기 • 체험한 일에 대한 생각과 느낌 알아보기 　– 체험한 일과 감정 떠올리기 　　(언제, 어디서, 무슨 일이 있었는지, 왜 기억에 남는지, 그때의 감정은 어떠했는지)		
2~4	• 체험한 일에 대한 글 읽기(일기, 편지, 기행문 등) • 체험한 일에 대한 마음이 잘 드러나도록 쓴 말 찾기 • 글에 나타난 체험과 감정 알아보기 (즐거움, 행복함, 서운함, 슬픔 등) 　– 감정을 표현하는 말 알아보기 　– 상황에 알맞은 감정 알아보기	(1) 학습자 특성에 따른 맞춤형 전략	㉠ 참고자료
5	• 체험한 일에 대한 글 소개하기 　– 체험한 일과 감정이 잘 드러난 글 찾아 소개하기		

6~8	• 글의 형식 알아보기 　− 글의 형식 알아보기(일기, 편지, 기행문) 　− 글의 내용 파악하기 　− 글쓴이의 감정이 잘 드러난 부분 확인하기		
9~ 10	• 체험한 일에 대해 글쓰기 　− 체험한 일 중 글감 선택하기 • 글의 종류 선택하기 　− 일기, 편지, 기행문 등 　− 글의 형식에 맞게 체험한 일과 감정 쓰기 • 글 공유하기 　− 반 학생이 쓴 글을 읽고 댓글 달기	(2) 학습 선호에 따른 맞춤형 전략	㉝ 스마트기기

4 맞춤형 수업 설계

4-1. 학습자 특성에 따른 맞춤형 전략

학습 주제	글을 읽고 체험한 일과 감정 알아보기		차시	2~5/10
학습목표	글을 읽고 체험한 일과 감정을 찾을 수 있다.			
학습자 특성	학습 준비도	맞춤형 전략	학습 내용	

(1) 맞춤형 설계

■ **학습자 변인:** 학습 준비도에 따른 특성

　학습자가 체험한 일은 개인에 따라 다르므로 참고자료로 제시된 글을 읽으며 내가 겪은 일과 비교해 보거나 겪은 일을 상기시키는 활동을 한다. 또 특별하게 체험한 일이 생각나지 않을 경우 참고자료를 통해 간접 경험을 하도록 한다. 활동을 통해 겪은 일에 대한 생각과 감정도 함께 표현할 수 있게 된다.

■ **맞춤형 설계 요소:** 학습 내용의 선택

　체험한 일에 대한 경험과 감정을 발표한 후 체험한 일을 표현한 다양한 형식의 글과 글의 특징, 글 속의 감정을 찾아본다. 교사가 제시한 글을 읽고 각 글의 특징을 파악하고 매체를 활용하여 체험한 일과 감정이 잘 드러난 글을 찾아 소개한다.

■ **맞춤형 수업 자료:** 학습 활동 자료(예시)

• 글의 형식에 대한 내용

일기	편지	기행문
- 일기는 그날 있었던 일 중에서 인상 깊었던 일과 그 일에 대한 자기 생각이나 느낌을 쓴 글 - 날짜, 요일, 날씨 등을 기록함	- 안부나 소식, 하고 싶은 말이 있을 때 적어 보내는 글 - 받는 사람, 첫 인사, 하고 싶은 말, 끝인사, 쓴 날짜, 쓴 사람 순으로 쓰는 순서가 있음	- 여행한 일을 쓴 글 - 여행자의 체험과 느낌이 생생히 표현됨 - 보고, 듣고, 느낀 점들이 보통 시간 순서에 따라 기록됨

• 감정과 관련된 내용
  ▸ 감정을 나타내는 단어 알아보기(긍정, 두려움, 슬픔)

긍정	두려움	슬픔
감사하다	무섭다	슬프다
기쁘다	걱정되다	서운하다
반갑다	불안하다	괴롭다
사랑스럽다	답답하다	외롭다
자랑스럽다	밉다	우울하다
자신있다	짜증나다	후회하다

• 상황에 따라 감정을 나타내는 말 생각해보기

• 동생이 내가 아끼는 장난감을 망가뜨렸다:

• 수학시험을 못봐서 엄마한테 혼났다:

• 내가 친구와 카톡을 하는 동안 아빠가 많이 기다렸다:

• 친구들과 쇼핑몰로 놀러가서 맛있는 것도 먹고 예쁜 물건도 샀다:

• 할아버지가 편찮으셔서 병원에 입원하셨다:

• 가족들이 일 때문에 다 나가서 빈 집에 혼자 있었다:

• 친구가 팔을 다친 나를 위해 급식을 받아준다:

(2) 맞춤형 평가

■ 맞춤형 평가를 위한 교사 일지

일시	20○○. . .	학급	5학년 ( ) 반
단원	체험한 일을 글로 써요		

관찰 및 피드백
내용(예시)
	• 감정에 대해 그다지 많이 생각해 본적이 없어서 여러 가지 단어를 생각해
	  내는 것을 어려워함
	• 의미 구분을 하지 않고 사용하는 단어가 있었으며 사용하는 단어도 다양
	  하지 않음
	• 긍정적인 의미의 단어보다는 부정적이거나 슬픔, 분노와 관련된 단어를
	  더 많이 사용함		

맞춤형 평가 TIP	• 학생들이 자신의 감정에 대해 그다지 깊이 생각해보지 않았기 때문에
	  이런 상황에서는 어떤 감정이 들었는지 생각해 보는 시간을 준다.
	• 학생들이 다양한 감정에 대해 인지하는 것이 필요하며 자신의 감정을
	  표현하는 방법을 지도한다.		

■ 평가 기준표(예시)

척도 평가요소	매우 우수	우수	보통
글의 형식	글의 종류에 따른 형식과 특징을 구체적으로 알고 있다.	글의 종류에 따른 형식과 특징을 알고 있다.	도움을 받아 글의 종류를 안다.
감정을 나타내는 말 사용하기	상황에 따라 감정을 나타내는 말이 다름을 알고 다양하게 사용한다.	상황에 따라 감정을 나타내는 말이 다름을 알고 사용한다.	상황에 따라 감정을 나타내는 말이 다름을 안다.

4-2. 학습자 특성에 따른 맞춤형 전략

학습 주제	체험한 일을 글로 쓰기	차시	9~10/10
학습목표	체험한 일과 감정이 잘 드러나게 글을 쓸 수 있다.		
학습자 특성	학습자 경험	맞춤형 전략	학습 결과

(1) 맞춤형 설계

■ **학습자 변인:** 학습자 경험

　학습자가 체험한 일을 쓸 때 자신이 체험한 내용에 따라 글의 형식에 대한 선택이 달라질 수 있다. 여러 가지 글을 읽고 자신이 체험한 일과 감정을 잘 표현할 수 있는 글의 형식을 선택하도록 한다.

■ **맞춤형 설계 요소:** 학습 결과 표현의 선택

　글의 형식에 대해 학습한 후 체험한 일을 잘 표현해 줄 수 있는 글의 형식을 선택하고 그 때의 감정을 생각하며 형식에 맞춰 글을 쓴다. 작성한 글을 공유하며 다른 학생의 글에 댓글로 표현한다.

■ **맞춤형 수업 자료:** 글의 공유와 댓글 표현
　• 체험한 일에 대한 글 공유하기

일기	편지	기행문
– 동생이 다쳐 병원에 입원한 일 – 강아지를 입양한 일 – 시험을 잘 봐서 칭찬 받은 일 – 가족과 함께 영화 관람을 한 일 등	– 멀리 계신 조부모님께 안부 편지 쓰기 – 친구에게 사과하는 내용 쓰기 – 부모님께 드리고 싶은 말 쓰기	– 국내외 여행지를 여행하고 쓰기 – 현장체험학습 후 글 쓰기

　• 공유한 글에 대해 댓글 표현하기

네가 쓴 글을 읽으니 나도 같이 여행을 간 느낌이 든다.
네가 그렇게 속상한 일이 있는줄 몰랐다.
　강아지를 입양했다니 정말 좋겠다. 강아지와 함께 즐거운 시간을 보내길 바란다.

---

(2) 맞춤형 평가

■ 맞춤형 평가를 위한 교사 일지

| 일시 | 20○○. . . | 학급 | 5학년 (   ) 반 |

| 단원 | 체험한 일을 글로 써요 |

| 관찰 및 피드백
내용(예시) | • 여러 종류의 글에 대해 알아보고 체험한 일에 대해 잘 표현할 수 있는 글의 형식을 선택할 수 있도록 안내함
• 글의 형식에 대해 안내하고 예시글을 제시하여 이해를 도움
• 공유된 글에 대해 댓글을 쓸 때 비속어나 비하하는 말을 하지 않도록 사전에 약속이 필요함 |
| 맞춤형 평가 TIP | • 체험한 일을 쓸 때 선택한 글의 형식에 맞춰 쓰도록 하며 감정 표현도 잘 드러날 수 있도록 한다.
• 공유한 글에 대해 댓글을 쓸 때에도 감정 표현이 드러나도록 한다. |

■ 평가 기준표(예시)

척도 평가요소	매우 우수	우수	보통
체험한 일에 대해 글쓰기	체험한 일과 감정이 잘 드러나도록 실감나게 글을 쓴다.	체험한 일에 대한 글을 쓴다.	체험한 일에 대해 나열한다.
글에 대해 표현하기	공유된 글에 대한 생각과 감정을 표현하며 댓글을 쓴다.	공유한 글에 대한 생각을 표현한다.	도움을 받아 공유한 글에 대한 생각을 표현한다.

국어과 5~6학년군 맞춤형 수업 사례(2) : 바른 국어생활

　　본 단원은 5학년을 대상으로 하며 문법 영역에 대한 학습이 주된 내용이다. '문장 성분과 호응 관계'와 '고유어와 관용 표현'에 대해 학습한 후 상황에 알맞은 문장을 만들어 본다. 또 음성 언어와 문자 언어의 특성과 효과성에 대해 알고 매체 자료를 제작해보며 배운 내용에 대한 이해를 직접 느껴보도록 한다. 문장과 언어 표현, 매체 자료 제작 등을 통해 상황에 맞는 표현의 중요성을 알고 말과 글을 바르게 사용하려는 태도를 지닐 수 있도록 한다.

교육과정 분석	⇨	학습자 분석 및 맞춤형 전략	⇨	맞춤형 수업 및 평가 계획	⇨	맞춤형 수업 적용	⇨	맞춤형 평가
• 문법		• 학생의 능력과 흥미		• 학습 내용의 선택 • 학습 결과 다양화		• 학생의 능력과 개별 선택에 따른 과제 수행		• 자기 점검표

1 교육과정 분석

단원명	바른 국어생활
핵심 아이디어	바른 언어사용과 적절한 매체 자료의 선택은 전달하려는 내용을 잘 알 수 있게 한다.
성취기준	[6국04-01] 음성 언어 및 문자 언어의 특성을 이해하고 다양한 매체 자료에서 표현 효과를 평가한다. [6국04-03] 고유어와 관용 표현의 쓰임과 가치를 이해하고 상황에 맞게 표현한다. [6국04-04] 문장 성분을 이해하고 호응 관계가 올바른 문장을 구성한다.

범주	지식·이해	과정·기능	가치·태도
	• 음성 언어 및 문자 언어의 특성 • 문장 성분과 호응 관계 • 고유어와 관용 표현	• 문장 성분과 호응 관계에 맞게 글쓰기 • 매체 자료 만들기	• 바른 국어 생활 점검

수행과제	• 음성 언어와 문자 언어의 특성 알기 • 문장 성분과 호응 관계에 맞게 문장 만들기 • 매체 자료를 만들어 정보 전달하기

2 학습자 분석 및 맞춤형 전략

5학년 학생의 국어 문법 영역에 대한 이해도는 다른 영역에 비해 다소 떨어지는 편이다. 문장 구성의 어색한 부분에 대해서는 잘 찾는 편이나 문장 성분에 대한 정확한 용어와 문장을 만드는 것에는 어려움이 있다. 또한 음성 언어와 문자 언어의 용어 차이에 대해서는 알고 있으나 두 언어의 특징과 표현 효과에 대해서는 학습이 필요하다.

학생들이 핸드폰이나 컴퓨터, TV조작 등 기기를 다루는 것에 능숙하여 주제를 정해 매체 자료로 만들어 보는 활동을 통해 매체 자료의 효과에 대해 학습할 수 있도록 한다.

2-1. 학습 능력에 따른 맞춤형 전략

학습자 특성 (1)	분석	문장 성분과 호응 관계에 대해 알아보고 잘못된 점을 수정해보거나 상황에 알맞은 문장을 만들어 본다. 고유어와 관용 표현의 의미를 알고 표현을 적용해 보는 활동을 통해 국어를 바르게 사용하려는 마음을 가지게 된다.
	반영	□ 흥미도　　□ 학습 양식　　☑ **학습 능력**　□ 기타
맞춤형 전략 (1)		□ 학습 내용　　　　□ 학습 과정(학습 방법, 모둠, 시간 등) ☑ **학습 결과**　　　□ 학습 환경　　　　□ 기타
평가		• 문장 성분과 호응 관계 알기 • 고유어와 관용 표현의 의미와 쓰임 알아보기 • 상황에 어울리는 알맞은 문장 만들기

2-2. 학습자 특성에 따른 맞춤형 전략

학습자 특성 (2)	분석	음성 언어와 문자 언어의 특징과 효과를 알아보고 매체 자료에서 사용하는 문자 언어와 음성 언어를 찾아본다. 전달하려는 내용을 매체 자료를 통해 직접 만들어 봄으로써 매체 자료의 효과를 알아본다.
	반영	☑ **흥미도**　　□ 학습 양식　　□ 학습 능력　□ 기타

맞춤형 전략 (2)	☐ 학습 내용　　☐ 학습 과정(학습 방법, 모둠, 시간 등) ☑ **학습 결과**　☐ 학습 환경　　☐ 기타
평가	• 음성 언어와 문자 언어의 특성 알기 • 매체 자료 만들기

3 차시별 수업 설계

차시	학습 활동	맞춤형 전략	자료㉠ 및 유의점㉮
1~2	• 문장 성분 알아보기 　- 문장 성분의 의미 알아보기 　- 문장 수정하기, 문장 완성하기 • 호응 관계 알아보기 　- 서술어를 중심으로 한 문장 성분의 호응 　- 조사와 어미 사용 　- 시간 표현과 높임 표현 • 문장 성분과 호응 관계에 맞게 문장 만들기	(1) 학습 능력에 따른 맞춤형 전략	㉠ 학습 활동지
3~4	• 고유어와 관용 표현 알아보기 　- 고유어의 특징과 가치 알아보기 　- 관용 표현의 특징과 쓰임 알아보기 • 고유어와 관용 표현 적용해보기 　- 고유어와 관용 표현의 예시 살펴보기 　- 상황에 알맞은 고유어나 관용 표현 사용하기		
5~6	• 음성 언어와 문자 언어 알아보기 　- 음성 언어와 문자 언어의 특성 알아보기 　- 음성 언어와 문자 언어의 표현 효과 알아보기 • 매체 자료에서 음성 언어와 문자 언어 찾기	(2) 학습자 특성에 따른 맞춤형 전략	
7~8	• 매체 자료 제작하기 　- 매체 영역 선정하기 　- 매체를 통해 알릴 내용 선정하기 　- 매체 자료의 특성에 따라 자료 제작하기 • 매체 자료 공유하기 　- 매체 자료를 보고 평가하기		㉠ 매체 자료 제작 도구

4 맞춤형 수업 설계

4-1. 학습 능력에 따른 맞춤형 수업

학습 주제	상황에 어울리는 문장 만들기		차시	1~4/8
학습목표	상황에 어울리는 문장을 만들 수 있다.			
학습자 특성	학습 능력	맞춤형 전략	학습 결과	

(1) 맞춤형 설계

- **학습자 변인:** 학습 능력의 차이에 따른 특성

  학습자는 문장 성분과 호응 관계, 고유어와 관용 표현의 의미와 쓰임을 알아본다. 문장을 읽고 어색한 부분을 수정하는 활동을 통해 문장과 호응 관계에 대해 익숙해지면 상황에 어울리는 문장을 만들어 본다. 자신이 할 수 있는 내용에 대해 해결한 후 모둠 내에서 어려움을 겪는 학생을 서로 도울 수 있다.

- **맞춤형 설계 요소:** 학습 결과의 다양화

  문장 성분과 호응 관계에 대해 알아보고 잘못된 부분을 수정을 한다. 문장을 수정하는 활동에 익숙해지면 다양한 상황에 맞는 문장을 만들어 본다.

  고유어와 관용 표현의 의미와 가치를 알고 예시 자료를 통해 사용 방법을 익혀 고유어와 관용 표현을 직접 적용해보는 활동을 한다.

- **맞춤형 수업 자료:** 학습 활동 자료
  - 문장 성분과 호응 관계 알아보기

  1) 아버지께서 생일선물로 멋진 게임기를 사 주셨다.
  2) 어제는 날이 무척 더워서 선풍기와 에어컨을 하루 종일 틀었다.
  3) 내일 사촌들과 함께 냇가로 물놀이를 갈 예정이다.

• 문장 성분과 호응 관계에 맞게 문장 수정하기

1) 아버지를 생일선물로 멋진 게임기를 사 주신다.
2) 어제는 날이 무척 더워서 선풍기와 에어컨을 하루 종일 틀을 것이다.
3) 내일 사촌들께서 함께 냇가로 물놀이를 갔다.
4) 내 동생께서는 언제나 나를 보고 웃는다.
5) 절대 그런 일이 있었어!

• 고유어와 관용 표현을 사용하여 활동 결과 만들기(글로 쓰거나 그림으로 그리기)
• 사진을 보고 문장 성분과 호응 관계에 알맞은 문장 만들기

출처: https://pixabay.com

1.
2.
3.
4.
5.

(2) 맞춤형 평가

■ 맞춤형 평가를 위한 교사 일지

일시	20○○. . .	학급	5학년 ( ) 반
단원	바른 국어생활		
관찰 및 피드백 내용(예시)	• 학생들은 문장의 호응 관계에 대해 세부적으로 말하지 않아도 문장을 이루는 방식에 대해 알고 있음 • 시간과 높임 표현의 호응 관계는 익숙하게 표현하나 조사와 어미 사용에 대해서는 실수가 있음 • 평소에 익숙하게 사용하는 어구를 그대로 사용하며 표준어가 아닌지 알지 못함(예: 바램−바람/푸르른−푸른/노을−놀 등)		
맞춤형 평가 TIP	• 문장 수정 후 짝과 함께 확인하고 수정한 문장이 서로 맞지 않는 경우 어떤 부분이 잘못되었는지 확인한다. • 학생 스스로 호응 관계와 관련된 문제를 만들어 공유할 수 있다.		

■ 평가 기준표(예시)

척도 평가요소	매우 우수	우수	보통
문장 성분과 호응 관계	문장 성분과 호응 관계에 대해 예를 들어 구체적으로 설명한다.	문장 성분과 호응 관계에 대해 설명한다.	문장 성분과 호응 관계의 의미를 안다.
고유어와 관용 표현	고유어와 관용 표현의 의미를 알고 글로 쓰거나 그림으로 표현한다.	고유어와 관용 표현의 의미를 알고 표현한다.	도움을 받아 고유어와 관용 표현의 의미를 안다.
문장 만들기	문장 성분과 호응 관계에 맞게 문장을 수정하고 만든다.	문장 성분과 호응 관계에 맞게 문장을 수정하거나 만든다.	문장 성분과 호응 관계에 맞는 문장을 찾는다.

4-2. 학습자 특성에 따른 맞춤형 수업

학습 주제	매체 자료 만들기	차시	7~8/8
학습목표	전달하려는 내용을 매체 자료로 만들 수 있다.		
학습자 특성	학습자 흥미	맞춤형 전략	학습 결과

(1) 맞춤형 설계

■ **학습자 변인:** 학습자의 흥미에 따른 선택

음성 언어와 문자 언어의 특성과 효과에 대해 학습한 후 매체 자료를 만드는 활동을 하게 된다. 음성 언어와 문자 언어 중 학습자가 선호하는 언어를 선택하고, 전달하려는 내용에 알맞은 매체 자료를 선택하여 만들 수 있다.

■ **맞춤형 설계 요소:** 학습 결과

학습자가 전달하려는 내용을 선택한 후 그 내용을 가장 잘 표현할 수 있는 매체 자료를 선택하여 내용을 전달하는 활동을 한다.

■ **맞춤형 수업 자료:** 학습 활동 자료
• 음성 언어와 문자 언어의 특성과 효과

	음성 언어	문자 언어
의미	음성에 의해 표현되는 언어, 입말 또는 구두어라고 함	문자로 나타낸 말, 말을 글자로 나타낸 언어
특성	– 일회적 – 복잡한 내용을 간단히 조직하여 전달 – 시간적 제약 – 부수적 표현 방법을 사용하고 듣는 이의 반응을 살필 수 있음	– 잘 다듬어진 형태로 표현 – 보존될 수 있는 특성 – 제목이 붙고 주제나 단락 등의 구분이 있음 – 불특정 독자를 대상

• 여러 가지 매체 자료 알아보기

인쇄 매체 자료	글, 그림, 사진
영상 매체 자료	소리 자막 등의 여러 가지 연출 방법
인터넷 매체 자료	인쇄 매체 자료와 영상 매체 자료에서 사용하는 방식을 모두 사용함

(2) 맞춤형 평가

■ 맞춤형 평가를 위한 교사 일지

일시	20○○. . .		학급	5학년 ( ) 반
단원	바른 국어생활			
관찰 및 피드백 내용(예시)	• 학생들 대부분이 매체 자료에 익숙한 편이며 동영상 자료에 대해 매우 잘 알고 있고 정기적으로 구독하는 자료를 중심으로 관심을 유발할 수 있음 • 문자 언어로 된 매체 자료에는 거의 관심을 가지지 않음 • 모둠을 구성할 때 소외되는 학생이 없도록 주의함			
맞춤형 평가 TIP	• 매체 자료를 만들 때 전달하고 싶은 내용을 정한 후 어떤 내용으로 구성할지 시나리오 작성을 한다. • 만든 내용을 공유하여 매체 자료를 통한 내용 전달이 잘 되었는지 의견을 나눈다. • 음성 언어와 문자 언어의 특징을 매체 자료를 통해 비교해 본다.			

■ 평가 기준표(예시)

척도 평가요소	매우 우수	우수	보통
음성 언어와 문자 언어	음성 언어와 문자 언어의 특성과 효과를 잘 알고 있다.	음성 언어와 문자 언어의 특성과 효과를 알고 있다.	도움을 받아 음성 언어와 문자 언어의 특성과 효과를 안다.
매체 자료 만들기	전달하려는 내용에 알맞은 매체 자료를 선택하여 매체 자료를 만든다.	자신이 선택한 매체 자료를 만든다.	매체 자료를 만드는 데 참여한다.

국어과 5~6학년군 맞춤형 수업 사례(3): 무슨 내용일까요

　　본 단원은 6학년을 대상으로 '설명하는 글'의 개념을 습득한 후 글을 쓰는 내용으로 설계하였다. 설명하는 글을 쓰는 방법은 비교·대조, 열거, 예시, 인용 등의 방법이 있으며 글감의 특성에 따라 글을 쓰는 방법을 달리 할 수 있음을 알고 관심을 가지고 있거나 소개하고 싶은 글감을 정하여 글을 써보는 활동을 한다. 글감을 선택하거나 설명을 위한 자료를 찾을 때 매체를 활용하며 글에 대해서 동료와 피드백을 주고받으며 글을 수정하는 활동을 통해 읽기에 적극적으로 참여한다.

교육과정 분석	⇨	학습자 분석 및 맞춤형 전략	⇨	맞춤형 수업 및 평가 계획	⇨	맞춤형 수업 적용	⇨	맞춤형 평가
• 대상의 특성에 맞게 설명하는 글쓰기		• 학생의 흥미 • 학습 과정		• 학습 내용의 선택 • 학습 결과 다양화		• 학생의 능력과 개별 선택에 따른 과제 수행		• 자기 점검표

1 교육과정 분석

단원명	무슨 내용일까요
핵심 아이디어	설명하거나 알리려는 내용에 따라 적절한 글쓰기 방법이 있다.
성취기준	[6국03-01] 알맞은 내용을 선정하여 대상의 특성이 잘 나타나게 설명하는 글을 쓴다. [6국03-05] 쓰기 과정을 점검·조정하며 글을 쓰고 글 전체를 대상으로 통일성 있게 고쳐 쓴다. [6국06-01] 정보 검색 도구를 활용하여 자신의 목적에 맞는 매체 자료를 찾는다.
범주	<table><tr><td>지식·이해</td><td>과정·기능</td><td>가치·태도</td></tr><tr><td>• 글쓰기 방법 • 글의 내용 요약</td><td>• 대상의 특성이 드러나게 글쓰기 • 매체 활용하기</td><td>읽기에 적극적인 참여</td></tr></table>
수행과제	• 대상의 특성이 잘 드러나는 글쓰기 방법을 알고 글쓰기

② 학습자 분석 및 맞춤형 전략

6학년 학생들은 자신의 생각을 표현하는 것에는 거침이 없으나 논리적으로 또 맥락에 맞게 설명하는 것에는 부족함이 있다. 사전 학습을 통해 설명하는 글의 특징에 대해 알고 있으나 설명하려는 내용에 알맞은 글쓰기 방법을 선택하는 것, 스스로 글감을 선택하여 설명하는 글을 쓰는 것에는 어려움을 가지고 있다.

학생들이 매우 잘 다루는 매체 자료를 활용하여, 글감이나 설명하는 글을 쓸 때 글을 쓰는 방법에 대해 학습한 후 글감을 찾고 글의 내용을 설명하는 데 어울리는 방법으로 설명하는 글을 써 본다.

2-1. 학습 능력에 따른 맞춤형 전략

학습자 특성 (1)	분석	설명하는 글을 쓰는 방법 중 비교·대조, 열거, 인용, 예시 등의 방법에 대해 알아본다. 설명하는 글을 읽고 어떤 방법이 사용되었는지 찾아보는 활동을 통해 설명하는 방법에 대해 알 수 있게 된다. 설명하는 글의 부분을 나누어 내용을 요약할 때 짝과 함께 요약한 부분을 비교해본다.
	반영	☐ 흥미도 ☐ 학습 양식 ☑ **학습 능력** ☐ 기타
맞춤형 전략 (1)		☐ 학습 내용 ☑ **학습 과정(학습 방법, 모둠, 시간 등)** ☐ 학습 결과 ☐ 학습 환경 ☐ 기타
평가		• 설명하는 방법 알기 • 글의 내용 요약하기

2-2. 학습자 특성에 따른 맞춤형 전략

학습자 특성 (2)	분석	매체를 활용하여 설명하는 글을 찾아 어떤 내용인지, 무엇을 알게 되었는지에 대해 정리한 내용을 모둠 또는 반전체와 공유한다. 설명하는 글을 쓰기 위한 글감을 선택하고 매체 자료에서 자료를 찾아 설명하는 글을 쓴다.
	반영	☑ **흥미도**　　□ 학습 양식　　□ 학습 능력　　□ 기타
맞춤형 전략 (2)		□ 학습 내용　　　　□ 학습 과정(학습 방법, 모둠, 시간 등) ☑ **학습 결과**　　　□ 학습 환경　　　　□ 기타
평가		• 매체 활용하기 • 설명하는 글쓰기

3 차시별 수업 설계

차시	학습 활동	맞춤형 전략	자료㉏ 및 유의점㉨
1~2	• 설명 듣고 맞추기 　– 설명을 듣고 무엇인지 맞추기 • 설명하는 글이 필요한 경우 알아보기 　– 대상에 대해 더 알고 싶을 때 　– 모르는 것을 알고 싶을 때 　– 순서가 필요한 경우 • 설명하는 글을 읽어본 경험 나누기 　– 설명하는 글을 읽은 사례 발표하기 • 설명하는 글을 읽고 알게 된 내용 　– 대상에 대해 자세하게 알게 됨 　– 모르는 것을 알 수 있게 됨 　– 일의 차례나 순서를 알게 됨		
2~4	• 설명하는 글을 쓰는 방법 알아보기 　– 대상에 대해 잘 알 수 있게 하는 글쓰기 방법 알아보기(비교, 대조, 열거 등의 방법) • 설명하는 글을 읽고 어떤 방법이 사용되었는지 알아보기	(1) 학습 능력에 따른 맞춤형 전략	㉏ 참고자료

5	• 글의 내용 요약하기 　– 글을 읽고 중심 내용을 요약하기 　　(처음–가운데–끝 부분) 　　(짝활동–개인 활동)	(2) 학습자 특성에 따른 맞춤형 전략	㉓ 스마트기기
6	• 설명하는 글 찾아 공유하기 　– 매체 자료를 활용하여 설명하는 글 찾기		
7~8	• 설명하는 글쓰기 　– 설명하는 글쓰기를 위한 글감 찾기 • 설명하는 글의 구조 설계하기 • 설명하는 글쓰기		

4 맞춤형 수업 설계

4-1. 학습 능력에 따른 맞춤형 수업

학습 주제	설명하는 글쓰기 방법 알고 글 요약하기	차시	2 – 4/8
학습목표	설명하는 글쓰기 방법을 알고 글을 요약할 수 있다.		
학습자 특성	학습 능력	맞춤형 전략	학습 과정

(1) 맞춤형 설계

- **학습자 변인:** 학습 능력의 차이에 따른 특성

　설명하는 글을 읽고 비교·대조, 열거, 인용, 예시 등의 방법에 대해 살펴본다. 설명하는 글에서 어떤 방법이 사용되었는지 찾아보는 활동을 통해 설명하는 글을 쓰는 방법을 익히게 된다. 또 처음–중간–끝부분으로 나누어 글을 요약한다.

- **맞춤형 설계 요소:** 학습 과정의 세분화

　글을 쓰는 방법에 대해 알아보고 참고자료 및 추가로 제시된 자료를 읽고 글쓰기 방법을 파악한다. 글의 내용을 요약할 때 짝과 함께 요약한 내용을 비교해 본 후 어떤 점이

다른지 확인하고 다른 부분에 대해 피드백을 주고 받는다. 제시된 다른 참고자료를 읽고 스스로 요약하는 활동을 한다.

■ **맞춤형 수업 자료:** 학습 활동 자료
- 비교·대조, 열거, 예시, 인용의 의미

  1) 비교와 대조 – 두 가지 이상의 대상에서 공통점과 차이점을 찾아 설명하는 방법
  2) 열거 – 설명하려는 대상의 특징을 나열해 설명하는 방법
  3) 예시 – 구체적인 본보기가 되는 예를 들어 설명하는 방법
  4) 인용 – 남의 말이나 글을 빌려 쓰는 것

- 열거, 비교·대조, 예시, 인용의 예시

  1) 비교와 대조 – 호랑이와 사자, 강아지와 고양이, 북극곰과 팬더 등
  2) 열거 – 코끼리, 얼룩말, 하이에나, 사자 등
  3) 예시 – 사막에 사는 여우, 낙타, 도마뱀 등
  4) 인용 – 어린왕자에 나오는 사막여우의 명대사는 '가장 중요한 건 눈에 보이지 않아'가 있음

- 글의 요약 정리 방법

  문단 내에서 중심 문장을 찾는다.
  중요하지 않은 내용을 삭제한다.
  세부 내용은 대표하는 중요한 말로 바꾸어 정리한다.

(2) 맞춤형 평가

■ 맞춤형 평가를 위한 교사 일지

일시	20○○. . .		학급	6학년 ( ) 반
단원	무슨 내용일까요			
관찰 및 피드백 내용(예시)	• 동기유발을 위해 교실에 있는 물건 등에 대한 설명이나 모두가 아는 사실에 대해 퀴즈 형식으로 제시할 수 있음 • 비교·대조, 열거, 인용, 예시 등의 사례를 제시하여 설명하는 방식의 차이가 있음을 알게 함 • 글을 요약할 때 중심 문장을 찾는 것이 우선이며, 중심 문장과 관련이 없는 내용은 삭제함			

■ 평가 기준표(예시)

척도 평가요소	매우 우수	우수	보통
글쓰기 방법	비교·대조, 열거, 예시, 인용 등의 글쓰기 방법과 각각의 특징을 알고 있다.	비교·대조, 열거, 예시, 인용 등의 글쓰기 방법이 있다는 것을 알고 있다.	설명하는 글을 쓰는 방법이 다름을 알고 있다.
글의 내용 요약하기	글을 읽고 중요한 내용을 요약하고 정리한다.	글의 내용을 요약한다.	도움을 받아 글의 내용을 요약한다.

4-2. 학습자 특성에 따른 맞춤형 수업

학습 주제	글감을 선택하여 글쓰기		차시	6~8/8
학습목표	글감을 선택하여 설명하는 글을 쓸 수 있다.			
학습자 특성	학습자 흥미와 관심	맞춤형 전략	학습 결과	

(1) 맞춤형 설계

■ **학습자 변인:** 학습자 흥미와 관심에 따른 특성

　글감을 선택할 때 학생이 좋아하는 분야나 관심이 있는 분야를 찾아 글을 읽거나 쓸 수도 있으며, 본인이 알고 있는 내용을 다른 사람에게 설명하기 위해 글감을 선택하는 경우가 있다. 학습자의 흥미과 관심에 따라 글감을 선택할 수 있다.

■ **맞춤형 설계 요소:** 학습 결과

　학습자가 선택한 글감에 대해 매체 자료를 활용하여 설명할 구체적인 내용을 찾도록 하며 쓰는 여러 가지 방법 중 알맞은 방법을 선택하여 글쓰기를 한다. 작성한 내용에 대해 어떤 내용을 설명하는지, 무엇을 알게 되었는지 쓰고 작성한 내용을 공유한다. 공유된 내용을 보고 학생들이 피드백을 주고 받는다.

■ **맞춤형 수업 자료:** 매체 자료 활용
- 글감 또는 주제 선택
  - 학생이 관심을 가지고 있는 글감

    (게임, 요리 방법, 전자 기기 조립하는 방법, 새로 나온 기기 사용법 등)
  - 글감에 대해 어떤 내용을 설명하고 싶은지 생각하기
  - 매체 등을 이용하여 설명하고자 하는 글감에 대한 자세한 내용 찾기
  - 글감 또는 주제에 따라 대상의 특성이 잘 드러나도록 글을 쓰는 방법 선택하기

---

(2) 맞춤형 평가

■ 맞춤형 평가를 위한 교사 일지

일시	20○○. . .	학급	6학년 ( ) 반
단원	무슨 내용일까요		
관찰 및 피드백 내용(예시)	• 글감, 글을 쓰는 목적에 따라 비교·대조, 열거, 인용, 예시 방법 중 적절한 방법을 선택하도록 함 • 매체 자료에서 자료를 찾을 때 출처 등을 밝히는 것과 저작권을 침해하지 않는 것이 중요함을 지도함 • 어떤 내용을 설명해야 하는지, 선택한 정보를 어디서 찾아야 하는지 잘 모르는 학생들에 대한 지도가 필요함		
맞춤형 평가 TIP	• 매체 자료를 활용하기 어려워 할 경우 접근하기 쉬운 매체 자료부터 찾아볼 수 있도록 한다. • 간단한 내용에 대해 설명하는 글을 써 본 후 짝에게 보여주고 설명이 알기 쉬운지 서로 피드백을 받을 수 있다. • 설명하는 글쓰기를 어려워할 경우 기존의 설명하는 글에서 첨가하거나 수정하면 좋을 부분을 찾아볼 수 있다.		

■ 평가 기준표(예시)

평가요소 ＼ 척도	매우 우수	우수	보통
글감을 정하여 글쓰기	글감을 정하여 글감의 특징에 알맞는 방법으로 글을 쓴다.	글감을 정하여 설명하는 글을 쓴다.	도움을 받아 설명하는 글을 쓴다.
매체 활용하기	매체를 활용하여 설명하려는 내용에 대한 자료를 찾고 작성한 글을 공유한다.	매체를 활용하여 자료를 찾거나 작성한 글을 공유한다.	도움을 받아 매체를 활용하는 방법을 안다.

수학과 5~6학년군 맞춤형 수업 사례(1): 혼합 계산

　　지금까지 학생들은 자연수의 사칙연산을 모두 학습하였으며, 이번 단원에서는 사칙연산을 활용한 자연수의 혼합 계산을 다룬다. 학생들은 자연수의 혼합 계산은 일상생활 장면에서 자주 접한다. 본 단원은 학생의 개인차와 상관없이 모든 학생이 흥미를 갖고 도전할 만한 내용이고, 향후 수학 학습의 기본이 된다. 특히 학생들이 좋아하는 보드게임(놀이)을 통해 맞춤형 수업 설계를 구안하여 적용해 보았다.

교육과정 분석		학습자 분석 및 맞춤형 전략		맞춤형 수업 설계		맞춤형 수업의 실제
자연수의 혼합 계산단원 분석	⇨	맞춤형 수업을 위한 학급 및 학습자 특성 분석	⇨	맞춤형 전략에 따라 학습 활동 내용 설계	⇨	맞춤형 수업의 실제 및 활동자료

1 교육과정 분석

단원명	혼합 계산(5학년)		
핵심 아이디어	수와 사칙계산은 수학 학습의 기본이 되며, 실생활 문제를 포함한 다양한 문제를 해결하는 데 유용하게 활용된다.		
성취기준	[6수01-01] 덧셈, 뺄셈, 곱셈, 나눗셈의 혼합 계산에서 계산하는 순서를 알고, 혼합 계산을 할 수 있다.		
범주	지식·이해	과정·기능	가치·태도
	자연수의 혼합 계산	사칙계산의 의미와 계산 원리를 탐구하고 계산하기	사칙계산의 유용성 인식
수행 과제	자연수의 혼합 계산의 순서를 알고, 계산 순서에 맞게 혼합 계산을 할 수 있는가?		

2 학습자 분석 및 맞춤형 전략

○ 학급 특성

5학년 ○반 학생은 모두 19명이다. 담임교사인 A 교사는 협력 활동에 중점을 두어 자리를 모둠 형태로 배치하였음. 담임교사가 주도한 진단평가에서 대체로 우수한 성취도를 보였으나, 낮은 성취도를 보인 학생이 3명 있음. 수업 중 다른 학생들과 상호작용이 부족한 학생은 교사가 꾸준히 관찰하고 지도함.

○ 학습자 특성 및 맞춤형 전략

학습자 특성	(학습 양식) 단독 학습보다는 친구들과 함께하는 이야기를 주고받는 소그룹 활동을 선호함. (학습자 흥미) 한 학기 정도 선행하는 학생이 많은 편이나, 수학 학습에 흥미를 느끼지 못하는 학생도 일부 포함되어 있음.
맞춤형 전략	(과제 난이도) 출발점 진단을 통한 선수학습 확인. (학습량 적정화) 학습 방법 선호도, 적절한 표현 방법, 학생의 선택 허용. (학습 조직) 연산을 어려워하는 경우 계산기를 활용함. 우수한 학생이 동료 학생을 도울 수 있는 학습 형태를 조직함.
교육과정 재구성	(학습 요소) 이해 없이 암기로 문제를 해결하려는 학생을 대상으로 함. 학습 능력에 따라 안내 발문 등을 추가하거나 좀 더 쉬운 탐구 과제를 제시함. (내용의 재구성) 학습량을 적정화하고 혼합 계산의 계산순서를 익히는 데 중점을 두어 재구성함.

3 맞춤형 수업 설계

차시	학습 활동	맞춤형 요소 및 맞춤 전략
1~2	• 단원 안내 선수학습 요소 확인 혼합 계산이 필요한 상황 인식	– 준비도 – 학습 능력
3~4	• 사칙연산을 활용한 놀이	– 준비도

	사칙연산을 활용한 놀이 핵심 질문: 계산 순서를 말할 수 있는가?	– 학습 방법 선호도 – 과제 난이도
5~7	• 혼합 계산의 순서 익히기 사칙연산의 계산 순서를 알고, 계산 순서에 맞게 계산해 본다. 핵심 질문: 혼합 계산을 순서에 맞게 계산할 수 있는가?	– 학습 경험, 관심사 – 학습 내용 제시 방식 다양화
8~9	• 혼합 계산을 이용하여 실생활 문제 해결하기 실생활 문제를 혼합 계산을 활용하여 해결해 본다.	– 자기주도, 참여도

4 맞춤형 수업의 실제

○ 수업 사례 1

주제	사칙연산 놀이		차시	3~4/9
학습목표	사칙연산을 활용하여 놀이를 할 수 있다.			
맞춤 요소	준비도, 학습자 흥미	맞춤형 전략	학습 방법 선호도, 과제 난이도	
준비물	보드게임(머긴스, 파라오코드 등), 계산기, 활동지			

활동 내용 및 맞춤형 TIP
사칙연산은 학생들에게 매우 익숙하며, 수학 학습에 흥미가 없는 학생도 기본적인 사칙연산은 가능하다. 이번 차시는 학습량을 적정화하고 학생의 학습 참여를 높이기 위한 맞춤형 전략으로 보드게임을 적용한 수업을 설계하여 운영하였다.

- **학습자 변인:** (준비도) 자연수의 덧셈, 뺄셈, 곱셈, 나눗셈의 기본 연산 숙달 정도의 개인차 매우 큼. (학습자 흥미) 학생들은 소그룹, 놀이 중심의 수업을 선호함.
- **맞춤형 전략:** (학습 방법 선호도) 교사는 모둠별로 적용할 수 있는 보드게임(놀이)을 통해 학생의 참여를 흥미와 참여를 높임. 이때 활용할 수 있는 교구는 '파라오 코드', '머긴스' 등의 보드게임이 있음. (과제 난이도) 보드게임에서 주사위를 활용하여 혼합 계산을 하였던 경험을 바탕으로 혼합 계산식을 써 보게 함.

수행 과제 1 사칙연산을 활용한 보드게임의 규칙을 알고 즐겁게 게임에 참여할 수 있는가?

- 수업 활동
  ▸ 파라오 코드로 혼합 계산 연습하기
  (1) 게임판을 준비한다.
  (2) 주사위 3개를 굴려 나온 눈의 수로 혼합 계산하여 숫자 타일의 수가 되도록 한다(정육면체 주사위 3개를 활용해도 된다.).
  (3) 이때 자신이 계산한 과정을 설명할 수 있어야 한다.

- 맞춤형 TIP

- 보드게임(파라오 코드) 방법을 익히려면 별도의 시간을 확보하여 학생들이 게임 방법을 충분히 익히도록 해야 함.
- 학생 간 개인차가 크면 일부 학생이 게임을 독점하게 되므로 가능하면 학습 능력이 비슷한 동일 집단으로 모둠 구성.
- '머긴스 게임'을 활용할 경우 게임판을 종이에 출력하고 주사위를 사용하면 되므로 별도의 비용이 들지 않아 비용 부담이 적음.

수행 과제 2 보드게임에서 사용된 계산을 하나의 계산식으로 나타낼 수 있는가?

- 수업 활동
  ▸ 숫자 타일 만들기
  (1) 주사위를 굴려 식을 만들어 보세요.

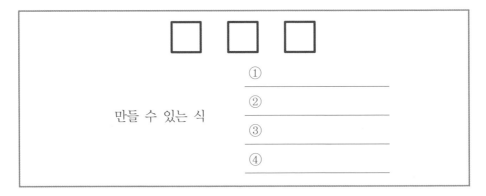

만들 수 있는 식: ① 3+5+6=14   ② 3×6−5=13

③ 5×6+3=33   ④ 6+3−5=4 등

(2) 위의 방법처럼, 주사위를 굴려 나온 눈의 수로 식을 만들어 보세요.

만들 수 있는 식

①

②

③

④

▸혼합 계산식의 계산 순서 말하기

(1) 모둠 또는 짝 활동

(2) 자신이 만든 식 중 하나를 골라 왜 그렇게 계산하였는지 계산 순서에
맞게 설명을 해 본다.

(3) 짝이나 모둠원과 돌아가며 설명한다.

■ 맞춤형 TIP

■ 활동에 소극적이거나 수업 내용을 이해하지 못하는 학생은 교사가 개별지도하거나 또래
학생이 가르치도록 안내함.

■ 필요한 경우 계산기로 계산 결과를 확인할 수 있다. 스마트기기의 계산기 앱은 혼합 계산
순서에 맞게 계산 결과를 나타내나 계산기는 단추를 누르는 순서에 따라 계산 결과가 다를
수 있음.

■ 맞춤형 평가를 위한 교사 일지

일시	20○○. 3. ○.		학급	5학년 ○반
관찰 및 피드백 내용	• 학생 수준에 상관없이 모든 학생이 게임에 적극적으로 참여함. 처음 게임 방법을 익히는 데 집중하지 않는 학생들도 있었고, 교사가 제시한 방법과 다르게 게임을 진행하는 학생들도 있음. • 전체적으로 게임 방법을 안내하고 모둠별로 게임 방법에 맞게 진행하는지 관찰하고 방법이 다른 경우 올바른 방법을 안내함. • 보드게임은 비형식적인 방법이나 식을 써서 혼합 계산을 하는 경우 괄호를 사용해야 하는데, 괄호 사용의 필요성을 인식하지 못하는 학생이 있음. • 학생들은 주사위를 던져 나온 눈의 수로 여러 가지 혼합 계산식을 만드는 데 어려움을 겪는 학생이 있었음. 교사는 개별 학생을 대상으로 보드게임을 하였던 경험을 예로 혼합계산을 식으로 나타내는 방법을 안내하였음.			
맞춤형 평가 TIP	• 본 활동은 사칙계산 순서에 맞게 계산하고 놀이에 즐겁게 참여할 수 있느냐에 중점을 둠. 학생들은 식을 세우기 전에 비형식적인 절차에 따라 혼합 계산을 함. • 엄격한 혼합 계산 절차를 따르기 전에 비형식적인 방법으로 계산 결과를 얻어내고 이를 활용하여 게임에 참여할 수 있는지를 평가함.			

○ 수업 사례 2

주제	혼합 계산의 순서 익히기		차시	5/8
학습목표	계산 순서에 맞게 계산할 수 있다.			
맞춤 요소	학습 경험, 관심사	맞춤형 전략	학습 내용 제시 방식 다양화	
준비물	활동지(수 퍼즐), 계산기			

활동 내용 및 맞춤형 TIP
자연수의 사칙계산 숙달 및 학습 참여 정도, 수학에 대한 호기심에서 학생 간 개인차가 두드러진다. 많은 학생이 계산 순서에 대한 이해 없이 암기를 통해 기계적으로 계산하려는 경향이 있다.

- **학습자 변인:** (학습 경험) 선행으로 이미 혼합 계산을 익힌 학생이 있음. (관심사) 스도쿠, 마방진, 수 퍼즐 등 수를 활용한 놀이에 많은 관심을 보임.
- **맞춤형 전략:** (학습 내용 제시 방식 다양화) 학생들이 혼합 계산의 계산 순서를 익히고 자신의 방법이 타당함을 설명하기 위해 자신만의 전략을 활용할 수 있도록 수업을 설계함.

수행 과제 1 혼합 계산을 적용한 퍼즐을 해결할 수 있는가?

- 수업 활동
  - ▸ 혼합 계산을 이용하여 식 완성하기

  $(4+4) \div (4+4) = 1 \qquad 4 \quad 4 \quad 4 \quad 4 = 5 \qquad 4 \quad 4 \quad 4 \quad 4 = 9$

  $4 \quad 4 \quad 4 \quad 4 = 2 \qquad 4 \quad 4 \quad 4 \quad 4 = 6 \qquad 4 \quad 4 \quad 4 \quad 4 = 10$

  $4 \quad 4 \quad 4 \quad 4 = 3 \qquad 4 \quad 4 \quad 4 \quad 4 = 7$

  $4 \quad 4 \quad 4 \quad 4 = 4 \qquad 4 \quad 4 \quad 4 \quad 4 = 8$

  (단, $44 \div 4 - 4 = 7$과 같이 4와 4를 붙여 44로 나타내는 것도 가능)

  - ▸ 숫자 1, 2, 3, 4를 한 번씩만 사용하여 계산 결과가 1~20까지의 수가 되는 식을 만들어 보세요. (단, +, −, ×, ÷, 괄호는 여러 번 사용 가능.)

식	답	식	답	식	답	식	답
$(4-3) \times (2-1) =$	1		6		11		16
	2		7		12		17
	3		8		13		18
	4		9		14		19
	5		10		15		20

■ 맞춤형 TIP

■ 퍼즐은 학생들에게 흥미로운 소재임. 차시 내용과 연계된 퍼즐을 활용하면 학생들의 수업 참여를 이끌고 흥미를 유발하는 데 도움이 됨.
■ 퍼즐은 한 번에 해결해야 하는 것이 아니므로 충분한 시간을 갖고 해결하도록 함. 경우에 따라 일주일 정도 시간을 줄 수도 있음.
■ 학생의 흥미와 수준을 고려하여 적당한 난이도의 퍼즐을 제시함. 필요에 따라 자연수의 사칙계산 연습에 도움이 되는 '켄켄퍼즐'을 적용해 볼 수 있음.

수행 과제 2 실생활 상황에 맞는 혼합 계산식을 만들고, 혼합 계산 순서에 맞게 계산할 수 있는가?

■ 수업 활동
  ▶ 덧셈, 뺄셈, 곱셈 또는 덧셈, 뺄셈, 나눗셈이 섞여 있는 식의 계산
  (1) 파라오 코드(또는 머긴스 게임)를 해 보았던 경험을 바탕으로 혼합 계산의 계산 순서를 말해 본다.
  (2) 계산 순서에 맞게 계산하고 계산 결과가 맞는지 확인해 본다. 이때 계산기를 활용할 수 있다.
  (3) 괄호가 있는 혼합 계산과 괄호가 없는 혼합 계산의 결과가 다른 경우 그 이유를 생각해 보게 한다.

$$① \ 3+5\times4 \qquad ② \ (3+5)\times4$$

  (4) 실생활 상황에서 위 ①, ②와 같은 식이 쓰이는 사례를 찾아본다.

  ▶ 실생활 상황에 맞는 혼합 계산식 만들기
  (1) 모둠 활동
  (2) 모둠에서 실생활에서 혼합 계산이 필요한 상황을 찾아본다.

(3) 실생활 상황에 맞는 혼합 계산식을 만들고 계산해 본다.

(4) 발표 자료를 작성하여 모둠별로 발표하고 공유한다.

■ 맞춤형 TIP

■ 본 활동은 학생들의 활발한 의사소통이 필요하므로 소집단 수업을 활용하고 과제의 난이도, 학습 내용 제시 방식 등을 다양화함.
■ 계산 순서에 대한 이해 없이 단순 암기를 통해 혼합 계산을 하는 경우가 많음. 학생들에게 유의미한 이해가 될 수 있도록 일상생활 상황을 통해 계산 순서를 이해하도록 하여야 함.
■ 계산기는 혼합 계산문제를 해결하는 데 유용한 도구임. 일반적인 계산기와 스마트기기 앱(계산기 기능)을 활용하여 두 가지 도구의 공통점과 차이점을 탐구하고 일상생활에 활용하도록 함.

■ 맞춤형 평가를 위한 교사 일지

일시	20○○. 3. ○.		학급	5학년 ○반
관찰 및 피드백 내용	• 학생들은 수 퍼즐에 관심이 많았고 단숨에 문제를 해결하려는 경향을 보였음. 몇몇 학생은 쉽게 포기하기도 하였는데, 이런 학생들에게 힌트를 주거나 함께 문제를 해결하여 학습 부담을 덜어 줌. • 3+5×4, (3+5)×4과 같이 제시된 혼합 계산은 순서에 맞게 계산할 수 있었으나 왜 그렇게 계산해야 하는지, 실생활 상황에서 위와 같은 혼합 계산이 활용되는 사례는 어떤 경우인지 등에 대한 답은 제대로 하지 못하는 경우가 많음. • 계산기를 활용하여 3+5×4를 계산할 때 순서대로 단추를 누르면 틀린 계산결과가 나오는데 이 부분에 대해 합리적인 답을 도출하는 데 어려움이 있음.			
맞춤형 평가 TIP	• 적극적인 피드백에도 지속적인 지원이 필요한 학생을 별도 구분하고 수업 중 꾸준한 관찰과 피드백을 제공함. • 계산 순서를 익히는 데 중점을 두어 평가 전략 및 평가 방법을 다양화할 수 있음.			

수학과 5~6학년군 맞춤형 수업 사례(2) : 분수의 곱셈

 분수의 덧셈과 뺄셈을 학습한 이후 분수의 곱셈과 분수의 나눗셈을 공부하게 된다. 분수의 곱셈을 통해 학생들은 추론 및 논리적 탐구를 경험하고 수학의 유용성을 인식하게 된다. 이번 단원에서 학생들은 넓이 모델을 중심으로 분수의 곱셈을 탐구하도록 맞춤형 수업 설계를 구현하여 적용해 보았다.

교육과정 분석		학습자 분석 및 맞춤형 전략		맞춤형 수업 설계		맞춤형 수업의 실제
• 분수의 곱셈 단원 분석	⇨	• 맞춤형 수업을 위한 학급 및 학습자 특성 분석	⇨	• 맞춤형 전략에 따라 학습 활동 내용 설계	⇨	• 맞춤형 수업의 실제 및 활동자료

1 교육과정 분석

단원명	분수의 곱셈(5학년)		
핵심 아이디어	사칙계산은 자연수에 대해 정의되며 정수, 유리수, 실수의 사칙계산으로 확장되고 이때 연산의 성질이 일관되게 성립한다.		
성취기준	[6수01−09] 분수의 곱셈의 계산 원리를 탐구하고 그 계산을 할 수 있다.		
범주	지식·이해	과정·기능	가치·태도
	분수의 곱셈과 나눗셈	사칙계산을 실생활 및 타 교과와 연결	사칙계산의 유용성 인식
수행 과제	분수의 곱셈의 계산 원리를 탐구하고 넓이 모델을 적용하여 계산 원리를 말할 수 있는가?		

2 학습자 분석 및 맞춤형 전략

○ 학급 특성

> 대도시에 위치한 A초등학교의 5학년 ○반은 학생이 20명으로 국어와 수학 시간에 보조 교사가 수업을 지원하고 있음. 수학 성취도에 대한 개인 편차가 매우 심한 편으로 5학년 수학을 이미 선행하는 학생도 있으나, 수학에 대한 부담이 크고 간단한 연산을 어려워하는 학습 부진 학생도 일부 포함되어 있음. 이전 학기에서 학습한 공통분모를 활용한 분수의 덧셈에서 어려움을 겪어 분수 연산에 대한 부정적 경험을 갖고 있음.

○ 학습자 특성 및 맞춤형 전략

학습자 특성	(학습 경험) 공통분모를 활용한 분수의 덧셈에서 어려움을 겪은 학생이 많음. (준비도) 기본적인 연산은 가능하여 본 단원을 이수하는 데 큰 어려움은 없어 보임.
맞춤형 전략	(학습 도구) 넓이 모델을 사용하여 직관적인 이해를 바탕으로 학습을 도움. (학습 방법 선호) 직관적 이해와 조작 활동을 통한 분수의 곱셈 개념을 지도함.
교육과정 재구성	(학습 요소) 학습 능력에 따라 안내 발문 등을 추가하거나 좀 더 쉬운 탐구 과제를 제시함. (내용의 재구성) 선수학습(곱셈, 직사각형의 넓이)과 연계하여 분수의 곱셈을 이해하도록 함.

3 맞춤형 수업 설계

차시	학습 활동	맞춤형 요소 및 맞춤 전략
1~2	• 단원 안내 선수학습 요소 확인 분수의 곱셈이 필요한 상황은 인식한다.	− 준비도, 관심사 − 학습 능력
3~5	• (분수)×(자연수), (자연수)×(분수) 알아보기	− 준비도

	(분수)×(자연수), (자연수)×(분수)의 계산 원리를 이해하고 계산해 본다. 핵심 질문: $\frac{3}{4}×2$와 $2×\frac{3}{4}$의 계산 결과는 어떠한가?	− 탐구 활동 절차 − 과제 난이도
6~7	• 진분수의 곱셈 알아보기 (진분수)×(진분수)의 계산 원리를 이해하고 계산해 본다. 핵심 질문: 넓이를 이용하여 $\frac{2}{5}×\frac{1}{3}=\frac{2×1}{5×3}$임을 설명할 수 있는가?	− 학습 성향, 준비도 − 학습 경험, 학습 도구
8~9	• 여러 가지 분수의 곱셈 알아보기 (대분수)×(대분수)와 여러 가지 분수의 곱셈의 계산 원리를 이해하고 계산해 본다. 핵심 질문: (대분수)×(대분수)는 어떻게 계산할 수 있는가?	− 학습 능력 − 과제 난이도

4 맞춤형 수업의 실제

○ 수업 사례 1

주제	(자연수)×(분수)의 계산		차시	5/9
학습목표	(자연수)×(분수)의 계산 원리를 이해하고 계산할 수 있다.			
맞춤 요소	준비도	맞춤형 전략	탐구 활용 절차, 과제 난이도	
준비물	연결 모형			

활동 내용 및 맞춤형 TIP
지금까지 학생들은 (분수)×(자연수)를 학습하였다. 이번 차시에서 학생들은 (자연수)×(분수)를 어떻게 계산하는지 생각해 보고, $\frac{3}{4}×2$와 $2×\frac{3}{4}$의 계산 결과가 같음을 확인한다. 또한 (자연수)×(분수)를 (분수)×(자연수)로 나타내어 해결할 수 있게 된다.

수행 과제 1 $\frac{3}{4} \times 2$와 $2 \times \frac{3}{4}$의 계산 결과가 같음을 설명할 수 있는가?

■ 수업 활동

▸ (분수)×(자연수), (자연수)×(분수)의 계산 원리

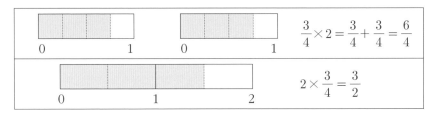

$$\frac{3}{4} \times 2 = \frac{3}{4} + \frac{3}{4} = \frac{6}{4}$$

$$2 \times \frac{3}{4} = \frac{3}{2}$$

(1) $\frac{3}{4} \times 2$와 비교하여 $2 \times \frac{3}{4}$을 계산하는 방법을 알아본다.

(2) 종이 띠, 연결 모형 등 다양한 길이 모델을 활용하여 두 분수식을 계산하고 계산 결과를 비교하여 본다.

(3) 두 식의 계산 결과가 같음을 확인하고 그 이유를 모둠 학생들에게 돌아가며 설명해 본다.

■ 맞춤형 TIP

- 학생들은 분수의 계산 원리를 이해하고 설명함. 종이 띠, 연결 모형 등 구체적이고 시각적인 모델을 통하여 분수의 곱셈을 나타내고 계산함.
- 학생 개개인의 특성이 맞춤형 전략을 수립하여 각자 선택한 방식으로 분수의 곱셈을 이해하고 설명해 보게 함. 개념을 형성하는 단계에서 과제는 가능한 쉬운 내용으로 선정함.

■ 수업 활동

▸ $3 \times \dfrac{2}{5}$ 의 계산하는 방법

(1) 위 식을 계산하는 방법을 생각해 보게 한다.

(2) 위 식을 $\dfrac{2}{5} \times 3$ 으로 나타낼 수 있는지 살펴본다.

(3) $3 \times \dfrac{2}{5} = \dfrac{2}{5} \times 3 = \dfrac{2 \times 3}{5}$ 으로 나타낼 수 있는 이유를 살펴본다.

▸ $2 \times 1\dfrac{1}{3}$ 의 계산하는 방법

(1) 위 식을 계산하는 방법을 생각해 보게 한다.

(2) 위 식을 $1\dfrac{1}{3} \times 2$ 로 나타낼 수 있는지 살펴본다.

(3) 두 가지 이상의 방법으로 계산해 보고, 계산 결과를 비교해 본다.

방법 1: $2 \times 1\dfrac{1}{3} = 2 \times \dfrac{4}{3} = \dfrac{2 \times 4}{3} = \dfrac{8}{3} = 2\dfrac{2}{3}$

방법 2: $2 \times 1\dfrac{1}{3} = (2 \times 1) + \left(2 \times \dfrac{1}{3}\right) = 2 + \dfrac{2}{3} = 2\dfrac{2}{3}$

2의 1배

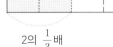
2의 $\dfrac{1}{3}$ 배

■ 맞춤형 TIP

■ 학생들이 $2 \times 1\dfrac{1}{3}$ 을 자신이 생각하는 방법으로 해석해 보게 하고, 학생들의 다양한 의견이 활발히 논의되도록 함.

- 방법2의 경우 2의 1배인 양에 2의 $\frac{1}{3}$의 양을 더한 값으로 설명하고, 분배법칙 등으로 설명하지 않도록 유의함.

■ 맞춤형 평가를 위한 교사 일지

일시	20○○. ○. ○.	학급	5학년 ○반
관찰 및 피드백 내용	• 상당수 학생이 곱셈의 의미를 제대로 알지 못하여 $2 \times \frac{3}{4}$을 2의 $\frac{3}{4}$배 또는 $\frac{3}{4}$의 2배가 될 수 있다는 것을 이해하지 못하는 경우가 많음. • 자연수의 곱셈과 분수의 곱셈이 같은 개념임을 지도하고 배의 개념을 이용하여 (자연수)×(분수)의 계산 방법을 탐구하도록 함. • 곱셈의 개념을 이용하기보다는 자연수와 분수의 분자를 곱하여 계산하는 방법을 고수하려는 경향을 보였음.		
맞춤형 평가 TIP	• (자연수)×(분수)의 계산 원리를 이해하고 계산할 수 있는지 평가함. • 자신이 해결한 방법을 친구에게 설명하고 친구의 설명을 들으며 자기 평가 및 동료 평가를 실시함. • 과정 중심 평가를 누가 기록하고 꾸준한 관심이 필요한 학생을 중심으로 피드백 계획을 별도 수립함.		

○ 수업 사례 2

주제	(진분수)×(진분수)의 계산	차시	6~7/9
학습목표	(진분수)×(진분수)의 계산 원리를 이해하고 계산할 수 있다.		
맞춤 요소	학습 성향, 준비도	맞춤형 전략	학습경험, 학습도구
준비물	색종이, 가위, 색연필		

활동 내용 및 맞춤형 TIP

학생들은 (자연수)×(분수)의 계산에서 자연수와 분수의 분자를 곱하여 계산하는 방법을 습득하였다. 분수의 곱셈을 이해 없이 암기에 의한 방법으로 계산하는 것은 바람직하지 않다. (진분수)×(진분수), (분수)×(분수)의 계산은 넓이 모델을 이용하여 분수 곱셈의 계산 원리를 이해하고 계산할 수 있도록 한다.

- **학습자 변인:** (학습 성향) 학생들은 그리기, 만들기 등 조작 활동을 선호함. (준비도) 직사각형의 넓이 구하는 방법을 모두 알고 있으며, 관련 문제를 능숙하게 해결함.
- **맞춤형 전략:** (학습 경험) 자연수의 곱셈을 계산해 보았던 경험을 공유하고, 분수의 곱셈을 어떻게 계산할 수 있는지 탐구함. (학습 도구) 색종이로 분수의 곱셈에서 활용할 수 있는 넓이 모델을 적용하여 지도함.

수행 과제 1   넓이 모델을 이용하여 (단위분수)×(단위분수)의 계산 원리를 이해하고 계산할 수 있는가?

- 수업 활동
  - $\dfrac{1}{4} \times \dfrac{1}{3}$의 계산
    (1) 색종이 한 장을 이용하여 $\dfrac{1}{4} \times \dfrac{1}{3}$을 표현해 보도록 한다. 이때 짝 또는 모둠 활동을 통해 의견을 주고받으며 충분히 생각해 보게 한다.
    (2) 종이에 그림을 그리거나 색종이를 이용하여 $\dfrac{1}{4} \times \dfrac{1}{3}$을 나타내고, $\dfrac{1}{4} \times \dfrac{1}{3}$은 전체를 12등분한 것 중 하나의 값과 같음을 알게 한다.

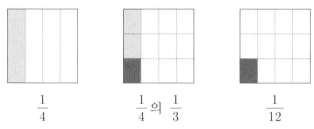

$$\frac{1}{4} \qquad\qquad \frac{1}{4}의\ \frac{1}{3} \qquad\qquad \frac{1}{12}$$

    (3) (단위분수)×(단위분수)의 계산 원리를 설명하고 공유한다.

■ 맞춤형 TIP

■ (미니수업) 단위분수의 곱셈을 이해하지 못하는 경우 자연수의 곱셈 원리와 연계하여 이해 하도록 안내함. 2×3은 2의 3배이고, $\frac{1}{4} \times \frac{1}{3}$ 은 $\frac{1}{4}$ 의 $\frac{1}{3}$ 배와 같음을 지도함.

■ 색종이를 직접 접어 보고 접은 부분을 색칠하는 활동을 통해 학생의 학습 성향을 고려한 맞춤형 지도를 함.

■ 단위분수의 곱셈을 진분수 또는 대분수의 곱셈으로 범위를 넓혀 생각할 수 있음. 학생의 학습 속도에 따라 높은 수준의 탐구 과제를 제시함.

수행 과제 2 넓이 모델을 이용하여 (진분수)×(진분수)의 계산 원리를 이해하고 계산할 수 있는가?

■ 수업 활동

▸ $\frac{3}{4} \times \frac{1}{3}$ 의 계산

(1) (단위분수)×(단위분수)를 (진분수)와 (단위분수)의 곱셈으로 범위를 넓혀 생각해 보게 한다.

(2) 넓이 모델을 이용하여 계산하고, $\frac{1}{4} \times \frac{2}{3}$ 와 같은 변형된 문제도 제시하여 다양한 조작 활동이 가능하게 한다.

▸ (진분수)×(진분수)의 계산

(1) 지금까지 탐구한 내용을 바탕으로 (진분수)×(진분수)의 계산을 하는 방법을 알아본다. 학생들은 색종이 또는 그림을 활용하여 문제를 해결할 수 있다.

(2) $\frac{3}{4} \times \frac{2}{3}$ 를 색종이를 이용하여 계산해 보고, 계산 결과가 $\frac{1}{2}$ 과 같음을 발견하게 한다.

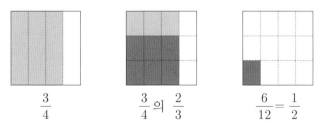

$\frac{3}{4}$ $\frac{3}{4}$ 의 $\frac{2}{3}$ $\frac{6}{12} = \frac{1}{2}$

(3) 위 식의 계산 원리를 알고 여러 가지 방법으로 계산해 본다. 이때 약분 등 다양한 방법을 사용할 수 있다.

(4) 학생의 학습 능력에 따라 대분수의 곱셈으로 범위를 확장하여 문제를 제시할 수 있다.

■ 맞춤형 TIP

■ 교사는 이질 집단을 구성하여 모둠 내 협력학습이 가능하도록 유연한 학습 집단을 구성함.
■ 학습 결과에 대한 개별 칭찬으로 학생의 성취를 격려함.
■ 색종이를 직접 접고 색칠하고 자르는 과정의 각 단계에서 분수와 연계하여 이해하도록 지도하는 것이 필요함.

■ 맞춤형 평가를 위한 교사 일지

일시	20○○. ○. ○.	학급	5학년 ○반
관찰 및 피드백 내용	• (분수)×(분수)의 계산은 직사각형을 이용한 넓이 모델이 효과적임. • 학생들은 개념 이해보다는 단순 암기로 분자끼리 분모끼리 곱하여 분수의 곱셈을 계산하는 방식을 선호하고 있음. 색종이 접기를 이용하여 단계별 분수의 곱셈 과정을 안내하여 학생의 흥미를 이끌고 곱셈을 이해하도록 안내함. • 일부 이해가 느린 학생들을 대상으로 넓이 모델에 대한 미니수업을 진행하였음.		
맞춤형 평가 TIP	• 분수의 곱셈 과정을 넓이 모델과 연계하여 설명하도록 하고 평가함. '분모는 분모끼리 분자는 분자끼리 곱한다.'는 알고리즘을 암기하도록 유도하는 설명은 하지 않도록 유의함.		

수학과 5~6학년군 맞춤형 수업 사례(3) : 여러 가지 그래프

그래프 단원은 실생활과 잘 연계되는 소재를 바탕으로 한다. 학생들이 흥미를 끌어내기 좋은 단원이다. 6학년 그래프 단원은 백분율을 활용하는 비율 그래프로 백분율을 구하는 데 연산과 자료를 꼼꼼히 분석하고 처리하는 태도가 요구된다.

교육과정 분석		학습자 분석 및 맞춤형 전략		맞춤형 수업 및 평가 계획		맞춤형 수업 적용
• 여러 가지 그래프 단원 분석	⇨	• 맞춤형 수업을 위한 학급 및 학습자 특성 분석	⇨	• 맞춤형 전략에 따라 학습 활동 내용 설계	⇨	• 맞춤형 수업의 실제 및 활동자료

1 교육과정 분석

단원명	여러 가지 그래프(6학년)		
핵심 아이디어	자료를 수집, 정리, 해석하는 통계는 자료의 특징을 파악하고 두 집단을 비교하며 자료의 관계를 탐구하는 데 활용된다.		
성취기준	[6수04-02] 자료를 수집하여 띠그래프나 원그래프로 나타내고 해석할 수 있다.		
범주	지식·이해	과정·기능	가치·태도
	띠그래프, 원그래프	자료를 표나 그래프로 나타내고 해석하기	표와 그래프의 편리함 인식
수행 과제	자료를 활용 목적에 맞게 띠그래프나 원그래프로 나타낼 수 있는가?		

2 학습자 분석 및 맞춤형 전략

○ 학급 특성

2022년 6월, 6학년 ○반 학생 20명을 대상으로 이루어진 수업임. ○반의 학생은 수학 성취 수준이 매우 높은 학생과 자연수의 사칙연산 등 간단한 계산도 힘들어하는 학생 등 다양한 수준의 학생이 함께 수업에 참여하였음. 특히 A 학생은 계산기가 없으면 수업 참여가 어려운 상황이었으나 반 학생들은 계산기 사용에 대한 거부감이 매우 컸음.

○ 학습자 특성 및 맞춤형 전략

주요 변인	내용
학습자 변인	(학습자 흥미) 단독 학습보다는 친구들과 함께하는 이야기를 주고받는 소그룹 활동을 선호함. (학생 능력) 학생 A: 간단한 연산은 할 수 있으나 계산 속도가 매우 느린 편임.
맞춤형 전략	(학습 준비도) 연산을 어려워하는 경우 계산기를 활용함. (흥미) 이해 없는 암기로 문제를 해결하려는 학생을 대상으로 함. 학습 능력에 따라 안내 발문 등을 추가하거나 좀 더 쉬운 탐구 과제를 제시함. (학습 유형) 우수한 학생이 동료 학생을 도울 수 있는 학습 형태를 조직함.
교육과정 재구성	(학습 요소) 학습 능력에 따라 안내 발문 등을 추가하고, 계산기를 사용할 수 있도록 함. (내용의 재구성) 백분율을 이용하여 비율 그래프를 그리는 것이 목적이므로 복잡한 연산은 다루지 않음.

3 차시별 수업 활동

차시	학습 활동	맞춤형 요소 및 맞춤 전략
1~3	• 띠그래프 알아보기 핵심 질문: 자료를 보고, 전체에 대한 각 부분의 비율을 백분율로 구할 수 있는가? • 띠그래프로 나타내 보기 항목별로 구한 백분율의 크기만큼 선을 그어 띠그래프로 나타낸다. 핵심 질문: 표를 보고 띠그래프로 나타낼 수 있는가?	− 학습 능력 − 유연한 수업 절차, 선택 활동 − 계산기 활용 − 교사의 도움을 받으며 모둠 활동
4~6	• 원그래프 알아보기 원그래프의 특징을 알고, 자료를 원그래프로 나타내면 어떤 점이 편리한지 알아본다.	− 준비도 − 유연한 수업 절차, 선택 활동

	• 원그래프로 나타내 보기 항목별로 구한 백분율의 크기만큼 선을 그어 원그래프로 나타낸다. 핵심 질문: 표를 보고 원그래프로 나타낼 수 있는가?	− 미니수업 및 동료 수업 − 계산기 활용
7~8	• 그래프 해석하기 핵심 질문: 그래프를 보고 알 수 있는 점을 말할 수 있는가?	− 적절한 표현 방법 − 학습 선호도

4 맞춤형 교수·학습 사례

A 학생은 수학 학습 능력이 뛰어나고 학습에 대한 집착이 매우 강한 편이다. 한편 B 학생은 성격이 밝고 수업에 적극적으로 참여하려 하나 3학년 수준의 연산이 가능하며 계산 속도 또한 매우 느린 편이다. 본 수업 사례는 수석교사에 의해 매주 2회씩 4주에 걸쳐 진행된 것이다.

학생들이 이번 단원에서 조사한 내용을 표로 나타내고, 각 부분의 백분율을 구하여 띠그래프와 원그래프를 완성하여야 한다.

○ 수업 사례 1

주제	띠그래프 알아보기		차시	1/8
학습목표	띠그래프를 알고 특징을 말할 수 있다.			
맞춤 요소	학습 능력	맞춤형 전략	유연한 수업 절차, 선택 활동	
수업 자료	조사한 자료, 활동지			

활동 내용 및 맞춤형 TIP

일반적으로 학급 내에서 학생들의 수학 학습의 수준차는 크게 나타난다. 중학교 수학 내용을 선행하는 학생이 있는가 하면 3학년 수준의 연산을 어려워하는 학생들도 한 학급에서 같은 수업에 참여하고 있다.

이러한 학급내 특성을 감안하여, 오늘은 띠그래프를 알아보는 첫째 시간으로 조사한 내용을 표로 나타내고 각 부분의 백분율을 구해 나타낸 띠그래프를 알아볼 것이다.

- 도입

수업이 시작되었으나 교실은 아직 시끌시끌하다. 교사는 학생들이 수업에 집중하도록 안내하였고, 교실은 어느 정도 평안을 찾았지만 다소 산만한 분위기는 한동안 이어졌다. 교사는 우선 교과서에 제시된 자료(○○반 학생들이 도서관에서 빌린 책의 종류)를 표로 나타내도록 하였다.

교사의 지시를 이해하지 못하는 학생도 있으나 대부분 활동에 어렵지 않게 잘 참여하였다. 교사는 전체 활동으로 표를 완성하고, 조사한 학생이 몇 명인지, 가장 많은 빌린 책의 종류는 무엇인지 등 교과서의 주요 발문에 따라 수업을 이끌어 나갔다.

도입 부분에서 다소 크게 대답하거나 질문을 독점하는 학생이 일부 있었으나 전반적으로 수업의 흐름이나 학생들의 참여 등 학생 간 개인차로 인해 드러나는 문제는 없었다.

- 전개

오늘 활동의 핵심은 이전 단원에서 배운 백분율을 이용하여 각 항목의 크기를 백분율로 나타내는 것이다. 교사는 $\frac{5}{25} = \frac{5 \times 4}{25 \times 4} = \frac{20}{100} = 20\%$ 와 같이 기준량을 100으로 할 때의 비율, 즉 $\frac{n}{100} = n\%$ 임을 이용하여 백분율을 구하여 표를 완성하도록 하였다.

빌린 책의 종류별 권수

종류	과학	문학	역사	수학	언어	기타	합계
권수(권)	7	5	4	4	3	2	25
백분율(%)							

교사가 안내한 방법대로 백분율을 구하는 학생도 있었으나, 일부 학생들은 $\frac{5}{25} \times 100 = 20(\%)$와 같이 비율에 100을 곱하고 백분율(%) 기호를 붙이는 방법을 사용하였다.

몇몇 학생은 백분율을 구하는 방법은 알고 있으나 방법에 익숙하지 않아 매우 표를 완성하는 속도가 매우 느렸고, 또 몇몇 학생은 아무것도 해결하지 못하고 있었다.

$$\frac{5}{25} = \frac{5 \times 4}{25 \times 4} = \frac{20}{100} = 20\%$$

교사는 위의 예와 같이 분모가 100이 되게 하는 수를 분모와 분자에 곱하게 하여 문제를 해결하도록 안내하고 짝이 해결하지 못하면 도와주도록 하였다. A학생은 7×4, 5×4의 곱셈을 할 때 손가락을 이용하는 등 간단한 계산을 하는 데도 어려움을 겪고 있어 교사는 A학생을 1:1로 개별 지도하여 표를 완성할 수 있게 하였다.

■ 정리

지금까지 백분율을 이용하여 완성한 표를 전체에 대한 각 부분의 비율을 띠 모양의 그래프로 나타낼 수 있음을 설명하였다. 이후 학생들에게 띠그래프에서 알 수 있는 내용을 살펴보게 하고 띠그래프를 실생활에 쓰일 수 있는 부분을 생각해 보게 하였다.

다음 시간에는 표를 보고 띠그래프로 나타내어 보는 활동을 할 것임을 안내하고 수업을 마무리하였다.

■ 맞춤형 TIP

- 백분율을 구하는 것이 목적이 아니므로 필요한 경우 백분율을 일부 또는 전부를 제시하여 학습자의 부담을 줄일 수 있음.
- 수업의 흐름을 끊거나 방해하는 요인 중 학생의 학습 능력 부족이 원인일 수 있으며 이를 보완하는 방안이 무엇인지 분석할 필요가 있음.

- 평소 학생들이 관심 있는 소재를 조사하여 활용한 것이 수업의 효과를 높이는 데 긍정적임.
- 협력적인 학급문화를 만드는 데 지속적인 관심을 둠.

- 맞춤형 평가를 위한 교사 일지

일시	20○○. ○. ○.	학급	5학년 ○반
관찰 및 피드백 내용	• 자료를 띠그래프로 나타내는 과정 중 각 항목의 자료를 백분율로 구하는 단계에서 학습 결손이 드러남. • 백분율을 이전 단원에서 학습하였으나 주어진 자료를 활용하여 백분율을 구하지 못하는 학생이 많이 있었음. • 이번 차시는 띠그래프를 이해하는 것이 목적이므로 백분율을 미리 제시하고 주어진 백분율과 띠그래프가 어떤 관계가 있는지 탐구하는 데 중점을 두어 지도하였음.		
맞춤형 평가 TIP	• 띠그래프에서 백분율은 필수 학습 요소임. 백분율을 이해하고 구할 수 있는 학생과 그렇지 못하는 학생을 파악하는 것이 필요함. • 학생의 학습 능력에 따라 적절한 피드백 방안을 고려할 수 있음.		

○ 수업 사례 2

주제	띠그래프로 나타내기	차시	3/8
학습목표	표를 보고 띠그래프로 나타낼 수 있다.		
맞춤 요소	준비도	맞춤형 전략	학습 도구, 수업 전략
수업 자료	조사한 자료, 활동지, 계산기		

활동 내용 및 맞춤형 TIP

기준량을 100으로 할 때의 비율을 백분율이라 한다. 띠그래프나 원그래프는 주어진 자료에서 전체에 대한 각 부분의 비율을 백분율을 이용하여 나타낸다.

교실에서 몇몇 학생은 백분율을 구하는 데 필요한 곱셈이나 분수의 계산을 하지 못하거나 연산 방법을 이해하지 못하였다. 교사는 학습 결손이 있는 학생과 이해와 숙달을 위해 도움이 필요한 학생을 위한 맞춤형 수업을 구안하였다.

- **학습자 변인:** (준비도) 이전 단원에서 백분율을 학습하였으나, 백분율을 구하는 방법과 의미를 이해하지 못하는 학생이 다수 있음. (학습 성향) 그리는 활동을 선호함.
- **맞춤형 전략:** (학습 도구) 필요한 경우 계산기를 사용하도록 함. (수업 전략) 동료 간 서로 배울 수 있는 수학마법사를 적용함.

■ 도입

백분율을 구할 때 필요한 경우 계산기를 활용하도록 하였다. 수업 중 도움이 필요한 경우 친구나 선생님에게 도움을 요청할 수 있는 학습 방법(수학 마법사)을 안내하였다. 수학마법사는 교사가 학생의 활동을 평가를 통과하면 선정되며, 수학마법사는 동료 학생의 학습 내용을 점검하거나 학습에 도움을 준다.

■ 전개

오늘의 학습목표는 모든 학생이 표를 보고 띠그래프로 나타낼 수 있어야 한다.

- **수업의 흐름**
  - ‣ 표를 보고 백분율 항목별 구하기
  - ‣ 띠그래프로 나타내는 방법 알아보기
  - ‣ 조사한 내용을 띠그래프로 나타내기

먼저 표를 보고 전체 학생 수에 대한 독서 시간별 학생 수의 백분율을 구하여 표를 완성하도록 하였다.

독서 시간별 학생 수

독서 시간	60분 미만	60분 이상 90분 미만	90분 이상 120분 미만	120분 이상 150분 미만	150분 이상	합계
학생 수 (명)	150	300	450	375	225	1500
백분율 (%)						

교과서에는 (전체 학생 수에 대한 항목별 학생 수의 비율)×100으로 백분율 구하는 방법이 안내되어 있고, 교사는 그 방법을 활용하여 백분율을 구하도록 하였다.

학생 중에는 $\frac{150}{1500}\times100$의 계산을 하는 데 어려움을 겪는 학생이 여러 명 등장하였다. 약분하지 못하거나 (분수)×(자연수)의 계산 방법을 잘 이해하지 못하는 학생이 많았다.

$$\frac{150}{1500}\times100=\frac{150}{1500}\times\frac{100}{1}$$

교사는 자연수 100을 분수 $\frac{100}{1}$으로 나타낼 수 있음을 학생들에게 안내하고 분자는 분자끼리 분모는 분모끼리 곱하여 백분율을 구하도록 하였다. 학생들은 이미 분수의 나눗셈을 분수의 곱셈으로 변환하여 계산하는 데 익숙하여 교사가 제시한 방법으로 문제를 해결하는 데 어려움이 없었다.

하지만 곱셈과 약분을 어려워하는 학생들은 분수의 곱셈을 계산하지 못하였고 각 항목의 백분율을 구하는 식을 세우지도 못하였다.

교사는 학생들이 수업 중 필요한 경우 계산기를 사용할 수 있도록 안내하였다.

의미 있는 변화는 분수의 곱셈을 하지 못해 백분율을 구하지 못하고 머뭇거리던 학생들이 주어진 표를 하나씩 채워 나갈 수 있게 되었다는 것이다. 물론 계산기의 사용법이 서툴거나 식을 제대로 만들지 못하는 학생도 있었는데, 이 학생들에게 단순한 계산이 아닌 자료와 항목에 대한 안내를 할 수 있어 단원의 학습 내용에 좀 더 충실할 수 있었다.

■ 정리

표를 완성한 학생들은 띠그래프 각 항목이 차지하는 백분율의 크기만큼 선을 그어 띠를 나누고, 나눈 부분에 각 항목의 내용과 백분율을 써서 띠그래프를 완성하였다.

학생의 주도적 참여와 협력적 평가를 위해 수학마법사를 활용하였다. 교과서와 익힘책에 나와 있는 활동 중 하나를 선택하여 해결하고 수학마법사의 도움을 받도록 하였다.

■ 맞춤형 TIP

> ■ 백분율을 구하거나 자료의 합을 계산할 때 계산기를 사용할 수 있음을 안내함.
> ■ 이미 문제를 해결한 학생이 도움이 필요한 다른 학생에게 도움을 줄 수 있도록 '수학 마법사'를 진행함. 수학마법사는 교사가 학생의 활동을 평가를 통과하면 선정되며, 수학마법사는 동료 학생의 학습 내용을 점검하거나 도움을 줌.

■ 맞춤형 평가를 위한 교사 일지

일시	20○○. ○. ○.	학급	5학년 ○반
관찰 및 피드백 내용	• 필요한 경우 계산기를 활용하도록 하였으나 계산기에 대한 거부감이 높았음. 본 활동을 목적을 안내하고 계산기를 사용할 수 있음을 이해시킴. • 백분율을 구하지 못해 수업에 소극적인 학생이 계산기를 활용함으로써 적극적으로 수업에 참여할 수 있게 되었고, 띠그래프를 그리는 방법에 대해 잘 이해할 수 있었음. • 수학익힘책의 관련 차시 내용을 평가하여 '수학마법사'를 진행함.		
맞춤형 평가 TIP	• 또래 학생 또는 교사의 도움에도 백분율을 구하지 못하는 학생을 위한 보충학습 계획을 세움. • 백분율이 주어진 경우와 그렇지 않은 경우로 구분하고, 학생이 과제를 선택하여 해결하도록 함. • 백분율을 구할 때 비율에 100을 곱하는 방법도 허용함. • 가정과 연계하여 지도할 수 있도록 학습 결과를 가정에 통보함.		

■ 맞춤형 수업 사례 한눈에 보기

본 사회과 사례는 소인수 규모의 학교에 적합하며 초등학교 6학년 '민주적인 교실살이'를 개념으로 설계하여 적용한 것이다. 이 단원은 학생들이 민주주의의 의미와 중요성을 학습하고, 일상생활에서 실제 사례를 통하여 민주적 의사결정 과정을 경험하게 한다. 이를 위해서 학생들이 직접 경험한 일상 사례나 학교 생활에서 쉽게 공감할 수 있는 다양한 자료를 제시하여 학습자 관심이나 선호도에 따른 수업 방법 맞춤형 설계를 구현한다. 다음으로 학교 강당 청소문제 해결 방법에 관한 모둠별 제안서 만들기 활동은 다중지능에 바탕을 둔 학습 결과물 맞춤형 설계를 구현하였다.

교육과정 분석	학급 분석	맞춤형 활동 및 평가 전략	맞춤형 수업 설계	맞춤형 평가
• 민주적 의사 결정을 통해 공동체 문제 해결하기 ⇨	• 맞춤형 수업 적용을 위한 소인수 학급 및 학습자 변인 분석과 전략 구상 ⇨	• 방법 및 결과물의 다양화 ⇨	• 모둠 및 개별 선택을 통한 다양한 탐구 활동 및 결과물 제작 ⇨	• 교사 및 학생의 맞춤형 평가의 실제 소개

1 교육과정 분석

단원명	민주적인 교실살이
핵심 아이디어	• 민주적 의사 결정 원리를 적용하여 생활 속 공동체 문제를 해결한다.
성취기준	[6사05-03] 일상생활에서 경험하는 민주주의 실천 사례를 탐구하여 민주주의의 의미와 중요성을 파악하고, 생활 속에서 민주주의를 실천하는 태도를 기른다. [6사05-04] 민주적 의사 결정 원리(다수결, 대화와 타협, 소수 의견 존중 등)의 의미와 필요성을 이해하고, 이를 실제 생활 속에서 실천하는 자세를 지닌다.

범주	지식·이해	과정·기능	가치·태도
	• 민주주의 의미와 중요성 • 민주적 의사결정 원리	• 민주주의 사례를 조사하기 • 학교문제 해결에 참여하기	• 민주적 기본 가치 • 학교 자치에의 참여
수행과제	우리 학교의 강당 청소 문제해결 제안서를 작성하기		

2 학습자 분석 및 맞춤형 전략

학급상황	16명의 학생들은 게임 활동을 통해 주요 개념 익히기를 좋아한다. 또한 학생들의 일상생활에 대한 관심사와 자료 제작 선호 방식도 다양하다. 따라서 학생들은 소단원의 첫 시간에 민주주의 개념에 대해 놀이 형식을 가미한 스토리텔링과 방탈출, 간단한 플립러닝 기법을 적용하였다. 또한 민주주의의 의미와 중요성과 생활 속에서 민주주의 실천태도를 알아본 후에는 우리 학교 강당 문제에 대한 의사 결정을 내리기 위한 공청회를 열도록 한다. 이때는 다중지능에 바탕을 둔 다양한 제작 방법을 선택하여 맞춤형 수업을 구현하도록 설계되었다.

2-1. 흥미도에 따른 학습 방법 맞춤형 전략

학습자 특성 (1)	분석	스토리텔링을 도입해서 교실 내 독재정치를 체험하도록 네 가지 명령을 내려서 현실에 순응 또는 탈출하는 선택지를 제공하여 자신의 입장을 바탕으로 선택하도록 기회를 주었다. 현실 탈출을 선택한 학생은 방탈출 단서를 풀면서 독재 정치에서 벗어나고, 현실에 순응하기를 선택한 학생은 재신청 기회 또는 추가적인 재미있는 활동을 제안하였다. 이를 바탕으로 민주주의의 개념과 중요성을 놀이를 통해 체험함으로써 민주주의의 개념 및 중요성에 대한 깊은 이해가 이루어지도록 수업을 구성한 것이다.
	반영	☑ 흥미도 ☐ 학습양식 ☐ 학습 능력 ☐ 기타
맞춤형 전략 (1)	☐ 학습 내용 ☑ 학습 과정(학습 방법, 모둠, 시간 등) ☐ 학습 결과 ☐ 학습 환경 ☐ 기타	

평가	• 민주주의의 의미 알아보기 • 민주주의가 중요한 이유 알아보기

2-2. 다중지능에 바탕을 둔 학습 결과물 맞춤형 전략

학습자 특성 (2)	분석	평소 학생들이 정보를 어떻게 처리하고 학습하는지에 대한 관찰 결과와 학습 결과물 제작 방식에 대한 선호도의 조사 결과를 바탕 으로 다양한 학습자가 있음을 확인하였다. 이를 근거로 결과물의 과제 작성을 언어적, 시각적, 음악적, 신체적, 대인관계 지능 등의 형태로 제시하고 학습자가 자유롭게 선택할 수 있도록 하였다.
	반영	☐ 흥미도 ☑ **학습양식** ☐ 학습 능력 ☐ 기타
맞춤형 전략 (2)		☐ 학습 내용 ☐ 학습 과정(학습 방법, 모둠, 시간 등) ☑ **학습 결과** ☐ 학습 환경 ☐ 기타
평가		• 우리 학교 강당 청소 문제에 대한 모둠별 토의 결과를 바탕으로, 강 당 청소 문제 해결에 대한 결과물을 제작하도록 한다. 이를 위한 평 가기준표는 미리 작성하여 제시하도록 한다.

3 '민주적인 교실살이' 단원 맞춤형 수업 설계

차시	학습 활동	맞춤형 수업 전략	자료㉪ 및 유의점㉴
1	• 생활 속의 민주주의 경험 이야기하기 • 교실 내 독재정치 체험해보기 • 스토리텔링으로 네 가지 명령 내리기 • 방탈출(개인 또는 모둠-플립드러닝) 핵심 질문: 민주주의의 의미는 무엇인가? 왜 중요 한가? • 핵심 용어 위주로 정리하기	(1) 흥미도에 따른 학습 도구의 다양화: 맞춤형	㉪PPT, 아이패드 ㉴학생의 판단에 따라 현실 순응 또는 탈출 선택 하게 하기
2	• 민주적 의사결정 • 목표 도달을 방해하는 행동 • 행동에 대한 처벌을 선생님이 정하면? 핵심 질문: 민주적인 의사결정을 하는 방법은?	– 매체 활용 – 유연한 학습집단 구성	㉪PPT, 패들렛, 아이패드 ㉴해결방법에 관 해 패들렛에 자

	• 행동에 대한 해결 방법 토의/결정 (3R1H) • 민주적 의사결정의 장/단점(스토리텔링PDC)		세히 안내하기
3	• 민주적 의사결정을 위해 필요한 태도 핵심 질문: 민주적 의사결정을 위해 필요한 태도는 무엇인가? • 민주시민의 자질: 경청 • 민주시민의 자질: 비폭력대화	− 학습 방법 선호도	㉔실물화상기, 욕구목록, 그림책(내 말 좀 들어줘), 배움공책 ㉤비폭력대화 단계안내하기
4~5	• 우리 학교 학생들 사이에 생긴 문제 발생원인 파악, 해결방안 탐색하기 핵심 질문: 어린이들이 정치에 참여하는 방법은 무엇이 있는가? 우리 학교 학생들 사이에 생긴 문제(강당 청소) 해결 방법은 무엇인가? • 우리 학교 학생들 사이에 생긴 문제 해결 방법 제안서 만들기(모둠별)	(2) 다중지능에 따른 다양한 결과: 맞춤형	㉔제안서, 동영상, 아이패드 ㉤우리학교의 문제 및 해결방안을 모색할 수 있도록 독려하기
6~7	핵심 질문: 우리 헌법에서 제일 중요한 것은 무엇인가? 우리반의 주권은 누구에게 있으며, 모두가 힘을 나눠가지기 위해 참여하기 위한 방법은 무엇인가? • 학급 회의를 통해 문제 해결 방법 모둠별 발표 및 제안서 중에서 한 가지만 선택(창문 열기 토의) • 선택된 제안서(학급별 하나)는 3층 복도에 게시하고 홍보	− 매체 활용 − 학습 방법 선호도	㉔학습지, 동영상 ㉤창문열기 토의 방법 안내하기
8	핵심 질문: 서로의 이익이 충돌하여 갈등이 생길 때 누구에게 무엇을 요청할 것인가? • 공청회 준비(질문, 예상답변 준비) • 예상 답변에 따른 추가 자료 준비하기 • 사례 조사하여 정리하기	− 매체 활용 − 학습 방법 선호도	㉔학습지, 아이패드 ㉤다양한 예상 질문에 대해 생각해보고, 근거 자료 준비하도록 독려하기
9	• 6학년 전체 학생 공청회를 통해 각 반의 해결 방법 발표 및 발언권 얻어 자유토론 핵심 질문: 문제가 원만히 해결되기 위해 어떤 자세를 가져야 하는가?	− 매체 활용 − 학습 방법 선호도	㉔아이패드 ㉤벽보제작은 국어, 창의적 체험활동 시간을 활

	• 구글 폼 활용해 투표(다수결의 원리) • 선정된 해결 방법은 추후 벽보를 통해 공고		용하게 제작하기
10	핵심 질문: 민주시민으로서 사회 참여는 왜 중요한가? • 선정된 해결 방법 실천 계획 세우기 • 단원 및 프로젝트 마무리 – 소감 나누기(패들렛)	– 매체 활용 – 학습 방법 선호도	㉔아이패드 ㉤민주시민으로서 사회참여의 중요성을 생각하며 실천하기

4 맞춤형 교수·학습 설계

4-1. 흥미도에 따른 도구 다양화 맞춤형 교수·학습 설계(1/10차시)

(1) 맞춤형 설계

■ **학습자 변인:** 흥미도에 따른 학습자 특성

학습자는 개념에 대해 몸으로 체득한 것에 대해서는 쉽게 받아들이는 경향이 있다. 교실 안의 지식을 학생들의 실제 삶과 연계한 배움과 앎의 일치를 위해서는 놀이로 경험하는 것이 필요하다. 민주주의 개념과 중요성에 대해 학생들의 경험과 관심을 나타내는 정도가 다르다. 따라서 민주주의의 의미와 중요성에 대한 학습자들의 흥미를 바탕으로 수업을 진행하면 표면적으로 학생들이 민주주의 의미에 대해 이해하는 것에 그치지 않고, 학생들의 호기심을 자극하여 더 깊은 민주주의의 의미와 중요성에 대해 새롭게 정립하게 될 것이다.

■ **맞춤형 설계 요소:** 교수학습 과정에서 '방법'의 다양화

학습 방법에 대한 학습자 선호도에 따른 교실 내 독재정치 체험하기와 방탈출 활동은 이후 단원 학습을 좀 더 깊게 이해하는 흥미있는 도구로서 단서를 활용하여 학습 내용을 이해하고 탐구하는 학습 활동으로 연결된다. 따라서 맞춤형 설계에서 다양한 수업 방법 측면의 맞춤형 수업 설계가 이루어질 수 있다.

■ 맞춤형 TIP

맞춤형 활동 설계	학습 흥미도 1	학습 흥미도 2
	교실 내 독재정치 맛보기	방탈출(개인 또는 모둠 – 플립드러닝)
학습 흥미도	– 스토리텔링과 엮어서 네 가지 명령을 내리기 – 명령에 따라 학급 내 학생들 대부분이 처벌/징역의 대상 – 가상 감옥 지정하고 1~2분 체험하기(강압적이지 않고 즐거운 분위기 조성하기) – 독재정치의 방식(원리) 주입하기 (예: 민주주의와 정반대 개념의 글을 강제로 외우기 등) – 불만이 나올 때 즈음 현실 순응 vs 탈출하기 선택지 제공하기 – 단서 풀기	– 방탈출 단서 풀기 (목적은 학생들 스스로 교과서를 열심히 읽게 하는 것임) – 교과서 정독하기 – 개인적으로 생각할 시간을 5~10분 정도 주고, 모둠과 상의하여 풀 수 있는 시간도 제공하기 – 교과서에 명시적으로 나오지 않은 단서는 교사가 힌트를 제공하기 – 단서 풀이 후 간단한 설명 덧붙이기

■ **맞춤형 수업 자료**

• 단서를 풀고 탈출에 성공하시오.

[두 개의 원]

바닥에 떨어진 동그란 물체에는 글씨가 써 있었다. 무엇을 의미하는 말일까? 빈칸에는 어떤 단어가 들어갈까?

큰 원

“   ” 속에서 함께 살아가며 생기는 (   )이나 (   ) 를 원만하게 (   )해 가는 과정

작은 원

나라의 주권을 가진 사람들이 나라와 국민을 다스리는 일

[돋보기로 확대한 벽돌]

바닥에 있던 돋보기로 감옥 안을 샅샅이 살펴보자, 벽돌 하나에
글자가 보였다! 이게 무슨 뜻일까?

Dem(　　)cracy

[깨진 도자기]

깨진 도자기가 하나 있다. 깨진 조각에는 이름이 하나 써 있는데...

이건 뭘 할 때 쓰던 물건일까?　　(　　　　　　　　　)

오늘의 배움 목표와 어떤 관계가 있을까?

[종이 쪽지]

종이 쪽지에는 이런 내용이 써 있었다. 수수께끼인가?

> 옛날 옛날, 한 나라가 있었어요.
> 그 나라를 다스리던 왕은
> 백성들은 안중에도 없었어요.
>
> 왕의 권력만 중요하게 생각해서
> 수차례 전쟁을 일으켰고,
> 크고 화려한 궁전을 짓느라
> 백성은 거들떠 보지도 않았죠.
>
> 그래서 이 나라의 국민들은
> 정치의 주체, 나라의 주인이 되기 위해
> 혁명을 일으켰어요.
>
> '레미제라블'의 배경이기도 한 이 나라의 국기는
> 몇 개의 색깔로 이루어져 있을까요?
>
> (　　　　　)개

내가 생각하는 자물쇠 비밀번호:

(2) 맞춤형 평가

■ 맞춤형 평가를 위한 교사 일지

일시	20○○. ○. ○.	학급	6학년 ( )반
단원	일상생활과 민주주의		
관찰 및 피드백 내용(예시)	• 학습자의 흥미나 관심, 학습의 선호도를 사전에 조사하여 학습자의 개별 특성을 파악할 수 있어야 한다. • 이전 학습에서 학습한 민주주의를 발전시키기 위한 시민의 노력이 있었음을 떠올리며 수업에 참여한다. • 사회문제를 해결하기 위한 다양한 방법 및 민주시민으로서 비판적인 태도를 갖고 참여한다.		
맞춤형 평가 TIP	• 본 수업의 진행 중간에 시간을 할애하여 민주주의를 발전시키기 위한 시민의 노력한 사례를 떠올리게 한다, • 시민의 노력을 바탕으로 민주주의의 진정의 의미 및 중요성을 말할 수 있도록 한다.		

■ 평가 기준표(예시)

평가요소＼척도	매우 우수	우수	보통
민주주의의 의미와 중요성	민주주의의 구체적인 의미와 중요성에 대해 설명할 수 있다.	민주주의의 의미와 중요성에 대해 설명할 수 있다.	민주주의의 의미와 중요성에 대해 바르게 이해하여 설명할 필요가 있다.
생활 속 사례에서 민주주의찾기	민주주의가 우리의 삶에서의 역할과 일상생활에서 어떻게 적용되고 있는지 구체적으로 사례를 들어 설명할 수 있다.	민주주의가 우리의 삶에서 역할과 일상생활에서 어떻게 적용되고 있는지 사례를 들어 설명할 수 있다.	민주주의의 실천 사례만 몇 가지 제시한다.
관심 및 실천	민주주의가 우리 일상생활에서 중요한 이유를 알고, 민주주의에 관심을 갖고 실천한다.	민주주의의와 관련된 일상생활의 문제에 관심을 갖고 실천한다.	민주주의와 관련된 일상생활의 문제에 관심을 가진다.

4-2. 다중지능 지표에 따른 결과물 맞춤형 수업

(1) 맞춤형 설계

■ **학습자 변인:** 다중지능 학습자 특성

　학교 강당 청소 문제 해결 방법을 찾기 위해서는 민주주적인 절차에 따라 공청회를 개최해야 한다. 6학년 전체 공청회를 개최하기 전에 각 반의 의견을 수합해야 한다. 따라서 강당 청소 문제 해결을 위한 학습 결과물을 만들기 위해서 학습자의 다중 지능 측면에서 결과물을 작성하도록 학습자의 언어적, 시각적, 신체적, 대인관계 지능 등을 선택하여 활동하도록 하였다.

■ **맞춤형 설계 요소:** 교수학습 과정에서 '결과물'

　강당 청소 문제 해결을 위한 다양한 제안서 제작 활동 시간으로 언어적, 시각적, 신체적, 대안 관계 지능 등 다양한 다중지능 요소에 바탕을 두고 결과물을 학습자가 선택해서 제작하도록 안내하고 있다.

■ **강당 청소 문제 해결 제안서 학습 결과물 맞춤형 수업 자료**

• 지금까지 학습한 내용과 연계하여 공청회에 제출할 우리 반의 제안서를 제작하기 전에 각 모둠별 다양한 제안서 제작 활동을 하려고 한다. 아래 과제물 중 선택해서 활동을 결정하고 그 결과를 제출하시오.

• 이 과제는 단원의 마무리 활동에도 적용하여 사용할 수 있다.

• 학습자 변인과 맞춤형 과제

시각적/공간적	음악적/리듬적
A: 포스터 도안 및 완성	B: 노래 가사, 랩 작사
논리적/수학적	자유 과제
C: 강당 청소 선호 설문지 작성	D: 독서활동 등
신체/운동 감각적	대인관계
E: 강당 청소 관련 만화 작성	F: 강당 청소 관련 인터뷰(역할극)

■ 강당 청소 문제해결 제안서 결과물 맞춤형 수업 자료

• 학생들은 다양한 방법으로 표현하는 과제들 중 1가지를 선택하여 결과물 제작 활동에 참여하고, 다양한 결과물을 제작 완성하도록 한다. (다양한 결과물과 작성 틀 예시)

A: 포스터 도안 및 완성	B: 노래 가사, 랩 작사
 출처: http://www.babytimes.co.kr/news/articleView.html?idxno=43843 포스터를 도안하고 실제 색을 칠하여 포스터를 완성한다.	1. 강당에 마스크 놓지 말고 2. 강당에 운동화 신지 말고 3. 내 물건은 내 손에 4. 청소도 내 손이 청소 관련 실천 가능한 활동으로 노래 가사를 작성한다.
C. 청소 선호 방법 그래프 작성	D. 청소 관련 만화 4컷 제작 틀
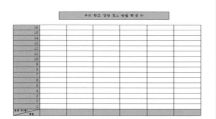 강당 청소 횟수, 방법 등에 대한 설문 후 그래프로 그린다.	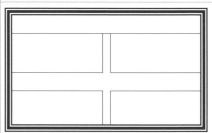 4컷 만화 앱을 이용하여 디지털 기기를 활용할 수 있다.
E. 청소 관련 인터뷰하기	F. 자유주제: 독서 활동 등
 청소 해결 방법에 대한 이야기를 녹음하여 듣고 정리할 수 있다.	 출처: https://www.yes24.com/Product/goods/4760087?art_bl=3657290 청소 관련 책을 읽고 이야기로 정리하거나 느낀 점 말하기

(2) 맞춤형 평가

■ 맞춤형 평가를 위한 교사 일지

일시	20○○. ○. ○.	학급	6학년 ( )반
단원	민주적인 교실살이		
관찰 및 피드백 (예시)	• 학습자의 흥미나 관심, 학습의 선호도를 사전에 조사하여 학습자의 개별 특성을 파악할 수 있어야 한다. • 이전 학습에서 학습한 시민들이 사회문제를 해결한 방법과 관련지어 효과적인 강당 청소 문제 해결 제안서 자료가 되도록 하여 완성한다. • 민주적인 토의 절차에 따라 모둠원들이 참여하는지 확인을 한다.		
맞춤형 평가 TIP	• 다중지능을 바탕으로 한 결과물 과제는 학습자들이 관심을 가지는 적절한 표현 방법을 자유롭게 선택하도록 허용해야 한다. • 다양한 제안서 제작 방법은 제작물에 따라 학교 아침 방송을 이용하거나 복도에 게시, 캠페인 등 후속 활동을 꾸준히 하도록 격려하고, 문제 해결에 계속적인 관심을 가지도록 한다.		

■ 평가 기준표(예시)

평가요소 〳 척도	매우 우수	우수	보통
학습 결과물	학습한 내용이나 조사한 자료를 근거로 모둠원의 참여와 합의로 결과물을 제작한다.	학습한 내용을 바탕으로 모둠원이 참여하여 결과물을 제작한다.	일반적인 내용으로 모둠원이 참여하여 제작한다.
관심 및 참여	자료조사, 제작에 역할을 정하고, 각자 책임감을 가지고 참여한다.	조사한 자료를 바탕으로 모둠활동에 참여한다.	개별적으로 참여하는 부분이 많다.
문제 해결 방법 제시	강당 청소 문제의 원인과 해결을 위한 실천 가능한 방법을 제시하고자 하였다.	강당 청소 문제의 원인과 예방을 위한 방안을 제시하였다.	강당 청소 문제의 중요성을 알리고자 하였다.

사회과 5~6학년군 맞춤형 수업 사례(2) : 디지털 매체 활용

본 '모의 기업 활동' 단원은 빅데이터(Big Data)를 통해 시장 조사를 하고 이에 따라 제품군을 추려보는 프로젝트 활동이다. 이전 차시에 배운 기업의 합리적 선택 내용을 복습하며, 이윤을 극대화하기 위한 다양한 기업들의 전략 중 초등학생들이 현실적으로 할 수 있는 전략을 선택했다. 빅데이터는 학생들이 반드시 친숙해져야 할 21세기의 원유라고 할 수 있다. 빅데이터의 중요성에 맞게 학생들이 직접 기업 상품기획팀의 일원이 되어 빅데이터를 통해 시장조사와 고객분석을 실시한다. 빅데이터 시장 조사에 근거한 상품 기획서 작성, 가상의 소비자 요구를 반영한 상품 기획서를 평가 및 선택, 상품 기획서를 발표하도록 한다. 그리고 제품을 디자인하고, 홍보 광고물 제작하는 활동을 하고, 투자 유치회를 개최하는 활동으로 프로젝트 수업을 마무리 짓는다. 특히 직접 다양한 시장을 돌아다니며 자료를 수집하고 분석하는 시장 조사 활동 대신에 빅데이터를 활용하기 위한 디지털 매체를 활용하면 개별 맞춤 학습과 체험형 수업에 도움이 될 것이다.

교육과정 분석	학습자 특성	맞춤형 활동 및 평가 전략	맞춤형 수업 설계	맞춤형 평가
• 빅데이터를 통해 시장 조사를 하고, 기업 투자유치 활동하기	• 스마트 기기를 활용한 개별화	• 학습 과정과 평가에서 개별 맞춤형 수업전략	• 스마트 기기를 활용한 개별화된 빅데이터 활용	• 개별 평가 기준 • 자기 평가표

1 교육과정 분석

단원명	모의 기업 활동		
핵심 아이디어	• 가계와 기업은 합리적 선택을 통해 소비와 금융, 생산 등의 경제활동에 참여하면서 각자의 역할을 수행한다.		
성취기준	[6사06-01] 다양한 경제활동 사례를 통해 가계와 기업의 경제적 역할을 파악하고, 가계와 기업의 합리적 선택 방법을 탐색한다.		
범주	지식·이해	과정·기능	가치·태도

	• 가계와 기업의 역할 • 합리적 선택 • 기업의 자유와 사회적 책임	• 가계와 기업의 합리적 선택 능력 기르기	• 합리적 소비의 실천 • 경제활동의 자유를 존중하는 태도 • 공정한 분배에 대한 감수성
수행 과제	• 빅데이터를 분석하여 소비자의 요구를 파악하고, 상품 기획서를 작성하기		

2 학습자 분석 및 맞춤형 전략

학급상황		한 학급의 인원이 16명이며, 학생들은 학습하는 방법에 대한 흥미도는 매우 다양하며, 주로 시각적, 청각적, 운동적 능력 등으로 구분할 수 있다. 또한 학생들은 스마트폰이나 탭 등 디지털 기기를 개인별로 가지고 있으며, 이를 여러 교과 수업 시간에서 영상 편집, 미리캔버스, 카드뉴스, ppt 등을 활용한 경험을 다수 가지고 있다.
학습자 특성	분석	학생들은 개인별로 디지털 기기의 활용 능력에는 차이가 있지만, 문서작업, 동영상 편집, 사진이나 그림 올리기, 링크 걸기 등을 해 본 경험이 있다. 이러한 디지털 활용 경험을 바탕으로 빅데이터 플랫폼 검색으로 소비자 요구를 분석하여 상품 기획서를 쓸 수 있도록 한다.
	반영	☐ 흥미도 ☑ 학습양식 ☐ 학습 능력 ☐ 기타
맞춤형 전략 (1)		☐ 학습 내용 ☐ 학습 과정(학습 방법, 모둠, 시간 등) ☑ 학습 결과 ☐ 학습 환경 ☐ 기타
평가		• 빅데이터를 분석하여 소비자 요구를 파악하고, 상품기획서를 쓸 수 있는지 평가한다.

3 차시별 수업 활동

차시	학습 활동	맞춤형 수업	자원
1~2	• 주제: 프로젝트 계획 세우기 − 기업명 정하기 − 기업 로고 디자인하기		

3~4	• 주제: 빅데이터 － 시장조사 － 소비자 요구 분석하기	디지털 매체의 활용을 통한 개별 맞춤형 수업	
5~6	• 주제: 상품기획서 작성 및 발표하기 － 시장조사에 근거한 상품 기획서 작성 － 상품기획서 발표 및 평가하기		
7~8	• 주제: 제품 디자인하기 － 제품의 특성 반영하기 － 제품 디자인하기		
9~10	• 주제: 광고만들기 － 광고 음악 및 광고 발표하기		
11~12	• 주제: 투자 유치회 준비하기 － 투자 유치를 위한 제반 활동하기		
13~14	• 주제: 투자 유치회 － 투자 유치 활동하기		

■ **학습자 변인:** 디지털 매체와 맞춤형 수업

   스마트 기기 등 디지털 매체의 가장 큰 장점은 개별 맞춤형 수업의 효율적인 운영과 학생들의 집중력 및 관심도가 높다는 것이다. 특히 기업들의 판매량이 높은 상품들은 기업들이 빅데이터를 통해 고객의 취향을 분석해 개발된 것이다. 사람들의 모든 활동이 데이터로 기록되는 시대이다. 빅데이터 플랫폼을 통해 미래에 우리 세대보다 인공지능과 더 밀접하게 살아 갈 학생들에게 좋은 경험이 될 것이다. 따라서 빅데이터 분석 플랫폼인 썸트렌드에서 상품에 대한 가상 소비자의 요구를 분석하고, 사다리게임을 활용해 소비자 요구를 강제로 결합하면 더욱 논리적이고 상품성이 높은 상품기획서를 작성하는 데 더욱 효과적이다.

■ **맞춤형 설계 전략:** 교수학습 과정에서 '학습 방법'의 다양화

   먼저 이전 차시에서 배웠던 기업들의 합리적인 선택 내용을 복습하며 이윤을 극대화하기 위한 기업들의 전략들 중 학생들이 할 수 있는 것으로 철저한 시장 조사를 통한

고객들의 요구를 파악하고, 다양하고 효과적인 마케팅 전략을 활용하여 홍보(참신하고 재미있는 광고, PPL 등) 활동을 뽑을 수 있다. 시장조사는 앞으로 중요성이 커지는 빅데이터 검색으로 시간과 비용을 줄이고 더욱 효과적으로 소비자의 요구를 분석하는 데 접근할 수 있다. 따라서 학교 현장에서도 빅데이터를 경제교육에 활용하는 데 더 쉽게 접근할 수 있게 되므로 스마트 기기나, 앱 등 디지털 기기를 활용하여 학습하고자 한다.

■ **빅데이터 플랫폼 검색을 통한 개별 맞춤형 자료**

▶ 학생들이 가상의 소비자인 페르소나의 가명을 정하고, 소비자의 요구는 소비자의 연령, 성별, 좋아하는 색깔, 디자인 등의 특징에 따라 달라질 수 있다는 점을 강조한다. 교사는 긍정-부정 그래프를 학생들에게 제공하고, 가상의 소비자가 겪을 문제 상황을 기록하게 한다. 다음과 같은 예시를 들어주며, 상황 변화에 따라 소비자가 느낄 감정을 그래프로 나타나게 한다.

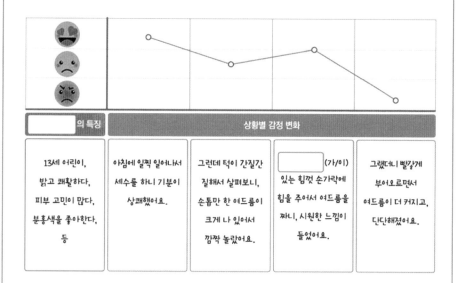

맞춤형 TIP

■ 기업이 소비자에게 제공하는 상품은 재화(물건)와 무형의 서비스(용역)로 나뉜다. 재화와 서비스를 분류해보면서 학생들은 재화와 서비스에 대한 소비자의 요구를 분리해서 생각해 볼 수 있을 것이다.

■ 학생들이 포스트잇 붙이기 활동을 할 때 교사는 재화와 서비스에 관해 간단히 설명한다.

▸ 학생들의 분석데이터가 쌓이면 무엇이 될지 생각해 보면서 "빅데이터 3분 요약(2019, 연합뉴스 경제 TV"영상(3:01)을 시청한다. (https://www.youtube.com/watch?v=l2RBzee3Ag4)

맞춤형 TIP

■ 학생들이 붙인 포스트잇은 데이터이고, 이것들이 많은 양으로 모인 것은 빅데이터라고 볼 수 있다. 학생이 빅데이터란 단어를 낯설게 여길 수 있으므로 영상을 시청하기 전에 이전 활동내용과 연결해 빅데이터란 단어에 담긴 의미를 설명한다.

■ 상품개발에 적용된 빅데이터의 사례를 파악하기 위해 학생들은 방대한 데이터에 소비자의 요구가 담겨 있는 이유, 다양하게 활용되는 빅데이터 예시를 살펴보게 한다.

▸ 교사는 썸트렌드(some.co.kr) 플랫폼에서 예시로 '썬크림'을 검색해 긍정어와 부정어, 연관어 분석결과를 학생들에게 워드맵으로 제시한다. 각각의 단어는 예비 소비자들이 검색한 단어이다. 학생들은 이전 활동에서 긍정-부정 그래프를 그린 상태이기 때문에 분석결과에 대해 자연스럽게 접근할 수 있다. 이때 긍정어는 보라색, 부정어는 빨간색, 중립어는 노란색으로 표시됨을 안내한다. 검색 조건을 수정하면 성별과 연령별 결과가 다르게 표시된다.

맞춤형 TIP

■ 빅데이터 분석 플랫폼에 기간, 채널(블로그, 트위터, 인스타그램 등)을 설정하고 검색어를 입력하면, 이에 관련된 정보들이 나타난다. 대표적으로 썸트렌드는 무료로 긍정어, 부정어, 연관어 분석이 가능하다.

■ 무료로 쉽게 빅데이터를 학생들이 분석할 수 있는 플랫폼은 다음과 같다. 썸트렌드의 경우, 긍정어, 부정어 분석이 가능하다는 장점이 있지만, 심화 분석 자료를 얻으려면 유료 결제

를 해야 한다. 학생들이 유료 이용권을 결재하지 않도록 무료 기능을 사용하는 예시를 안내한다.

출처: https://www.google.com
(구글 이미지)

▶ 한편 대부분의 빅데이터 플랫폼에서는 사람들의 검색기록을 기간별로 분류해 살펴볼 수 있다. 예를 들어, 화장품/미용 분야에서는 7월에 '썬크림' 검색 기록이 많다. 그 외에도 빅데이터 플랫폼에서는 인기 업종뿐만 아니라 카드사용, 댓글 통계 등을 제공하고 있는데, 체크박스를 이용하면 자신의 원하는 조건에 맞는 데이터만 선택해서 볼 수도 있다. 다음은 참고 예시 자료로 '썬크림'에 대한 빅데이터 긍정어, 부정어 분석 결과를 워드맵으로 제시한 화면이다.

출처: https://some.co.kr(썸트렌드)

▶ 빅데이터 검색 플랫폼에서 나온 단어들이 학습지의 사다리에 모두 배치되고 나면, 모둠별로 사다리 게임을 진행한다. 그러면 위에 있는 단어와 아래에 있는 단어가 각각 2개씩 한쌍이 되어 총 3쌍이 만들어진다. 예를 들면, 썸트렌드 '썬크림' 검색 결과로 알 수 있는 '짜다'와 '발림성 좋다'라는 두 단어를 강제로 결합해 보는 것이다. 전혀 상관없어 보이는 두 단어가, 썬크림 상품을 기획하는 데는 유용할 수 있다. 소비자들이 발람성이 좋고 짜서 사용할 수 있는 썬크림을 선호할 것이라는 추측이 가능하기 때문이다.

맞춤형 TIP

- 강제 결합법이란 겉으로 관계가 없어 보이는 두 가지 이상의 사물, 아이디어를 강제로 연결해서 새로운 아이디어를 생성하는 사고 기법을 말한다.
- 학생들은 모둠별로 빅데이터 검색에서 선택한 단어들에서 공통된 특성을 뽑고, 문제 해결을 위해서 여러 아이디어를 내고, 그것을 강제로 결합시킨다. 그 과정에서 문제와의 유사성, 관계, 해결방법에 대한 다양한 발산적 사고를 할 수 있다.
- 예를 들면 '스트레스'에 관한 수십 가지의 아이디어를 내기보다는, '스트레스'에 '향 좋음'이라 하는 하나의 아이디어를 결합시켜 '스트레스 해소되는 향'을 떠올리는 것이다. 이처럼 강제 결합법을 통해 두 개의 단어를 연결하면 문제의 초점이 명료해져서 효과적으로 해결 방안을 찾는데 상당한 도움이 된다.

▸ 빅데이터를 플랫폼 검색으로 소비자의 요구를 분석하기 위한 학습지 예시는 다음과 같다.

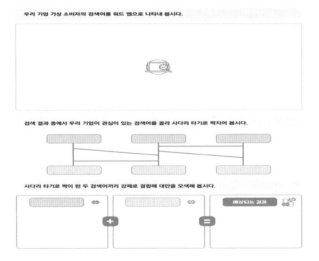

■ 소비자의 요구를 반영한 상품 기획서 개별 맞춤형 자료

▸이전 차시에서 결합한 소비자의 두 가지 요구를 반영한 시판 상품에는 무엇이 있는지 조사해 보는 활동이다. 인터넷 쇼핑몰이나 직접 상품을 가져와 비교할 수도 있다. 교사는 다음과 같은 질문을 제시해 정보 검색의 초점을 명확하게 할 수 있도록 돕는다.

❶ 소비자의 요구가 드러난 부분은 상품 설명글의 어느 부분인가요?
❷ 상품에 소비자의 요구가 반영되었다면, 아쉬운 점은 무엇인가요?
❸ 우리 기업이 상품을 기획한다면, 내가 기획한 상품의 장점은 무엇인가요?
❹ 기대 효과면에서, 내가 기획한 상품은 어떤 장점이 있을까요?
❺ 실행 가능성면에서, 내가 기획한 상품의 한계점은 무엇이 있을까요?

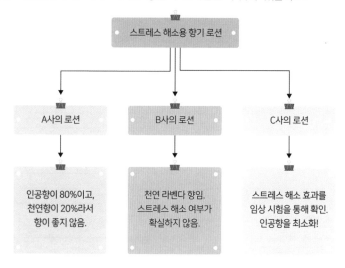

맞춤형 TIP
- 학생들이 조사한 정보를 정리해, 활동지의 상품기획서 글 틀에 맞춰 위의 예시와 같이 채워 놓도록 한다.
- 학생들은 기업의 상업기획팀 팀원으로서 상품 기획서를 작성하는 활동을 하지만, 일상생활에서는 소비자이다. 이 활동을 진행하면서 교사는 개인의 합리적 선택이 기업의 합리적 선택으로 연결된다는 점을 강조한다.
- 진로교육과 연관지어 시장조사 전문가, 빅데이터 마케터 등 소비자 요구와 관련해 변화하는 직업에 대해서도 안내할 수 있다.

‣ 다음은 상품기획서 학습지 예시자료이다.

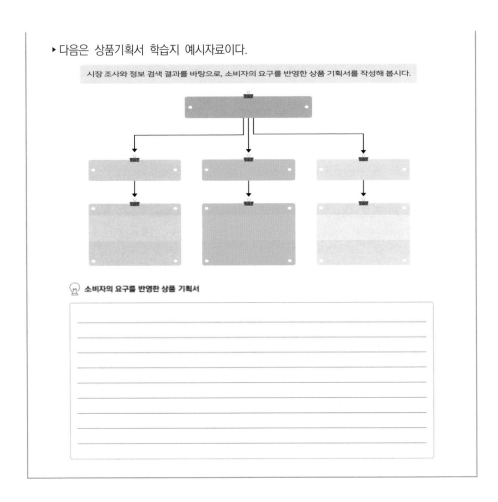

시장 조사와 정보 검색 결과를 바탕으로, 소비자의 요구를 반영한 상품 기획서를 작성해 봅시다.

💡 소비자의 요구를 반영한 상품 기획서

4 맞춤형 평가

■ 맞춤형 평가를 위한 교사 일지

일시	20○○. ○. ○.	학급	6학년 ( )반
단원	모의 기업 활동		
관찰 및 피드백 내용(예시)	• 학생들은 스마트 기기 활용을 통한 빅데이터 플랫폼 검색 활동에 매우 높은 관심을 보이고 적극적으로 참여함. • 단순히 소비자 스티커가 많이 붙는 게 좋은 것이 아니라, 소비자의 예상 만족도를 나타내는 말풍선을 주의 깊게 보고 선택해야 함을 강조한다.		

- 학생들이 예의를 갖춰 소비자의 예상 반응을 적을 수 있도록 수업 분위기를 조성한다.

- 상품 기획서를 두고 지나친 견제나 경쟁이 일어나지 않도록 한다.

맞춤형 평가 TIP · 빅데이터와 소비자 요구 간의 관계에 초점을 두기 때문에, 사람 모양 스티커로 대변되는 소비자 요구라는 단일한 기준으로 상품기획서를 평가한다.

■ 교사 평가와 자기평가표(예시)

평가내용	·소비자의 요구를 파악하기 위해 빅데이터를 분석할 수 있다. ·소비자의 요구를 반영한 상품 기획서를 글로 쓸 수 있다.

평가 요소	성취 수준	평가	특기 사항
빅데이터 분석	◎: 빅데이터 플랫폼 검색으로 소비자 요구를 논리적으로 분석할 수 있다. ○: 빅데이터 플랫폼 검색으로 소비자 요구를 분석할 수 있다. △: 빅데이터 플랫폼을 검색할 수 있다.		
상품 기획서 작성	◎: 시장조사와 정보 검색을 바탕으로, 소비자의 요구를 충분히 반영한 상품 기획서를 작성할 수 있다. ○: 시장조사와 정보 검색을 바탕으로, 소비자의 요구를 반영한 상품 기획서를 작성할 수 있다. △: 도움을 받아 소비자의 요구를 반영한 상품 기획서를 작성할 수 있다.		

학습 성찰	혼자 스스로 학습할 수 있었다.	학습을 통하여 새롭게 알게 되어 유익한 시간이었다.	친구들과 학습에 대한 이야기를 자주 나누었다.
	☺ ☺ ☺	☺ ☺ ☺	☺ ☺ ☺

본 사회 사례는 초등학교 6학년 '우리나라의 경제발전'단원에서 학습해야 하는 기업의 역할 및 합리적인 선택 과정에 초점을 두었다. 기업은 경제를 이루는 주체 중 하나이지만, 경제에서 빠질 수 없는 기업의 역할, 기업의 합리적인 선택과정에 대해 초등학생들이 이해하기는 쉽지 않다. 따라서 이번 단원은 사업 계획 구상과 투자에 관해 체험하며 기업의 경제활동과 합리적인 선택을 이해하고, 관련 개념을 자연스럽게 습득하게 하기 위해, 학습능력에 따른 수준별 맞춤형 수업의 사례를 설계한 것이다. 단원 학습 이전에 학습자 분석을 통해 학생의 사전 학습 정도에 따라 보통집단과 우수집단으로 구분하고 우수집단은 필습면제를 통하여 도전적이고 흥미있는 과제를 제시하여 단원과 관련되는 심화 학습, 확장학습을 할 수 있도록 의도한 것이다.

교육과정 분석	학습자 특성	맞춤형 활동 및 평가 전략	맞춤형 수업 설계	맞춤형 평가
• 기업의 역할과 합리적 선택 과정 알아 보기 ⇨	• 사전 학습경험이나 학습능력 차이 ⇨	• 필습면제 전략 ⇨	• 실제 본 수업 중 필습면제 학생들의 활동과정 설계 ⇨	• 자기 점검표를 제공하여 성찰하도록 함

1 교육과정 분석

단원명	나도 사업가		
핵심 아이디어	가계와 기업의 역할에 대해 이해하고 합리적 선택 방법을 탐색하며, 경제활동의 중요성을 인식하고, 합리적 선택 능력을 함양하도록 한다.		
성취기준	[6사06-01] 다양한 경제활동 사례를 통해 가계와 기업의 경제적 역할을 파악하고, 가계와 기업의 합리적 선택 방법을 탐색한다.		
범주	지식·이해	과정·기능	가치·태도
	가계와 기업의 역할	창의적인 아이디어로	기업의 역할과 합리적

	사업 계획 세우기, 기업 평가, 투자하기	인 선택과정 존중하기
수행 과제	창의적인 아이디어로 사업 계획서를 세우고, 기업을 평가하여 투자하기	

2 학급 분석 및 맞춤형 전략

학급 상황	24명으로 이루어진 학급이며, 이미 습득한 사전 학습 능력 검사를 실시한 결과 교과 진도 내용을 그대로 진행해도 괜찮은 보통 집단과 어느 정도 기초적 경험이나 지식을 가진 우수집단으로 학생들의 수준을 나누어 진행할 필요가 있었다. 따라서 학습자 변인은 학습 능력이며, 맞춤형 전략으로는 필습면제 교수학습 전략을 활용하였다.

학습해야 할 것	• 기업의 합리적 의사결정과정 탐구하기 • 창의적인 아이디어로 사업 계획서 작성하기 • 투자하고 싶은 기업을 찾아보기	• '어린이 사업가 이야기'를 읽고 생각 나누기 • 기업의 합리적 선택의 의미 • 기업의 합리적 선택 방법 및 의사결정 과정 알아보기 • 좋은 사업 아이디어에 투자하기
이미 알고 있는 것	• 기업을 운영할 때 무엇이 중요한지를 알고 있다. • 기업의 합리적 의사결정과정을 안다. • 기업의 합리적 선택의 의미를 안다. • 투자설명회의 의미와 방법을 안다.	• 합리적인 선택이 필요한 까닭을 안다. • 가계의 역할과 합리적인 선택방법을 안다.
맞춤형 전략	우수 집단	보통 집단
평가	• 창의적인 아이디어로 사업 계획 세우기 • 기업을 평가하고 투자하기 • 기업의 역할과 합리적 선택과정 이해하기	

3 차시별 수업 활동

차시	학습 활동		자원
1~3	• 주제: 나도 사업가, 좋은 아이디어로 투자 받기 　– 학습 과정 안내 　– 사전 학습 점검을 통해 두 집단으로 나누어 수업을 진행함		• 사전학습 점검 결과
	보통 집단	우수 집단	
	• '어린이 사업가 이야기'를 읽고 생각 나누기-어린이 사업가(라이언 힉맨, 코리 니브스, 잭 보노)의 사례 읽기 • 자신의 느낀점 말하기 • 자신의 생각 말하기	• 맞춤형 학습을 위한 '필습면제' 전략 사용	• 스마트기기 • 필습면제* 활동지
	• 주제: 나만의 사업 계획서 소개하기 • 기업의 합리적 선택의 의미 • 합리적 선택 방법 및 의사결정 과정 • 좋은 사업 아이디어에 투자하기		
	• 전체 학습으로 진행함 　– 모둠 사업 계획서 발표하기 　– 모둠이 구상한 사업 계획서를 발표하는 투자설명회 진행하기 • 결과 정리하기 • 퀴즈를 통한 형성평가		• 활동지 • 평가지
평가 및 성찰	• 자기 점검 평가표 작성		

---

* 필습면제(compacting)란 '사전평가를 통해 필수 학습요소들을 이미 습득하고 있는 경우, 이를 면제해주는 맞춤형 학습 전략을 말한다.

4 맞춤형 교수·학습 사례

필습 면제 맞춤형 수업 TIP

■ **학습자 변인:** 선행지식에 따른 학습 능력

    학습자들의 경제주체의 역할과 우리나라 경제체제 및 가계와 기업의 역할에 대해 주제 학습 이전의 이미 습득한 사전 학습 내용이나 선수학습 정도를 파악하였다. 이를 통하여 단원의 학습할 내용 중 합리적 선택의 의미와 이유를 우리나라 경제체제와 연관지어 설명한다든지, 기업의 합리적인 의사결정과정과 의미를 이해한다든지, 가계의 역할과 합리적인 선택 방법 등을 습득한 학생들이 1/3 정도임을 파악하였다. 따라서 일반적 학습 진행 과정에 참여하는 보통 집단의 학생과 1/3의 우수집단을 구분하고, 우수집단 학생에 대해서 '필습면제'를 통하여 단원의 내용을 더 깊고 확장할 수 있는 수업 활동을 구성하고자 하였다.

■ **맞춤형 전략:** 교수학습 과정에서 '필습면제' 전략

    일반적 수업 진행 과정에서 우수집단은 필습면제를 통하여 본 단원과 관련하여 도전적이고 흥미있는 과제 제시를 통하여 내용의 심화 확장에 초점을 두는 활동을 실행한다.

■ **필습면제 활동 자료**

  ▶ 1단계 〈사전 학습 능력 검사〉

〈맞춤형 Tip〉 본 단원을 학습하기 위한 우리나라의 경제발전 단원 내용과 관련하여 학생들이 습득해야 할 지식과 기능에 대하여 〈사전 학습 검사지〉를 통해 사전 학습 능력을 조사한다. 이러한 검사는 지필평가뿐만 아니라 구술평가, 관찰평가 등의 비형식적 방법으로도 조사가 가능하다.

  ▶ 사전 학습 검사지

번호	문항내용	선택	
1	나는 경제활동이 무엇인지 알고 있다.	☐ 예	☐ 아니오
2	나는 경제활동의 사례를 말할 수 있다.	☐ 예	☐ 아니오
3	나는 경제체제의 특징에 대해 말할 수 있다.	☐ 예	☐ 아니오
4	나는 경제체제의 장점을 말할 수 있다.	☐ 예	☐ 아니오

5	나는 경제체제의 단점을 말할 수 있다.	☐ 예	☐ 아니오
6	나는 우리나라의 경제체제의 특징을 안다.	☐ 예	☐ 아니오
7	나는 가계가 어떤 경제활동을 하는지 안다.	☐ 예	☐ 아니오
8	나는 가계와 기업의 의미에 대해 안다.	☐ 예	☐ 아니오
9	나는 가계의 경제적 역할을 안다.	☐ 예	☐ 아니오
10	나는 기업의 경제적 역할을 안다.	☐ 예	☐ 아니오
11	나는 가계의 합리적 선택의 의미를 안다.	☐ 예	☐ 아니오
12	나는 합리적 선택의 이유를 안다.	☐ 예	☐ 아니오
13	나는 가계의 합리적 선택방법을 안다.	☐ 예	☐ 아니오
14	나는 합리적으로 물품 구매계획을 세울 줄 안다.	☐ 예	☐ 아니오
15	나는 기업을 운영할 때 무엇이 중요한지 안다.	☐ 예	☐ 아니오
16	나는 기업의 합리적 의사결정과정을 안다.	☐ 예	☐ 아니오
17	나는 기업의 합리적 선택의 의미를 안다.	☐ 예	☐ 아니오
18	나는 투자설명회의 의미를 안다.	☐ 예	☐ 아니오
19	나는 투자설명회의 방법을 안다.	☐ 예	☐ 아니오
20	나는 투자설명회가 필요한 이유를 안다.	☐ 예	☐ 아니오
합계		

▸ 2단계〈필습 면제 학습 계획〉

학습 능력 검사 결과를 바탕으로 단원 학습에 필요한 지식과 기능을 70% 이상 습득하고 있는 학생을 기준으로 학생을 선정한다. 이때 완전히 습득하지 못한 지식과 기능을 어떻게 학습할 것인지에 대해 학습 계획을 세우도록 한다. 이때 특정한 주제나 단원에 대해서는 학습이 면제되고, 대신 도전적이고 흥미있는 소재나 주제에 대해 학습할 수 있는 기회를 제공한다.

▸ 필습 면제 학습 과제(2)

1. 어린이 기업가 사례에 관한 자료를 검색하고, 초등학생을 주요 소비자로 하는 사업 아이디어를 세 가지 구상해 보세요.(단, 사업 아이디어 선정 기준을 네 가지 세운 후에 아이디어 구상하기)

2. 모둠별로 사업 아이디어를 정해 사업 계획서를 작성하시오.

사업 계획서 작성하는 방법	❶ 기업(사업)이름 정하기
	❷ 재화나 서비스의 이름과 특징 정하기
	❸ 제품의 생산과정 생각하기
	– 생산을 위한 모둠원의 역할을 분담하고, 제품 1개 생산에 필요한 재료와 가격 파악하기
	❹ 홍보 전략 세우기
	❺ 사업 실적 예상하기

3. 주변에서 투자하고 싶은 기업을 조사해보시오.

　　1) 일상생활에서 내가 자주 사용하는 재화나 서비스를 여섯 가지 이상 적으시오.

　　2) 재화나 서비스 중 마음에 드는 것을 세 가지 고르고, 그것을 생산한 기업을 찾아보시오.

　　3) 위에 기업 중 투자하고 싶은 기업을 고르고, 이유를 적어보시오.

▸ 3단계〈필습 면제 학습 확인 단계〉

　　필습면제 학생의 과제를 점검하고 확인하는 단계에서 관찰평가나 구술평가를 통해서 본 단원과 관련한 지식과 기능의 습득 정도를 교사가 확인한다. 이들은 이후 학습의 바탕이 되어야 하므로 개별적 점검이나 확인이 필요한 사항이다.

　　▸ 학습 확인 과제(3)

　　사업 계획 구상과 투자 활동과 연관지어 바람직한 기업의 역할과 합리적인 선택 과정에 대해 실제로 투자하고 싶은 회사 사례를 들어서 설명해 보시오.

5 맞춤형 평가

■ 맞춤형 평가를 위한 교사 일지

일시	20○○. ○. ○.	학급	6학년 ( )반
단원	나도 사업가		
관찰 및 피드백 내용(예시)	• 사전 학습능력 검사에서 70% 이상을 획득한 학생을 대상으로 필습면제 집단으로 맞춤형 수업을 시작하지만, 실제 학습 진행에 어려움을 느끼는 학생들은 활동 범위와 아이디어 산출양을 제한함. • 필습면제 학생들은 모둠 사업계획서를 작성한 후에 시간적 여유가 있으면 파워포인트를 활용해 발표자료를 만드는 활동을 진행해도 된다고 안내함. • 무임승차하는 학생이 없도록 사업 계획서 작성은 모든 학생이 참여하도록 지도하며, 허용적인 분위기를 조성하여 학생이 자유롭게 질문하면서 과제를 수행할 수 있도록 지원할 필요가 있음.		
맞춤형 평가 TIP	• 본 수업의 진행 중간에 시간을 할애하여 필습면제 학생의 활동을 점검할 필요가 있음. • 모둠 사업 아이디어 투자 활동 시 하나의 아이디어에 쏠림 현상이 없도록 2~3개 모둠의 아이디어에 분산해 투자하도록 안내함. • 맞춤형 학생들의 과제 진행은 개별적으로 점검한 후 이들이 학습해야 할 지식과 기능의 도달 정도가 본 수업의 흐름에 적절한 수준까지 도달했는지 평가하는 것이 중요함.		

■ 필습면제 학생 자기평가 점검표(예시)

과제	평가 요소	성취 수준	만족도	성취도 학생	성취도 교사	특기 사항
학습 과제(2)	• 모둠 사업계획서 작성하기	◎: 기준에 적합하고 창의적인 사업계획서를 작성할 수 있다. ○: 기준에 적합한 사업계획서를 작성할 수 있다. △: 사업계획서 작성에 아이디어를 제공한다.	◎	○	△	

| 확인
학습
과제(3) | • 바람직한
기 업 의
역 할 과
합 리 적
선택과정 | ◎: 바람직한 기업의 역할과 합리적인
선택 과정을 예를 들어 구체적으로
설명할 수 있다.
○: 바람직한 기업의 역할과 합리적인
선택 과정을 예를 들어 설명할 수
있다.
△: 기업의 역할과 합리적인 선택 과정
을 설명할 수 있다. | ○ | ○ | ○ | |
| 활동
소감
(성찰) | 사업 계획 구상과 투자 등의 체험활동을 통해 알고 있는 개념을 더 깊고 재미있게
경험할 수 있었다. | | | | | |

과학과 5~6학년군 맞춤형 수업 사례(1) : 열과 우리 생활

이 단원은 온도에 대한 이해를 통해 과학의 유용성을 인식하도록 하는 단원이다. 사전 조사를 통해 성취가 높은 학생들을 필습면제 학습 전략을 사용하여 협력적으로 학습하는 맞춤형 전략을 구현한다.

교육과정 분석	학습자 분석 및 맞춤형 전략	맞춤형 활동 및 평가 전략	맞춤형 수업 설계	맞춤형 평가
• 열의 이동과 온도 측정 ⇨	• 사전 학습경험이나 학습 능력 차이 ⇨	• 필습면제 전략 ⇨	• 실제 본 수업 중 필습면제* 학생들의 활동 과정 설계 ⇨	• 자기 점검 표를 제 공 하 여 성 찰 하 도록 함

1 교육과정 분석

단원명	열과 우리 생활
핵심 아이디어	열은 온도가 높은 곳에서 낮은 곳으로 이동하며, 열의 이동을 효율적으로 하거나 막는 방식으로 일상생활의 문제해결에 활용된다.
성취기준	[6과07－01] 물체의 따뜻하고 차가운 정도를 온도로 표현함을 알고, 온도계를 이용하여 온도를 측정할 수 있다.

범주	지식·이해	과정·기능	가치·태도
	온도	관찰, 측정, 분류, 예상, 추리 등을 통해 자료를 수집하고 비교·분석하기	과학 문제해결에 대한 개방성

학습 연계성	이전학습으로 '3~4학년군 물의 상태'이고, 이후 학습으로 5~6학년군 '날씨와 우리 생활'과 연계된다.

---

* 필습면제(compacting)란 '사전평가를 통해 필수 학습요소들을 이미 습득하고 있는 경우, 이를 면제해주는 맞춤형 학습 전략'을 말한다.

2 학급 분석 및 맞춤형 전략

학급상황	30명으로 이루어진 학급이며, 이미 습득한 사전 학습 능력 검사를 실시한 결과 교과 진도 내용을 그대로 진행해도 괜찮은 보통 집단과 어느 정도 기초적 경험이나 지식을 가진 우수집단으로 학생들의 수준을 나누어 진행할 필요가 있었다. 따라서 학습자 변인은 학습 능력이며, 맞춤형 전략으로는 필습면제 교수학습 전략을 활용하였다.	
학습해야 할 것	• 여러 가지 온도계 사용법 • 필요한 곳 온도 측정하기	• 온도란 무엇인가? • 온도계의 종류 • 온도계 사용하기
이미 알고 있는 것	• 온도 의미를 안다. • 온도계와 체온계를 구분한다. • 온도계를 사용법을 안다.	• 온도계에 대해 안다. • 온도계 눈금 읽을 수 있다.
맞춤형 전략	우수 집단	보통 집단
평가	• 온도의 의미 말하기 • 정확한 온도 측정이 필요한 이유 설명하기 • 여러 가지 상황에서 온도 측정하는 방법 익히기	

3 차시별 수업 활동

차시	학습 활동		자원

1~3	• 주제: 차갑거나 따뜻한 정도를 어떻게 표현할까?
	  – 학습 과정 안내
	  – 사전 학습 점검을 통해 두 집단으로 나누어 수업을 진행함
			• 사전학습 점검 결과

	보통 집단	우수 집단	
	• 오감으로 온도 말하기 – 찬 손, 더운 손이 느끼는 온도 말하기 실험 • 온도의 의미 • 온도를 정확히 측정할 필요성	• 맞춤형 학습을 위한 '필습 면제' 전략 사용	• 실험준비물 • 필습면제 활동지
	• 주제: 온도는 어떻게 사용할까요? • 온도 측정하기		• 여러 가지 온도계 • 필습면제

		활동지
– 온도계의 사용법 – 온도 측정하기		
• 전체 학습으로 진행함 　– 여러 가지 온도계 제대로 측정하기 　– 각 온도계 쓰임새에 따른 온도 측정 • 결과 정리하기 • 퀴즈를 통한 형성평가		• 활동지 • 평가지
평가 및 성찰	• 자기 점검 평가표 작성	

4 맞춤형 교수·학습 사례

필습 면제 맞춤형 수업 TIP

■ **학습자 변인:** 선행지식에 따른 학습 능력

　학습자들의 열과 온도에 대해 단원 학습 이전의 이미 습득한 사전 학습 내용이나 선수 학습 정도를 파악하였다. 이를 통하여 단원의 학습할 내용 중 온도계와 체온계를 구분한 다든지, 온도의 의미나 온도계 눈금 읽은 방법 등을 습득한 학생들이 1/3 정도임을 파악 한다. 따라서 일반적 학습 진행과정에 참여하는 보통 집단의 학생과 1/3의 우수집단을 구분하고, 우수집단 학생에 대해서 '필습면제'를 통하여 단원의 내용을 더 깊고 확장할 수 있는 수업 활동을 구성하고자 한다.

■ **맞춤형 전략:** 교수학습 과정에서 '필습면제' 전략

　일반적 수업 진행 과정에서 우수집단은 필습면제를 통하여 본 단원과 관련하여 도전 적이고 흥미있는 과제 제시를 통해 내용의 심화 확장에 초점을 두는 활동을 실행한다.

■ **필습면제 활동 자료**
　▶ 1단계〈사전 학습 능력 검사〉
〈맞춤형 Tip〉 본 단원을 학습하기 위한 열과 온도와 관련하여 학생들이 습득해야 할 지식과 기능에 대하여 〈사전 학습 검사지〉를 통해 사전 학습 능력을 조사한다. 이러한 검사는 지필평가 뿐만 아니라 구술평가, 관찰평가 등의 비형식적 방법으로도 조사가 가능하다.

▸ 사전 학습 검사지

번호	문항내용	선택	
1	나는 온도를 읽어 본 적이 있다.	☐ 예	☐ 아니오
2	나는 온도계를 본 적이 있다.	☐ 예	☐ 아니오
3	나는 온도계의 눈금을 직접 읽을 수 있다.	☐ 예	☐ 아니오
4	나는 우리 몸의 온도를 재는 방법을 안다.	☐ 예	☐ 아니오
5	나는 물체의 차고 뜨거운 정도를 말할 수 있다.	☐ 예	☐ 아니오
6	나는 온도의 의미를 말할 수 있다.	☐ 예	☐ 아니오
7	나는 온도를 정확히 측정해야 하는 이유를 안다.	☐ 예	☐ 아니오
8	나는 돌과 같은 고체 온도를 재는 도구를 안다.	☐ 예	☐ 아니오
9	나는 우리 몸의 온도를 재는 방법을 안다.	☐ 예	☐ 아니오
10	나는 기온을 올바르게 측정하는 방법을 안다.	☐ 예	☐ 아니오
	합계		

▸ 2단계〈필습 면제 학습 계획〉

학습 능력 검사 결과를 바탕으로 단원 학습에 필요한 지식과 기능을 70% 이상 습득하고 있는 학생을 기준으로 학생을 선정한다. 이때 완전히 습득하지 못한 지식과 기능을 어떻게 학습할 것인지에 대해 학습 계획을 세우도록 한다. 이때 특정한 주제나 단원에 대해서는 학습이 면제되고, 대신 도전적이고 관심 있는 소재나 주제에 대해 학습할 수 있는 기회를 가지도록 해 준다.

▸ 필습 면제 학습 과제(2)

1. 온도를 정확하게 측정해야 하는 사례를 두 가지 결정하고, 정확한 온도가 왜 필요한지 쓰시오.(단, 다른 분야의 사례를 조사할 것)

2. 고체나 뜨거운 쇳물의 온도는 어떻게 측정하는지 사용하는 방법이나 온도계의 종류를 조사하시오.

▸3단계〈필습 면제 학습 확인 단계〉

필습면제 학생의 과제를 점검하고 확인하는 단계에서 관찰평가나 구술평가를 통해서 본 단원과 관련한 지식과 기능의 습득 정도를 교사가 확인한다. 이들은 이후 학습의 바탕이 되어야 하므로 개별적 점검이나 확인이 필요한 사항이다.

▸학습 확인 과제(3)

온도를 정확하고 올바르게 측정하는 방법을 예시 하나를 들어서 설명해 보시오.

5 맞춤형 평가

■ 맞춤형 평가를 위한 교사 일지

일시	20○○. ○. ○.	학급	6학년 ( )반
단원	열과 우리 생활		
관찰 및 피드백 내용(예시)	• 사전 학습능력 검사에서 70% 이상을 획득한 학생을 대상으로 필습면제 집단으로 맞춤형 수업을 시작하지만, 실제 학습 진행에 어려움을 느끼는 학생들은 본인의 희망에 따라 본 수업에 참여할 수 있도록 한다. • 필습면제 학생들은 사례 조사에 그치지 않고 특정한 사례를 바탕으로 하여 본 수업 내용의 원리나 결과와 관련지어 사례들을 활용하거나 해석할 수 있도록 학습 방향을 제공할 필요가 있다. • 과제를 수행하면서 어려운 점은 수시로 교사에게 질문을 하도록 허용		

| | | 하여 학생이 자유롭게 질문하면서 과제를 수행할 수 있도록 지원할 필요가 있다. |
| 맞춤형 평가 TIP | | • 본 수업의 진행 중간에 시간을 할애하여 필습면제 학생의 활동을 점검할 필요가 있다.
• 평가를 실시할 때 적극적인 피드백에도 불구하고 지속적 지원이 필요한 학생들은 따로 기억하고 지원하도록 한다.
• 맞춤형 학생들의 과제 진행은 개별적으로 점검한 후 이들이 학습해야 할 지식과 기능의 도달 정도가 본 수업의 흐름에 적절한 수준까지 도달했는지 점검 평가하는 것이 중요하다. |

■ 필습면제 학생 자기평가 점검표(예시)

과제	평가 요소	성취 수준	만족도	성취도		특기 사항
				학생	교사	
학습 과제(2)	• 여러 물체의 온도 측정	◎: 여러 물체 온도 측정에 필요한 온도계, 측정 방법을 안다. ○: 여러 물체 온도 측정에 필요한 온도계를 안다. △: 알코올 온도계 온도 측정방법을 안다.	◎	○	△	
확인 학습 과제(3)	• 정확한 온도 측정 방법 제시	◎: 고온 물체나 기온의 측정을 바른 방법을 측정할 수 있다. ○: 고온의 물체 온도를 측정을 할 수 있다. △: 기온을 측정하는 방법을 안다.	○	○	○	
활동 소감 (성찰)	배울 내용과 관련된 사례를 조사하고 이를 통해 알고 있는 내용을 더 깊게 적용할 수 있었다.					

과학과 5~6학년군 맞춤형 수업 사례(2) : 전기의 이용

이 단원에서는 우리가 생활에서 편리하게 사용하는 전기가 어떻게 작동하는지 학습하는 내용으로, 추리하는 사고를 많이 요구한다. 따라서 개별적 피드백 전략, 사전학습 점검을 통한 맞춤형 전략을 구현한다.

교육과정 분석	학습자 분석 및 맞춤형 전략	맞춤형 활동 및 평가 전략	맞춤형 수업 설계	맞춤형 평가
• 전기회로 꾸미기 • 전자석의 성질	• 도구 관심이나 선호도 차이 • 다중지능	• 방법 다양화 • 결과물 다양화	• 개별 선택을 통한 탐구 활동 • 선택 다양화를 통한 결과물 제작	• 자기 점검표

1 교육과정 분석

단원명	전기의 이용		
핵심 아이디어	전기와 자기에 대한 성질은 여러 가지 전기 기구의 작동 원리로 유용하게 활용된다.		
성취기준	[6과15-01] 전지와 전구, 전선을 연결하여 전구에 불을 켜보고, 불이 켜지는 전기 회로의 특징을 말할 수 있다. [6과15-02] 전지 한 개를 연결한 전기 회로와 전지 두 개를 직렬연결한 전기 회로의 특징을 비교할 수 있다. [6과15-03] 전자석을 만들어 전자석의 성질을 탐색하고 전자석이 사용되는 예를 조사할 수 있다. [6과15-04] 전기를 효율적이고 안전하게 사용하는 방법을 조사하여 실천 계획을 세우고 일상생활에서 실천할 수 있다.		
범주	지식·이해	과정·기능	가치·태도
	• 전기 회로 • 전지의 직렬 연결	• 관찰, 분류, 측정, 예상, 추리 등을 통해 자	• 과학의 유용성 • 안전 지속 가능 사회

	• 전자석 • 전기 안전	료를 수집하고 비교 분석하기	에 기여
학습 연계성	• 초등학교 3~4학년군 '자석의 이용', 중학교 1~3학년군 '전기와 자기'와 연계된다.		

2 학습자 분석 및 맞춤형 전략

학급상황	학생 25명의 학급에 우수학생과 전지나 전구에 대해 생소한 학생까지 다양한 학생이 있다. 특히 전기회로나 전기 기구에 대해 잘 이해하는 학생으로부터 처음으로 전구나 전지, 전선을 접하는 학생까지 다양하게 분포할 뿐만 아니라 이를 이용한 탐구활동에서 숙달된 학생부터 어떤 도구인지 생소한 경우의 학생까지 다양하게 모여 있다.

2-1. 도구 선호도에 따른 학습 방법 맞춤형 전략

학습자 특성 (1)	우수 학생 예시	P학생은 전기 과학실험에서 "전 이거 전부 다 할 줄 알아요" 또는 "이거 이렇게 하면 불이 켜져요"와 같이 실험 내용을 다 알고 있다고 말하여, 오늘 학습에 대해 흥미가 없다고 말한다. 종종 교사가 제시하는 것을 하지 않고 다른 행동을 하거나 다른 시도를 하는 학생이다.
	초보 학생 예시	C학생은 읽기나 수학을 어려워하며 그동안 지속적으로 부정적인 말을 많이 들어서, 이제 낮은 점수에 대해 무관심하거나 불쾌한 감정도 없을 정도이다. 과학 학습 과제에서도 자기가 아니라도 다른 친구가 해 주기를 기대하고 따라하거나 친구 활동지를 옮겨 적어 내고 있다.
	반영	□ 흥미도 □ 학습양식 ☑ **학습 능력** □ 기타
맞춤형 전략 (1)		□ 학습 내용 ☑ **학습 과정(교사의 개별 피드백)** □ 학습 결과 □ 학습 환경 □ 기타
평가		• 불이 켜지는 전기회로를 구성할 수 있다. • 전기회로에서 불이 켜지는 조건을 설명할 수 있다.

2-2. 다중지능에 바탕을 둔 학습 결과물 맞춤형 전략

학습자 특성 (2)	분석	25명의 학생들이 다양한 학습 수준으로 있을 수 있으므로, 지금까지 교사의 관찰이나 사전 학습 점검을 통해 이전 학습과 다음에 학습할 내용의 습득 정도를 파악할 수 있다. 이러한 사전 학습 정보를 바탕으로 학습내용에 대한 단계별 학습 정보를 제공하는 맞춤형 수업을 구현할 필요가 있다.
	반영	☐ 흥미도　☐ 학습양식　☑ **학습 능력**　☐ 기타
맞춤형 전략 (2)		☐ 학습 내용　　☐ 학습 과정(학습 방법, 모둠, 시간 등) ☐ 학습 결과　　☑ **학습 환경(학습 준비도)**　　☐ 기타
평가		• 전지를 2개를 직렬 연결하는 전기회로를 만들 수 있다. • 전지를 2개 직렬 연결한 회로와 전지 1개 회로의 전구의 밝기를 비교하여 말할 수 있다.

③ 차시별 수업 활동

차시	학습 활동	맞춤형수업	자원
1~2	• 주제: 전기회로에 불이 켜지는 조건 – 전기회로의 연결 – 전기회로에 불이 켜지는 조건	(1) 학습 과정에서 개별적 피드백	• 학습 활동지 • 전지, 꼬마 전구, 집게전선, 스위치
3~4	• 주제: 전지의 연결과 전구 밝기 비교 – 전지를 한 개 연결할 때 전구 밝기 – 전지 2개 직렬 연결할 때 전구 밝기	(2) 수업 입장권을 활용한 사전학습 평가	• 탐구 활동지 • 위 준비물
5~7	• 주제: 전자석의 활용 – 전자석 탐구 – 전자석의 활용		• 탐구 활동지 • 에나멜선, 못, 집 게전선, 건전지
8~9	• 전기의 사용 – 효율적이고 안전한 전기의 사용 – 일상생활에서 실천하는 태도		• 학습 활동지 • 평가기준표
평가 및 성찰	• 주제별 평가기준표 • 자기 점검 평가표 작성		

4 맞춤형 교수·학습 설계

4-1. 학습과정에서 학생 개별적 피드백 맞춤 전략

(1) 맞춤형 설계

■ **학습자 변인**: 학습자의 수준이나 성향에 따른 피드백 지원

- 학습자 중에서 학습 내용에 대해 이미 알고 있거나 새로운 도전을 하고 싶은 P학생의 사례와 기초 학습이 부족하여 전반적으로 부정적인 생각을 많이 가지고 학습에 수동적이거나 무관심한 C학생의 사례에서 개별 피드백 활용을 살펴본다.
- 전기회로에 필요한 준비물을 제시하고, 학생들은 전구에 불이 켜지는 회로를 만들 수 있어야 하며, 이 실험 활동의 결과로서 몇 가지 불이 켜지는 조건을 제시할 수 있어야 한다.

■ **맞춤형 설계 요소**: 학습 과정에서 교사의 개별 피드백 전략

- 제공된 실험준비물을 사용하여 전구에 불이 켜지는 전기회로를 완성하는 활동에서 여러 면에서 이해력이 높은 P학생과 학습에 대해 무관심한 C학생에게 실험 활동 과정에서 개별적 학생이 학습을 더 확장하거나 심화 학습을 할 수 있는 기회를 제공할 피드백을 제공하게 된다. 따라서 학습자의 성향이나 특성에 따른 수업 활동 과정에서 교사의 개별 학생에 대해 피드백을 적용한 사례이다.

■ **맞춤형 수업 자료**
  ▸ 우수한 P학생에게 주는 피드백

P학생의 반응	교사의 개별 피드백 예
"선생님 저는 이거 어떻게 하면 불이 켜지는지 할 줄 알아요."	- "그래? 역시 너는 훌륭해" 이런 판정을 하는 피드백보다는 학생의 학습이 더 나아가도록 하는 피드백이 필요하다. - "그렇구나. 그러면 선생님에게 한 번 불이 켜지는 회로를 만들어 보여 줄래?" 이와 같이 학생이 알고 있다면 그 안다는 것을 보여 줄 수 있는

	증거를 드러내도록 피드백을 해 주면 더 좋다. 그런 다음에 이 학습목표인 불이 켜지는 조건을 정리하여 말해 보도록 함으로써 학생이 "알고 있다"는 것을 교사가 확인하도록 한다.
"알아서 흥미가 없어요." 또는 제시된 활동을 이미 학습하여 딴 짓을 하는 경우	– 흥미가 없다고 하면 교사는 그 학생과 논의하여 새로운 과제를 찾아보는 방법을 찾거나 교사가 선택적인 과제를 제시해 주면 된다. 예를 들어 조금 더 어려운 과제에 해당하는 것으로 "그러면 전선 하나와 전구, 전지만으로 불이 켜지는 회로를 만들어 볼래?" 하면서 더 도전적인 과제나 선택과제를 제시하도록 한다.
어려운 과제에 대해 "이거 맞아요?"라고 확인하는 경우	– 우수한 학생의 피드백은 실제 실행 과정이 옳다고 하더라도 직접 답이나 방법을 알려주지 않고 "너는 왜 맞다고 생각하니?"와 같이 설명을 요구할 수 있다. – 활동한 결과에 대해서는 교사가 부가적인 피드백을 주기보다는 맞다, 틀리다와 같은 피드백을 바로 알려주거나 점수나 등급을 확인해주는 피드백이 더 효과적일 수 있다.
"선생님 이거 전류가 여기서 흘러서 그래요"	– 교육과정을 벗어나거나 좋은 질문에 대해서는 타 학생을 고려하거나 교사가 대처하지 못할 수도 있다. 따라서 "수업 마치고 남아서 선생님과 다시 이야기 할래?"와 같이 따로 쉬는 시간이나 방과 후 시간을 활용하여 설명해 주도록 한다.

▸ 초보적인 C학생에게 주는 피드백

C학생의 반응	교사의 개별 피드백 예
"저는 원래 못해요."	– 전반적으로 부정적인 말을 많이 들은 경우가 많으며, 스스로도 낮은 점수를 당연히 받아들이거나 원래 못한다는 말로 학습 활동에 무관심하거나 수동적인 자세를 취하게 되면서 이해력이 매우 낮다. 이러한 학생은 먼저 부정적인 감정을 해소하는 것이 우선적인 목표가 되어야 한다. 따라서 노트에 관찰한 결과를 짧게 단어나 글로 결과를 적도록 안내하여 동그라미 표시를 해 주거나 칭찬을 통해 잘 하고 있다는 긍정적인 마음을 가지도록 교사가 따로 관심을 가지는 것이 중요하다.

"저는 이런 거 할 줄 몰라요."	– 전체적인 과정에 대한 안내 글이나 그림을 보고 따라하는 과정보다는 한 부분을 단계적으로 실행해 가도록 활동이나 과정을 세분화시켜서 수행하도록 하는 것이 필요하다. – "건전지에 집게 전선으로 꼬마전구를 연결시킬 수 있어?", "스위치를 눌렀더니 꼬마전구가 어떻게 되었지? 적어 볼래?"와 같이 학생이 짧은 답변인 예/아니오 정도를 요구하는 설명이나 질문 제시해야 한다.
"선생님이 하라고 한 이것 했어요."	– 단계별 과제 제시는 교사의 지속적인 관심을 요구한다. 노트나 학습 일지 등에 학생의 반응이 지속적으로 기록되게 하고 성취한 부분에 대한 칭찬과 어느 부분의 어떤 단계를 거쳐서 해결해야 하는지를 구체적으로 제공하는 피드백 제공이 필요하다. – "그래 이렇게 연결하니 불이 켜졌구나. 잘했단다. 그러면 연결된 전기회로를 보고 연결되는 순서를 적어 줄래? 혹시 기구 이름을 모르면 알려줘."와 같이 전기회로가 연결된 순서를 보면 어떻게 연결해야 불이 켜지는 회로를 만들 수 있을지를 알게 될 것이다. 이처럼 다음 단계 학습에 도움이 되는 단계를 설정하여 학습을 개선하는 피드백이 이루어져야 한다.
"선생님 저번에 뭐라고 했는지 기억 안나요."	– 피드백을 해도 학생은 다음 시간이 되면 잊어버리게 된다. 따라서 피드백 받는 즉시 학생이 시도할 기회를 주는 것이 좋다. 그래야 제자리인 것 같지만 조금씩 앞으로 나아가게 된다. – 학생에게 쉬는 시간 또는 가정 학습하도록 안내하는 것은 학생이 학습을 관리할 정도가 되어야 가능하다. 따라서 잊어버리거나 행하지 않을 가능성이 높아 학교에서 교사가 직접 학습을 지원하는 방식이 되어야 한다.

(2) 맞춤형 평가

■ 맞춤형 평가를 위한 교사 일지

일시	20○○. ○. ○.		학급	6학년 ( )반
단원	전기의 이용			
관찰 및 피드백 내용(예시)	• P학생은 맞춤형을 제공하기 전에는 이미 알고 있는 학습내용이 주어질 때는 실험 기구를 가지고 놀거나 딴짓을 하거나 장난치는 경우가 많았지만, 맞춤형 학습으로 도전적인 실험 설계 활동을 제공할 때는 과제 집착력을 보이면서 문제를 해결하려고 집중하는 모습을 보여 주었다. 아직도 문제에 대해 자신의 생각이 옳은지를 확인하고자 하는 생각이 강해서 실험 결과나 증거에 근거하여 학습을 지속적으로 발전시켜 나갈 필요가 있다. • C학생은 처음에는 학습 참여를 꺼려하였으나, 교사가 다가가고 학습에 대한 자세한 과제 안내를 통해 "예/아니오" 정도의 대답을 하게 됨. 또한 용어를 반복하여 쓰기하거나 익히는 숙달 단계를 거치면서 점차 실험 단계를 세분화한 단순한 과제를 잘 수행하여 칭찬을 받게 됨으로써 학습에 관심을 보여줌.			
맞춤형 평가 TIP	• 전반적인 반 학습 활동 중에 우수학생과 학습 느린 학생에 대한 배려를 중간중간 돌봐야 하는 어려움이 있지만, 지속적인 관심으로 학생의 변화를 기대하고 학습을 심화시키거나 발전시켜 나갈 수 있다.			

■ 평가 기준표(예시)

평가요소 \ 척도	매우 우수	우수	보통
불이 켜지는 전기회로 꾸미기	불이 켜지는 회로를 설계하여 전구에 불이 켜지도록 전기 회로를 구성할 수 있다.	전구에 불이 켜지도록 전지, 전구, 전선을 연결할 수 있다.	회로 그림을 보면서 전기회로를 구성할 수 있다.
불이 켜지는 조건	불이 켜지는 전기 회로의 특징을 설명할 수 있다.	불이 켜지는 회로와 불이 켜지지 않는 회로를 구별할 수 있다.	불이 켜지기 위해서는 전지나 전구, 집게전선이 필요함을 말할 수 있다.
학습 참여	전기회로에 흥미와 호기심을 가지고 학습에 적극적으로 참여한다.	전기회로 연결에 적극적으로 참여한다.	불이 켜지는 회로에 관심을 보인다.

4-2. 사전 학습 평가를 통한 학습 준비도에 따른 맞춤형 수업

(1) 맞춤형 설계

■ **학습자 변인:** 학습 준비도에 따른 학습자 특성

- 학생들은 이미 알고 있는 것, 할 수 있는 것이 무엇인지 아는 것은 학생들에게 적합한 학습 활동을 제공하는 데 중요하다. 따라서 과학 실험을 통한 관찰 활동에서 학생들에게 새로운 개념이나 기술에 대한 학습을 진행하고자 할 때는 실제 학생들이 그것을 어느 정도 학습되어 있고, 어느 정도 할 수 있는지에 대한 점검인 '수업 입장권'을 활용하여 학생의 이해도에 따라 학습하는 것이 학습 동기와 참여를 높일 수 있다.

■ **맞춤형 설계 요소:** 교수학습 과정의 '학습 준비도' 반영

- 수업 입장권 활동은 교사가 새로운 학습 주제로 수업을 시작하기 전에 학생들이 이미 알고 있는 것을 확인하는 데 사용할 수 있다. 교사는 바로 이전 학습 내용에 대한 핵심적인 질문으로 구성된 질문지를 제공하거나 새로 학습할 주제에 대해 어느 정도 이해하는지에 대한 질문을 제공하여 학생들이 이 질문에 답을 작성하여 제출하도록 한다. 그러면 교사는 학생이 이전 학습 내용에 대해 어느 정도 이해하고 있는지를 학습할 주제에 대해서도 학생의 이해 정도를 확인할 수 있다.

■ **맞춤형 수업을 위한 성취기준 분석**

▸ 이전 학습 확인
- 이전 학습을 통해서 전기회로에서 전지, 진구, 전선의 연결에 대해 학습한 결과로 전구에 불이 켜지는 회로를 구성할 수 있고, 이를 구별할 수 있다. 이에 대한 사전 점검이 필요하다.

▸ 본 학습의 성취기준 및 학습목표 확인
- 전지가 한 개 연결된 전기회로와 전지가 두 개 직렬 연결된 전기회로에서 전구의 밝기를 비교할 수 있다.
- 이전 학습에서 사용한 전기회로를 그대로 사용하고, 이번 차시 새로운 내용은 전지 두 개를 직렬 연결하여 사용한다는 것이다. 이를 통해 이전 회로의 전구와 직렬 연결된 전기 회로의 전구 1개의 밝기를 비교하여 설명할 수 있어야 한다.

■ 수업 입장권을 활용한 맞춤형 수업 자료

▸ 본 수업에 활용할 수업 입장권 예시

	아직 할 수 없다.	조금 할 수 있다.	할 수 있다.	반 친구들을 가르칠 수 있다.
(이전 학습) 전기회로를 구성하여 전구에 불을 켤 수 있다.				
전지 2개를 직렬 연결할 수 있다.				
전지 2개를 직렬 연결하여 전구에 불을 켤 수 있다.				
전지 2개를 직렬 연결할 때와 전지 1개를 연결할 때, 전구 밝기를 비교하여 설명할 수 있다.				

▸ 수업 활용 Tip

- 이러한 질문들은 수업 2-3분 이내에 완료할 정도의 질문 수준과 양이 되어야 한다.
- 수업 입장권은 다양한 형태로 제시할 수 있다. 위 예시와 차시 주제와 관련하여 이전 차시 내용에서부터 본 차시 학습할 내용까지 정리한 학습 요소 행렬을 만들어서 학습 이해도를 점검할 수 있다.
- 새롭게 배울 학습 주제가 어느 정도 이해되었는지 생각 지도나 학습 개념도를 작성하여 제시하면 학생의 이해도뿐만 아니라 학습을 진행하면서 생각 지도를 지속적으로 수정해 나갈 수 있고, 최종 단계에서 완성하도록 활용할 수 있는 장점이 있다.
- 학습과 관련한 종합 정리한 모형이나 그림 카드를 제공하여 사전에 학생들이 알고 있는 내용을 쓰도록 할 수 있다. 이때 주의할 점은 학습 입장권의 목적은 학생들의 수준에 적합한 학습 활동을 제공할 것이라는 계획에 따른 것으로 학생들이 내용을 몰라도 전혀 문제가 되지 않음을 학생들에게 미리 안내하여, 솔직하게 작성하도록 한다.
- 학습 내용에 대한 이해 정도가 명백한 학습 내용에 대해서는 수업 활동을 학생의 수준에 맞게 제공하는 것이 효과적이다. 특히 '반 친구를 가르칠 수 있다'에 표시한 학생은 교실 안에서 훌륭한 조력자가 되어 이미 능숙한 것을 반복해서 연습하는 지루한 시간 대신 친구들을 가르치면서 유의미한 시간을 보내도록 역할을 제공할 수 있다.

– 위 조사결과 숙달 정도가 비슷한 학생들끼리는 같은 모둠을 만들어 주거나 모여서 연습할 기회를 제공하면 학습 효과가 매우 높아질 수 있다.

■ **사전학습 점검 결과 맞춤형 수업 활동 예시**

▸ 수업 입장권을 활용한 사전학습 점검 결과 해당하는 학생들은 다음과 같은 수업 내용으로 참여할 수 있다.

	아직 할 수 없다.	조금 할 수 있다.	할 수 있다.	반 친구들을 가르칠 수 있다.
(이전 학습) 전기회로를 구성하여 전구에 불을 켤 수 있다.	이전 학습에 대한 보충 필요		본 차시 준비가 됨	
전지 2개를 직렬 연결하여 전구에 불을 켤 수 있다.	본 학습 관련 전지 한 개와 전지 두 개 직렬 연결에서 전구의 밝기를 비교하는 관찰 활동을 수행할 수 있다.			모둠지원 멘토 역할 수행

(2) 맞춤형 평가

■ **맞춤형 평가를 위한 교사 일지**

일시	20○○. ○. ○.	학급	6학년 (　　)반
단원	전기의 이용		

관찰 및 피드백 (예시)	• 사전학습에 대한 이해가 어려운 학생들은 교사의 관심과 반 멘토들의 활동을 통해 기초적인 내용의 이해에 도달할 수 있었고, 동료들의 학습 지원에 본 차시 학습이 바탕이 되도록 학습 분비가 잘 이루어졌다. • 많은 학생들이 본 차시 학습을 위한 불이 켜지는 전기회로를 구성할 수 있었고, 전지의 직렬 연결에 대해서는 교사의 설명과 이미 학습된 멘토 학생의 도움으로 두 개의 전기회로에 불이 켜지도록 할 수 있어, 최종적으로 학생들이 두 회로의 밝기를 비교 관찰하는 학습 활동에 도달할 수 있었다. • 멘토 학생들은 수업 참여와 친구들을 가르치면서 더 이해가 깊어져 유의미한 시간을 보낼 수 있었다.
맞춤형 평가 TIP	• 초반에 전반적인 본 학습에 대한 활동 내용을 안내한 후 사전학습 점검 결과를 바탕으로 개별 학생을 교사가 안내하고 멘토가 지원할 수 있게 안내한다.

■ 평가 기준표(예시)

평가요소 \ 척도	매우 우수	우수	보통
전지 두 개 직렬 연결 회로 구성	전지 2개와 전기 부품을 활용하여 다양하게 전구에 불이 켜지는 회로를 만들 수 있다.	전지 2개를 직렬연결하여 전기회로를 구성하여 불을 켤 수 있다.	전지 2개를 직렬 연결시킬 수 있다.
밝기 비교	전지 1개일 때와 2개 직렬 연결일 때의 회로에서 밝기를 서로 비교하여 설명할 수 있다.	전지 2개 직렬 연결 회로에서 전구의 밝기를 관찰할 수 있다.	전지 2개 직렬연결된 회로에서 전구에 불이 켜지게 할 수 있다.

■ 자기 평가

혼자 학습할 수 있다.	학습에 열심히 참여했다.	수업으로 조금 더 발전했다.
☺ ☺ ☺	☺ ☺ ☺	☺ ☺ ☺

과학과 5~6학년군 맞춤형 수업 사례(3) : 디지털 매체 활용

본 '빛의 성질' 단원은 눈에 보이지 않지만 빛이 물질과 상호작용하면서 여러 가지 빛의 특징을 추론하고 직접 확인할 수 있도록 다양한 디지털 매체를 활용하는 수업으로 구성한다. 일상생활에서 빛이 직진함을 추리할 수 있는 그림자, 우리가 물체를 보는 과정에서 빛이 직진하거나 반사되는 현상, 그리고 물속이나 유리를 통해서 볼 때 물체가 구부러지거나 뒤집어 보이는 현상 등을 관찰하거나 사례를 조사하고, 이를 빛의 성질과 관련짓도록 한다. 특히 직접 관찰되는 현상을 개념과 직접 연결시켜야 하므로 이 과정에서 빛을 시각화하는 다양한 디지털 매체들을 활용하면 개별 맞춤 학습이 도움이 될 것이다.

교육과정 분석	학습자 분석 및 맞춤형 전략	맞춤형 활동 및 평가 전략	맞춤형 수업 설계	맞춤형 평가
• 빛의 성질 • 거울과 렌즈의 이용 ⇨	• 스마트 기기를 활용한 개별화 ⇨ • 개별적 실험 활동	• 학습 과정과 평가에서 개별 맞춤형 수 ⇨ 업전략	• 스마트 기기를 활용한 개별화된 가상 실험 ⇨ 활동 수행	• 개별 평가 기준 • 자기 평가표

1 교육과정 분석

단원명	빛의 성질		
핵심 아이디어	빛의 반사 굴절 등의 특성은 거울, 렌즈 색의 구현 등 편리하고 심미적인 삶에 도움을 준다.		
성취기준	[6과02－01] 물체를 보기 위해서 빛이 있어야 함을 알고, 빛의 성질에 대해 흥미를 느낄 수 있다. [6과02－02] 빛이 나아가는 현상을 관찰하여 빛이 직진, 반사, 굴절하는 성질이 있음을 말할 수 있다. [6과02－03] 거울과 렌즈의 쓰임새를 조사하고 거울이나 렌즈를 이용한 장치를 창의적으로 만들 수 있다.		
범주	지식·이해	과정·기능	가치·태도

	• 빛의 직전, • 반사, 굴절 • 렌즈의 이용	• 관찰, 분류, 측정, 예상, 추리 등을 통해 자료를 수집하고 비교 분석하기	• 과학의 유용성 • 과학의 심미적 가치
학습 연계성	중학교 1~3학년군 '빛과 파동'과 연계된다.		

2 학습자 분석 및 맞춤형 전략

학급상황	학급 전체가 스마트기기 활용 경험이 있으며 개인별로 기기가 확보되어 있다.	
학습자 특성	분석	지식 전달위주의 수업으로 학생들이 지루하고 어려운 수업이라고 인식하고 있다. 학생들은 스마트기기를 활용한 수업에 흥미와 호기심이 많고 학생들의 참여가 매우 높다.
	반영	☐ 흥미도 ☑ 학습양식 ☐ 학습 능력 ☐ 기타
맞춤형 전략 (1)	☐ 학습 내용 ☑ 학습 과정(학습 방법, 모둠, 시간 등) ☑ 학습 결과 ☐ 학습 환경 ☐ 기타	
평가	• 학습활동 참여를 확인하는 동료평가와 자기 평가를 실시한다.	

3 차시별 수업 활동

차시	학습 활동	맞춤형 수업	자원
1	• 주제: 물체를 볼 수 있게 하는 빛 – 여러 가지 빛 – 어둠 상자 속 물체	다양한 디지털 매체의 활용을 통한 개별 맞춤형 수업	
2~3	• 주제: 빛의 직진과 반사 현상 – 빛의 직진과 그림자 – 거울과 빛의 반사		
4~5	• 주제: 빛이 굴절 현상		

	– 빛의 굴절 현상 관찰 – 렌즈를 이용하여 빛의 굴절 실험하기		
6~7	• 주제: 거울과 렌즈의 쓰임새 – 거울의 쓰임새 조사 – 렌즈의 쓰임재 조사		
8~9	• 주제: 거울과 렌즈를 이용한 장치 – 창의적 설계하기 및 제작		
정리 및 평가	• 주제별 평가 기준표 • 창의적 설계 및 제작활동 전시 및 발표 – 작품 관람 및 평가		

4 학습 선호도에 따른 디지털 매체 활용 맞춤형 수업

■ **학습자 변인:** 디지털 매체와 맞춤형 수업

　스마트 기기 등 디지털 매체의 가장 큰 장점은 개별 맞춤형 수업의 운영 지원이 가능하다는 것이다. 특히 빛과 관련되는 다양한 현상을 관찰하고 이것을 개념과 연결시키기 위해서는 빛의 진행 과정을 경로로 보여주거나 시뮬레이션으로 시각화시키는 것은 아주 좋은 방법이라고 생각한다. 따라서 빛의 특성에 따른 여러 현상들을 수집하고 이러한 형상을 나타내기까지 빛의 진행을 시각화하여 이해하면 더욱 구체적이고 실재성이 강하여 이해를 위한 방법으로 더욱 효과적이다.

■ **맞춤형 설계 전략:** 교수학습 과정에서 '학습 방법'의 다양화

　우리 주변에서는 빛이 나타내는 다양한 현상을 관찰하거나 발견할 수 있다. 하지만 이것이 빛의 진행 과정과 결합시켜 이해하기 위해서는 빛을 시각화시켜 보여주면 그 특징을 구체적으로 이해하는 데 도움이 된다. 따라서 학습 과정에서 디지털 도구를 활용하여 빛을 탐구하는 활동을 하면 빛의 특징을 더 잘 이해할 수 있게 되므로 스마트 기기나 시뮬레이션 자료, 앱 등 디지털 기기를 활용하고자 학습하고자 한다.

■ 빛의 직진 관련 가상실험을 통한 개별 맞춤형 자료

‣ "빛 실험실", "빛 가상실험" 등 빛 관련해 검색하면 학생들은 스마트폰이나 스마트기기를 활용하여 개별적인 가상 실험이나 증강현실 실험을 직접 조작하면서 실험을 수행할 수 있다.

‣ 빛의 직진 현상과 관련하여 바늘구멍 사진기에서 그림자의 모습이 물체의 거리에 따라서 크기가 어떻게 달라지는지를 학생들이 직접 물체를 이동시키면서 그림자의 모습을 관찰하고 기록할 수 있다. 마찬가지로 태양과 같은 광원으로부터 물체(토끼)를 가까이 또는 멀리 할 때 생기는 그림자를 관찰하여 그림자가 생기는 이유가 빛이 직진하기 때문임을 학생들이 개별적으로 학습할 수 있다.

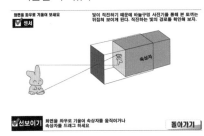 

■ 빛의 반사 관련 가상 실험을 통한 개별 맞춤형 자료

‣ 빛이 물체에 부딪히면 반사되지만 실제로 빛의 진행경로를 볼 수 없다. 이때 가상 실험을 활용하면 빛이 물체나 거울에 부딪힐 때, 반사하는 모습을 실제 빛의 진행 과정으로 관찰할 수 있다. 이때 반사 법칙은 사용하지 않지만 빛이 물체 표면에서도 거울과 같이 반사되어 우리가 물체를 보게 됨을 설명할 수 있다.

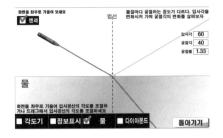

또한 스마트 기기를 통해 학생들이 개별적으로 관찰한 결과를 활동지에 기록할 수 있는 장점이 있다. 반드시 활동을 한 결과들을 기록할 수 있는 학습지를 학생들에게 제공하여 관찰결과를 기록할 수 있도록 한다. 거울에서 반사된 모습이 물체의 거리에 따라 어떻게 달라지는지도 관찰할 수 있다.

■ 빛의 굴절 관련 가상 실험을 통한 개별 맞춤형 자료

▸ 빛이 굴절되는 현상을 빛이 물속으로 진행할 때, 학생들이 직접 레이저를 조작하고, 실제 실험활동에서 향 연기를 피워 레이저를 볼 수 있게 하듯이 실험 과정을 그대로 조작하면서 결과를 굴절되는 모습을 관찰할 수 있는 가상실험 활동이다. 학생 개별적으로 앱을 실행하고 교사는 관찰 기록을 보면서 학습을 지원할 수 있다. (출판사 가상실험실)

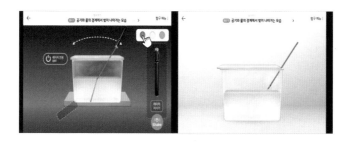

▸ 볼록렌즈에서 빛이 굴절되는 모습을 레이저 1개, 또는 레이저 여러 개를 선택하여 빛이 굴절되는 모습을 조작하면서 관찰할 수 있다. (출판사 가상실험실)

▸ 볼록렌즈에서 물체가 어떻게 보이는지를 관찰할 수 있는 가상실험으로 학생들이 직접 볼록렌즈를 조작하여 물체를 가까이 또는 멀리 위치시키면서 물체에 비친 모습을 관찰할 수 있다. 이러한 관찰 결과는 개별 학습자가 관찰한 결과를 학습지에 기록하도록 하면 개별학습의 효과를 높일 수 있는 장점이 있다. (출판사 가상실험실)

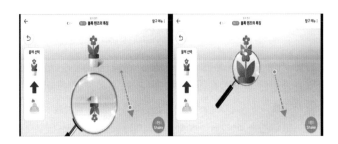

▸ 학생들이 직접 조작할 수 있는 빛 관련 가상실험으로 활용가능한 무료 사이트는(https://phet.colorado.edu/en/simulations/bending-light)가 있다. (과학과 수학 대화형 가상실험 사이트)

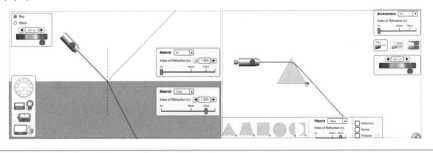

5 맞춤형 평가

■ 맞춤형 평가를 위한 교사 일지

일시	20○○. ○. ○.	학급	6학년 ( )반

단원	빛과 우리 생활

관찰 및 피드백 내용(예시)	• 학생들은 스마트 기기 활용을 통한 실험활동에 매우 높은 관심을 보이고 적극적으로 참여함. • 일부 학생들은 기기가 잘 작동하지 않거나 실험 방법을 잘 알지 못해 실험 활동에 어려움을 겪었지만 친구들의 도움으로 실험 활동을 잘 수행할 수 있었음. • 증강현실 실험의 경우 카드에 초점을 정확하게 맞추지 않으면 잘 작동하지 않으므로 교사나 동료의 도움이 필요함.
맞춤형 평가 TIP	• 실험 과정을 숙달하는데 직접적인 도움이 되며, 결과를 학습지에 기록하게 하여 실험 효과를 높일 필요가 있음. • 사이트 연결이나 앱 다운 등 예상하지 못한 상황이 발생할 수 있으므로 평상시에 앞선 친구들이 도움을 주게 하고, 그래도 해결이 어려울 때는 교사가 직접 조치를 취하거나 함께 하도록 안내해 줌.

■ 동료 평가와 자기평가표(예시)

평가내용	• 빛의 직진, 반사, 굴절 현상을 관찰할 수 있다. • 매체의 특징을 잘 활용하여 실험 활동을 수행할 수 있다.

평가 요소	성취 수준	평가	특기 사항
빛의 특징 관찰	◎: 빛의 직진, 반사, 굴절 현상을 관찰하고 빛의 진행 모습과 관련지어 설명할 수 있다. ○: 빛의 직진, 반사, 굴절 현상을 관찰하고 빛의 진행 모습을 관찰할 수 있다. △: 빛의 직진, 반사, 굴절되는 모습을 관찰할 수 있다.		
가상 실험 수행	◎: 가상 실험을 수행하여 빛의 직진, 반사, 굴절되는 모습을 관찰하여 그림으로 나타낼 수 있다. ○: 가상 실험을 수행하여 빛의 직진, 반사, 굴절되는		

	모습을 관찰하고 말할 수 있다. △: 도움을 받아 가상실험을 수행하고 관찰모습을 말할 수 있다.		

참여 평가	혼자 스스로 학습할 수 있었다.	학습을 통하여 새롭게 알게 되어 유익한 시간이었다.	친구들과 학습에 대한 이야기를 자주 나누었다.
	☺ ☺ ☺	☺ ☺ ☺	☺ ☺ ☺

영어과 5~6학년군 맞춤형 수업 사례(1) : 미래 먹거리

본 수업 설계 사례는 초등학교 6학년을 대상으로 '미래 먹거리'를 개념으로 설계하여 적용한 것이다. 삶과 직접 관련이 있는 주제를 선정하고, 학습자 분석을 통하여 영어과 의사소통 기능을 신장하고자 하였으며, 미래와 관련된 음식 재료명을 배우고, 미래 먹거리를 개발해 보는 활동으로 구성하였다. 영어 수준 개인차가 크고, 문제행동 학생이 있는 학급 예시로 맞춤형 수업 전략을 적용하였다.

교육과정 분석	학습자 분석 및 맞춤형 전략	맞춤형 수업 설계	맞춤형 수업 실제 및 자료 1, 2
• 창의적 의미 생성과 표현	⇨ • 학급 특성 및 학습자 파악	⇨ • 맞춤형 전략에 따른 활동 및 평가 설계	⇨ • 맞춤형 수업 활동, 맞춤형 Tip

1 교육과정 분석

단원명	미래 먹거리(6학년)		
핵심 아이디어	의사소통 목적에 맞게 담화나 글을 이해하는 능력을 함양한다.		
성취기준	[6영02-09] 적절한 매체와 전략을 활용하여 창의적으로 의미를 생성하고 표현한다.		
범주	지식·이해	과정·기능	가치·태도
	• 간단한 단어, 어구, 문장의 강세, 리듬, 억양	• 강세, 리듬 억양에 맞게 읽기	• 대화 예절을 지키고 협력하며 의사소통 활동에 참여하기
수행과제	음식 알레르기에 관해 인터뷰, 미래 먹거리 개발하기		

2 학습자 분석 및 맞춤형 전략

○ 학급 특성

영어에 자신이 없는 학생이 다수 있고, 문제행동으로 수업을 방해하는 학생이 있다. 학생들은 대체로 자율적 활동을 선호한다.

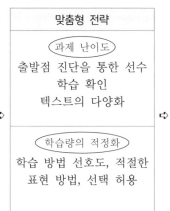

학습자 변인	맞춤형 전략	수업 설계
학습 준비도 파닉스가 되지 않아 보고 쓰기는 하나, 읽고 쓰기가 어려운 학생	과제 난이도 출발점 진단을 통한 선수 학습 확인 텍스트의 다양화	(내용) 단어 선정 시 생활 중 접할 수 있는 용어 선정, 자주 사용할 수 있는 내용으로 선정하기
학습자 흥미 새로운 주제에 대한 호기심이 많고 정보화 기기 활용을 좋아함	학습량의 적정화 학습 방법 선호도, 적절한 표현 방법, 선택 허용	(방법) 단어 및 어구의 읽기를 다양한 방법으로 습득할 수 있도록 준비하기 (결과) 수행과제 및 학습 결과 발표의 방법을 다양화하여 제시하기

3 맞춤형 수업 설계

■ 차시별 수업 활동 설계

차시	학습 활동	맞춤형 전략	자료㉛ 및 유의점㉛
1~4	• 5가지 음식의 맛과 음식 이름 핵심 질문: What are 5 flavors of the food? • 급식 메뉴의 재료 영어 이름 알아보기 • 음식 조리법 영어로 배우기 • 식품 알레르기의 정의 및 알레르기 유발 음식 재료 영어로 알아보기 핵심 질문: Why people have food allergy?	− 과제 난이도 − 학습량의 적정화	㉛ 5가지 맛 학습지, 빙고 학습지, 낱말 맞추기 자료 ㉛ 학생의 수준에 따라 교사의 개별 지도 및 피드백
5~6	• 미래 먹거리를 위한 식품 재료	− 매체 활용	㉛ 영화 자료

핵심 질문: Do you know anything about lack of food? • 미래 먹거리 메뉴 개발 및 음식 박람회 활동 핵심 질문: Have you heard about future food?	– 유연한 학습 집단 구성	㉮ 에듀테크 활용 의견 수렴
7~8	• 음식물 쓰레기가 환경에 미치는 영향 핵심 질문: Does the food effect to the environment? • 음식물 쓰레기 줄이기 홍보 포스터 만들기 핵심 질문: What can we do to reduce food garbage?	– 다양한 표현 방법 (평가 전략)	㉯ 홍보 포스터 만들기 자료 홍보 포스터 예시 최소화로 창의적인 아이디어 촉진

■ 맞춤형 평가 설계(4/8차시)

　▸수행과제명: 음식 알레르기 인터뷰 활동하기

　　– 음식 알레르기가 있는지 묻고 싶은 사람과 한 가지 음식 재료를 정하고 인터뷰하기: Are you allergic to ~ ? Yes, I am./ No, I'm not.

　▸맞춤형 평가 전략　학습 선호도　다양한 표현 방법
　　– 인터뷰 결과를 원하는 방식(글, 그림, 기호, 만화 형식 등)으로 정리하기

　▸분석적 루브릭

척도 평가요소	상	중	하
① 주요 표현 말하며 인터뷰하기	주요 표현을 자신 있게 말하며 음식 알레르기에 대해 묻고 답함.	음식 알레르기에 대해 묻고 답하는 인터뷰 활동이 양호함.	도움을 받아 음식 알레르기에 대한 인터뷰를 할 수 있음.
② 인터뷰 결과 정리하기	인터뷰 결과를 자신이 선택한 방법으로 창의적으로 표현함.	인터뷰 결과의 표현이 양호함.	도움을 받아 인터뷰 결과를 정리함.

4 맞춤형 수업 실제 1

단원	미래 먹거리	차시	4/8
핵심 아이디어	의사소통 목적에 맞게 담화나 글을 이해하는 능력을 한양한다.		
성취기준	[6영02-09] 적절한 매체와 전략을 활용하여 창의적으로 의미를 생성하고 표현한다.		
학습목표	음식 알레르기를 유발하는 재료를 익히고, 친구와 음식 알레르기에 대한 간단한 대화를 주고받을 수 있다.		
주요 어휘	Food Allergy: wheat, shrimp, beans, chicken, milk Are you allergic to ~? Yes, I am./ No, I'm not.		

활동 내용 및 맞춤형 TIP

활동 1   Food Allergy의 정의 완성하기

■ **학습자 변인:** 파닉스 미해득, 낮은 문해력, 읽고 쓰기에 어려움을 가진 학생들이 있음. 학습 준비도의 차이가 있음.

맞춤형 전략	과제 난이도 1
학습 준비도	Food Allergy의 정의를 나타내는 문장을 교사와 읽어 보며 한 번 써 보며 익히기

맞춤형 전략	과제 난이도 2
학습 준비도	8칸의 낱말 중 5개의 답이 주어진 자료를 선택하여 문장 완성해 보기

맞춤형 전략	과제 난이도 3
학습 준비도	8개의 단어 세트를 스스로 맞추어 문장을 완성해 보기

맞춤형 TIP

- 문제행동 학생은 수업 전 교사의 사전 활동 안내가 필요함.
  학생의 수업 불안 제거 및 동기 유발의 효과가 있음.
- 과제 난이도 1의 경우는 교사가 함께하여 활동을 지원하기
  학습 결과에 대한 개별 칭찬은 맞춤형의 큰 요소임.

활동 2   식품 알레르기 표시 마크 영어로 완성하기

- **학습자 변인:** 식품 알레르기 관련 정보력, 개인 경험, 영어학습 경험이 다름.

맞춤형 전략	학습량의 적정화 1	학습량의 적정화 2
학습 경험	식품 알레르기 표시 마크 28가지 음식 이름 중 10개가 비어있는 학습지로 식품 재료 완성하고 읽어 보기	식품 알레르기 표시 마크 28가지 음식 이름이 모두 비어있는 학습지로 식품 재료 완성하고 읽어 보기

맞춤형 TIP

학습계약: 한 활동을 마치면 어떻게 해도 좋다는 교사와 학생 간의 약속

- 학습 계약 맞춤형 활동 후 모든 재료의 이름을 읽을 수 있도록 목표를 제시하고 학습계약 형태로 진행함. 학습량의 적정화 1을 선택한 경우 10개의 단어를 읽을 수 있도록 함.

■ 맞춤형 수업 활동 자료(4/8차시)

활동 1 Food Allergy의 정의 완성하기

(과제 난이도 1)

A food allergy is when the body's immune system reacts unusually to specific foods.
식품 알레르기란 우리 몸의 면역체계가 특정한 음식에 이상하게 반응하는 것이다.

(과제 난이도 2)

A food allergy (식품 알레르기는)	to specific foods. (특정한 음식에)	when (~할 때)	the body's (우리 몸의)	immune system (면역체계)	reacts (반응하다)	unusually (이상하게)	is (~이다)
		3	4	5	6	7	

(과제 난이도 3)

is (~이다)	A food allergy (식품알레르기는)	when (~할 때)	immune system (면역체계)	the body's (우리 몸의)	reacts (반응하다)	unusually (이상하게)	to specific foods. (특정한 음식에)

학습량의 적정화 1   교사에게 질문 또는 스마트기기 활용 단어 검색하기

- EGG   BANANA   PEACH
- GELATIN젤라틴   PORK   BEEF   ORANGE
- KIWI   CASHEW NUT   PEANUT
- MILK   CHICKEN   CRAB   APPLE
- SHRIMP   SESAME   WHEAT   SQUID
- ABALONE   SARMON연어   MACKEREL고등어

| EGG | | | BEEF | CHICKEN |

학습량의 적정화 2   스스로 스마트기기를 활용하여 단어 검색하기

- EGG   BANANA   PEACH
- GELATIN   PORK   BEEF   ORANGE
- KIWI   CASHEW NUT   PEANUT
- MILK   CHICKEN   CRAB   APPLE
- SHRIMP   SESAME   WHEAT   SQUID
- ABALONE   SARMON   MACKEREL

■ 맞춤형 평가를 위한 교사 일지

일시/학급	20○○.○.○.( ). / 6학년 ( )반
단원	미래 먹거리
관찰 및 피드백 내용	• 문제행동을 가진 학생은 의외로 활동1에서 과제 난이도 유형2를 골라 적정 수준의 도전을 제공해 주는 것이 필요함을 깨달음. 문장의 첫 글자가 대문자로 시작한다는 것을 알려 주자 좋아하며 활동함. • 알레르기 유발 음식 이름을 완벽하게 읽으려고 노력하는 모습이 보였음. 실생활 연계 평가 안내를 하였을 때 어렵지 않다고 이야기하는 학생이 많았고 누구에게 물어야 할지 정하기 어려운 사람은 교사에게 물어보아도 좋다고 알려줌.
맞춤형 평가 TIP	• 모든 차시에 내용을 기록하는 것은 불가능함. • 평가를 실시할 때 적극적인 피드백에도 불구하고 지속적 지원이 필요한 학생들은 따로 기억하고 표시해둠. • 평가는 학급 전체를 대상으로 평가하되 개별학습자 변인을 고려한 평가가 되도록 함.

■ 맞춤형 평가를 위한 학생 자기평가

평가내용	• 알레르기를 유발하는 음식 재료를 열 가지 이상 읽을 수 있다. • 친구와 음식 알레르기에 대해 묻고 답할 수 있다.

척도 평가요소	상 수준	중 수준	하 수준
식품 알레르기를 유발하는 음식 이름 읽기	내가 선택한 맞춤형 활동의 모든 음식 이름을 자신 있게 읽을 수 있다.	내가 선택한 맞춤형 활동의 모든 음식 이름 중 한두 가지를 제외한 음식 이름을 읽을 수 있다.	내가 선택한 맞춤형 활동의 모든 음식 이름 중 한두 개는 알겠으나 나머지는 읽기가 어렵다.
음식 알레르기에 관한 대화하기	친구와 여러 음식 재료에 대해 알레르기가 있는지 묻고 답하는 대화를 자신 있게 할 수 있다.	답은 잘 할 수 있으나 세 가지 재료에 대해 질문하는 것을 잘 할 수 있다.	한 가지 재료에 대해 알레르기가 있는지 물어 볼 수 있고 답할 수 있다.

이름	학습 활동 참여 태도	알레르기 유발 음식 이름 알기	친구와 알레르기에 관해 묻고 답하기
	⊙ ⊙ ⊙	⊙ ⊙ ⊙	⊙ ⊙ ⊙

5 맞춤형 수업 실제 2(6/8차시)

단원	미래 먹거리	차시	6/8
핵심 아이디어	의사소통 목적에 맞게 담화나 글을 이해하는 능력을 한양한다.		
성취기준	[6영02-09] 적절한 매체와 전략을 활용하여 창의적으로 의미를 생성하고 표현한다.		
학습목표	미래 먹거리 음식 재료를 알고, 미래 먹거리 메뉴를 개발하여 소개할 수 있다.		
주요 어휘	ingredients: vegetables, meat, fish, fruit, nuts, insects This food is~. It's good for~.		

활동 내용 및 맞춤형 TIP

활동 1　　동영상 보며 미래 먹거리 재료 맞혀보기

■ **학습자 변인:** 영어 어휘력 수준이 다름. 활동의 정답은 알고 있으나 영어로 모르는 학생이 있음. 알고 있는 것을 표현할 수 있도록 전략이 필요함.

맞춤형 전략	발표 형태1	발표 형태 2	발표 형태 3
어휘 수준	동영상을 본 후 생각하는 미래 먹거리 재료를 개별 그림으로 표현하기	동영상을 본 후 생각하는 미래 먹거리 재료를 개별 한글로 쓰기	동영상을 본 후 생각하는 미래 먹거리 재료를 친구와 의논하여 보드에 정리하기

맞춤형 TIP

- 문제에 대한 답을 표현하는 데 있어 영어 수준 차이로 인해 학생이 좌절감을 느끼지 않도록 지원할 필요가 있음.
- 활동에 대한 정답 표현을 개별로 할지 친구와 할지 다양하게 선택하도록 하여 영어에 대한 불안을 제거할 수 있음.

활동 2 미래 먹거리 음식 재료 익히기

- **학습자 변인:** 음식 그림과 재료를 짝지어 보는 활동에서 쉬운 음식 재료를 그림을 보면 알지만 단어를 읽을 수 없어 답을 찾기가 쉽지 않은 학생이 있음. 활동 전 미리 포기하고 어렵다고 느끼는 학생이 있음.

맞춤형 전략	peer teaching 모둠 구성	정보통신 기기 활용 자기주도 학습하기
영어 불안 및 학습 동기	영어 수준이 높은 친구가 개설하는 모둠원이 되어 협력하여 해결하기	스스로 스마트기기를 활용, 단어를 검색하며 활동하기

맞춤형 TIP

- 외국어 학습에서 영어 불안은 학습 동기에 영향을 끼치므로 활동 시 불안을 최소화할 수 있게 하여 영어를 배울 수 있는 환경 제공이 중요함.
- 또래 교사 활동은 학년 수준에 따라 다양한 형태로 나타날 수 있으며 학급에서 학생들 간 관계 형성 및 학급 문화를 잘 파악하여 접근할 필요가 있음.

미래 먹거리 음식 개발하기

■ **학습자 변인:** 개인 수준차가 커서 혼자 미래 음식을 개발하고, 재료명과 좋은 점을 기술하기가 쉽지 않음. 학습자의 기호 및 특성이 달라 모둠활동을 선호할지, 혼자 활동을 결정하기 어려움.

맞춤형 전략	학습 전략 1	학습 전략 2
학습 양식	개별적 혹은 동료와 함께 작업하도록 권하기	자신에게 가장 효율적인 방법으로 작업하기

맞춤형 TIP

■ 모둠활동 구성을 2~4명으로 자율적으로 구성할 수 있도록 하되, 혼자 남겨진 친구는 없어야 한다는 규칙을 알려 줌.
■ 함께 활동하기를 권하거나 구성해 본 결과 혼자 활동하기를 정말 원하는 경우는 1인 활동으로 하도록 함.
■ 가장 중요한 학생의 수행 능력에 대해 1인 활동자의 수준을 파악하여, 혼자 하도록 맡기거나 교사가 도와줄 수 있음을 알려 주어 편안하게 질문하며 활동할 수 있도록 한다.

■ 맞춤형 수업 활동 자료(6/8차시)

활동 2 미래 먹거리 음식 재료 익히기 활동지

seaweed kiwi cricket		
mealworm beetle		
apple carrot bean		
potato sprout pear mango		
cockroach orange tuna		
lobster shrimp algae beet		
grasshopper crab		

활동 3 　미래 먹거리 음식 개발하기 활동 결과물

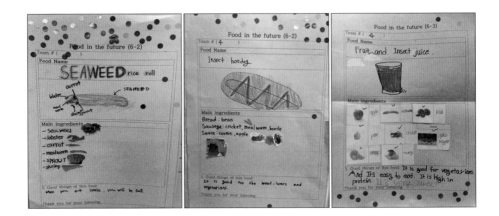

■ 맞춤형 수업 교사 성찰 일지

　학생들은 미래 음식을 상상으로 만들과 음식 재료의 단어를 배워 도움이 될 수 있었다고 한다. 자신이 실제로 미래 곤충 음식을 개발하는 것 같았다는 소감과 평소 영어 수업 참여도가 낮았던 학생의 참여가 좋았고, 생활과 밀접한 주제의 학습으로 흥미가 높았다. 학생 수준에 따른 교사의 개별 맞춤 지원과 피드백이 가능한 수업이었다.

영어과 5~6학년군 맞춤형 수업 사례(2) : 친구와 친해지기

영어의 읽기와 쓰기 활동에 어려움을 가지는 학습자가 많고, 단편적인 읽기, 쓰기가 아닌 삶과 연계된 실제적인 주제로 '친구'라는 개념을 중심으로 맞춤형 수업을 설계하고 적용하였다. 영어과 교육과정의 주요 표현 및 주제와 관련 있는 다양한 표현을 함께 배우고 익히며, 맞춤형 수업을 구현하고자 하였다.

교육과정 분석	⇨	학습자 분석 및 맞춤형 전략	⇨	맞춤형 수업 설계	⇨	맞춤형 수업 실제 및 자료 1, 2
• 의미를 표현하며 교환하기		• 지도할 학급 특성 및 학습자를 파악해요.		• 맞춤형 전략에 따라 활동 및 평가를 설계해요.		• 맞춤형 수업 활동 및 맞춤형 Tip을 살펴봐요.

1 교육과정 분석

단원명	친구와 친해지기		
핵심 아이디어	담화나 글로 표현하는 활동은 협력적이고 포용적으로 상호 소통하며 의미를 표현하거나 교환하는 태도를 길러 준다.		
성취기준	[6영02-08] 예시문을 참고하여 목적에 맞는 간단한 글을 쓴다.		
범주	지식·이해	과정·기능	가치·태도
	• 일상적인 의사소통 상황 및 목적	• 다양한 매체로 표현된 담화나 글을 듣거나 읽기	• 상대방을 배려하며 말하거나 쓰는 태도
수행과제	친구와 함께하고 싶은 활동하기		

2 학습자 분석 및 맞춤형 전략

○ 학급 특성

> 6학년은 모두 4개 학급으로 학급 문화 및 분위기가 다름. 학급마다 영어 이해 수준이 다르고 말하기, 듣기, 읽기, 쓰기 및 활동에 대한 수준차이가 있음.

학습자 변인		
	학습 준비도	스스로 읽거나 쓸 수 없는 학생들이 다수 있음.
	이해 수준	말하기 질문을 기억하지 못해 활동에 어려움을 겪음.
	흥미 집단	같은 활동이라도 구성원 조직에 따라 학습 참여 태도가 달라짐.
	학급 문화	학급마다 활동 선정에 대한 흥미 및 의견이 다름.

맞춤형 전략	읽기, 쓰기에 대한 두려움을 없애고 접근할 수 있도록 글쓰기의 틀을 제공하거나 말하기 활동 시에는 질문 보드 활용하기를 적용, 단원의 목표 달성을 위해 서로 다른 친구에 대한 이해와 배려를 높이도록 다양한 활동으로 구성하기

3 맞춤형 수업 설계

■ 차시별 수업 활동 설계

차시	학습 활동	맞춤형 수업 전략	자료ⓐ 및 유의점ⓥ
1~2	• 친구와 할 수 있는 인사하기 핵심 질문: 친구를 만났을 때 어떤 말을 하는가? • 인사말의 조합 정하고 인사하기 동영상 찍기 핵심 질문: 인사는 어떤 경우에 하는가?	- 친구에게 인사하는 말 3단계 적용하기	ⓐ 인사하기 내용 ppt ⓥ 학생의 수준에 따라 교사의 개별 지도 및 피드백
3~4	• 친구에게 질문하고 싶은 것 조사하기 핵심 질문: 친구에게 묻고 싶은 것은? • 내가 선택한 질문으로 친구와 대화하기	- 질문 보드 활용하기	ⓐ 개인 보드 및 마커

5~7	• 친구 칭찬 잘하는 법 • 친구 칭찬하기와 반응하기 • 나의 칭찬 카드를 받아 줘! 친구에게 편지쓰기 핵심 질문: 친구의 장점과 강점을 나타내는 어휘에는 무엇이 있는가?	− 글쓰기의 틀 제공하기	㉒ 편지쓰기 활동지, 꾸미기 도구 ㉓ 학습 활동 시 짝을 정해주어 홀로 있는 학생이 없도록 하기
8~9	• 같이 해 보자! 친구와 하고 싶은 활동 정하기 • 우리 이런 것도 한다. 1 학급별 활동 논의 및 준비하기 핵심 질문: 친구에 대해 알 수 있는 방법은 무엇이 있을까?	− 학급의 문화를 고려한 추가 활동 및 재료 정하기	㉒ 미니 카드, 채색 도구
10	• 우리 이런 것도 한다. 2 학급별 선정한 활동하기, 친구와 활동 모습 사진찍기	− 흥미 집단별 자리 배치하기	㉒ 영화, 보드게임자료, 스티커, 폴라로이드 사진기

■ 맞춤형 수행과제

▸ 수행과제명: 다른 나라에서 온 친구와 대화하기

– 자신의 닉네임(부캐릭터)를 정한 후 친구를 만나 대화하고 친구에 대해 알기

– 이해 수준 질문 보드 활용하기 친구와 대화 시 필요한 표현과 질문을 미리 개인 보드에 적어 활동하기

– 평가 기준: ① 영어로 인사하기 ② 친구에게 물어보고 싶은 질문 3개 이상 말하기

▸ 평가를 위한 분석적 루브릭

척도 평가요소	상 수준	중 수준	하 수준
① 영어로 인사하기	친구를 만날 때 인사를 자신 있고 정확하게 할 수 있음.	친구와 만나 인사하는 표현이 양호함.	친구나 교사의 도움을 받아 인사를 주고 받을 수 있음.
② 친구에게 질문하기	친구에게 물어보고 싶은 질문을 3개 이상 말하고 정보를 주고 받음.	친구에게 물어보고 싶은 질문 2개를 말하고 정보를 주고 받음.	친구에게 물어보고 싶은 질문 1개를 말하고 정보를 주고 받음.

4 맞춤형 수업 실제 1

단원	친구와 친해지기	차시	3/10
핵심 아이디어	담화나 글로 표현하는 활동은 협력적이고 포용적으로 상호 소통하며 의미를 표현하거나 교환하는 태도를 길러 준다.		
성취기준	[6영02-08] 예시문을 참고하여 목적에 맞는 간단한 글을 쓴다.		
학습목표	친구에게 질문하고 싶은 내용을 묻고 답할 수 있다.		
주요 어휘	What's your favorite ~ ? My favorite ~ is ~.		

활동 내용 및 맞춤형 TIP

수행 과제 1 친구에게 물어보고 싶은 내용 조사하기

- **학습자 변인:** 친구에게 질문하고 싶은 말은 있으나 영어 시간에는 질문하기를 어려워하고, 궁금한 것이 없다고 해 버림.

맞춤형 활동 설계	학습량의 적정화1	학습량의 적정화2
영어 불안	친구에게 물어보고 싶은 말을 포스트잇 1장을 기본으로 제시하여 활동의 부담 줄이기	학습자 수준 및 불안 해소의 경우 쓰고 싶은 질문의 수만큼 포스트잇의 수를 자유롭게 제공하기

맞춤형 TIP

- 선택적 모국어 사용 허용 주요 표현을 배우기 전 의미 있는 활동이 되기 위해 친구에게 물어보고 싶은 말을 모국어를 사용해 표현하도록 하여 학습 동기 부여하기
- 언제든 질문 환영, 학급 문화 영어로 질문을 표현하고 싶은 학생은 언제든 교사에게 물어볼 수 있도록 평소 학급 문화를 조성하기

| 활동 2 | 친구에게 묻고 싶은 것 질문하고 답하기 |

맞춤형 활동 설계	보조도구 사용 1	보조도구 사용 2	보조도구 사용 3
말하기 수준	– 질문의 표현과 뜻은 알고 있으나 어떻게 말하는지 자신감이 부족한 경우 개별 질문 보드를 활용, 읽기를 자신이 쉬운 방법으로 쓰고 활동하기	– 영어로 된 질문을 개별 질문 보드에 쓰고 보며 질문하기	– 질문하기에 어려움이 없어 바로 말할 수 있어 개별 보드는 답을 정리하는 용도로 활용하기

맞춤형 TIP

■ 학습자 의사소통 수준에 따라 개별 보조도구는 다양하게 활용될 수 있다. 영어 네 가지 기능에 모두 활용이 가능하며 수업 중 질문이 있는 경우 메모도 가능하다. 보조도구 활용에 대한 규칙을 사전 안내하여 학습에 방해가 되도록 사용되는 경우를 예방하도록 한다.

■ 맞춤형 수업 활동 자료

활동 1　　친구에게 물어보고 싶은 질문 조사하기

분류 8 Friend

Do you have any girl/boy friend?
Have you ever done dating?
Who is your best friend?
Do you have any close friend who listen
to you?
Do you like ~ ?

▸ 포스트잇에 영어 또는 한글로 작성한 질문하고 싶은 내용을 모두 모은 후 종류별로 분류한다. 크게 개인(가족, 연락처, 사는 곳)에 관한 내용, 좋아하는 것(교과, 동물, 친구 스타일), MBTI 유형, 친구에 관한 내용으로 분류하고 결과를 공유한다.

활동 2　　친구에게 묻고 싶은 것 질문하고 답하기

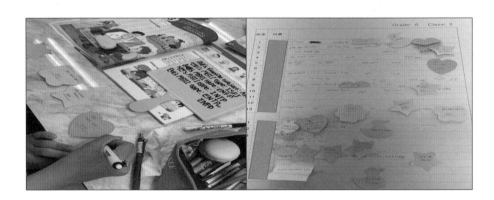

▸ 내가 질문하고 싶은 표현을 개인 보드 또는 쪽지에 옮겨 적고 가지고 다니며 질문하고 싶은 친구에게 직접 질문하고 들은 답을 정리하여 게시해 본다. 다른 친구들의 답변에도 많은 관심을 보이며 서로 공유할 것에 대한 사전 동의를 구한다.

5 맞춤형 수업 실제 2

단원	친구와 친해지기	차시	7, 9, 10/10
핵심 아이디어	담화나 글로 표현하는 활동은 협력적이고 포용적으로 상호 소통하며 의미를 표현하거나 교환하는 태도를 길러 준다.		
성취기준	[6영02-08] 예시문을 참고하여 목적에 맞는 간단한 글을 쓴다.		
학습목표	친구에게 편지쓰기와 함께 하는 활동을 하며 친해질 수 있다.		
주요 어휘	What's your favorite ~ ? My favorite ~ is ~.		

활동 내용 및 맞춤형 TIP

활동 1　　친구에게 편지쓰기

- **학습자 변인:** 친구에게 질문하기를 통해 여러 표현들을 배웠지만 편지를 쓰기에는 여러 어려움이 있음. 편지글의 양식을 잘 모르거나 하고 싶은 말의 표현에 한계가 있는 학생이 있음. 편지쓰기 활동 자체가 스스로의 힘으로 해결하기에는 어려운 과제임.

맞춤형 활동 설계	글쓰기의 틀 제공하기 1	글쓰기의 틀 제공하기 2
학습 준비도	친구에게 편지쓰기의 틀을 제공하되 괄호 안에 주어진 단어를 선택하는 형태로 제시하기	친구에게 편지쓰기 틀을 제공하여 주어진 표현을 골라 스스로 편지를 쓰도록 제시하기

맞춤형 TIP

- 선택 기회 제시 편지쓰기 활동지는 다양한 색상과 디자인으로 준비하여 학생들이 고를 수 있도록 함. 선호하는 모양이 다르기 때문에 선택의 기회를 주는 것은 학생의 기호를 존중하는 방법이 될 수 있음.

- 활동 제한 규칙 제시 및 대상 선택의 자유 편지쓰기 활동 시 학습 시에는 자신의 번호 다음 사람에게 쓰기 활동을 하도록 하여 모든 학생이 편지쓰기의 대상이 되도록 함. 다음 시간 실제 편지 전달하기는 주고 싶은 친구를 선택하도록 학습활동과 실제의 기회를 둘 다 제공하도록 함.

활동 2 친구와 하고 싶은 활동하기

- **학습자 변인:** 학급의 분위기를 긍정적으로 또는 부정적으로 형성하여 앞장서는 학생들이 있음. 문제행동을 보이는 학생도 본인의 의견이 반영되거나 받아들여지는 활동은 적극적으로 하는 모습을 보임. 하지만 여전히 활동의 규칙과 경계선을 구분 지어 주어야 하는 교사의 노력이 필요함. 학급마다 선호하는 활동 내용이 다름. 민주적 소통과정을 거쳐 결정하는 것이 중요함.

맞춤형 활동 설계	흥미 집단 1	흥미 집단 2	흥미 집단 3
학급 문화	친구와 하고 싶은 활동: 알뜰시장 – 물건 판매 표현 익히기 – Shopping List 작성하기	친구와 하고 싶은 활동: 보드게임 – 게임 활동 표현 배우기 – 코너 이동 활동하기	친구와 하고 싶은 활동: 영화 보기 – 보고 싶은 영화 정하기 – 소품 준비하기 – 최고의 장면 그리기

맞춤형 TIP

- 학급의 분위기와 구성원의 흥미, 문화를 고려하여 친구와 함께하고 싶은 활동 선정을 위해 어떤 방법으로 정할지 논의하기
- 학급별 선정된 활동에 따른 영어 학습 활동이 되도록 주요 표현 및 활동을 선정하도록 함. 집단별 활동을 더욱 실감나게 하기 위한 소품 및 아이디어 논의(무릎담요, 잠옷, 스티커, 페이스 페인팅 등 준비)
- 각 활동의 모습을 사진으로 촬영하여 전시하거나 공유하여 다른 학급의 활동 모습을 보며 공유하는 것은 다른 학급의 친구들을 이해하고 볼 수 있는 기회가 됨.

■ 맞춤형 수업 활동 자료

활동 1　　친구에게 편지쓰기

글쓰기의 틀 제공하기 ⟩ 학습자 기호를 고려한 다양한 틀 준비하기

글쓰기의 틀 제공하기 1	글쓰기의 틀 제공하기 2
주어진 단어를 선택하며 편지쓰기	주요 표현 활용 스스로 편지쓰기

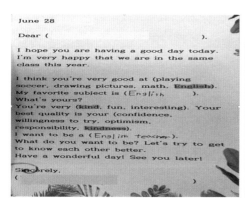 

⟨흥미 집단 1⟩ 알뜰 시장 Shopping List

Income(Things I sold)		Outcome(Things I bought)	
item	price	item	price
Total		Total	

⟨흥미 집단 2⟩ 보드게임 활동 주요 표현

Let's start the game. Who's first?
It's your turn. What's your score? I won. Good job.

⟨흥미 집단 3⟩ 영화 보기 소품 준비 및 최고의 장면 그리기

영화 분위기 Up! 타투 스티커 준비	개인 미니 보드 및 컬러 마크

■ 맞춤형 평가를 위한 교사 일지

일시/학급	20○○.○.○.( ). / 6학년 ( )반
단원	친구와 친해지기
관찰 및 피드백 내용	• 내가 좋아하는 과목을 예시 중 고르게 하였기 때문에 영어를 어렵게 느끼지 않고 활동에 적극 참여하는 모습을 보임. • 실제 편지를 주고 싶은 친구에게 편지를 새로 쓰는 학생도 있지만 학습 활동 시 정해 준 친구에게 편지를 전달하는 사례도 있어 학급 전체의 활동이 되어 좋았음. • 편지쓰기 활동 후 친구와 함께 사진 찍기 활동을 매우 좋아했고 친구에게 고맙다는 말을 하는 경우가 있었음.
맞춤형 평가 TIP	• 영어과의 경우 말하기, 듣기, 읽기, 쓰기의 모든 영역에서 수준차가 상이하게 나타나는 경우가 있으므로 학생의 이해 수준 및 성취가 낮은 영역을 잘 살펴 평가하고 지원할 필요가 있음.

■ 맞춤형 평가를 위한 학생 자기평가

평가내용	• 친구를 칭찬하는 내용의 편지를 쓸 수 있다. • 주요 표현을 말하며 친구와 함께 하는 활동을 할 수 있다.

척도 평가요소	상 수준	중 수준	하 수준
친구를 칭찬하는 편지쓰기	내가 선택한 맞춤형 글쓰기 틀을 활용하여 친구에게 편지를 쓰고 전달하였다.	내가 선택한 맞춤형 글쓰기 틀을 활용하여 친구에게 편지를 쓴 결과가 양호하며 친구에게 전달하였다.	내가 선택한 맞춤형 글쓰기 틀을 활용하여 친구에게 편지쓰기를 완료하지 못했다.
친구와 함께 하고 싶은 활동하기	친구와 함께 하고 싶은 활동에 주어진 미션을 성실히 수행하며 영어 표현도 잘 사용하였다.	친구와 함께 하고 싶은 활동에 주어진 미션을 했으며, 영어표현도 하려고 노력하였다.	친구와 함께 하고 싶은 활동에 주어진 미션 활동에 열심히 참여하지 못했다.

이름	학습 활동 참여 태도	친구에게 편지쓰기	친구와 하고 싶은 활동하기
	☺ ☺ ☺	☺ ☺ ☺	☺ ☺ ☺

영어과 5~6학년군 맞춤형 수업 사례(3) : 디지털 매체 활용

다음 맞춤형 수업 사례는 영어과에 적용한 디지털 매체 활용 맞춤형 수업 예시이다. 인공지능이나 앱 등의 디지털 도구를 활용하여 학습자의 수준에 맞는 맞춤형 학습을 제공하였다. 학습자 개별 영어 수준을 AI 프로그램 활용을 통해 확인하고, 학습자는 자신의 수준에 맞게 학습을 진행 및 평가를 실시한다.

디지털교과서 활용 맞춤형 수업	AI 펭톡 활용 맞춤형 수업	ZEP 활용 맞춤형 수업	PLICKERS 활용 맞춤형 수업	컴퓨터화 검사 활용
• 디지털 교과서 활용, 스스로 하기	• 수준별 맞춤형 AI 펭톡 활용하기	• ZEP 활용, 맞춤형 평가 및 수업 활동하기	• PLICKERS 활용으로 학습 정리 및 목표 도달 점검하기	• 컴퓨터화 검사를 통한 진단 및 평가하기

1 디지털교과서 활용

단계	활용 점검 내용 및 활동 내용
1	디지털 교과서에서 각 단원의 '스스로 하기' 활동 내용 파악하기
2	학생에게 활동 제시하기 및 활동상의 유의점 안내하기
3	학생 활용 살펴보기
4	개별 수준 파악 및 피드백 제공하기
5	디지털 활용 학습자 개별 추가 내용 준비 및 제시하기

■ 디지털교과서 활용의 실제

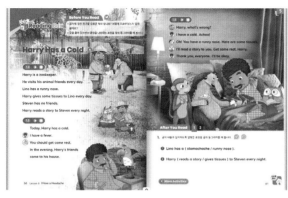

▸ 디지털 교과서에서 '스스로 하기' 활동 내용 확인하기
▸ 대부분의 차시에 '스스로 하기' 활동이 있음.

출처: 김혜리 외(2018). ㈜와이비엠 디지털교과서.

▸ 기본 단계를 먼저 한 후 보충 또는 심화 단계로 이동하여 활동하기

맞춤형 TIP   한 차시의 '스스로 하기' 활동을 교사와 함께 직접 해 보며, 속도가 중요한 것이 아니라 학생 자신의 수준을 알고, 심화단계까지 완료해 보도록 격려한다. 활동을 마친 신호(이름표 돌려놓기, I'm done. 개인 보드에 쓰기 등)를 정하는 것도 좋다.

▸ 기본 단계가 어려운 경우 보충 단계에서 따라 읽기를 하며 표현을 익히기

▸ 기본 단계를 다 한 후 심화 단계로 이동하여 대화 완성하고 읽기

맞춤형 TIP '따라 읽기'를 하는 소리가 들릴 때 교사가 듣고 있다는 것을 미리 말해주면 열심히 듣고 읽으려는 학생을 볼 수 있다. 심화 단계를 마친 학생은 스스로 낱말 배열하기 문제를 낼 문장을 고르고 만들어 보도록 하여 친구에게 제시하기를 해도 좋다.

2 AI 펭톡 활용

단계	활용 점검 내용 및 활동 내용
1	EBSE 교사 회원 가입 및 AI 펭톡 구축을 위한 학생 등록 및 코드 발급받기
2	AI 펭톡 활용, 학생 코드 입력 및 비밀번호 만들기, 닉네임 넣기 등 준비하기
3	가정 및 학교에서의 수업 계획 및 교사의 관리 계획 안내하기
4	학습자의 AI 펭톡 활용 수시 점검 및 학급별, 개별 피드백 및 격려하기
5	학교 영어 수업 내용 및 AI 펭톡 학습 내용의 연계 방안 모색, 지속하기

■ AI펭톡 활용의 실제

맞춤형 TIP 학생 코드를 부여받을 때는 여분의 학생 아이디를 추가하여 받도록 한다. 전입
생을 위하거나 비밀번호 만들기 등을 시범으로 보여 줄 때 꼭 필요하다. 학생
코드와 만든 비밀번호는 꼭 영어책에 표기를 해 두어 잊지 않도록 한다.

85	84	23APP00339		옹실순	2023	6학년	4반	66번
86	85	23APP00340		홍길장	2023	6학년	4반	67번
87	86	23APP00341		홍길남	2023	6학년	4반	68번
88	87	23APP00342		홍길래	2023	6학년	4반	69번

출처: https://www.ebse.co.kr EBSe. APP. (AI 펭톡)

맞춤형 TIP AI펭톡 구축 후 첫 수업 시 교사의 시연을 보여 주는 것이 좋다. 특히 따라
말하기는 교사가 따라 해 보고 결과가 'GOOD'이 나올 경우 다시 말해 보고
'EXCELLENT'가 나오는 과정을 보여 주면 학생들도 발음을 잘 해 보려고 노력
한다. 교사도 발음이 'GOOD'이 나올 수 있음을 알면 잘 못하는 학생도 용기를
얻고 열심히 하는 경우를 볼 수 있다. AI펭톡은 말하기 자동 평가 및 피드백이
가능하여 교사가 학생별 수준과 특징을 파악할 수 있다.

맞춤형 TIP　AI펭톡 활용 시 교사의 개별 지도가 중요하다. 어려움이 있는 학생은 적극 질문을 하고, 힌트를 활용하여 해결할 수 있도록 안내하여야 한다. 이어폰이 없는 경우 소리를 작게 하고 활동해도 무방하다. 학생 개별 활동 결과를 관리자 프로그램을 통해 수시로 확인하고 영어 수업 시간을 언급하면 학생의 동기를 지속할 수 있다. 월별 결과 모니터링 및 개별 지원이 필요하다.

③ ZEP 활용

단계	활용 점검 내용 및 활동 내용
1	ZEP 프로그램의 원리 파악하기
2	ZEP 활용 맞춤형 학습 활동 및 평가 내용 큰 그림 그리기
3	ZEP 활용, 맞춤형 수업하기
4	개별 수준 파악 및 피드백 제공하기
5	ZEP 활용 유의점 및 개선점 정리, 공유하기, 발전 방안 모색하기

■ ZEP 활용의 실제

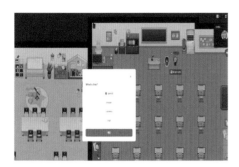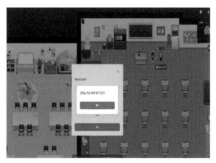

출처: https://zep.us (ZEP)

맞춤형 TIP ZEP은 교사가 직접 문제를 설정하여 학생의 목표 도달 정도를 파악하거나 개인 수준별 맞춤 학습이 가능하다. 오브젝트 설정은 교사가 학습자의 오류를 미리 예상하고, 오답을 고를 경우 적절한 피드백을 제시하여 학습자를 지원한다. 어떤 문구로 학생을 격려하고 도와 줄 수 있을지 생각하여 설정하도록 한다.

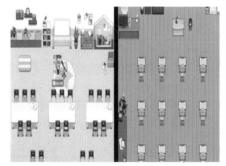

출처: https://zep.us (ZEP)

맞춤형 TIP '방 탈출' 활동은 학습자의 학습 수준 및 속도를 감안하여 비밀번호 찾기나 미션 해결을 미리 한 학생이 다른 공간으로 이동하여 다른 활동을 할 수 있다. 학습 주제와 관련 있는 의도된 활동을 선정하여 제시하는 것이 중요하다. 때로는 자유롭게 게임하러 가기나 학습자의 흥미를 지속할 수 있는 활동도 제시할 수 있으나 왜 자유로운 게임이나 활동을 연계하였는지 학생과 소통하는 것이 좋다.

4 PLICKERS 활용

단계	활용 점검 내용 및 활동 내용
1	PLICKERS 프로그램 원리 파악하기
2	PLICKERS 활용, 맞춤형 수업 전략 세우기
3	단원별, 주제별 PLICKERS 활용 내용 작성하기
4	PLICKERS 활용 맞춤형 평가 및 진단으로 학습자 수준 파악 및 피드백 계획 세우기
5	PLICKERS 활용 교과 연계 활용 방안 세우기

■ PLICKERS 활용의 실제

Play Now

Print Cards

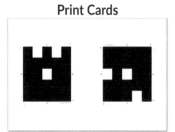

출처: https://www.plickers.com (PLICKERS)

맞춤형 TIP　PLICKERS는 학생 개별에게 부여되는 카드를 제공하여 학습의 정리 및 성취 정도를 파악하기 좋다. 설문 형식과 선택형으로 질문을 제시할 수 있고 교사 휴대폰과 프로그램을 연동하여 활용하기 때문에 학생이 별도의 기기를 준비할 필요가 없다. 문제 제시는 그림, 동영상, 녹음 파일을 넣을 수 있는데 교사가 바로 녹음하여 삽입할 수 있어 편리하다. 문제 제시 전 확인하고 싶은 내용을 미리 정하고 문제를 제작하도록 한다.

QUESTIONS   ALL ANSWERED

맞춤형 TIP　개방형 설문 'Survey'는 '오늘 나의 수업 참여 태도는~ .' 등으로 학생 자기평가 내용으로 만들어도 좋다. 결과 보이기 'Show Graph'와 'Reveal Answer'로 학생들의 응답 결과를 즉시, 한눈에 파악할 수 있다. 이 때 학생의 실명이 바로 보이기 때문에 그래프만 보여 주고 누가 어떤 번호를 골랐는지 보여주는 것은 신중할 필요가 있다. 교사만 참고하고 개별 피드백 및 지원 방안 모색에 참고하도록 한다.

5 컴퓨터화 검사 활용

단계	활용 점검 내용 및 활동 내용
1	컴퓨터화 검사 프로그램의 내용 및 원리 파악하기
2	컴퓨터화 검사 대상 학습자 학년 선정하기
3	컴퓨터화 검사로 학습준비도 검사하기
4	학습 유형 분석 결과 검토하기
5	여러 교과에 적용하여 맞춤형 수업 전략 세우고 활용하기

■ 컴퓨터화 검사 활용 학습유형 분석 실제

출처: http://www.basics.re.kr (기초학력향상지원사이트 꾸꾸)

맞춤형 TIP　기초학력향상지원사이트 꾸꾸에서는 학습역량검사, 학습유형 검사 등을 통해 학습자 맞춤형 지도를 위한 특성을 파악하고 지도에 참고할 수 있도록 검사를 지원한다. 컴퓨터를 통해 학생이 바로 응답하고 결과분석을 바로 해 주어 학습 유형을 파악할 수 있다.

참고문헌

[참고 사이트]

- https://www.youtube.com/watch?v=Mj PbfQ6HXlI(4분 30초부터)
- https://www.youtube.com/watch?v=cV02flb0sys&index=8&list=PLvNzOb WMMx6vM−8−H−n3hFhXb2Q LTQ1nU(3분 30초~7분)
- https://www.youtube.com/watch?v=el2CikYC Bdg&feature=youtu.be
- https://www.youtube.com/watch?v=PCIGx 1z99JM
- https://www.youtube.com/watch?v=AtNUKYOVdXw&feature=youtu.be
- https://www.youtube.co m/watch?v=ah2tAyTbUTI
- https://www.youtube.com/watch?v=YRL6cOeVse0&ab_channel=%EC%85%9C %EB%A1%9D%ED%98%84%EC%A4%80
- https://www.youtube.com/watch?v=l2RBzee3Ag4
- https://some.co.kr
- https://www.youtube.com/watch?v=BvF8yG7G3mU
- https://www.youtube.com/watch?v=Rdkz8WNvFpE
- https://blog.naver.com/ai_minissaem/223060843593
- https://blog.naver.com/ai_minissaem/223060843593
- https://www.google.com(구글 이미지)
- https://blog.naver.com/ai_minissaem
- https://blog.naver.com/ai_minissaem
- https://blog.naver.com/ai_minissaem
- http://www.babytimes.co.kr/news/articleView.html?idxno=43843
- https://www.yes24.com/Product/goods/4760087?art_bl=3657290

찾아보기

공저자 약력

조호제

현) 고려대학교 겸임교수
　　숭실대학교 겸임교수
　　2015 개정 국가 교육과정 안전한 생활 심의위원장
　　2022 개정 국가 교육과정 초등학교 심의위원장
　　국가교육위원회 교육과정 전문위원

학력) 고려대학교 대학원 교육학과 교육과정학(박사)
　　한국교원대학교대학원초등체육교육학(박사)
　　한국교원대학교대학원 교육학과 교육과정학(석사)
　　한국교원대학교대학원초등체육교육학(석사)
　　서울교육대학교 초등교육과(학사)

저서 및 연구실적

- 교실로 ON 최신 교육과정 재구성의 이론과 실제(2021)
- 개념기반 교육과정의 이론과 실제(2021)
- 개념기반 교육과정과 수업 사례(2022)
- 교과 및 교과 통합 서술형 평가의 실제(2023)
- 개념 기반 교육과정 수업 설계의 이론과 실제(2023)
- 교실로 ON 유형별 최신 교육과정 재구성의 실제(2023)
- 국가 수준 교육과정과 교과 교육과정 평가 방법 연계성에 관한 분석 논문 외 등재학술지 게재 36편
- 교육부 및 국책연구기관, 시·도교육청 정책연구 과제 50여편 참여
- 교육과정 성취기준 및 수업과 평가, 학교 교육과정 설계와 실행, IB PYP, 고교 진로탐색과정 운영 등에 관심을 가짐.

김남준

현) 서울노일초등학교 수석교사

학력) 서울교육대학교 교육전문대학원 초등수학교육
　　(석사)
　　경남대학교 사범대학 수학교육과(학사)

저서 및 연구실적

- 개념 기반 교육과정 수업 설계의 이론과 실제 공저(2023)
- 이렇게 생긴 수학 공저(2022)
- 개념연결 유아수학사전 1~3권 공저(2021)
- 개념연결 연산의 발견 1~12권 공저(2020)
- 2018 대한민국 수학교육상 수상
- 2022 개정 수학과 교과용 도서 심의위원
- 2015 개정 수학과 교과용 도서 심의위원
- 아이들이 행복한 수학교실을 위해 꾸준히 연구해 왔으며, 수학과 교육과정, 수업 코칭 등에 관심을 가짐

김민상

현) 부천 중동초등학교 교사
　　경희대학교 교육대학원 겸임교수
　　Microsoft Innovative Educator Expert
　　Microsoft GTP 공인 인공지능 강사

학력) 가톨릭대학교 대학원 교육학(박사수료)
　　공주교육대학교 교육대학원 평생교육(석사)
　　공주교육대학교 교육학과(학사)

저서 및 연구실적

- 초등학교 인공지능 캠프 프로그램이 인공지능기술 태도 및 데이터 리터러시 역량에 미치는 효과(2023)
- 2023 에듀, 테크를 만나다 이해 자료(공저)(2023)

- 2022년 경기 기초학력 온라인 겨울학교 영향평가 연구보고서(인공지능 기반 코스웨어 활용 멘토링) (2023)
- PPT, P할 수 없다면 TKO 시켜라(2021)
- 선생님에게 지금 필요한 마법같은 엑셀(2020)
- 수업을 돕는 과정중심평가: 초등 영어 편(공저)(2020)
- 영국 U3A 고찰: 우리나라 노인평생교육에 주는 시사점을 중심으로(2015) 외 다수
- 인공지능교육, SW교육, 에듀테크, 미래교육, 평생교육, 지능형 과학실 등에 관심을 가짐.

김정숙

현) 서울면남초등학교 교사

학력) 한국교원대학교 대학원(석사)
청주교육대학교 초등교육과(학사)

저서 및 연구실적

- 개념 기반 교육과정과 수업 사례 공저(2022)
- 개념 기반 교육과정 및 평가의 이론과 실제 공저(2021)
- 교육환경보호원(교육부) 생명존중예방 프로그램 개발(2021)
- 다문화 수용성 함양을 위한 놀이중심 프로그램의 개발과 적용(2020)
- 과정중심평가 문항 개발 및 적용(2020)
- 교사 교육과정, 통합교육과정 설계 및 실천 등에 관심을 가짐.

김정윤

현) 서울남성초등학교 수석교사
서울대학교 교육연구소 객원연구원
숙명여자대학교 대학원 강사

학력) 서울대학교 대학원 교육과정학(박사)
미국 위스컨신대학교 교육과정(석사)
서울교육대학교 대학원 초등영어교육학(석사)
서울교육대학교 초등교육학(학사)

저서 및 연구실적

- 개념 기반 교육과정 수업 설계의 이론과 실제 공저(2023)
- 개념 기반 교육과정과 수업 사례 공저(2022)
- 개념 기반 교육과정 및 평가의 이론과 실제 공저(2021)
- 2015 개정 통합교과 교육과정 시안 개발(2015)
- 개념기반 교육과정, IB 교육과정, 통합교과 교육과정, 교육과정 개발과 실천 등

김혜숙

현) 서울탑동초등학교 교사
경인교육대학교 강사

학력) 경인교육대학교 대학원 다문화교육(석사)
부산교육대학교 교육학과(학사)

저서 및 연구실적

- 개념 기반 교육과정 수업설계의 이론과 실제(공저)(2023)
- 초등 원로교사의 다문화교육 경험에 대한 내러티브 탐구(2023)
- 교육환경보호원(교육부) 생명존중 프로그램 개발(2021)
- 한국광고교육원 진로 개발 자료 검수(2019)
- 영어과 교육과정 및 교수·학습 방법, IB PYP, 교사 교육 등에 관심을 가짐.

박은하

현) 서울봉은초등학교

학력) 건국대학교 대학원 교육과정학(박사)
　　　서울교육대학교 교육전문대학원 유아교육(석사)
　　　서울교육대학교 초등교육과(학사)

저서 및 연구실적

- 2022 개정 교육과정 맞춤형 교과 및 교과 통합 서술형 평가의 실제 공저(2023)
- 개념 기반 교육과정 수업 설계의 이론과 실제 공저(2023)
- 개념 기반 교육과정과 수업 사례 공저(2022)
- 개념 기반 교육과정 및 평가의 이론과 실제 공저(2021)
- 초등학교 안전한 생활 교과용 도서 심의위원(교육부)
- 2009 개정 체육과 검정 교과용 도서 집필
- 교수·학습 설계 및 평가, 교육과정 실천 등에 관심을 가짐

박일수

현) 공주교육대학교 교수

학력) 한국교원대학교 교육학박사(교육과정)
　　　한국교원대학교 교육학석사(교육과정)
　　　인천교육대학교 교육학사(초등교육)

저서 및 연구실적

- 개념 기반 교육과정 수업 설계의 이론과 실제 공저(2023)
- 교육평가의 이해(2022)
- 학생과 소통하는 행복한 학급 만들기 공저(2021)
- 통합교과의 이론과 실제 공저(2020)
- 교육과정과 수업 공저(2019)
- 예비교사를 위한 학교현장실습 공저(2019)
- 미래교육의 변화와 학교교육 공저(2019)
- 교사교육과정, 교육과정평가, 통합교육과정 등에 관심을 가짐

백종민

현) 석관중학교 수석교사

학력) 고려대학교 대학원 교육과정학(박사)
　　　고려대학교 교육대학원 물리교육과(석사)

저서 및 연구실적

- 개념 기반 교육과정 수업 설계의 이론과 실제 공저(2023)
- 2022 개정 과학과 교육과정 시안 개발 공동연구원(2022)
- 「2007, 2009, 2015 개정 교육과정」 중학교 과학 교과서 및 지도서 집필
- IB MYP 틀을 적용한 중학교 과학 수업 개발 과정 연구(2022)
- 국내외 사범대학의 교육목표와 교육과정 편성비교 연구(2021) 외
- IB MYP, 개념기반 교육과정, 교육과정과 수업·평가, 수업 컨설팅 등에 관심을 가짐.

채은경

현) 글벗초등학교 교사

학력) 한국교원대학교 대학원 인구다문화교육 전공
(석사)
서울교육대학교 초등교육과(학사)

저서 및 연구실적

- 초등 사회과와 도덕과에서 반영된 연령 통합 내용 분석(2020)
- 초등학교 사회 교과서 3-6(김영사, 2022)
- IB PYP 프레임워크 적용을 통한 서울형 PYP 모델 구축 방안 연구(2021, 서울시교육청교육연구정보원)
- 어린이 초록마을, 나라, 세계(환경부, 2012)
- 초등학교 환경 3-6학년(2012, ㈜미래엔)
- 2007 개정 초등학교 사회과 교과서(2011, 교육부)
- 학교 교육과정 수립과 교사 공동체, 개념 기반 교육과정의 현장 적용에 관심을 가짐.

AI와 연계한 맞춤형 수업 설계의 이론과 실제

초판발행　　2023년 10월 13일

지은이　　　조호제·김남준·김민상·김정숙·김정윤·김혜숙·박은하·박일수·백종민·채은경
펴낸이　　　노　현

편　집　　　배근하
기획/마케팅　김한유
표지디자인　이수빈
제　작　　　고철민·조영환

펴낸곳　　　㈜ 피와이메이트
　　　　　　서울특별시 금천구 가산디지털2로 53 한라시그마밸리 210호(가산동)
　　　　　　등록 2014. 2. 12. 제2018-000080호
전　화　　　02)733-6771
f a x　　　02)736-4818
e-mail　　　pys@pybook.co.kr
homepage　www.pybook.co.kr
ISBN　　　979-11-6519-454-3　93370

정　가　　　26,000원

박영스토리는 박영사와 함께하는 브랜드입니다.